HERMES

在古希腊神话中,赫耳墨斯是宙斯和迈亚的儿子,奥林波斯神们的信使,道路与边界之神,睡眠与梦想之神,亡灵的引导者,演说者、商人、小偷、旅者和牧人的保护神……

西方传统 经典与解释 HERMES
Classici et Commentarii
施特劳斯集
刘小枫 ● 主编

重订本

古典政治理性主义的重生
—— 施特劳斯思想入门

The Rebirth of Classical Political Rationalism

［美］施特劳斯 Leo Strauss ｜ 著
［美］潘戈 Thomas L. Pangle ｜ 编
郭振华 等 ｜ 译
叶然 ｜ 校

华夏出版社

古典教育基金·"资龙"资助项目

"施特劳斯集" 出版说明

1899年9月20日，施特劳斯出生在德国 Hessen 地区 Kirchhain 镇上的一个犹太家庭。人文中学毕业后，施特劳斯先后在马堡大学等四所大学注册学习哲学、数学、自然科学，1921年在汉堡大学以雅可比的认识论为题获得哲学博士学位。1924年，一直关切犹太政治复国运动的青年施特劳斯发表论文"柯亨对斯宾诺莎的圣经学的分析"，开始了自己独辟蹊径的政治哲学探索。三十年代初，施特劳斯离开德国，先去巴黎、后赴英伦研究霍布斯，1938年移居美国，任纽约社会研究新学院讲师，十一年后受聘于芝加哥大学政治系，直到退休——任教期间，施特劳斯先后获得芝加哥大学"杰出贡献教授"、德国汉堡大学荣誉教授、联邦德国政府"大十字勋章"等荣誉。

施特劳斯在美国学界重镇芝加哥大学执教近二十年，教书育人默默无闻，尽管时有著述问世，挑战思想史和古典学主流学界的治学路向，身前却从未成为学界声名显赫的名人。去世之后，施特劳斯才逐渐成为影响北美学界最重要的流亡哲人：他所倡导的回归古典政治哲学的学问方向，深刻影响了西方文教和学界的未来走向。上个世纪七十年代以来，施特劳斯身后才逐渐扩大的学术影响竟然一再引发学界激烈的政治争议——自由主义知识分子觉得，施特劳斯对自由民主理想心怀敌意，是政治不正确的保守主义师主；后现代主义者宣称，施特劳斯唯古典是从，没有提供应对现代技术文明危机的具体理论方略。为施特劳斯辩护的学人则认为，施特劳斯从来不与某种现实的政治理想或方案为敌，也从不提供解答现实政治难题的哲学论说；那些以自己的思想定位和政治立场来衡量和评价施特劳斯的哲学名流,不外乎是以自己的灵魂高度俯视施特劳斯立足于古典智慧的灵魂深处。施特劳斯关心的问题更具常识品质,而且很陈旧:西方文明危机的根本原因何在?施特劳斯不仅对百年来西方学界的这个老问题作出了超逾所有前人的深刻回答,而且提出了切实可行的应对方略:重新学习古典政治哲学作品。施特劳斯的学问以复兴苏格拉底问题为基本取向,这迫使所有智识人面对自身的生存德性问题:在具体的政治共同体中,难免成为"主义"信徒的智识人如何为人。

如果中国文明因西方文明危机的影响也已经深陷危机处境,那么施特劳斯的学问方向给中国学人的启发首先在于:自由主义也好,保守主义、新左派主义或后现代主义也好,是否真的能让我们应对中国文明所面临的深刻历史危机——"施特劳斯集"致力于涵括施特劳斯的所有已刊著述(包括后人整理出版的施特劳斯生前未刊文稿和讲稿;已由国内其他出版社出版的《霍布斯的政治哲学及其起源》、《思索马基雅维利》、《城邦与人》、《古今自由主义》)除外),并选译有学术水准的相关研究文献。我们相信,按施特劳斯的学问方向培育自己,我们肯定不会轻易成为任何"主义"的教诲师,倒是难免走上艰难地思考中国文明传统的思想历程。

古典文明研究工作坊
西方典籍编译部甲组
2008 年

列奥·施特劳斯

目 录

中译本说明 …………………………………………… 1
中译本前言（潘戈 撰）………………………………… 1

编者导言（潘戈 撰）…………………………………… 1

第一编　现代理性主义的精神危机
1. 社会科学与人文素养 ………………………… 41
2. "相对主义" …………………………………… 53
3. 海德格尔式存在主义导言 …………………… 70

第二编　古典政治理性主义
4. 论古典政治哲学 ……………………………… 95
5. 显白的教诲 …………………………………… 113
6. 修昔底德：政治史学的意义 ………………… 126
7. 苏格拉底问题五讲 …………………………… 161

第三编　理性与启示之间的对话
8. 论《游叙弗伦》 ……………………………… 253
9. 如何着手研究中古哲学 ……………………… 275
10. 进步还是回归？ ……………………………… 295

施特劳斯文献分类编年（叶然编）………………… 345
索引 ……………………………………………………… 376

中译本说明

本书汇编了施特劳斯的若干单篇文章、讲学稿和未刊文稿，旨在为了解施特劳斯的学问品质和学术关怀提供恰切的基本文献，实可作为施特劳斯学问的入门读物。

十八年前笔者着手组译本书，陈建洪博士所译两篇，先行刊于笔者当时主编的《道风》学刊（香港，2000年第一辑）。因全书版权迟迟未获解决，徐卫翔、丁耘博士所译诸篇亦仅能在学刊中先行刊出。2008年初，全书版权终获解决，承蒙郭振华等同志译出余下各篇，覆校各篇旧译，补全原书页码（中译本编码，用方括号标出），并从潘戈教授索得序文一篇，为中译本添色；又承叶然同志再度覆校全书，加了若干必要的编注，谨致谢忱。

原书所附潘戈教授编的"施特劳斯著述编年"成于十多年前，多有缺漏，我们用叶然同志晚近编成的"施特劳斯文献分类编年"取而代之。

刘小枫
2017年2月

中译本前言

潘戈（Thomas L. Pangle） 撰
郭振华 译

为中国读者介绍这本书，既是一份荣幸，又是一个令人望而生畏的挑战。施特劳斯对于西方诸传统学养精深，但他完全不了解中国传统——他感叹这是一个令人遗憾却又无法克服的个人局限。施特劳斯深信，要真正领会一本伟大的作品，就必须读原文。他通晓希腊文、拉丁文、希伯莱文、阿拉伯文以及多门现代欧洲语文——然而未掌握中国和印度的伟大语文。在"什么是自由教育？"（What is Liberal Education?）① 一文中，他以恰如其分的谦虚语气说道：

> 我们不能成为哲人，但我们可以爱哲学；我们可以试图进行哲学探究。这种哲学探究在任何层面上都首先在于（并在某个层面上主要在于）倾听伟大哲人之间的交谈，或者更普遍、更小心地说，在于倾听最伟大心智之间的交谈，因而也在于研习那些伟大著作。我们应当倾听的最伟大心智决非专指西方的最伟大心智。妨碍我们倾听印度和中国最伟大心智的仅仅是一种不幸的被迫：我们不懂他们的语文，而且我们不可能学习所有语文。

---

① 见施特劳斯，《古今自由主义》（*Liberalism Ancient and Modern*，New York: Basic Books, 1968），页7。[译注] 中译文参一行译，见刘小枫、陈少明主编《美德可教吗？》2005，《经典与解释》第5辑，北京：华夏出版社。下面的引文有所修订。

2 古典政治理性主义的重生

在本书题为"海德格尔式存在主义导言"（Introduction to Heideggerian Existentialism）的文章中，施特劳斯总结了海德格尔朝东方思想的转向。施特劳斯说，海德格尔将东方思想视为一个可以"超越"那些"希腊哲学本质局限"的途径，而"希腊哲学即技术的根源"——正是技术令"人的人性有毁灭之虞"。在这一方面，施特劳斯显然并未跟随海德格尔。施特劳斯坚称，必须作出海德格尔未作出的一个根本区分，即区分现代理性主义与古典（苏格拉底-柏拉图式）理性主义，尤其在政治哲学方面，而这方面为海德格尔所完全、彻底地忽视："海德格尔著作中没有政治哲学的地盘……他丝毫未给政治哲学留下位置。"① 正是在苏格拉底式政治哲学之中，也正是通过它，古典理性主义才得以证明自己敏锐地意识到了自身的真正"本质性局限"——海德格尔并未完全正确地指出这些局限。作为苏格拉底式政治哲学的一个直接结果，古典理性主义并不导致或指向现代技术，更重要的是它还提供智识资源，以帮助现代的人性抵御我们的技术加诸人类精神的种种毁灭性威胁。尽管谈了所有这些，我认为施特劳斯在某种前提下分享了海德格尔东方转向的一部分，正如下面这些话所表达的：

> 海德格尔是惟一对世界社会这个问题的诸维度略有所知的人。我们亟须东西方的交会。西方必须对克服技术性作出它自己的贡献。西方必须首先在自身之内寻回使这种交会得以可能的东西：它本己的至深根源，这根源先于其理性主义，也在某种层面上先于东西方之分。东西方之间的真正交会不可能在当今思想的水准上发生——也就是说不可能在东西方

---

① 施特劳斯，《柏拉图式政治哲学研究》（*Studies in Platonic Political Philosophy*, Chicago: University of Chicago Press, 1983），页30, 34。[译注] 中译本见《柏拉图式政治哲学研究》，张缨等译，北京：华夏出版社，2012。

最浅薄时期的最吵嚷（vocal）、最轻率（glib）、最浅薄的代表者之间发生。东西方之间的交会只能是二者最深层根源的交会。西方思想家可以沉潜到西方的至深根源来准备那个交会。在西方内部理性主义的限度总是为圣经传统所发现。……但对这一点必须正确地理解。圣经思想是东方思想的一个形式。把圣经绝对化，就堵塞了通向其他形式的东方思想的道路。然而圣经是我们西方人之内的东方。①

我相信在某种意义上，在我们的时代，东方和西方之间亟须在最深的层次上进行对话，施特劳斯的毕生事业就是自觉为此进行准备的典范。但是施特劳斯已然逝去。他把这种典范以及对于该典范的庄严职责遗留给我们生者。面对这种典范和职责，处于西方的我们并未很好地恪职尽责。我们需要你们的帮助。我们需要一种高贵的竞争：你们向我们展示了，施特劳斯的引领和典范可以如何照亮东方至深的根基，可以说你们此举就是在与西方乃至西方的至深根基进行竞争与对话。也许这将刺激并砥砺我们把各自分内的事情做得更好，以担当施特劳斯所含蓄地向我们所有人指出的全球性历史使命。

---

① ［中译编者注］见页［43］。本书中译编者注和译注中的方括号页码均为英文版页码，即中译文的随文方括号编码。

编者导言

潘戈　撰

曹聪　译

[vii] 施特劳斯是谁？进一步说，他代表什么？他传播了什么样的政治哲学？或者说，我们是否必须追问一个更为基本的问题：他所说的政治哲学是什么意思？在1945—1970年间，施特劳斯掌握了一门叫做"政治观念史"的沉闷而垂死的学术科目，并将其转化为一项具有摄人心魄的重要性和生命力的志业。究竟是什么让政治思想史在他手中焕发出如此强大的吸引力？施特劳斯的著述不断打破种种可敬的智识范畴和规则，并挑起如此多的迷恋与如此多的敌意，这是怎么回事？

自1973年施特劳斯逝世以来，其影响力稳步上升，并在过去的几年间得到越来越广泛的承认。但是，施特劳斯的声名日隆已成为如下两件事的契机：一些声称对他有所了解的人们开始激烈争论，而那些仅仅通过这些激烈争论才对施特劳斯有所耳闻的人们也同样陷入极度迷惑。发现施特劳斯自己的学生们及追随者们对其作品含义的理解意见不一甚至大相径庭，大约不必感到惊诧：毕竟，有多少伟大的思想家没有在其追随者之中留下一份或多或少还算丰富的论争作为遗产呢？然而，无法不令人惊异的是，施特劳斯乃至其学生或追随者，成为攻击对象的频率如此之高，这些激昂甚至尖刻的攻击尤其来自同行学者们和知识分子们。

那些不带偏见的研究者们开始研究施特劳斯的著作，以期发现上述事态的原由；他们也许无法找到答案，尽管如若坚持下去，他们或许会开始领略施特劳斯著作乍看上去的晦涩性——或毋宁说是格格不入的（alien）品性——与最终爆炸般批判效力之间的悖谬关联。

往昔作为自由之源

[viii] 施特劳斯极富特色地表述他的思想，其表述方式就是细致而悉心地、新颖或非正统地解释往昔哲人们和神学家们的主要文本——这些文本不仅来自古典世界和早期现代世界，还来自中古世界；不仅来自拉丁－基督教传统，还来自犹太及伊斯兰（希伯莱和阿拉伯）传统。施特劳斯的解释以寻求与被研习的思想家们进行对话为旨归；但是，试图把握、领会这些对话的读者首先必须承担这样一项任务：以新视角悉心研习施特劳斯所致力的文本。坚持仔细分析过去的哲学作品，绝非仅仅意味着施特劳斯个人的或独特的进路。在施特劳斯看来，这样的研习是在我们时代进行真正哲学思考的一个本质性前提。施特劳斯主张，我们若要使我们的头脑摆脱我们时代和文化的蒙蔽和偏见，就必须不断地迫使自己迎接某种挑战，这挑战来自并不分享我们现代诸预设的深刻思想方式。我们的时代当然不再是起初那个时代，彼时自我批判地研习古老哲学文本一直是通向精神自由的首要途径。但是在我们的时代，这一途径具有了一种空前的重要性（以及困难），因为当下的时代几乎空前地排斥先前诸时代发展出来的真理主张；而且在一定程度上正因如此，我们的时代陷入了精神崩溃以及智识危机或衰败。施特劳斯声称，当代思想家（除了一些例外）已不知不觉地为某些含混却又貌似"不可置疑的"哲学设想所奴役，这些设想试图使我们进步地告别某些论题、主旨甚至写作方式或交流方式，而这些东西恰构成西方丰饶的智识内核，包括圣经和哲学双重维度。施特劳斯声称要论证，这些越来越被遗

忘的问题其实是人类生活惟一（the）① 最重要的问题，是惟一真正界定并阐明人类处境本身的问题，在一切时空皆然——甚至当这些问题与人类根本处境被忽视时亦然。简而言之，仔细阅读后就会发现，施特劳斯著述乍看上去的史学外表甚或学究外表，其实标志着施特劳斯锐利得令人伤神的批判立场，这立场几乎针对当代智识景观和政治景观中的每一个主要表征。[ix]

独行其是者对种种权威

既然批判如此坚决，既然风险如此之高，既然要求——要求心智开明地对待不熟悉的思想方式、要求有时苦恼地自我质疑——如此重大，大抵文化和学界循规蹈矩的（conventional）护卫者们自然会冲过来，并试图踩灭那威胁到他们既定和平与宁静的火苗。

已经存在某些值得注意与钦慕的例外者，但或许不足为奇的是，作为对话者与批判者，这些人本身的工作挑战了循规蹈矩的学术生活和智识生活，尤其在英美世界。伟大的法国左派黑格尔主义哲人科耶夫（Alexandre Kojève）极富挑战性地回应了施特劳斯所记述的色诺芬哲学，这诱使施特劳斯又作出回应——由此20世纪最富才智的论争之一得以诞生并付梓。② 研究英国政治思想的头号马克思主义史家马克菲尔森（C. B. Macpherson）与施特劳斯对现代自由主义的源头霍布斯和洛克做过相互抗衡的非正统解

---

① [中译编者注] 对the的强调表示"独一无二的"、"真正的"、"本身"。后文灵活处理。

② 见施特劳斯，《论僭政》（*On Tyranny*，Ithaca：Cornell University Press，1968）。[译注] 第四次修订版：施特劳斯，《论僭政》（*On Tyranny*，Victor Gourevitch、Michael S. Roth编，Chicago：2013）；该书中译本参《论僭政：色诺芬〈希耶罗〉义疏》，彭磊译，北京：华夏出版社，2016。

释，他们还发表了针对对方的可敬而悉心的批评。① 战后法国寂寥又理智的自由主义倡导者阿隆（Raymond Aron）将施特劳斯的《自然权利与历史》（*Natural Right and History*）② 引以为有原则地明智的精心之作，此种明智可以提供一个政治上清醒的中间立场，使之处于极端个人主义的萨特存在主义，与教条的或威权的马克思主义和自然法道德主义之间。③ 海德格尔最有天赋的学生伽达默尔（Hans-Georg Gadamer）和洛维特（Karl Löwith）分别曾与施特劳斯广泛地论争历史哲学的意义和内涵。④ 20 世纪最重要的古代史学家莫米里亚诺（Arnaldo Momigliano）曾写下一篇施特劳斯品鉴，⑤ 试图为施特劳斯在紧密团结的古典学界赢得发言权——但收效甚微。

时下学界对施特劳斯的反应显得吹毛求疵。很难表述对施特劳斯那些打破先例的著作的多种已出版评论的论调和层次，这么说看来并不夸张。那些针对施特劳斯的指控令人惊异地名目繁多且相互矛盾，人们在审视这些指控时，无奈地笑着质问：还有哪些道德过错或智识过错被证明是这家伙没有犯过的？一方面，施

---

① 尤参马克菲尔森，《民主理论》（*Democratic Theory*，Oxford：Oxford University Press，1973），章14；施特劳斯，《柏拉图式政治哲学研究》，前揭，章13。

② [译注] Chicago：University of Chicago Press，1965。中译参彭刚译，北京：三联书店，2003。

③ 阿隆，《马克思主义与存在主义者》（*Marxism and Existentialists*，New York：Harper & Row，1969），页84以下。

④ 伽达默尔，《真理与方法》（*Truth and Method*，New York：The Seabury Press，1975；[译注] 中译参洪汉鼎译，上海译文出版社，2004），页482－491；施特劳斯和伽达默尔的通信以及施特劳斯和洛维特的通信刊于 *The Independent Journal of Philosophy*，2：5－12 (1978)；4：105－119 (1983)。亦参施特劳斯关于洛维特的讨论，见《什么是政治哲学？》（*What is Political Philosophy?* Glencoe：The Free Press，1959），页286－270。

⑤ "施特劳斯的释义学和古典思想"（Ermeneutica e pensiero classico in Leo Strauss），重印于《第四届古典学和古代世界研究文集》（*Quarto contributo alla storia degli studi classici et del mondo antico*，Rome：Edizioni di Storia e Letteratura，1969），页117－128。

特劳斯及其追随者经常被指控为无所事事、爱好幻想的古物贩子，他们以某种方式引诱那些才智卓越却不幸容易上当的学生们彻底不再积极关注那些影响当代生活的严肃［x］议题。于是，一部曾在1960年代名噪一时的分析派政治理论作品如此不屑地评价施特劳斯："整个职业生涯都把古典著作涤荡于唇舌之间，仿佛品尝陈年白兰地似的（施特劳斯及其弟子就是这样主张），而这么做几乎不可能增加人类知识的总量。"① 无独有偶，一位伯恩耶特（Burnyeat）先生向《泰晤士报文学副刊》（*Times Literary Supplement*，1976年4月9日）的读者们保证，施特劳斯尽管以政治理论家自居，却"压根儿未曾显示出对政治生活和社会生活种种现实抱有丝毫兴趣，无论对于古代还是对于现代"。

可是与此同时，有时甚至就是同一个批评家②又指控施特劳斯拥有十分令人着魔的政治影响力。正如忧心忡忡的伯恩耶特先生指出（1985年10月10日）："当施特劳斯退休时，他也许算得上美国最具影响力的思想家之一。"施特劳斯思想的广泛吸引力归因于施特劳斯的弟子布鲁姆（Allan Bloom），其《走向封闭的美国精神》（*Closing of the American Mind*）③ 无疑是居于《纽约时报》（*New York Times*）畅销书榜首数月的智识要求最高的著作之一。

如今愈加不可否认：施特劳斯的思想针对着公众的某些最深层关怀，尤其针对着（但绝非专门针对着）那些至今尚未信奉什么的青年人。惟一有争议的问题是：他要达成（up to）什么？施特劳斯与他所影响的人们一直激发学生富有激情地严肃地阅读古

---

① Brian Barry，《政治论争》（*Political Argument*，London：Routledge and Kegan Paul，1965），页290。

② 比如参Burnyeat先生后来再次攻击施特劳斯的文章，见 *New York Review of Books*，1985年5月30日、10月10日、10月24日；1986年4月24日；1988年3月31日。

③ ［译注］New York：Simon and Schuster，1987。中译文参缪青等译本，北京：中国社会科学出版社，1994。

老经典，促使他们询问所有非同寻常的问题——关于书籍，关于灵魂，关于上帝，关于道德，关于民主。这些问题当然并不符合循规蹈矩的范畴；它们显然预设了对既定智识权威的质疑，对其可敬解释的质疑，对其广为接受的思想方式的质疑。这些"施特劳斯派"正教诲着某些可笑的东西：我们无法指出他们要达成什么；施特劳斯的著作如此难懂；要领会一种复杂而新颖的思想方式，无论如何都很难。不过我们确实明白这种思想方式格格不入，明白它难以理解，明白它以一种强有力的方式挑战着头脑健全者的意见，明白它因此而"具有精英主义性质"或——对！——"具有非美国性"。于是在《美国政治科学评论》(American Political Science Review) 的数页篇幅中，"施特劳斯及其追随者们"因"与最狂躁的左派全权主义者存在某种'反向一致'"而受到指控，而且有人已经因施特劳斯致力于"拒斥美国经验所暗含的价值"而将他与马克思相提并论。① 近来，这种指控被导入了流行的保守派媒体，如《国家评论》(National Review) [xi] 于 1985 年 3 月 22 日发表了一位教授所撰的封面报导，该报导质疑大学中的"施特劳斯派"是否并不"具有非美国性"；而且，据说右派对非美国式活动的这些指责罕见地获得了左派的好评，因此一位作者在《纽约书评》(New York Review of Books，1985 年 10 月 10 日) 上称赞《国家评论》的指控是"冷静的论断"。但另一方面，还是在《美国政治科学评论》上，施特劳斯的思想又被解释为一种夸张的美国式爱国主义的体现，这种爱国主义着迷于营造对"'共产主义'和某种'东方专制主义'威胁"的美国式抵制。② 1975 年，《政治理论》(Political Theory) 期刊更过分，它刊载的

---

① Stephen Holmes 文，参见 American Political Science Review，73：113–128 (1979)，引文见页 113；Stanley Rothman 文，见 American Political Science Review，56：341–352 (1962)，引文见页 352。

② J. G. Gunnell 文，见 American Political Science Review，72：122–134 (1978)，引文见页 123。

一篇攻击性文章（题为"先知与审判官"［Prophet and Inquisitor］）给施特劳斯贴上这样的标签，即一个"对怀疑气质缺乏同情"的教条化道德主义者，并认为他毋庸置疑的学识和才智不幸地贡献给了某种"纠问式（inquisitorial）"攻击，这种攻击的对象就是所有被他称为有"马基雅维利主义"嫌疑的人，即有不信仰上帝和自然法之嫌疑的人。施特劳斯被指控道，他本人或许有先知般的妄想，而那些承认其影响力的人们则被比作一个基要主义（fundamentalist）教派的诸成员。① 十年后，同一期刊登载了同样尖刻的攻击性文章，不过这一次声称先前该刊上的指控彻底误解了施特劳斯：事实上，该期刊博学的读者如今郑重地确信，施特劳斯是个阴险的、不信神的虚无主义者，他拒绝一切道德标准和宗教标准，他关于马基雅维利的著作若被适当地阅读，则表现了他拿马基雅维利充当自己的"代言人"！②

我重提这些指控（我没有提到某些最不负责任和最狂乱的指控），不仅是为了展现某些主流学术刊物对施特劳斯的基本态度，而且是为了展示带有敌意的偏见之墙如此之厚、如此之高，以致人们难以接近施特劳斯的思想。很明显，我希望帮助正直的读者穿透或逾越那堵墙，而且，我不知道除了先让这样一位读者直面此墙之外还能做什么。

古典政治理性主义

人们会自然而然地、相当合情合理地感到好奇：哪里来的如此大的学术烟雾，倘若必定没有某种火？确实有，不过这火来自真正具有批判性的哲学。这是苏格拉底辩证术（dialectic）之火。

---

① J. G. A. Pocock 文，见 *Political Theory*, 3: 384–401 (1975)。
② S. B. Drury 文，见 *Political Theory*, 13: 315–337 (1985)。

本书意在把读者引向施特劳斯思想的核心关注点：尝［xii］试复兴——在数世纪的忽视或善意保护之后——苏格拉底的爱欲性怀疑论所提出的既令人不安又极富魅力的挑战。在施特劳斯那里获得新生的古典政治理性主义，本质上是为苏格拉底生活方式在道德、政治以及神学方面进行辩护或证明。施特劳斯致力于在论证中推进或检验这一系列看起来奇异的建议：在苏格拉底的生命中，在其既无情又具有爱欲性或爱意的怀疑论中，可以发现真正自由、真正清醒、真正理性的人类存在之典范；这种生活方式为永恒的友谊及真正的宽容提供了最坚实的基础；尽管在苏格拉底的爱欲性怀疑论与家庭、宗教、公民身份所需的忠诚、奉献和依恋（attachment）之间，存在一种必然而持久的张力，但二者进行对话时产生的一种脆弱而又相互受益的共存关系也有可能存在；从这样的对话中——其极致产物是亚里士多德的《伦理学》和《政治学》——产生了公民正义和公民善恶的规范，尽管这些规范并不绝对（由于它们容易受到自然法或绝对命令体系的影响），但它们拥有超历史的有效性，因为它们立基于理性地洞察人类的本性，人类的永恒且最深的需求；最后，自由民主的最高潜能就在于，它有能力维系甚至崇敬苏格拉底这个典范、苏格拉底对话以及苏格拉底生活方式。

在我们的时代，信奉这样的古典政治理性主义，为什么竟然会引发怀疑甚或敌意？我没有一个完全令人满意的答案。但是，我倾向于相信，从根本上讲最具决定性的是这个事实，即这种古典政治理性主义显得（或可能显得）在反对民主制：即在反对平等主义态度，而该态度恰是我们时代与文化最深层也最有力的道德态度。现在千真万确的是，苏格拉底及其最伟大的弟子或精神传承者——色诺芬、柏拉图和亚里士多德——是民主制的批判者。施特劳斯总是坚称，必须公正而诚实地面对古典政治理性主义这一令人为难的特性；他强烈反对各种时代、各种地域都存在的如下企图（亦见于他本人的某些同行和学生之中），即混淆或淡化或回避古典政治思想这一关键特征。进一步讲，施特劳斯本人接续了古典的民主批判，而且事实上他将此批判运用并扩展到西方自由民主的新形式或现代形式。但是，在坚持[xiii]突显并接续古典的民主批判的同时，施特劳斯还坚持认为，这么做可以表现出这种批判并不敌视民主制，反而有益于民主制，并且的确植根于对民主制的真正依恋——尽管这是一种理性而又清醒的依恋，一种以坚决拒绝谄媚民主制为前提的友谊。用施特劳斯的话说，"我们不可以当民主制的谄媚者，恰恰因为我们是民主制的朋友及盟友"（《古今自由主义》，前揭，页24）。民主制或人民最真心的朋友会经常（且不说总是）批评人民——甚至进一步还要批评人民的政治谄媚者和文化谄媚者，或还要批评人民的智慧。于是，民主或人民最真心的朋友无法赢得许多对公共声望（popularity）的争夺战（苏格拉底本人就被雅典民主制当作罪犯判以死刑）——不过他可以赢得一种身后的尊敬，这种尊敬远比公共声望更为可贵。

但是，要更好地理解施特劳斯引发的憎恨缘何而来，我们必须进一步深入古典政治理性的确切特征，并且由此进入施特劳斯从古典政治理性主义那里继承的——并以此为名而接续的——民主批判。与此同时，我们必须进一步显明古典政治理性主义与现代政治理性主义之间的尖锐对立——现代政治理性主义尽管不断遭到围攻，但如今仍旧盛行：这种理性主义源于启蒙运动。

德性主题

古典政治哲学的中心主题是德性，或者说人的美德（excellence）。苏格拉底及其追随者们尤其专注的问题是：德性是什么？它可教吗，如果可教，如何来教？什么样的教育才能造就一个完全的公民以及完全的人？何为一个有德的治邦者以及公民？什么样的政制最能促进德性或美德？何为一个真正的朋友？谁或什么值得富有激情的爱？

目前，这种追问和关注仿佛立即将苏格拉底及其理性主义刻画得与那种倾向于支配我们当代文化的智术性（sophistication）相去甚远——即便不说格格不入。每个大学本科生都"知道"，苏格拉底所谈论的是"诸价值"的观念，但他未能成功地摸索出如何表达此观念。苏格拉底一生中从未提及"诸价值"，这一事实是一个清晰的标志；[xiv] 在科学及科学思考的晦暗黎明之时，亦即其牙牙学语之时，这标志就已经矗立于世。知道（正如我们确信自己知道）道德和正义原则都是价值，等于知道苏格拉底问题遭到了很深的误解——因为苏格拉底问题表达的是探究真正理性的或客观有效的答案；这其实就等于知道，价值尚缺乏任何可确认的固定含义或地位。价值是个体偏好，或主观奉献，或文化创造，或历史使命。一旦认识到这个真理，这个绝对且无可置疑的真理，[就会认识到] 智术性回应并不理会关于价值"真实性"的持久论争，而是进行"自我表现"并寻求某种"共通性（community）"——该"共通性"立足于"澄清"我们的传统及其进化过程，立足于"深思熟虑的道德判断"（实是偏见）。这一追求只为如下绝对道德原则所规制：我们要想表达自我并寻求共通性与价值澄清，就应该承认所有其他人也有同等权利表达自我并寻求共通性与价值澄清。

不难揭穿这种虚假智术性的内在不一致：要想否认绝对或普适真理的可能性，就必须主张一个绝对或普适真理，据说还必须主张普遍有效的道德命令或禁令——亦即主张超越种族、肤色、信仰或民族背景和历史背景的人权。更重要的是认识到，没人可以真的依据这种虚假智术性而生活。对民主和平等效忠所需的这个前提，时时刻刻都自相矛盾并自我削弱，不论在行动上还是在逻辑上皆然。因为，一旦有人从有关价值和相对主义的愚蠢而抽象的观念返回现实生活——返回选举、陪审义务、招聘决策、友谊构筑、配偶选择、孩童抚育、同自身良知的商榷——他就会发现无法摆脱的需求与责任,即必须时刻评价、判断他人的品性。只要我们活着,我们就情不自禁地发觉自己迫切地想要认识苏格拉底所企图认识的东西;因为我们知道,至关重要的东西正是我们自己的幸福和我们喜爱的东西,进一步讲还包括公正对待他人这一义务:对于我们自身和他人的品性和尊严,必须作出评价、表示尊重,并因此而获取某种前提来进行认识和判断。

正是在这种扭曲我们道德经验的智术性虚伪之下,可以发现无可辩驳的证据能够证明:那些作为苏格拉底起点的关切和问题[xv]自有其内在而永恒的力量。除此而外,在我们最为重要的经验中,还有知识性证据表明该以何种方式回应这些问题与关切。生活教我们所有人在某种意义上好好注意,亚里士多德在如下场合所意指的东西:他讨论并仔细区分和排列各种不同的性情德性①(勇敢、节制[moderation]、慷慨、大度[magnanimity]、正直、机敏、友爱、自制、仁慈、明智[prudence]以及智慧);他区分并排列法定的、分配的、交换的以及报应的(retributive)正义;他区分并排列高贵的或美的事物,以及好的或有益的事物。我们也许已变得不再习惯古典著作(包括政治哲学与诗)中所发现的丰富而微妙的道德叙述——我们的道德感觉荒疏了,我们的道德叙述和道德意识已经相应地变得混乱与粗鲁;但是我们可以重新开始涵养那些感觉,只要我们愿意心智开明地面对仁厚(humane)而古老的古典共和传统的论争、故事和人物。

苏格拉底诸问题

只有切实地开始进入古典的论争和戏剧,我们才能开始恢复

---

① [中译编者注]参页[163]关于"性情德性"的论述与注释。

那些令古典传统绞尽脑汁的深层问题。古典政治哲学源于苏格拉底，苏格拉底的知识就是无知之知——即认识到我们大部分道德知识的不完美性。不过，说我们的知识不完美，并不等于说它毫无意义。通过严肃的公民对言辞和道德意识进行交互检审和澄清，苏格拉底式政治哲人发现了不少值得理智考虑的东西，不少能为公民行动和公民教育提供合理引导的东西。这些东西在如下这类著作中得到规范化（codification）：柏拉图的《法义》（*Laws*）、亚里士多德的《伦理学》（*Ethics*）、西塞罗的《论职务》（*Offices*），还有由此衍生的那些伟大的中古注疏。但正是这些规范化成果及其注疏以一种不引人注意的方式指出了潜伏于我们强大道德经验底下的那些异常难解的困惑或问题。让我试着陈述这些根本的苏格拉底问题，我得根据目前这个场合讲得尽可能简明扼要。

一方面是关心自身灵魂的健康和完善，[xvi] 另一方面是献身于他人，尤其政治共同体中的公民同胞，这两方面是什么关系？孰先孰后？

德性的光华或高贵在牺牲或自我超越的时刻最为明显；然而，正是幸福体现为所有人类生活的最终目标：那么，高贵和幸福是什么关系？

体验友谊、爱尤其爱欲之爱的时候，渴求个人幸福和渴求献身于被爱欲者（the beloved）①——甚或为被爱欲者牺牲自己与自己的幸福——之间是什么关系？

既然理性的自我意识处于人类美德的核心，既然知识——尤其自我知识——正是德性的核心，那么人类职责的本性到底是什么？难道不是所有人都追求他们信以为好的东西？倘若德性就是知识或根源于知识，难道邪恶不是无知或根源于无知？那么怎样

---

① ［中译编者注］在古希腊语境下 the beloved 不仅指异性恋的爱人，亦指同性恋（尤其少男恋［pederasty］）的被爱者，刘小枫将这个义项中译为"被爱欲者"。参刘小枫编/译，《柏拉图四书》，页167 注2，北京：三联书店，2015。

才能理解罪与罚、奖与惩、荣与辱?

这些就是苏格拉底式哲人令自己责无旁贷地执著追寻的问题。这样一来,他就在某些方面不同于或超越了公民或治邦者,他们必须回避或至少悬置或削弱这种求索,以便行动。然而,哲学生活为一种毫不妥协的哲学追问所消磨,这同样也是一种行事或行动,而且既然哲学生活能够更为充分地达成理性的自我意识,亦即达成人的最高品性,那么这种生活便呈现为一种标准,它可以取代(supervenes upon)并必须在某种程度上引导那种投身于公民行动和道德行动的生活。

哲人的公民职责

哲学生活——它要求无情地追问、求索道德智慧——可以或应该以何种方式超越(尽管同时在引导)政治生活和道德生活,对于古典政治哲学来说本就是一个最重要、最微妙的问题。因为哲人的怀疑论能轻易削弱公民德性和性情德性所需的奉献精神。如今我们发现,要恢复古典共和思想这一维度尤其困难,因为我们生活在一种新形式或现代形式的共和社会中,这个社会前所未有地放任或宽容,而且显得或声称在宗教或道德的共同义务和共识这些方面要求极少。[xvii] 正如我们马上就会看到,这种新共和主义很大程度上是一种新的或现代的政治理性主义的产物。古典哲人们面对的种种共和社会(以及非共和社会)具有一种与我们所处的社会非常不同的特性——但古典政治哲人会坚持认为,在民主道德共识的层面上,我们的社会所需的东西也比我们起初可能意识到的或倾向于承认的更多。在每个社会中哲学生活都会引发危险,而且倘若毫不明智地或不负责任地追求哲学生活,哲学生活就会激起狂热的反应,而这又会将哲人们置于险境。

但是,只有当我们考虑哲人处境的神学维度时,社会与哲学之间张力的极端严重性才会变得清晰起来。因为苏格拉底式哲人们提出的问题暗示着对一切现存的权威回应都不满意；而最为权威的传统回应来自宗教，或者说宗教传统之声——诗人们、神圣文本以及权威化了的解释者们。事实上，与哲人恰好相反，宗教传统教导说，道德生活和公民生活的未解难题当被适宜地理解为隐含着如下事实：政治行动和社会行动的生活指向自身之外，并指向神性（divinity）或神性命运，而在神性或神性命运的戒律（commandments）或指引面前，人的内心和心智必须谦恭地顺从并膺服。真正真诚的或心智开明的苏格拉底式哲人，无法忽视这些广为接受的权威教诲。事实上，人们可以毫不夸大地说，对任何一个真正有自我意识的理性主义者而言，最为紧要的问题必定就是，若没有受益于超理性的灵感或启示，或没有受益于对这样的灵感或启示的服从，理性是否能够或应该成为人类存在的向导。于是，苏格拉底式的哲人必然被迫与宗教或启示或诗性灵感的进行一场批判性对话；这种对宗教权威的质疑或探查显然引发了一种新层面的危险，此危险不仅针对该权威，而且针对质疑此权威的哲人。

我现在试图勾勒的问题——施特劳斯跟随斯宾诺莎，称之为"神学—政治问题"——就是界定人类处境的永恒问题中惟一（the）最为根本的问题。对于哲人来说，这不仅是一个明智的（prudential）问题，而且首先是一个道德的问题——而且最终对于[xviii]注意到哲学之可能性的所有深思（thinking）者而言亦然。我从施特劳斯的文章"论古典政治哲学"（On Classical Political Philosophy，即本书第 4 章）中引一段话：

> 同其他已经开始意识到哲学可能性的人们一样，哲人们迟早会陷入惊异（wonder）：为什么要哲学？为什么人的生活需要哲学？关于整全之本性的意见应该为关于整全之本性的真知所取代，这一立场为什么好，又为什么对？……在政治

共同体的法庭前为哲学辩护，意味着基于政治共同体来为哲学辩护，亦即其所凭借的论据并不诉诸哲人本身，而是诉诸公民本身（强调为笔者所加；[译注] 见页 [61]）。

换言之，这个道德的问题、这个明智的问题立即也变成了一个交流问题、一个修辞问题。紧随苏格拉底足迹的古典政治哲人必须成为一个"辩证家（dialectician）"：他必须学着不依据他自己的主张来言说与论争，亦即不预设理性是至高的向导和标准。他必须论证对理性的信赖；而这意味着他不应该从已然假定了理性充分性的诸前提出发。他必须论证，在那些事先并不把理性当作必然最高标准的人们的视野和主张中，理性具有权威性。而且，他要想执行这一任务，就必须充分意识到，他所面对的不仅有智识困惑，还有道德疑虑，甚至还有道德迫害的可能性。

然而，这意味着对于古典政治理性主义者而言，关于修辞或交流的研究不仅是、甚或主要不是一项理论研究：它是一项实践的、道德的、政治的训练。由于古典政治理性主义者自身实际的修辞经验，他们不相信存在一种关于修辞术或"解释术（hermeneutics）"或"符号学"的普遍理论，甚至否认这种理论的可能性。在每个社会、每个历史处境中，都会需要一种稍稍不同的修辞术、政治敏感和心理敏锐；而且，与人们关于施特劳斯的寻常谈论相反，施特劳斯不停地强调，必须这样进入每个政治哲学文本：着眼于它原本的言述对象，因而还着眼于它诞生时所处的独特而具体的历史处境与状况。这就是施特劳斯关于交流的伟大著作《迫害与写作艺术》（*Persecution and the Art of Writing*）① 的主题。不过，施特劳斯之所以不同于所有关注思想家及其历史环境之间 [xix] 关系的通俗历史主义学者们，就在于他坚持认为，必

---

① [译注] Glencoe, Ill.: The Free Press, 1952; Chicago: University of Chicago Press, 1988。中译参《迫害与写作艺术》，刘锋译，北京：华夏出版社，2012。

须像被研习的思想家自身那样审视其历史处境。而且对于少数真正的政治思想家而言,这意味着必须这样看待文本:文本会依靠修辞术甚至柏拉图所谓"高贵的谎言",精心地令自身适应大多数正常的支配性成见。文本以及文本中包含的思想对特定历史处境作出了回应,但仍无法基于该处境而得到完全解释,因为文本并非仅仅反映或出自那一处境。相反,一位真正的政治哲人(尤其如果是一位苏格拉底式哲人)的文本,往往必须被视为在某种程度上对处境的一种精心调整——被视为对处境的一种建设性的、负责任的批评途径,以及一种导致从处境中解放出来的途径。

古典政治理性主义与民主政制

我已经草草勾勒了古典政治理性主义的特征,那么这种理性主义者如何看待民主?正如我已经提到,古典著作熟知的民主不是现今的大众自由民主。民主制的原初形式是让出身自由的成年男子中的多数人直接统治,它存在于小型的、前技术时代的城市社会,其经济基础通常是农业。由这样一个社会中的这样一群多数人进行统治,就意味着由贫乏的家主们进行统治,他们缺乏财富和闲暇去获得优良的教育,也没有多少担任公职的经验,更不消说国家间事务的经验。多数人的这些严重欠缺源于天性或偶然所造成的严重匮乏和不平等,并给民主制留下巨大阴影。不过,古典政治哲人未曾轻看民主,也不曾指控民主制漠不关心德性。持平地讲,亚里士多德在其《政治学》中认为,在共和制生活的大多数实践场合,比起民主制的主要对手寡头制(富有的少数人的统治),民主制——尤其基于土地占有者或者说自耕农的民主制——更容易培养兄弟意识(fraternity,[译注]或译"同志意识")和坚定而基本的公民德性。但是亚里士多德以及其他古典著作注意到,民主制总是容易高估和过度强调贫乏的多数人所能够企及的那些德性（血气之勇、爱国主义、虔敬），而忽视那些需要非凡才干、教化、闲暇及广泛政治经验的德性或美德。若为启蒙后的（enlightened）治邦者们所领导，那么民主制就能贤明地结[xx]合寡头制的某些合理因素（推举而非投票选举，公职资格具有教育背景限制或其他限制，固定的公职任期及在职官员的相对独立性，不频繁但很悉心地组织议事会[assemblies]，一个元老院，诸如此类），于是倾向于这样一种政体或混合政制：它结合了寡头制和民主制二者的某些最佳方面，这种结合所造就的综合品性超越了自身的两个构成要素而朝着贤良政制①进发。在施特劳斯关于阿里斯托芬（Aristophanes）戏剧的讨论中，我们将看到[阿里斯托芬]活现了古典著作所支持的那种民主制的某些欢腾、喧闹的力量。然而，只有依据贤良政制所设定的标准来研究民主制，民主制的美德才能如其缺陷一样被清晰地发现，才能被看作是为了这些美德真正之所是。

贤良政制是这样一种政府形式，即由最有德的人们在不必做出妥协的情况下进行统治；正是这种政制以尽可能地推进、培育德性为其明确目标。然而，这种严格意义上的贤良政制并非意在成为一个现实计划："古典著作从不曾妄想一种真正的贤良政制有可能变成现实"（《古今自由主义》，前揭，页15）。古典政治哲人们并非将贤良政制观念（或他们所谓最佳政制）阐释为一个实行方案，而是阐释为心智之眼所持的一个标准，并以此标准衡量与批评既存政制，或令既存政制注意到自身种种局限。在实践中，在任何如此明智行事的地方，古典政治理性主义者们总是赞同并积极支持政体，或者说支持民主混合政制。还得补充一点，他们之所以这么做，不仅因为他们支持性情德性和公民德性，而且因为他们作为哲人的旨趣令他们更喜欢生活于民主制而非其他任何

---

① [译注] 即 aristocracy，源于 ἀριστο-κρατία，指出身或德性最高贵优良的人进行的统治。

政制。因为恰恰是民主制无法避免的相对放任和随意，允许哲人或年轻的潜在哲人拥有更大的思想自由，也拥有更大的空间以践行其非正统方式。苏格拉底、柏拉图以及亚里士多德全都自愿选择生活在民主雅典，而非生活在道德要求更高的希腊城邦或非洲城邦（例如，斯巴达、克里特、迦太基；此处参考柏拉图对"宽容的"雅典的赞扬，见《法义》，642c－d）。这里，我们注意到哲学与道德卓越性或公民美德之间复杂、紧张或有些水火不容的关系的另一个方面。

现代理性主义的危机

[xxi] 处于现代政治理性主义——即现代政治哲学，它源于16、17世纪那些哲人，如马基雅维利、笛卡尔、培根、霍布斯、斯宾诺莎和洛克——中心的，是对哲学德性与性情德性或公民德性之间关系的一种完全新异的解释。对理论与实践之间关系的这一新解，暗示或密切关涉一种完全新异的共和主义概念；而这个新概念是当代自由民主制的首要渊源，尽管确乎并非惟一渊源。这种新理性主义及其引发的新共和主义绝非铁板一块：现代理性主义者之间存在尖锐而深刻的分歧。不过，这些争议之发生是基于一种更为根本的一致。现代理性主义者宣称要克服或回避那些支配苏格拉底理性主义的张力、问题以及尚未解决的矛盾（首先就是沉思生活和实践生活之间的张力或矛盾）。现代理性主义者许诺，一个社会会在某种程度上以某种方式变得理性或变得无矛盾，而古典政治理性主义认为这不可能。

如何解决这些张力，正是现代理性主义的纷繁脉络中一个具有严重争议的问题；不过，任何情形下所需要的大约都是，在某种意义上深刻重释并重铸哲学和共和社会二者之本性。一方面，哲学不再被当作最高之善而得到公开捍卫，不再被认为高于且超越任何对社会的贡献。热爱或追求真理被视为是为了满足其他更自然或更深层的需求和激情。甚至在哲学仍旧处于显著地位的场合，如在斯宾诺莎那里，哲学被认为以教诲一种属人伦理学（ethics for mankind）系统为旨归。另一方面，社会不再被认为指向自身之外，不再被认为指向一个存在之维，此维度超越了通过理性社会和政治行动而能够达成或实现的东西。相应地，启示宗教或超理性虔敬在政治和社会中扮演了第二位乃至更加次要的角色。自然或理性的上帝，或曰为经验科学所论证的上帝，要取代圣经和启示或秘传中的上帝。

[xxii] 以现代理性主义视角来看，古老的理性主义和共和主义的关键性困难或不足仿佛就是：它们错误地试图发现一种客观幸福或一种至善（summun bonum）或最终之善，并以之作为存在的目标、条件和引导性极点；或者说它们错误地渴望为这些东西的允诺所引导。现代理性主义以新的引导为名拒绝这一引导，新的引导要么基于最强烈的激情（对暴死的畏惧，安适的生存；虚荣或骄傲或赏识），要么基于守法性的那些形式属性，以及那些根源于守法性的敬畏感的形式属性（公意 [general will] 或绝对命令 [categorical imperative]）。

据说这些新的引导性要点拥有巨大优势：它们建基于所有人都强烈葆有的东西，因而建基于对所有人都极为明显的东西——无论他们会感到或找到什么其他东西。这些新原则是正义的首要原则，并似乎可以宣称根源于对人性的洞察，即洞察人内心无可置辩地永恒与必然的东西。于是，这些新原则就被确立为真正的自然法则或自然权利，并且根源于"自然和自然神"。这些新自然法则许诺要终结无穷无尽的道德、政治、宗教战争，这些战争曾肆虐人类，而且将永远肆虐人类，只要人类试图将自己毫无所知的幸福或最终之善作为导向。这种新理性主义允诺道，将不再那么需要那些能高超地洞识到终极目标的人们提供政治领导或指引，将平定那些基于这种智慧而主张统治权的人们无穷无尽的争执。

由于可以向所有人彰显这些首要原则作为行动必不可少的基础，民主同意充当了政府的惟一合法（legitimate）基础；那个必须由这样的同意建立起的政府，也许算作一个新的、启蒙后的代议制民主制，其中"统治者"被取消，并代之以代表们，他们不得不做公众意志的"公仆"。这种新民主制并不宣称将德性作为其目的，但可以很好地培育某些被理解为手段或工具的公民德性，还可以提供一种自由，令身处其中的个体可以在私人生活中追求性情德性；这种新民主制并未宣称要提供通向人类完满或幸福的路径；它只提出远远更为有限、更为清醒的主张作为不可或缺的手段，以保护每个个体"追求幸福"的个 [xxiii] 人自由或私人自由——无论那个幻影般的目标（will-o'-the-wisp）呈现为什么样子——随他或她所愿，只要他人进行此类追求的同等权利未遭剥夺。新共和主义者的自我定位并非基于生活的目的，而是基于追求这些目的时所需的诸先决条件——这些目的或许体现为客观存在，但也或许不然。不过，这意味着这些手段——财富、权力、声望、公民自由、法律和秩序——事实上越来越成为主要目的，首先在公共生活如此，之后不可避免地在私人生活亦然。人类在本性上能否安于不断趋向于一种具有无目的之目的性的公共生活？抑或，这一新使命中的生活是否越来越成为施特劳斯在其洛克研究的结论中所谓"对快乐的不快的求索"（《自然权利与历史》，前揭，页251）？

现代政治理性主义秉持这一承诺：受到启蒙的大众一旦在新原则下得到培育，将会在那些原则及其所引导的生活中找到和平的共识和冷静的满足。异常伟大的哲人们终于在19世纪开始谈及"历史之终结"、"永久和平"、"解开历史之谜"。不过，只要读读我们时代最为表面的历史，不，只要读读明天的早报，就会晓得现代政治理性主义的承诺一直未落实。其实，所有经过启蒙的人们理应赞成的现代自然权利根本原则，几乎已经不再被普遍认为根源于自然或任何永恒有效的洞见；曾经所谓基于客观有效知识的自然法则和自然权利,现今广泛地或普遍地被仅仅当作产生于或神秘地归因于特殊历史文化的价值或世界观;而且,我们的这种文化越来越被栖身其中的智术之人(the sophisticated)视为处于衰败或老朽状态。这就是施特劳斯所谓"我们时代的危机"、"西方的危机"、"自由民主的危机"最显而易见的含义。

施特劳斯与自由民主制

施特劳斯那些伟大的同时代者们如海德格尔,认为现代政治理性主义已然穷途末路,然而施特劳斯从不伙同他们;他更不相信自由民主制(尤其[xxiv]美国式自由民主制)正摇摇欲坠。在理论基础和日常实践两方面,不论自由民主或大众民主与古代公民共和主义相距多远,自由民主仍是共和主义的一种重要形式。亦即自由民主制仍是一种由公民(citizenry)自治的形式。故而,它仍旧需要并激发某种形式(诚然是一种被弱化的形式)的希腊-罗马理念:一个积极而骄傲的公民共同体(citizenry)对杰出治邦者们充满以理解为前提的尊崇。因而施特劳斯谴责那些盲目地持平等主义的史家们所产生的影响,他们贱视而非阐明治邦者们的伟大;他有力地反对史家中间盛行的一种趋向,即低估或小瞧政治史学,亦即把公民与统治者的争论与行事仅仅归结为一种意识形态表象,这种表象据说掩盖着更深层的、亚政治的经济力量或社会力量;他不断挑战某些社会科学同仁,后者关注于他们所谓的行为,于是把法官的书面意见、代表们的商议以及公众意见的形成,当作完全可量化、基本可预测的精英现象或大众现象。他论证,这些学术风气与教育风气不仅令政治论争和具有公共血气的领导阶层在已然不大受尊重的情况下更加得不到尊重,而且歪曲了经验事实,即人作为政治动物这一现实。

施特劳斯虽然试图保存古老共和主义公民地位和治邦术的未

烬星火,但未曾屈服于任何种类的怀古热望——渴求城邦及其"积极生活(vita activa)",亦即其"公共空间"或共通感。在这一点,施特劳斯不仅截然不同于其他爱好希腊的自由民主批判者如阿伦特(Hannah Arendt),而且截然不同于马基雅维利、卢梭、尼采以及其他极端的现代思想家们。施特劳斯最为效忠的是苏格拉底哲学,而不是古典城邦甚或古典技艺。施特劳斯太深刻地了解修昔底德(Thucydides)如何剖析伯里克勒斯(Pericles)葬礼演说的不节制所暗示的一切,以至于无法赞颂帝国主义雅典的荣耀。在某种程度上因此之故,施特劳斯并非惯于鄙夷地谈及"资产阶级式"个人主义,或忘恩负义地唾弃现代商业共和国所带来的空前的仁厚、同情、社会福利以及对多元性的保护。施特劳斯或许比任何人都更清楚地看到美国传统中的某种不和谐:一种更古老、更高贵、却不那么有影响的古典理念或公民理念,与一种新生的、越来越得势的、放[xxv]纵的个人主义秩序之间的不和谐。但正因如此,他也更清楚地认识到这不稳定的结合中各要素的特定优劣。

特别是,施特劳斯敬慕作为自由主义标志的对个人自由的宽容和尊重,不仅因为后者为受迫害的哲学提供了一个避风港,而且因为其允许(即便不鼓励)出现充满活力的政治争论,这些争论有时远远超越当下事务和争议。于是,现代类型的自由主义内部为原本或古代类型的自由主义留有余地。施特劳斯甚至发现,现代自由主义内部原本就为更古老的自由主义的至高要素留有空间——更古老的自由主义取决于心智获得自由,而这需要学习和论争伟大著作所提出的关乎人类美德的种种竞争性视角。在最佳状态下的自由大学中,古代自由教育观念作为现代自由主义的御宝(crown jewel)继续闪耀着光芒——只要大学抵制民主社会产生的扭曲性压力(产生于民主社会无止境地要求人们关注并服务于社会),并阻止人们认可盛行的道德讨伐与道德教条。

施特劳斯论证,这种对自由大学理念的威胁正在局部流行,因为正是一种对真正心智自由的威胁最严重的表征,处处困扰着现代自由主义的步伐:严肃的事实在于,开放社会的开放性本身就包含着一种自我毁灭的病菌。施特劳斯指出的这一疾病并非自由派轻松地发现并经常高贵地抵抗的那一疾病——非正式场合的(unofficial)迫害与歧视的持久存在以及反复复苏。更具潜在危险性、因而也更具腐蚀性的是民主制倾向于容忍堕落,起初堕落到一个随便的信念,即一切观点都平等(于是没有任何观点真正值得人们富有激情地论争、深刻地分析或坚定地辩护),进而堕落到一个刺耳的信念,即如果任何人论证一种独特道德洞见、生活方式或人的类型具有卓越性,那么他就在某种程度上是精英主义者或反民主派——所以他不道德。这就是托克维尔(Tocqueville)在一处早期论述中描述为新的、温和的"多数人僭政"的综合症状:对平等主义的遵守造成了一种难以捉摸、毫无条理但无所不在的压力,而遵守平等主义则源于,心理上受到训诫与恐吓的个人无法抵制大众"公共意见"的道德权威。平等原则在体现为最崇高的形式时,许诺每个人都有机会上升到天赋和 [xxvi] 成就的、德性和智慧的自然等级(hierarchy)中的一个适当品阶;不过尤其在乔装为相对主义的齐平道德主义(levelling moralism)所造成的坏影响之下,平等原则太容易堕落了。此外,由于不假思索地偏离了相对主义,问题不仅未得到缓解,事实上还恶化了;因为当代民主道德主义以其公开形式(尤其以其社群主义[communitarian]形式)倾向于过分强调那些相当温和或软弱的社交德性:

> 存在一种非常危险的倾向,即把好人等同于讨人喜欢的人(good sport)、合作伙伴、"可靠的家伙",亦即过分强调社会德性的某个特定部分,并因此而忽视那些私密地(更别提孤独地)成熟(即使不是繁荣)起来的德性;教育人们以友爱精神互相合作,而并不教育那些特立独行的叛逆者们

（nonconformists）去单打独斗……民主制尚未找到一种办法抵制逐渐蔓延的因袭主义（conformism）及其所促进的那种对私密性日益加剧的进犯。（《什么是政治哲学？》，前揭，页38）

依施特劳斯的判断，只有一种适当的回应："自由教育是大众文化的解毒剂……是我们试图从大众民主上升至原本意义上的民主所用的阶梯"——亦即"已然扩展为普遍贤良政制的一种"（《古今自由主义》，前揭，页4-5）。施特劳斯从不期望这样一个社会能够得到实现，而且事实上他坚持认为人们不应对其实现抱有扭曲的幻想与希望；不过，他声称可以朝着这个方向小步迈进，而这样的迈进正是自由民主的最高使命。然而得再次表明，施特劳斯不厌其烦地强调在最高者和最紧迫者之间做出（尤其政治上的）区分的重要性；对自由民主来说，最紧迫的不是对其进行改进而是为其辩护。施特劳斯论证，当我们渴望改进自由主义时，我们必须永远感激我们已有的那些弥足珍贵的繁荣、仁厚与自由。

前面的反思并非意在适当地解释甚或概括施特劳斯；人们在下文将找不到一种可以轻易地概括或解释或归类的思想。我冒昧地提议：读者们现在应试着撇开先入之见，至少暂时别想着为[xxvii]这里所评介的思想家归类——亦即请读者抱有善意地准备参加一次思考和论争的盛宴。

关于本书

本书以施特劳斯本人的言辞来介绍他的哲学，尽管这并非出于他本人的意图。这里所收作品的选择、排列和编辑完全由我负责并执行。由于施特劳斯留下的已出版作品作为一个巨大织体，大约在某种程度上准确地按他的意愿传达了他的思想，所以现在这个方案或许值得质疑。退一步说，我有责任一开始就提醒读者，这本书不是由施特劳斯本人拟定，故此书只应视为对他的思想的一个初步介绍。这样一个介绍——以期刺激进一步阅读——的确是我的目的。倘若这本书取代了施特劳斯真正的著作，或它并未激发读者进一步阅读施特劳斯真正的著作，那就实在有违我的初衷。

诚然，这里收录的作品有相当一部分（第1、2、4、5、10章）都曾出版过，有的由施特劳斯本人出版（第1、2、4章），有的由其遗著保管者克罗波西（Joseph Cropsey）主持出版（第5、10章）——目前这个选集已由克罗波西授权。我的一个次要意图就是让这些已出版著述更加便于使用，因为它们大多潜伏于不甚引人注意的学术刊物。由从前未出版的手稿构成的几章，包括施特劳斯在各种场合所作讲演的简单编订版。这些讲演体现出某种非正式性或直接性，在我看来这一点似乎使得它们尤其适合作为入门读物。而且，这些讲演并非简单地暗示或复述施特劳斯出版物中所能发现的东西。当我从施特劳斯留下的大量著述中挑选这些特定讲演时，我试图令我所汇集的内容看上去不仅适合作为入门读物，而且实质上有助于我们理解施特劳斯的思想以及那些他专注过的主题。于是，我要基于如下三点证明本书的正当性：本书使难得而重要的材料得以付梓；本书使先前难以接触的已出版著述变得可以方便地利用；而且最重要的是，[xxviii] 本书以施特劳斯本人所作的讲演提供了通向施特劳斯著作的一条大道或门径。

我将本书分为三编。第一编中我收录的著述表达了施特劳斯对于我们时代精神危机的看法；作为我们时代精神的现代理性主义激发施特劳斯重新检审与这种理性主义相对抗的苏格拉底式或古典式政治理性主义。第1章是施特劳斯在一次关于社会科学状况的会议上所用的讲稿。① 在此，施特劳斯简要展示了他如何看待一种仁厚的（humane）社会科学，他如何拟定这种社会科学的实行者所应履行的公民义务与职责，以及他把什么视为这种社会科学中的仁厚精神与公民精神在当代所面临的巨大（massive，[译注]参 masses[大众]）障碍。这个巨大障碍就是道德相对主义。道德相对主义有许多版本，有的比较肤浅，有的则比较富于思虑因而真正富于挑战或令人苦恼。通过对抗日益严肃且严密的哲学相对主义者，第1章的后半部分以及随后两章得以推进（ascend）。在第1章后半部分中，施特劳斯试图发掘出无条件的相对主义的非人性影响与逻辑荒谬；此章的结尾提出如下问题：一种有条件的相对主义是否不会成为严格相对主义和绝对主义之间一个站得住脚的中间立场？

施特劳斯在第2章（一篇已出版论文的主体部分）② 开始回答这个问题。施特劳斯以批判伯林（Isaiah Berlin）著名的"两种自由概念"（Two Concepts of Liberty）③ 开始。在伯林的文章中，施特劳斯发现了某种相对主义的一个经过精心表述、故而颇具启发意义的版本，这种相对主义盛行于富有智性的（intelligent）英美自由派之中。施特劳斯指出伯林为自由主义辩护的尝试既具有迷人的优势又具有决定性缺陷，然后称这篇论文是"自由主义危机的标志性文献——此危机源于自由主义已抛弃了其绝对主义根

---

① 本章重印自这次会议的记录：Leonard D. White 编，《社会科学的状况》（*The State of the Social Sciences*, Chicago: University of Chicago Press, 1956），页 415 – 425 (1956 by the University of Chicago Press)；我已删去开头和后面关于会议方案的一些话。

② 见 Helmut Schoeck、J. W. Wiggins 编，《相对主义与对人的研究》（*Relativism and the Study of Man*, Princeton: Van Nostrand, 1961），页 135 – 157。我已删去依本书第1章和第3章的眼光看来原文中多余的部分。

③ [译注] 1958 在牛津大学所作的演讲。同年出版《两种自由概念》（*Two Concepts of Liberty*, Oxford: Clarendon Press, 1958）。后来全文收入《自由论》（*Liberty: Incorporating Four Essays on Liberty*, Oxford: Oxford University Press, 2002）。中译本参《自由论》，胡传胜译，南京：译林出版社，2003。

基,而且试图变得完全相对主义化"。伯林的论文意在经受时间考验,而且它正是如此为施特劳斯所处理;不过,在其写作的时代,这篇论文同样是——并且意在成为——为了在哲学上雄辩地表达冷战中自由派的反共产主义立场而做出的最重要的尝试之一。于是,施特劳斯在诊断了伯林论断的种种不当之后,转而与卢卡奇(Georg Lukács)进行简要对抗,这位思想家对于施特劳斯来说代表对自由主义和自由相对主义最为有力的马克思主义批判。在施特劳斯与卢卡奇的论争过程中渐渐明显的是,[xxix] 在施特劳斯的判断之中,相对主义最深层的哲学渊源是某种形式的"历史主义",包括当代马克思主义历史主义。"历史主义"是个包含着各种各样学说的词语,这些学说共同的教义就是,人类缺乏一个固定的本性,故而没有任何普遍或永恒的准则。依据历史主义,在最重要的问题、最深层的需求以及最高准则上,人类由于历史时期或文化的不同而产生根本改变与分歧。依据最极端的(存在主义式)历史主义,没有什么客观真理,即便在科学中也是如此,而且人类意识在每个层面上最终都陷入并取决于一个难以捉摸、变幻多端、出人意料的历史宿命:每位思想家,甚至最伟大的思想家,都是其时代的一个产儿。在第 2 章结尾,通过展现自由主义、马克思主义以及实证主义或当代科学哲学全都无法反驳极端历史主义,甚或无法避免逐渐陷入极端历史主义,施特劳斯开始指出极端历史主义的力量。

第 3 章至少意在初步勾勒,施特劳斯毕生致力于应对海德格尔那令人生畏的挑战——在施特劳斯看来,海德格尔是 20 世纪最伟大的思想家,也是一种真正极端的历史主义和相对主义最强有力的主张者。这一章的前四分之三主要源于一份打字稿,此稿显然由学生们根据一份录音整理而成,内容是施特劳斯 1950 年代在芝加哥大学所做的一次讲演,题为"存在主义导言"。原始打字稿在有些地方有点含混或不确定,我不得不删除一些句子并为了流畅性而进行编辑。芝加哥大学图书馆施特劳斯档案馆所存的一个副本上，有施特劳斯所做的某些订正，这令我受益良多。我还基于进一步特许而加入了三段话（发现于施特劳斯题为"苏格拉底问题"的讲演的一份打字稿残本），这三段详尽展示了施特劳斯如何讨论海德格尔对 Sein 或 Being 的理解。

第二编意在介绍施特劳斯关于古典政治理性主义的观念。那种理性主义的中心屹立着苏格拉底，以及他所开创的政治哲学探究——他也许已令此探究达到了一种完美状态。施特劳斯对苏格拉底的审视所依据的是，苏格拉底如何回应前苏格拉底哲学思考和诗性思考，以及柏拉图、色诺芬和亚里士多德各自如何延续苏格拉底政治哲学探究。[xxx] 施特劳斯以一种严肃却又具有试探性或实验性的精神切入苏格拉底理性主义，他之所以受这种理性主义强烈吸引，一方面缘于它明显的属人智慧，另一方面缘于第一编所勾勒的现代理性主义的精神危机。正如第 3 章所示的关于海德格尔的讨论，当代危机最终表现为质疑理性是否足以或适于发掘关于人类状况的最深层和最重要的真理。在数个世纪以来都未被知晓的某种意义上，现代理性主义危机重启了启示或神性灵感对理性和科学构成的挑战。于是，施特劳斯对古典理性主义的探究尤其关注这一问题：苏格拉底以及他所学的和所教的其他古典理性主义者，如何处理神性事物在人类生活中的意义和地位。

第 4 章（第二编头一章）是施特劳斯已出版的《什么是政治哲学？》第 3 章的重印，① 大致介绍了古典政治哲学。这篇文章大量且广泛地涉及希腊－罗马政治哲学传统的主要著作文本，为读者以后更具体的研习提供了一种提纲挈领的引导。该章意在初步探讨哲学（或哲学追问所不可避免的极端主义）与健全的公民社会（还有对权威道德意见的需要，以及对那些意见效忠的需要）之间危险的张力。由于古典理性主义如此深刻地意识到理性或理性主义在道德和政治上成问题的状况，所以对交流或修辞术的研

---

① 此文原发表于期刊 *Social Research*，Feb.（1945）；经许可重印。

究恰恰处于古典政治理性主义的核心。

第 5 章展示施特劳斯如何介绍关于交流尤其哲学辩证术或修辞术的古典教诲。① 在一定程度上，通过莱辛（Lessing）这位伟大的 18 世纪德国哲人、戏剧家和文艺批评家的著述，施特劳斯本人方才得以通向对于交流问题的已被掩埋或被遗忘的古典理解。由此，施特劳斯的文章从莱辛转向古代作家尤其柏拉图，莱辛曾按他所谓"显白教诲"来解释柏拉图。在此得以显明的是，施特劳斯对当代古典学界基本前提的不当与狭隘之处所提出的批判。

由于先前一般性地讨论过古典政治哲学探究的内容与方式，我们 [xxxi] 在第 6 章转向施特劳斯关于最伟大的前苏格拉底政治理论家修昔底德所作的一个讲演。对讨论的明确导入是通过反思某种危险，此危险潜伏于对古代的向往，潜伏于对现代理性主义当代危机的回避，还潜伏于对无可置疑的另一种理性主义的期盼。古典的古代哲学之优越性不在于它无可置疑，而在于它深刻地意识到那些永恒问题，尤其理性的永恒可疑性。进一步来说，施特劳斯在此强调，基于我们意识到圣经启示的竞争性主张，如今我们必须批判地检审苏格拉底政治哲学主张："我们必须意识到如下事实：我们西方传统的生命力和辉煌与它的可质疑性不可分离。因为西方传统有两个根源……我们正谈论、并有理由（rightly）谈论耶路撒冷和雅典之间的对立，信仰与哲学之间的对立。"

但是，严格说来，希腊性乃至雅典式希腊性当然不能径直等同于理性主义：正如我们从修昔底德那里所深切了解到的，雅典人是一群极端虔敬、有时甚至迷狂地虔敬的人。甚至在雅典，或者说尤其在雅典，古典理性主义者不得不面对我们可称作"宗教问题"的东西。而且，就这个问题该以何种方式面对或理解，古典理性主义者并未明显达成一致或合意。苏格拉底政治哲学并非

---

① 先前出版时作"显白的教诲"（Exoteric Teaching），见 *Interpretation: A Journal of Political Philosophy*, 14 (1986), 页 51–59；经许可重印。

古典政治理性主义的惟一体现；在修昔底德政治理性主义中，亦即在政治史家的理性主义中，苏格拉底政治哲学找到了一个伟大对手，尽管是一个友好的对手："与哲学或科学以及启示信仰一样，政治史学也是西方传统的特征。"而且，"如'政治'和'历史学'这两个语词所示，政治史学源自于希腊而非希伯莱"。在原本的或前苏格拉底的、却也是理性主义的层面上，政治史学是什么意思？我们时代的史家或政治史家的职业，与修昔底德关于政治史学的使命更具精神性抱负的观念，此二者有什么关键差异？诗人们与众缪斯的接近使他们成为希腊公认的精神权威，那么修昔底德如何设想他和诗人们的关系？根据修昔底德，政治史家的活动与伯里克勒斯之类天才治邦者的活动之间有什么关系，二者的相对地位（relative ranking）又是什么？试图阐明这些问题，亦即试图阐明政治史学的原本或古典意义，才是施特劳斯讲演的[xxxii]首要论题，此演讲的旨归就是临时地对勘修昔底德式和苏格拉底式政治理性主义。我要强调方才这句话中的"临时地"一词。在我看来，依据施特劳斯在后来的出版物中对于修昔底德式和苏格拉底式政治理性主义所作的成熟比较，① 该章的结论尤其应该得到补充甚至修正。

  这个关于修昔底德的讲演依据信念与理性之间的对话来处理修昔底德，而且提出了关于苏格拉底开启的思想革命之本质的问题，同时为本书的核心第 7 章打下了基础。该章由施特劳斯 1958 年在芝加哥大学所作的题为"苏格拉底问题"六个讲演中的五个组成。我省去了第一个讲演，因为在我看来，其大部分观点已见于本选集的前几篇文章。这里五篇讲演始于检审施特劳斯心目中

---

  ① 《城邦与人》（*The City and Man*，Chicago：Rand McNally，1964），章 3，节 1，10，以及"希腊史家"（Greek Historians），见 *The Review of Metaphysics*，21，no. 4 (1968)，页 656-666。[译注] 后一篇论文中译文见施特劳斯，《苏格拉底问题与现代性》，彭磊等译，北京：华夏出版社，2016。

对苏格拉底和苏格拉底理性主义最直接、最富有智性、最深刻也最机智的成文批评：阿里斯托芬谐剧（comedies）。从这一攻击出发，并依据这一攻击，施特劳斯进而呈现色诺芬和柏拉图笔下的苏格拉底和苏格拉底生活方式。施特劳斯称，色诺芬和柏拉图的著作专注于苏格拉底生活方式的戏剧描摹，它们在某种很大的程度上必须被理解为是在回应阿里斯托芬的伟大戏剧批判。焦点在于极尽智慧的诗（poetry at its wisest）与极尽人类智慧的哲学之间的对抗：双方都主张自己能最充分地理解人的灵魂，故能最正确地评价最佳生活方式，评价种种相互抗衡的重要生活方式之间的相对地位。双方都同意的关键性检验就是对正义、神性和爱的理解。把我们引入这紧张的爱欲论争，正是施特劳斯的目的。在这些讲演的全程，尤其在探讨色诺芬的理智天才时，施特劳斯指责当代古典学界忽视或曲解了伟大文本所蕴藏的具有真正哲学性的戏剧与训示（message），而这些文本注定有赖于我们的古典语文学家的悉心维护。

　　施特劳斯关于柏拉图对话《游叙弗伦》（*Euthyphron*）所作的一个讲演将我们引入第三编，《游叙弗伦》的主题是虔敬作为性情德性和理智德性。《游叙弗伦》是一部谐剧作品；正如施特劳斯强调的那样，它不可能被视作柏拉图关于虔敬或神性的最终说法。关于这一点，最明显的标志是这篇对话从不探讨灵魂，甚至绝口不提 [xxxiii] 灵魂。不过我们可以说，《游叙弗伦》是柏拉图关于虔敬与神性的最初说法。就此而论，极为独特的是，这篇对话针对虔敬或针对充满虔敬、凭靠虔敬维持的生活提出了某些刨根究底、令人尴尬的疑问。这些问题带引我们进入作为第三编核心的两篇讲演，施特劳斯在其中主要探究本书前文已多次提示过的根本问题：古典理性主义与圣经启示之间的论争或对话。我认为施特劳斯或许把这一争论视为人的自我意识的最高主题，而这一争论现今基本上属于模糊的记忆。施特劳斯热切地渴望复活人类生活的这种崇高形式。因此，一本试图介绍施特劳斯的书自然会以介绍这种对话作为旨归。

关于现代西方人缘何遗忘了伟大先贤们专注的最高智识挑战，有个简单的或不完全的理由（half-reason）：现代人忘记了中古的最高成就。当然，我们时代偶尔有些历史小说和电影总是关注中古的怪诞方面；有一种所谓中古宏伟艺术"鉴赏"；大学里有中古历史课程，还有一些零星分布的托马斯主义者高贵地试图维系一个伟大却濒危的智识传统。不过自从浪漫主义日薄西山，几乎无人严肃地指出过，那些最苦恼的人类问题的答案也许能在中古找到，亦即在中古思想中找到。可这正是施特劳斯所指出的，而且丝毫没有浪漫主义的踪迹。如今，中古被普遍视作——诚然并非缺乏某些重要论证——黑暗时代。但是，施特劳斯坚称，可以说中古经验的一个很小的方面已经达到了理性启蒙（illumination）的一个巅峰，令后世至今无法匹敌。这个方面就是中古政治哲学，尤其在伊斯兰世界。中古政治哲学带着一种神秘的紧张——这紧张存在于一群天才的精神之中，他们相互激发，并在论辩之路上不断上升——致力于沉思古典理性主义与圣经启示之间的论争。只消听听这些伟大著作的名字就可感受到激情、勇敢和雄心的气息，这种气息曾经燃起那些已遭遗忘的思想家们的论争：《关键性研究》（*The Decisive Treatise*，阿威罗伊［Averroës］）；《幸福的获得》（*The Attainment of Happiness*，阿尔法拉比［Alfarabi］）；《治愈：或充足》（*The Healing: or the Sufficiency*，阿维森纳［Avicenna］）；《哲人们的不和》（*The Incoherence of Philosophers*，阿尔加热尔［Algazel］）；[xxxiv]《〈不和〉的不和》（*The Incoherence of the "The Incoherence"*，阿威罗伊对阿尔加热尔的回应）；《根本之书》（*The Book of Roots*，阿尔博［Albo］）；①《迷途指津》（*The Guide of the Perplexed*，迈蒙尼德［Maimonides］）。作为本书第 9 章，施特

---

① ［译注］Albo（1380-1444），中古犹太哲人与犹太律法家，生活在 15 世纪的西班牙。

劳斯 1944 年所做的一个讲演介绍了中古（尤其是伊斯兰教和犹太教的）政治哲学这个被遗忘的世界。中古哲学对于现代哲学而言明显的卓越性，为施特劳斯清楚地阐释如下：

> 可以说，柏拉图对话最明显的意图正是回答这个问题：为什么要哲学？或为什么要科学？其途径即在城邦或政治共同体的法庭面前辩护哲学或科学的正当性。在根本上相同的意义上，我们的中古哲人们也被迫提出这个问题：为什么要哲学？或为什么要科学？其途径就是在律法或托拉的法庭面前辩护哲学或科学的正当性。哲学的这个最根本的问题，也即其自身的合法性和必要性问题，对于现代哲学来说不再是一个问题。一开始，现代哲学就试图以所谓真正的哲学或科学来取代所谓错误的中古哲学或科学。它再也不提哲学或科学自身的必要性问题；它视此必要性为当然。仅此事实已可令我们确信，中古哲学从一开始就以现代哲学所缺乏的一种哲学彻底主义（radicalism）显明自身，或者说中古哲学在最重要的方面高于现代哲学（［译注］见页［216］）。

最后一章由一个讲演的一小部分以及另两个讲演的绝大部分构成，这三个讲演原本是施特劳斯 1950 年代在芝加哥大学希勒尔堂（Hillel House）所做的系列讲演。① 在这几个讲演中，施特劳斯试图在我们的时代、并为我们的时代重新沉思圣经信仰与古典理性主义之间的对抗。施特劳斯切入这一伟大争论所凭借的是，

---

① 从中选取一小部分的那个讲演先前出版时作"神学与哲学的相互影响"（The Mutual Influence of Theology and Philosophy），希伯莱语译文见 *Iyyun*: *Hebrew Philosophical Quarterly*, 5: 110–126（1954），英文版（［译注］中译文出处参页［258］译注）见 *The Independent Journal of Philosophy*, 3: 111–118（1979）；另两个讲演先前出版时作"进步或回归？西方文明的当代危机"（Progress or Return? The Contemporary Crisis of Western Civilization），见 *Modern Judaism*, 1: 17–45（1981）。经许可重印。

现代理性主义或启蒙运动，尤其斯宾诺莎引发的新问题和新观点。如今，理性与信仰的争吵呈现为"进步"信念与"回归"诉求之间的争吵。

> 回归（return）译自希伯莱语词 t'shuvah。T'shuvah 有一个普通含义和一个突出含义。此突出含义英译作"悔改（repentance）"。悔改就［xxxv］是回归，即从错误的道路回归正确的道路。……人原本就在家里，在他的天父（Father）的寓所。由于疏离，由于罪恶的疏离，他成了一个异方人。悔改，回归，就是回家（［译注］见页［227］）。

进步信念或曰进步主义概括了现代理性主义。"可以说，西方文明的当代危机等于是完全、突出意义上的进步观念的最高危机。"

施特劳斯本人年轻时曾是个进步论者：他起初推崇（尽管有点将信将疑）德国犹太人的哲学领袖柯亨（Hermann Cohen）所传授的新康德主义哲学。柯亨追随康德并做出一些修正，对他而言，进步并非仅仅关乎信念或希望或信仰；它是实践理性的一个前提；它作为一个信条属于理性信念或"理性宗教"或"仅仅在理性限度内的宗教"。对于马堡新康德主义者们而言，进步在道德领域内有某种前提，其地位就好比自然科学领域内的数学前提：进步观念的客观有效性造就了概念和法则系统——即道德、社会、政治方面的科学——的解释力，同时为这种解释力所支持。进步被视为某种理性主义的本质部分，只有这种理性主义才能理解人的尊严和幸福，而且这种理性主义能够并必须承受理性最严厉的批判性检审。在自己最后一本书中，施特劳斯为年轻时的这位伟大导师作出最终判语：

> 柯亨的思想属于一战前的世界……他最糟糕的经历就是

德雷福斯（Dreyfus）① 丑闻和沙皇俄国煽动的屠杀：他未经历过共产主义俄国和希特勒德国……还不知道大灾难和大恐怖，而我们目睹并生存其间，大约柏拉图和先知们能够远比现代进步信念更好地应对或理解这些祸患。（《柏拉图式政治哲学研究》，前揭，页 168）

在本书所载的这个讲演中，施特劳斯增加了下述"可观的（massive）"思索，"或许是最可观的思索"：

> 进步观念与下列意图密不可分：征服自然，人令自身成为自然的主人以及所有者……要达到这目的，就要凭借新 [xxxvi] 科学。我们都知道，新科学及其所衍生的技术取得了种种巨大成就，我们也都能看到，人的力量得到了巨大增长。与前人相比，现代人是个巨人。但是，我们同样得注意到，智慧和善没有取得相应的增进。我们不知道，现代人作为一个巨人究竟比前人更好还是更坏。更甚于此的是，现代科学的这种发展在如下观点中到达顶峰：人不能以一种负责任的方式区分善恶——即著名的"价值判断"。关于如何正确使用现代科学的巨大力量，没有什么负责任的话可讲。现代人是个瞎了眼的巨人。怀疑进步就会导致整个西方文明陷入危机，因为在 19 世纪的进程中，进步与反动之间的区分已经进步地取代了好与坏或善与恶之间的古老区分。好与坏之间质朴、果断、永恒的区分，根本无法说服那些早已学会仅以进步与反动之区分为导向的人们，直到他们开始怀疑进步（[译注] 见页 [238]）。

---

① [译注] Alfred Dreyfus (1859 – 1935)，犹太裔法国军官，1894 年以叛国罪被判处终身监禁，1906 年获昭雪。

现今，深思熟虑者不可能分享柯亨对于进步的理性地位或科学地位的康德式信念。进步或进步主义已成为一种价值判断，一种主观信奉，一种对抗希望的希望，一种纯信仰的东西。但这意味着，一度作为现代理性主义核心的东西已在前所未有的程度上退化为一种现代非理性主义。因为比起过去任何一种仅仅非理性或反理性或超理性的信仰，这种新宗教或新信仰在决定性方面更为矛盾与不和，亦即更为非理性：这种新信仰的诸原则意在取代所有无法以理性来论证的信仰，而对这些原则的信仰本身无法以理性来论证。而且，一旦以传统信仰对比这种新信仰，就不得不追问：它的基础何在？它用以获取灵感的源头何在？它用以提供真理或洞见之丰富依据的文本何在？简言之，它如何自别于精神上太软弱以致无法面对生活本身（face life for what it is）的人们最为自欺的渴求？

那么，我们是否遭遇如下抉择：是期望——这种期望很进步，却令人遗憾地毫无根由——现代理性主义的遗产，还是放弃任何对进步的期望，并向传统或过去投降？施特劳斯拒绝这种非此即彼。

首先，由于圣经宗教是一种弥赛亚（messianic）① 信仰，因而是一种对进步的信仰——尽管并非针对人的独自努力所能达成的进步，亦非针对远离［xxxvii］或反对圣经式往昔的进步。回归在突出意义上或许是真正进步的先决条件；人的敬畏与谦卑或许是发现真正人类尊严的先决条件；某一种意义上的无家或许是真正回家的先决条件。"我也对美国怀有希望和信念，但我不得不补充一点，那种希望和那种信念在品性上不同于犹太人对犹太教的希望和信念，也不同于基督徒对基督教的希望和信念"（第 10 章，见后文）。

其次，柏拉图"认为，彻底的完满——亦即完全的智慧——

---

① ［中译编者注］参见 ［228］ 关于 "弥赛亚" 的译注。

根本不可能，可能的只是追求智慧，这在希腊语中就意味着哲学。柏拉图还坚称，对智慧的追求没有种种特定限度，因此……无限的进步在原则上有其可能"。（第10章）然而，和所有苏格拉底门徒一样，柏拉图异常敏锐地意识到理性的危险性或可疑性，以致并不认为道德进步或社会进步必然意味着或伴随着智识进步。进一步讲，柏拉图倾向于认为"可见的宇宙具有有限的持存性（duration）；它已经诞生，而且将归于消亡"。此外，亚里士多德教诲，可见秩序具有永恒性，而且灾祸永恒反复地抹去人类文明及其一切记载，过去如此，将来也会如此。

通过施特劳斯以古典理性主义之名勾勒出的这一切，可以得出如下重要教训：通过寻求人类共同奋斗的安慰感，一个人无法逃避或弥补他作为凡人的局限。一个人只能去承受他作为凡人的局限，而这要求他在理解那些局限及其必然性或永久性时努力取得进步。然而我得重申，以特定方式追求在理性理解方面取得进步（这是古典理性主义的内在要求），伴随着全面洞察理性的可质疑性或可反驳性。古典意义上进步的可能性，根源于认识到人类智慧的匮乏性或不完满性。于是，恰恰对于某种进步的某种追求必须持续地回归："由于整全难以捉摸，开端或询问比终结或回答葆有一种更大的可靠性（evidence）；总是有必要回归到开端"（《城邦与人》，前揭，页21）。

对于我们时代的苏格拉底派，这种回归包含两个特别值得注意的维度。这种回归必须是回归到与圣经信仰进行富有同〔xxxviii〕情的对话；必须是从鄙视现代理性主义之老态，回归到与其旺盛的青年时期进行恭敬的论辩。因为施特劳斯并未断言19世纪理性主义的衰颓无可避免，也未断言现代理性主义必然导致19、20世纪彻底非理性的进步主义。19世纪的哲人们开始言及一种科学观点或理性观点，从这种观点出发，据说能以"自由王国"之名取消"必然王国"。与这种属于但不仅属于马克思主义的观点相对立，施特劳斯在本文集第2章诉诸马基雅维利，亦即现代理性主义那目光犀利的奠基者。施特劳斯年逾六旬才出版关于苏格拉底的第一部著作；那时他已写就如《斯宾诺莎的宗教批判》(*Spinoza's Critique of Religion*)、① 《霍布斯的政治哲学》(*The Political Philosophy of Hobbes*)、②《自然权利与历史》和《思索马基雅维利》(*Thoughts on Machiavelli*)③ 这样的著作。施特劳斯复兴古典政治理性主义，根植于与伟大现代政治哲人们之间历经数十年、永无止境且富有同情的切磋（encounter）。因为我们都是现代人；或正如施特劳斯在逝世前一年出版的一本书中所说，"我们都是初学者"（《色诺芬的苏格拉底》[*Xenophon's Socrates*]，④ 页3）。"对政事抱有严肃兴趣的智慧，必定属于那些某种意义上的赤子（children），或保持赤子般状态的人们。希腊的智慧之人就是这样的人。一位埃及祭司对一个希腊人讲：'你们希腊人总是孩童；你们个个的灵魂都年轻；因为其中没有任何源于陈旧传统的古老信念，也没有一丁点儿上了年代的学问'（柏拉图，《蒂迈欧》[*Timaeus*]，22b)"（[译注]见页[74]）。古典理性主义的重生不可能指一个传统从未自我挫败就获得重生。古典理性主义的重生需要一种持续的回归，即从那种理性主义，并基于那种理性主义回归到与其对手展开对话。于是施特劳斯致力于迈蒙尼德的辩证术：据施特劳斯判断，这位哲人最深刻地批评过古典理性主义，因而也最丰厚地收获了古典理性主义。

---

① [译注] 即 *Religionskritik Spinozas als Grundlage seiner Bibelwissenschaft* (Berlin: Akademie-Verlag, 1930)。英译本参 E. M. Sinclair 译, Chicago: University of Chicago Press, 1997。中译本参李永晶译本, 北京：华夏出版社, 2013。

② [译注] Chicago: University of Chicago Press, 1984。中译本参申彤译, 南京：译林出版社, 2001。

③ [译注] Chicago: University of Chicago Press, 1978。中译本参《关于马基雅维利的思考》, 申彤译, 南京：译林出版社, 2003。

④ [译注] Ithaca: Cornell University Press, 1972。中译参高诺英译本, 上海：华东师范大学出版社, 2011。

第一编　现代理性主义的精神危机

1. 社会科学与人文素养[1]

曹聪 译

[3] 如今人文素养被理解为一方面与科学截然不同，另一方面也与公民技艺（civic art）判然有别。我们由此得到暗示，诸社会科学的成形有赖于科学、公民技艺与人文素养，或者诸社会科学存在于科学、公民技艺与人文素养的相遇之处，甚或就存在于它们的交汇之处。我们来细想一下这种相遇可以如何理解。

在上述三要素之中，只有科学与人文素养可以说是在学术生活中有所归宿（at home）。科学与人文素养的关系并不总是友好。我们都知道，有些科学家蔑视或忽视人文素养，也有些人文学者蔑视或忽视科学。为了理解科学与人文素养之间的这种冲突、紧张和差异，我们最好还是先暂时回顾一下 17 世纪，现代科学就在那个时代进行了自我建构。那时，帕斯卡尔（Pascal）曾对比几何精神（即科学精神）与敏感（finesse）精神。要界定这个法语语词，我们可以参考诸如此类的语词：微妙、优雅（refinement）、得体、精致、感性（perceptivity）。科学精神的特征是超然、有力，这些特征都根源于简单性或简单化。敏感精神的特质是依恋或爱以及宽大。科学精神遵从的那些原则与常识不容。与敏感精神有关的那些原则往往在常识范围之内，然而它们几乎不可见；我们感觉得到它们，却看不见。倘若我们以它们作为推理的前提，

---

[1] ［中译编者注］"人文素养"译自 humanism。此词指人文主义，亦特指文艺复兴时期的古希腊罗马学术研究，但不等于 humanities ［人文学科］。本文中的"人文素养"似乎指一种心性或素养，是社会科学和人文科学的基础。

那么在这样的意义上它们无效。敏感精神的作用不在于推理，而在于一眼就能掌握未经分析的整体所具有的独特品性。如今，科学与人文素养之对比的含义，代表对帕斯卡尔［4］几何精神与敏感精神之对比的一种修改，这种修改多少有点深刻。在这两种情形下的对比都意味着，在对人事的理解上，科学精神有严重局限——要克服这些局限，需要一种断然非科学的途径。

我们在如今诸社会科学之中观察到的这些局限是什么呢？社会科学由大量专业化学科构成，而且一直以来这种专业化愈演愈烈。毫无疑问，没有一门现存的社会科学会声称研究作为一个整体的社会、作为一个整体的社会人，或声称研究我们在谈论——比如说——美国这个国家时所思考的那些整体事物。托克维尔（De Tocqueville）和布莱斯勋爵（Lord Bryce）[①]并不代表如今的社会科学。不时会有这个或那个专业的或专业化的科学（比如心理学或社会学）站出来声明自己包罗万象，或者具有基础性地位，但是，这些声明通常都会遭遇强烈且正当的抵制。各学科的合作可以拓宽参与合作的各学科的视域，而这无法把各学科本身统一起来，这也不能产生一个真正的等级（hierarchic）秩序。

可以说，专业化最终源于这样一个前提：为了理解一个整体，人们必须把它分析或分解为各个要素，必须独立研究这些要素，然后还必须从这些要素着手，重建或重组这个整体。重建要求事先充分领会这个整体，这一领会先于分析。如果这种基本的领会缺乏精度与广度，分析与综合就会为一种对整体的曲解所引导，为一种贫乏想像的臆造——而非处于健全状态的事物——所引导。而且分析所能触及的那些要素至多不过是某些要素而已。专业化的最高法则意味着甚至无法尝试这种重建。这种重建之所以不可

---

① ［译注］即 James Bryce（1838—1922），英国思想家，与 Tocqueville 都曾研究过美国制度。参 James Bryce，《美利坚共富国》（*The American Commonwealth*, London：The Macmillan Press, 1888）。

能，理由可以表述如下：最初所知的整体是常识的一个对象，然而，怀疑甚或整个儿抛弃常识，对于科学精神来说具有本质性，至少当科学精神在诸社会科学中现身时的确如此。常识的理解可以用日常语言来表达，科学的社会科学家则创造或编造一套特殊的科学术语。因此，科学的社会科学获得了一种特有的抽象性（abstractness）。① 抽象本身并没有错，但是抽离于（abstracting from）诸本质性事物（essentials）可就大错特错。就社会科学显著的科学性而言，社会科学抽离于社 [5] 会现实的种种本质要素。下面我要引用一段私人通信，这封信来自一位哲学上颇富智术的（philosophically sophisticated）社会学家，他非常青睐诸社会科学中的科学方法："社会学家所谓的'系统'、'角色'、'地位'、'角色期待'、'处境'、'体制化'，在完全不同的条件下被社会舞台上的个体演员所体验。"这并不仅仅是说，公民和社会科学家意指同样的事物，但在不同的条件下表达它们。因为"作为理论家的社会科学家必须遵循某个参照系（system of relevances），这个参照系完全不同于社会舞台上的演员的参照系……他的种种论题源于他的理论旨趣，而且从社会舞台上的演员的视角看，社会世界（social world）中许多在科学上相关的要素不具相关性，反之亦然"。科学的社会科学家关注行为的种种规律性；公民则关注好政府。对公民来说，相关的是价值，是那些深信不疑、珍爱无比的价值，进一步说，是那些被体验为真实事物——人、所做和所思、体制、尺度——的真实属性的价值。但是，科学的社会科学家在价值与事实之间划出鲜明的界线：他认为自己没有能力核准任何价值判断。

要消解专业化的内在危险，甚至只在社会科学内部消除这些危险，就必须有意识地反求诸常识思维，即返回公民视角。我们

---

① [中译编者注] abstract 的拉丁词源是 abstraho，原指分离、抽出，引申为哲学上与具体相对的抽象。本书后文将大量使用此词的原义-古义。

必须把整全——我们应该依据整全而挑选研究主题,并把研究结果整合起来——等同于作为整体的诸社会的那些总体目标（overall objectives of whole societies）。这样一来,我们将如同深思熟虑、心胸开阔者那样在社会生活中理解社会现实。换言之,社会科学真正的母体是公民技艺,而非一个笼统的科学观念或科学方法。社会科学要么必须只做公民技艺的一个侍女——在此情况下即便它见木不见林也无伤大雅。要么必须的确比公民技艺看得更远,但也必须与公民技艺朝同一方向看,只要它不想逐渐忘记或完全遗忘自身从中发源的高贵传统,只要它相信自己或许能启蒙公民技艺。至少一开始,它的关切必须同公民或治国者的关切保持一致；因而它必须使用或学会使用公民和治国者的语言。

依据这种观点,在这个时代这个国家（country）,① 社会科学的首要主题将是民主制,或更恰切地说是 [6] 自由民主制,尤其是其美国形式。研究自由民主制,应当不断参照同样现实或同样可能的对抗性方案,因此尤其应该参照共产主义。共产主义引发的问题将面临一种对共产主义认真、严肃、无情的批判。与此同时,自由民主制内在的危险也将被诚实地（squarely）揭示出来,因为自由民主制的朋友并非其谄媚者。对这些危险的感触将变得敏锐,甚至可以说将被激发。依据科学主义的观点,政治中立——这对一切社会都很常见——必须被看作政治相关——这对各种政制而言很鲜明——的一个暗示。但是,从我试图勾勒的那个相反的观点来看,重点在于政治相关：那些火烧眉毛的问题。

这么一来,社会科学不能仅仅满足于作为整体的诸社会的那些总体目标在社会生活中得到大体理解。社会科学必须澄清那些

---

① [译注] 施特劳斯曾说 country 是最接近 state 的英语词汇,但不能忽略两者的差异：虽然城邦（city）既包括城镇（town）也包括乡村（country）,然而亚里士多德所理解的城邦本质上是一个城市共同体：城邦的核心不是耕地的农夫。参《城邦与人》,前揭,页 30。

目标，探明其自相抵牾与心不在焉之处，并追求与作为整体的诸社会的那些真正总体目标有关的知识。也就是说，惟一能够替代日益专业化、日益散漫的社会科学的，只有由诸社会科学的合法女王统治的一门社会科学——传统上所谓伦理学探究。甚至如今在处理社会事务时，人们依然很难完全回避这些词语，比如"品性坚定之人（a man of character）"、"诚实"、"忠诚"、"公民教育"等等。

我相信，这种情形或与之类似的情形，就是众人谈到以人文方法——区别于科学方法——处理社会现象时心中所想的。我们仍必须解释"人文素养"一词。社会科学家研习人类诸社会、由人组成的诸社会（societies of humans）。如果他想要忠于自己的使命，就绝不能忘他正在研究人事，正在研究人。社会科学家必须反思作为人之人。而且他必须给予这一事实应有的重视：他本身也是一个人，社会科学总是一种自我知识。作为对人事的属人知识的求索，社会科学用以作为自身根基的是构成人性的属人知识，或者进一步讲是使人变得完满或整全（以便他真正具有人性）的属人知识。亚里士多德将如今所谓社会科学在他那儿的对应物称作对人事的自由探究，他的《伦理学》就是那种探究最初的、基础性的、引导性的部分。

但是，如果我们通过社会科学来理解［7］人事的知识，难道我们不会被迫得出这个结论——必须废除社会科学与人文学科（humanities）之间悠久的区分？或许我们必须进一步跟随亚里士多德，将社会生活与心智生活区分开，然后将对前者的研究交给社会科学，而把对后者的研究或对后者的某一种研究分派给人文学科。

最后，"人文素养"一词还有另一种暗示，即对人的研究与［对］神性［的研究］之间的截然区分。我暂时仅限于如下评论：可以说人文素养暗示着，道德原则比神学原则更易为人知晓，或者更少在真挚的人们当中引发争议。

通过反思做一个人意味着什么，人们会更敏锐地意识到所有人的共同之处（即便共同程度不一），以及他们是人这一事实为所有人指引的那些目标。人们也就超越了简单的公民视域——每一种地域主义视域——而成为一个世界公民。作为对人特有的品质的认识，以及对人特有的完满、目的或责任的认识，人文素养导致仁厚（humaneness）：导致去深切关注人的善意以及人的心智的改善和启发，亦即关注矢志不移的优雅与来之不易的安宁二者的融合，这是一种最终却并非最末的（last and not merely last）自由，这种自由就是摆脱尤其傲慢或虚荣所产生的堕落或冷酷。有人会禁不住要说，没人性（to be inhuman）无异于不可教，亦即不能或不愿倾听其他人。

然而，即便可说的与不可说的都说了，光有人文素养还不够。尽管人至少潜在地是一个整体，但人仅仅是一个更大整体的一部分。尽管人构成了一个世界，甚至本就是一个世界，然而人只是一个渺小的世界，一个微观乾坤（microcosm）。① 而作为人所从属的整体宏观乾坤并不属人。那个整体或其起源要么低于人，要么高于人。要理解人，不能基于人自身的眼光，而惟有基于要么低于人、要么高于人的眼光。人面临如下问题：人到底是一种盲目进化的一个偶然产物，还是某种朝向人并以人为顶点的进程的产物？人文素养本身回避了这个终极问题。我们所谓科学（Science）的属人含义恰在于，基于低于人或更低的事物来理解人事或更高的事物。人文素养本身无力抵挡现代科学的狂轰滥炸。正是从这一要点出发，我们才能开始重新理解科学的原义，[8] 而科学的当代含义只是［对原义的］一种修改：科学就是人试图理解自身所属之整全。尽管社会科学会以严格从属性方式去审慎地使用现代科学的方法和结论，但作为对属人事物的研究，社会科

---

① ［中译编者注］cosmos 强调内在和谐、秩序，与 chaos［混沌］相对。本书中此词及其词根通常译作"乾坤"。

学不能立足于现代科学。社会科学应该用来为真正普遍的科学作贡献，现代科学最终必将被并入这种科学。

总的来讲：以人文素养来对待社会科学，意味着从科学主义社会科学的种种抽象或构想回归到社会现实，还意味着观察社会现象要首先从公民和治国者的视角出发，继而从世界公民的视角出发，最后从"世界"的双重含义出发：即整个人类与包罗万象的整全。

正如我已试图呈现的，人文素养本身是一种节制的（moderate）路数。但是，环顾四周，我在此时此地只发现一种极端的人文素养。你们中有人会认为，更适宜的做法也许是展现当今人文主义社会科学家们折中或普通的意见，而非一种异论（eccentric one）。我察觉到了这一迫切要求，但我无法满足它，只因那种折中意见具有含混的品性。因此，我将描述这一吸引我的观点的极端对立面，更确切地说是那一极端对立面的一个特定表达，此表达足以与任何其他表达媲美。依我们的意图，折中的社会科学式人文素养（social science humanism）足以为如下评论所界定，即它处于这两个极端之间的某处。

我目前讨论的这种人文素养显得具有相对主义色彩。它可以称作一种人文素养，出于两个理由。第一，它坚称不能依照诸自然科学来塑造诸社会科学，因为社会科学处理的是人。第二，可以说除了对一切人事的开通，没有任何其他东西赋予它生气。依此观点，科学尤其自然科学的方法足以研究那些我们只有从外部超然观察才能触及的现象。但是社会科学所处理现象的核心，确实并非超然观察所能触及；不过此核心至少在某种程度上向这样的学者现身：他复活或再现（reenacts）他所研究的人们的生活，或进入了那些行动者（the actors）的视角，并理解了那些行动者，他这么做是基于他们自己的观点，而非基于他的观点以及外部观察者的观点。积极之人（active man）的每种视角都由评价所构成，或者至[9]少与之不可分离。因此，从内部理解意味着分享对某些价值的认可,这些价值被那些作为研究对象的社会或个人所认可;或者意味着"做戏一般(histrionically)"把这些价值当作真正价值来接受;又或者意味着把被考察的人们所采取的立场认定为真。如果有人经常并足够细致地践行这种理解,他就会发觉无法评论那些视角或观点。所有这种立场都是既真又不真:从内部看为真,从外部看为不真。然而,尽管无法评论它们,但可以理解它们。无论如何,我对我的视角所主张的正当性(right),与任何其他的人或社会对自身视角所主张的正当性具有同样的分量。而且,由于每种视角都与评价不可分离,我作为一个行动着的人而非仅仅一个社会科学家,不得不评论其他视角及其所立足或所假定的价值。我们之所以没有以道德虚无主义告终,是因为我们对我们价值的信念赋予我们以力量与方向。我们之所以也没有终结于一切人对一切人的永恒战争状态,是因为我们被允许"依赖理性,并依赖为一种和平共存而进行的协商(council table)"。

让我们简要审视一下这一立场,由于它表面上宽容并无限同情每一个属人立场,因而它初次现身时就毛遂自荐。为反对一种可能已经过时的相对主义,人们或许本应做出如下论证。让我们通俗地将虚无主义定义为无力采取一个立场以支持文明并反对野蛮(cannibalism)。相对主义者宣称,客观上讲,文明并不优于野蛮,因为支持文明的论据可能与支持野蛮的论据同样强大或同样薄弱。我们之所以反对野蛮,完全是出于我们的历史处境。但这些历史处境必然会变为另一些历史处境。一种产生文明信念的历史处境,可能会让位于一种产生野蛮信念的历史处境。既然相对主义者认为,文明本质上并不优于野蛮,故他会冷漠地接受从文明社会向野蛮社会的转变。然而我现在正在讨论的这种相对主义否认,我们的价值仅取决于我们的历史处境:我们可以超越我们的历史处境,并进入完全不同的视角。换言之,比如说,一个英国人何以不应在决定性方面变成一个日本人,这没什么理由。这样，我们对特定价值的信念不能追溯到我们的决心或献身之外。有人甚至可能这么说，由于我们仍然能［10］反思我们的价值与我们的处境之间的关系，故我们仍在试图逃避我们的抉择义务。现在，如果我们献身于文明的价值，那么正是我们的献身促使并强迫我们采取有力的立场以反对野蛮，同时阻止我们冷漠地接受我们的社会向野蛮的转变。

坚持主张献身，意味着要在其他事物［构成的处境］中捍卫这种献身并反对其对立面，这不仅靠行事而且靠言辞。有些人在献身于我们珍视的价值时犹疑不定，要令这些人变得坚定，就尤其需要言辞。这些犹疑不定者尚未决定他们应该献身于哪种事业，或者他们不知道他们应该献身于文明还是野蛮。对他们言说时，我们不能假定文明价值的有效性。鉴于这个前提，也无法令他们信服那些价值的真实性。因此，用于支持文明大业的言辞将不会是理性的论说（discourse），而只是"宣传话语（propaganda）"，这种宣传话语面临同样合法而且可能更加有效的支持野蛮的宣传话语。

据说，通过践行同情的理解，才能切入人类处境这一观念。据说，只有同情的理解才可能引发对其他观点的有效评论（这种评论正是基于我们的献身），因而并不否定我们的对手对其信念所主张的正当性。换句话说，只有同情的理解才令我们真正理解价值的品质及其被合法采纳的方式。但是，何为同情的理解？同情的理解是基于我们自己的献身，还是与之并无瓜葛？如果并无瓜葛，那么当我作为一个行动中的人时，我献身于某事物，而当我处于自身的另一个状态（compartment）时，亦即处于一个社会科学家的地位时，我并不献身于某事物。就那后一个地位（capacity）而言，可以说我完全是空的，因此对于一切献身或价值系统的感受与体会完全开放。为了清楚我的献身，我经历同情理解的过程，这一过程绝不危及我的献身，因为只有我自身的一部分参与我的同情理解。然而这意味着，这样的同情理解并不严肃或诚实,事实上就像它自命的"做戏一般"。因为,诚实地理解价值系统(例如某个社会的价值系统),意味着被该社会信奉的价值所深深地打动、确实地吸引,还意味着[11]鉴于一个人自己的整个生命而诚挚地直面如下主张:那些价值定是真正的价值。于是,对于其他献身的诚实理解,并不一定有助于再次肯定一个人自己原初的献身。除此之外,从严肃理解与做戏理解无法避免的区分推导出,只有我自己的献身、我自己的"深度"才可能向我揭示其他人的献身与深度。因此,我的感知必然受限于我的献身。普遍的同情理解并不可能。毫不掩饰地讲,无法两全其美(one cannot have the cake and eat it);一个人不可能同时享有普遍理解的优势与存在主义的优势。

但是,或许这种假设是错的:一切立场最终依赖于献身,或者至少依赖于对特定观点的献身。我们都还记得在那个时代,多数人明确地或暗地里相信,有且只有一个普遍有效的真值系统,至今仍有社会和个人坚守这种观点。它们也应受到同情的理解。废黜圣经和柏拉图的特殊地位,将这种特殊地位慷慨地给予每个野蛮族群,难道不会有些粗鲁甚至有些不相称?对柏拉图的同情理解难道不会导致我们承认,绝对主义和相对主义同样正确?或者承认:柏拉图坦率地谴责其他价值立场,相对主义却从不坦率地谴责任何价值立场,这两种做法同样正当?对于这一点,我们的相对主义者将会回应道,尽管柏拉图的价值系统和其他任何价值系统一样可以得到辩护,可是假如柏拉图的价值系统除了柏拉图的献身以外并无其他支持,那么柏拉图对其价值系统的绝对主义解释,和其他任何绝对主义一样,最终已被无条件地彻底驳倒。总之这意味着,柏拉图所理解的其自身的观点(若我们同情地进入他的视角,此观点便现身于我们面前)已经被驳倒了:我们已看出它立足于不真实的理论前提。当理性批评揭示出我们正试图同情地理解的那个立场不真实时,所谓的同情理解必然合理地终结;而相对主义必然接受这样的理性批评有其可能,因为它宣称基于理性的立场反对绝对主义。柏拉图的例子并不孤立。若超出当今西方社会的某些范围，我们在哪里才能切实地找到任何不依靠某种理论前提——这些前提自称纯粹、绝对、普遍为真，并以此而理直气壮地 [12] 直面理性批判——的价值立场？恐怕相对主义者得以践行同情理解的领域，仅限于相对主义者共同体之内，他们之所以以极大的同情相互理解，是因为他们结合在一起出于完全相同的根本性献身，或者不如说出于对相对主义之真的完全相同的理性洞察。所谓对褊狭（provincialism）的最终战胜，本身显露为偏狭最惊人的表现形式。

相对主义表面的谦卑与暗里的傲慢之间有一个巨大反差。相对主义者带着义愤或轻蔑反对我们伟大西方传统所固有的绝对主义——这种绝对主义的本质前提是，这个传统相信一种理性而普遍的伦理有其可能，或自然正当性有其可能，相对主义者还以褊狭为罪名来指控这个传统。相对主义者同情（His heart goes out to）简朴的尚无语文的族群，这些人珍视他们的价值，没有在自身立场上提出过分的主张。但这些简朴的人并不践行做戏般的或同情的理解。由于缺乏这种理解，他们并不以这种惟一合理的方式接纳他们的价值，也就是说这些价值除了得到他们的献身以外没有任何支持。他们有时拒斥西方的价值。因而，他们投身于无效的评论，因为有效评论以做戏一般的理解为前提。于是他们褊狭又狭隘，如同柏拉图与圣经一般褊狭又狭隘。惟一不褊狭不狭隘的，只有西方的相对主义者，以及其他文化中追随他们的西化派。唯独他们正确。

几乎不言而喻，相对主义倘若得到奉行，将导致十足的混乱。[如果]一边说，只有理性能保护我们免于诸社会之间以及社会内部的战争；一边又说，"有些个人和社会觉得，对于他们的价值系统来说，压迫与征服他人是很适宜的（congenial）行为"，而依据理性，这些个人和社会跟那些热爱和平与正义的人们同样正确，[那么这]意味着，一边摧毁理性，一边诉诸理性。许多人文主社会科学家意识到相对主义的缺陷,但他们在转向所谓"绝对主义"时犹疑不定。他们可以说坚持了一种有限的相对主义。对我而言,这种有限的相对主义是否有一个坚实的基础,看来是当今社会科学最紧迫的问题。

2. "相对主义"

郭振华 译

[13]"相对主义"有很多含义。为了不被"盲目的学究式迂腐"弄糊涂——这会在"对意义的阐明"中把自己和听众都搞得精疲力竭,结果某些并未形诸笔端的问题连碰都没碰一下——我将以我的方式进入我们的主题,那就是通过剖析一位著名的当代人士最近关于"核心论题"或曰我们时代根本政治问题的表述。作为一个根本问题,它具有理论性,它并非关乎特定政策,而是关乎那种应该指导特定政策的精神。伯林(Isaiah Berlin)认定此问题就是自由(freedom)问题(《两种自由概念》[*Two Concepts of Liberty*,Oxford,1958],页51;对观页4)。①

伯林区分了消极意义上的自由和积极意义上的自由。"古典英国政治哲人们"或者"自由主义之父们"在消极意义上使用"自由",这种"自由"即"免于……的自由(freedom from)"——"人类生存的某些部分必须保持独立于社会控制";"应该存在某种最低限度的个人自由领域,这一领域无论如何都不可侵犯"(同上,页8、9、11、46)。另一方面,积极自由是"去做……的自由(freedom to)":即个人"做他自己的主人"的自由,或个人参与到他所服从的社会控制中去的自由(同上,页15、16)。这个关乎自由的抉择与另一个抉择互相重叠:为了经验自我的自由抑或为了真实自我的自由。此外,消极自由(免于……的自由)更像是指为了经验自我的自由,而积极自由(为了……的自由

---

① [译注]本文中的此书引文中译参考过既有中译文(前揭)。

[freedom for]）往往更容易被理解成仅仅为了真实自我的自由，因而也更容易被理解成与某种对经验自我最极端的强制（coericon）相一致，这种强制要把经验自我变成他们所谓真实自我所欲求的某种东西（同上，页 19）。

伯林所珍视的自由是消极自由，这种自由为的是 [14]"我们可怜的、为欲望折磨的、充满激情的经验自我"（同上，页 32）；这种自由就是"与社会生活最低需求相适应的最大限度的不干涉"（同上，页 46），或曰"人们按其喜好去生活的自由"（同上，页 14 注）。伯林仿佛珍视"以自身为目的"的自由，或作为"一种终极价值"的自由（同上，页 36、50、54）。伯林当然不相信那些赞同消极自由的早先推理有效。因为，与那些早先的观点相反，消极自由不是"培养人类天才的必要条件"："正直（Integrity）、真理之爱以及强烈的个人主义至少同样寻常地生长于拥有严格纪律性的共同体或军事组织（military discipline），正如生长于更为宽容或冷漠的社会"；消极自由是一种西方特有的理念，甚至是一种现代西方特有的理念，而且甚至在现代西方世界，它只为某些个人而非大众所珍视；消极自由与民主制之间并无必然联系（同上，页 13 - 15、48）。

在那个抉择的荒谬性中，伯林发现了消极自由真正的正当理由。这抉择意味着这样的观念：人们要想变得自由，只有参与到真正（the）正义、真正（the）理性、真正（the）完美的社会中，此社会所有成员的所有正义的或理性的目的都和谐地得到满足，或者说每个人都服从他自己亦即他的真实自我。这个观念的前提是，在人的诸多目的之中，存在一个等级制，因而也存在一种根本和谐。但这个前提"确乎不成立"，它基于一种"教条的、先验的确定性"；它"与经验主义不相容"，即与"任何基于知识（知识源于人之所是、人之所求的经验）的学说不相容"；它是"形而上学政治观"的根基，与"经验的"观点相悖（同上，页 39 注，页 54，页 57 注）。经验告诉我们"人的目的有很多，而且从原则上讲它们相互之间并不完全相容……于是，必须在种种绝对主张之间做出选择，这种必要性构成人类状况的一个不容回避的特征。这就赋予了自由以其价值……自由自身就是一个目的，而不是一个暂时的需求"（同上，页54）。

经验，即关于可感知的存在（the observable Is）的知识，看起来会以一种绝对不引起反对的方式导致关于应然（the Ought）的知识。所谓经验前提仿佛就是所有属人目的的平等。"穆勒（Mill）和大多数自由派几乎毫无争议地……希望在诸个人和诸群体之间划出界限，这只是为了防止人的意图之间的冲突，所有这些意图自身都应该被视为同等终极、同等无可批判的目的。康德以及他这种类型的理性主义者［15］并不认为所有目的具有同等价值。"这里的文脉似乎表明，那些被视为同等重要的目的包括"人们的个人想像与习性（idiosyncrasy）所驱使自身去追求的多种多样的个人目标"（同上，页38注）。

只有在一个人对目的的追求与另一个人的追求相冲突的程度上，干涉这种对目的的追求才算得上合理。然而似乎这样的冲突不可避免："根本不可能从人的生活（不论个人生活还是社会生活）中完全消除冲突——还有悲剧"（同上，页54）。并非所有冲突、只是某几类冲突才可以并且应当通过社会控制来避免："自由必须有某些边界不允许任何人逾越"（同上，页50，强调为引者所加）。这些边界所必须具备的品性就是保卫一个大得合乎情理的领域；似乎没有充分理由要求每个人必须拥有这样的自由，即幻想着追求他所欲的任何目的。

然而，首要的问题不在于那些边界的位置，而在于它们的地位。那些边界必须具有"神圣性"（同上，页57）。它们必须具有"绝对性"："对最低限度的个人自由不可侵犯性的真正信仰，要求某种……绝对立场"（同上，页50）。"相对主义"（亦即宣称对于选择者来说，所有的目的都具有相对性，因而相互平等）看来需要某种"绝对主义"。而伯林还在犹豫要不要走这么远。

可以为决定这些边界的诸规则赋予不同的**名称或本性**：它们可被称为自然权利，或圣言（the word of God），或自然法（Natural Law），或功利要求，或"人的最深层利益"的要求；我可以相信它们先验地有效，或宣称它们是我自己的种种**主观**目的，或我的社会或文化的种种目的。其实，这些规则或命令所具有的共同之处是，它们被如此广泛地接受，而且它们如此深刻地扎根于人们实际的（actual）人性，就仿佛它们的发展贯穿于历史一般，以致如今它们成为我们所谓做一个正常人所必需的东西。对最低限度的个人自由不可侵犯性的真正信仰，要求某种这样的绝对立场（同上，页57，强调为引者所加）。

也就是说，对一种私人领域神圣性的欲求需要一个根基、一个"绝对的"根基，但它却毫无根基；任何古老的根基、任何"这样的绝对立场"（比如诉诸我自己的主观意志，或我的社会的意志）都将能充当其根基。目光短浅者才会否认伯林那无所不包的方案对于一种政 [16] 治意图——对于一份用来召集所有反共产主义者的反共产主义宣言的意图——非常有益。但是我们在这里关心的是一个理论问题，在这方面我们不得不指出伯林自相矛盾。"免于……的自由"与"去做……的自由"是"对于生活目的的两种分歧的深刻且无法调和的态度……它们中每一个都提出绝对主张。这些主张不可能同时获得完全满足。但是……它们中每一个所寻求的这种满足都是一种终极价值……而任一终极价值都同样有权利被归入人类最深层的利益之中"（同上，页51－52）。对最低限度私人领域的绝对要求不可能得到完全满足；它应该得到调和，因为与之对立的要求也拥有同等权利。按照伯林的理解，若没有一个绝对根基，自由主义就无法生存，而若拥有一个绝对根基，自由主义也无法生存。我们来更为仔细地考量一下伯林眼中的自由主义根基。"这些规则或命令［它们界定自由那不允许任何人逾越的边界］所具有的共同之处是，它们被如此广泛地接受，而且它们如此深刻地扎根于人们现实的（actual）人性，就仿佛它们的发展贯穿于历史一般，以致如今它们成了我们所谓做一个正常人所必需的东西"（同上，页 50）。但早些时候伯林曾告诉我们，"这种理念取得支配地位的情况一直是例外而非惯例，即便在晚近的西方历史上亦然"（同上，页 13），也就是说，消极自由理念对于人之为人来说并不自然。那么，就算这里所讨论的规则对于现在的西方人来说很自然，但将来又会怎么样呢？

> 或许，一个人按照自身意愿来生活的自由理念……只是我们日渐衰颓的资本主义文明晚近的果实：……后世子孙对此理想将……茫然不解。事实也许就是如此；但在我看来，怀疑主义结论绝不会接踵而至。某些原则并不因其有效期限得不到保证就减少了神圣性（同上，页 57）。

但同样真实的是，单凭这些原则的有效期限不能得到保证这一事实，这些原则就并不神圣。我们还等着某人来谈谈，为什么伯林将他的原则视为神圣。如果这些原则本质上有效、永远有效，那么人们确实可以说，这些原则未来还会不会被视为神圣只是个次要问题；还可以说，如果未来的子孙后代鄙视文明的永恒可靠性，那么他们简直将迫使自己陷于野蛮。但是，至今究竟有没有立足于"经验主义"——亦即人们的经验——的永恒原则呢？未来的经验是否与过去、现在的经验同等重要（the same right to respect）呢？

［17］如果有人假定经验可能有个顶峰，假定历史中亦可能有个绝对时刻（此刻人的根本条件首次在原则上得到完全实现），那么情况会完全不同。但这同时意味着在最重要的方面，历史或进步已经到达了自己的终点。不过伯林好像确信，在最重要的方面，

历史没有终结也不可能终结。因此消极自由理念对他来讲只能"相对有效":只能在当前有效。与我们时代的精神完全一致,他引述了"我们时代一位令人尊重的著作家"的话:"认识到一个人信念的相对有效性,却又毫不妥协地坚持它们,正是文明人区别于野蛮人的地方"(同上,页57)。

那也就是说,不仅我们的所有主要目的都只具有相对有效性;甚至那个因绝对地洞察到我们所有目的的相对有效性而自称为必要的目的也只相对有效。另一方面,后一种目的,或曰那种对待任何主要目的的正确立场,是如此绝对有效,以致伯林或者他的权威性可以把文明人和野蛮人之间的绝对区分建立于其上。因为正如引文所述,这一区分被认为具有终局性,而非取决于按未来经验所进行的修正。

伯林不能逃脱每个思想存在者(thinking being)都服从的必然性:采取一个最终、绝对的立场(此立场与他所谓人性,或人类状况的本性,或决定性真理相一致)进而宣称他的基本信念绝对有效。当然,这并不意味着伯林的基本信念就靠得住。我怀疑它是不是靠得住,理由之一在于,如果伯林的权威性很正确,那么每个坚定而自由的混混或恶棍就都成了文明人,而柏拉图和康德则成了野蛮人。

在我看来,伯林的表述就是自由主义危机的标志性文献——此危机源自自由主义已抛弃了其绝对主义根基,而且试图变得完全相对主义化。可能我们大多数学术同行会说,从伯林言论的不足之中,无法得出反对相对主义的结论,因为这些缺陷源于伯林希望在相对主义与绝对主义之间找到一个不可能的中间立场;伯林本不会自相矛盾,只要他止步于认为自由主义仅是他"自己的主观目的",本质上并不高于任何其他主观目的,同时认为自由主义信念因立足于一个价值判断而能够免于任何理由(或任何结论性理由)的赞成或反对;换句话说,只要伯林不曾[18]将非自由立场斥为"野蛮"立场,而是承认存在无限多种文明观念,每种文明都以自己的方式来定义野蛮；简而言之，只要伯林保守于我们时代的实证主义的界限之内。到底是撤回到那种实证主义的避难所（或者彻底的"价值相对主义"的避难所）就能够克服自由主义的危机，还是它只会隐瞒那危机？这是另一个问题。

依照当今社会科学中流行的对相对主义的实证主义解释，理性不能证明不自私的满足比自私的满足要好，也不能证明如下想法有多么荒诞："想像与习性会驱使人们去追求"任何可以达到的目的。由此可见，如果一个没有亲朋好友的单身汉（bachelor）毕其一生都尽最大的可能去敛财，而且以最有效率的方式来实现这一追求，那么在原则上讲，他就过着与他的国家中或者人类中最伟大的行善者（benefactor）同样理性的生活。在可达到的目的之中做出选择时，或许应该 en pleine connaissance de cause，亦即应该完全清楚此选择可能引发的后果；此选择无法凭借自身而具有理性。理性可以告诉我们，采取哪些手段有助于达到哪些目的；不过理性不能告诉我们，哪些可达到的目的会比其他可达到的目的更可欲。理性甚至不能告诉我们，我们应该去选择可以达到的目的；如果某人"喜欢欲求不可能的事物（loves him who desires the impossible）"，那么理性会告诉他，他的行为非常不理性，但理性不能告诉他，他应该理性地行事，或不理性的行为是坏的、卑劣的行为。如果理性的行为就在于为正确的目的选择正确的途径，那么相对主义实际上教导我们，理性的行为不可能。因此，相对主义社会科学可以说隶属于对非理性行为的理性研究。

但是，在何种意义上这种研究是理性的？社会科学的进展依靠归纳推理，或者说社会科学关注预测，或关注对原因的发现。那么，在社会科学相对主义中，因果律（principle of causality）处于什么样的地位呢？根据一个广为接受的观点，因果律仅仅是个假定。并没有理性的反驳针对如下两个假设：宇宙会在任何时刻消失，不仅化为稀薄的空气，而且化为绝对的虚无；这种怪事也许就是不仅消失为虚无，而且通过虚无而消失。对世界可能的尽头来说为真的东西，对于其开端同样为真。既然因果律本质上并不明显，那么没有什么可以阻止我们假定，世界曾经从虚无且通过虚无［19］变为存在。合理性（rationality）不仅消失于科学所研究的行为；这种研究本身的合理性也已变得极端成问题。完全的一致性已丧失。由此，我们便有权利这样讲，整个实证主义科学（以及由此而特殊化到实证主义社会科学）的特征是抛弃理性或逃离理性。人们已遗憾地注意到，逃离科学理性合理地回应了科学逃离理性。

马克思主义著作家卢卡奇（Georg Lukács）曾撰写过一部19、20世纪德国思想史，题为《理性的毁灭》（*Die Zerstorung der Vernunft*, Berlin, 1954）。[①] 我相信，面对这一指控，我们西方社会科学家中许多人必会服罪。出于明显的理由，我们必须特别关注卢卡奇对韦伯（Max Weber）社会科学观念的批判。或许有人会对此批判做出如下总结。韦伯比他那一代任何其他德国学者都更加努力拯救社会科学的客观性；韦伯认为，要施行这种拯救，就需要社会科学做到"价值中立"，因为他假定价值评估具有超理性或非理性；但是，对"事实"及其原因的价值中立式研究，不容置疑地预设了对相关事实的选择；那一选择必然受到价值考虑的引导；选择事实时所考虑的那些价值本身必定已被选择；而且这种选择最终决定社会科学家们的特定概念体系，故在原则上很武断；因此社会科学根本就具有非理性或主观主义性（参同上，页484 – 489；Palmer译本，页612 – 619）。按卢卡奇的说法，一种客观的、评价的社会科学有其可能，只要社会科学不限于研究武断地选择出的"事实"或细节（segments），而要基于整个社会处境、最终基于整个历史进程来理解特定社会现象。"历史的、辩证的唯物主义正是这样一种整全观，在其中历史的进步性和通过理性可

[①] 参 *The Destruction of Reason*, Peter Palmer译，Atlantic Highlands, N. J., 1981。［译注］中译本参王玖兴等译本，济南：山东人民出版社，1988。

知的合法性得以用最高形式表达；事实上历史的、辩证的唯物主义也是这样一种惟一的整全观，此整全观能赋予进步主义和合理性以一个稳定的哲学根基"（同上，页456；Palmer 译本，页576）。

黑格尔试图说明，历史进程的进步的、理性的品格基于如下前提，即此进程在原则上已经完结；因为如果它没有完结，[20]人们就不会知道——比如说——将来某些阶段是否不会导致理性的自我毁灭。然而在马克思看来，历史进程并未完结，甚至可以说它尚未开始。此外，马克思并不承认超历史的或自然的目的，即据以判断变化是进步还是退步的那些目的。因此，从西方相对主义转向马克思主义，究竟能不能逃避相对主义，这仍是个问题。卢卡奇曾说：

> 历史唯物主义既能够也必须应用于其自身，但把唯物主义方法运用到唯物主义，并不导致全盘相对主义；也不会推出，历史唯物主义不是正确方法。马克思主义根本真理的属性一如马克思所解释的古典经济学真理。它们是特定的社会生产秩序中的真理。这样，而且只有这样，它们才拥有绝对有效性。这并不排除会出现这样的社会，在其中由于这些社会的本质结构，真理的其他范畴和其他关系也将有效。①

这看起来意味着，马克思主义根本真理在受到进一步关注之前的确为真；原则上我们已经知道，它们将为不同的真理所取代。确实，马克思主义真理将被"扬弃"（preserved）——借用黑格尔

---

① 卢卡奇，《历史与阶级意识》（*Geschichte und Klassenbewusstsein*, Berlin, 1923），页 234–235；参《历史与阶级意识》（*History and Class Consciousness*, Rodney Livingstone 译, Cambridge, Mass., 1971），页 228。［译注］中译文参考过杜章智等译本，北京：商务印书馆，1992。

的术语:"在较低层面可获得的真理的'客观性'并未被摧毁:由于被纳入了一种更具体、更全面的整体之中,它只是获得了一种不同的意义"(同上,页206;Livingstone译本,页188)。也就是说,马克思主义将把自身展示为一种单方面的真理、片面的真理。卢卡奇还把马克思主义真理与法国革命意识形态真理相比。马克思主义如今就像那些意识形态在那个时代一样真实:二者都以如下的方式使一种历史处境变得可理知(intelligible),即让同时代的人们看到他们困难的根源,并为他们指明克服那些困难的道路。但是,当那些法国革命意识形态家们清楚地看到旧制度(ancien régime)的腐朽与革命的必要时,他们完全误解了其革命所创生的新社会之善。

把上述观点运用到马克思主义,同样显然:即便马克思主义终局性地断言了资本主义社会腐朽的[21]原因以及那个社会可以并将要被摧毁的方式,但它不可能终局性地断言无产阶级革命行动所创生的新社会:新社会或许和旧社会一样充满了矛盾与压迫,只不过这些矛盾和压迫当然将是全新的。因为如果马克思主义仅仅是我们时代、我们社会的真理,那么无阶级(classless)社会的前景也仅仅是我们时代、我们社会的真理;赋予无产阶级以推翻资本主义系统的权力和精神,或许被证明只是幻想,而事实上无产阶级发现自身后来仍被奴役,的确不再为资本所奴役,不过为一种身穿铁甲的军事化官僚政制(ironclad military bureaucracy)所奴役。

然而也许马克思主义不应该被应用于自身,以免变得相对化。也许马克思主义基本原理是客观而科学的真理,其有效性不能基于其条件或创生来理解。由此马克思主义可被视作一种终极真理,其地位与进化论相当。不过,既然其他非常重要的真理将来会被发掘出来,那么马克思主义的"意义"也将激剧改变。

但马克思主义可能就是终极真理,因为它属于历史中的绝对时刻,在这时刻里必然王国能得到完全考察,从而自由王国的轮廊会首次出现。必然王国恰巧伴随劳动分工。自由王国的出现则伴随着劳动分工的废除。不过劳动分工的原本形式不是生育后代时的"劳动分工",而是"性行为中"的"劳动分工"。① 看来,如果自由王国达到完美,它将成为俗人(homunculi)② 在试管中所生产的俗人们的王国,只要它将不会成为(事实上它倒更有可能成为)"末人(the last man)"——一群没有牧人的牲畜——的地盘。因为,用马基雅维利的话说,"正如某些道德哲人已经叙述过的,假如不曾受必然性的驱使,人的双手和口舌——这两件能够使他变得高贵的最高贵的工具——原本不会完美地工作,也不会使人们的劳作达到人们所见过的那种高度"(《论李维》,3.12);③ 从必然王国向自由王国的飞跃,将意味着人的美德不光彩地丧失其可能性。

但是,让我们回顾外表上最为强大的当今西方学派,即当今的实证主义。这种 [22] 实证主义是逻辑实证主义。这种实证主义在某种程度上相当真实地把自己的起源归于休谟。[但是] 在两个重要的方面,它背离了休谟。背离了休谟教诲的第一个方面是,它是一种逻辑的教诲,亦即并非一种心理学的(psychological)④ 教诲。逻辑实证主义用以补充理性批判的是符号逻辑和概率论(theory of probability);而在休谟那里用以补充理性批判的则是自然信念与自然直觉。逻辑实证主义惟一的或首要的关注是对科学

---

① 马克思,恩格斯,《德意志意识形态》(Die Deutsche Ideologie, Berlin, 1953),页28;参《德意志意识形态》(The German Ideology, C. J. Authur 编, New York, 1972),页51。[译注] 参《马克思恩格斯选集·卷一》,中共中央马克思、恩格斯、列宁、斯大林著作编译局编译,北京:人民出版社,1995。

② [中译编者注] 即 homunculus(又作 homullus)的主格复数。此词本义是最低限度的人,与高贵的人相对,引申为可怜人。该词用英文表述即 mere man,与此相关的是用以指事的 the merely human(仅仅属人事物),后者在本书中出现多次。

③ [译注] 中译本参冯克利译,上海人民出版社,2005。

④ [中译编者注] 词根 psycho- [心理的] 即 ψυχο-,本义指灵魂、生命气息。本书中含此词根的词多次用到"灵魂"这一古义。

的逻辑分析。我们已从康德（休谟的伟大批评者）或新康德主义那里了解到，科学的有效性问题根本不同于其心理学起源问题。

当今的实证主义背离休谟的第二个重要方面在于，休谟仍然是一位政治哲人。更具体地说，休谟仍然教诲道，存在普遍有效的正义规则，那些规则被称作自然法则（Laws of Nature）并无不当。这意味着"他的思考与著述在人类学及其相关科学兴起之前"，① 或者说得更精确一点，是在"对史学的发现"之前。休谟仍然从人类不变的本性来审视人事；他尚未将人设想为一种本质上具有历史性的存在者。当今的实证主义自信能够像摆脱休谟心理学或者任何其他心理学那样，避免"对史学的发现"所带来的问题：亦即通过在有效性与起源之间作康德式区分。康德得以超越心理学是因为他承认一种先验（an a priori）；而先验没有起源，至少没有经验性起源。逻辑实证主义拒斥这一先验。因此它不可避免地涉及心理学，涉及科学在前科学事物之中的经验性起源这一问题。人们不能仅仅尝试回答：什么是科学？人们不可避免提出：为什么要科学？或者说，科学的意义是什么？既然实证主义否认存在一种"纯粹理性"或一种"纯粹心智"，那么它就可以仅仅依据"人类有机体"来回答：为什么要科学？实证主义必须把科学理解为某种有机体的一种活动，理解为实现那种有机体生命中一种重要功能的一种活动。简而言之，倘若不能进行预测，作为有机体的人就活不下去或活不好，而最有效的预测形式就是科学。

对科学的这种解释方式已经变得极端成问题。在热核武器时代，称科学与人类生存之间存在富有积极意义的关[23]系，已经失去了所有从前或许有过的明显证据。此外，科学的高度发展依赖于高度发达的工业社会；这样的社会的支配状态给"未发达

---

① John Dewey,《人的本性与行为》(*Human Nature and Conduct*, Modern Library edition)，页 vii。

社会"的生存造成前所未有的更大的困难。谁还敢说，那些未发达社会的发展——即其急剧转型，亦即对他们传统生活方式的破坏——是那些人民活下去或活得好的必要条件呢？那些人们就算对科学的可能性毫不了解，也能够生存下去，有时还能过得幸福。当必须把科学溯源到某一种有机体的需要时，方才提及的好景就不可能发生。因为就科学能被证明对人的生活或好生活确有必要而言，人们事实上许可了一个关于科学的理性价值判断，而我们知道依据实证主义，理性价值判断不可能。

有些实证主义者避免了上述难题，因为他们在民主制中找到了科学的理论根基（rationale），毫不在乎仅仅诉诸教条式前提、或既有秩序的惯性，一点儿也没注意到伯林所暗示的复杂状况；要不然，就因为他们把科学理解成最激动人心的精神探险形式，而他们无法告诉我们，他们把精神事物理解成什么，在他们看来精神事物如何自别于非精神事物，乃至精神事物和理性事物如何相关。实证主义者确信科学取决于并非由科学本身所创造的前提。这些前提产生于各种不同因素无意的聚合，这些因素会分化开去，正如它们曾集合起来。只要它们聚合，那么科学便可以凭借那些看起来像内在禀赋（propensity）的东西取得进步。然而，科学并不具有自主性（autonomous）；常言道，思想并不在真空中产生。质疑科学自主性的首先并非如下事实，即科学预设外在于科学的前提可得到利用。如果人们把科学设想为一种精神探险，人们就在暗示存在其他形式的精神探险；人们无法否认，正如科学会影响那些其他形式，科学自身也经受其影响。进一步讲，人们必须假定，精神会因其探险而发生改变，故精神很可能随着时代而改变，而且科学——以其旨趣或其假设性想像为鹄的——可能取决于时代精神。换句话讲，我们不禁会问，科学［24］进步与社会进步之间的关系是什么？既然对价值判断作了实证主义裁夺，那么实证主义便不再能恰当地或者心安理得地谈论社会进步；但是，实证主义还在——即便以一种多少有点偷偷摸摸的方式——接续某种更古老传统，这传统相信科学进步与社会进步之间存在某种自然和谐。

总而言之，凭借对有效性与起源的区分，实证主义意欲将科学看做具有自主性，但这行不通；该区分只是阻止实证主义对人类处境问题给予应有的重视，而科学正是从这处境之中产生，并存在于这处境之中。倘若科学果真是"人的最高权力"，是人用以超越仅仅属人事物（the merely human）① 的动力，那么实证主义对待科学的方式应该反过来用在自己身上；然而，实证主义不能坚持这种对科学的"柏拉图式"理解。科学的人类处境问题是实证主义无法提出也不愿提出的，此问题为极端历史主义所处理，该主义是实证主义在当今西方最强大的对手，其更为人熟知的名字是存在主义。

存在主义产生于基尔克果（Kierkegaard）思想与尼采思想的相遇，这首先发生在德国。直到与这两个辉煌的名字联系在一起之前，存在主义还和实证主义或理念主义（idealism）一样不以人名命名（nameless）。但这是误导。像其他许多思想运动一样，存在主义有着含混的边界和坚实的内核。那坚实的核心，或者说存在主义赖以赢得其理智尊严的惟一思想，就是海德格尔思想。在海德格尔出版的第一部大著中，基尔克果的影响事实上和尼采的影响一样强大。但随着海德格尔后来变得越发澄明，人们认识到更应该在尼采而非基尔克果那里寻找存在主义的根源：存在主义的兴起依赖于一群哲学公众（public）对基尔克果的接纳，而尼采早已开始塑造这群哲学公众。

尼采是真正思索相对主义的哲人（thephilosopher of relativism）：这位思想家首次面对完全意义上的相对主义问题，并且指出用以克服相对主义的方法。相对主义起初以历史主义形式——更确切地说是以一种已衰微的黑格尔主义形式——引起尼采的注

---

① ［中译编者注］参页 ［21］关于 homunculi 的中译编者注。

意。通过宣称黑格尔的时代是绝对时刻、亦即有意义的时间的终点，黑格尔曾调和"对史学的发现"——即所谓洞察到个体在最极端意义上是其时代的儿子或继子，或洞察到一个人最高尚、最纯粹的思想对他所处时代的依赖——[25] 与原本意义上的哲学：作为绝对宗教的基督教已与世界完全调和；它已得到完全世俗化（secularized），或者说在后革命时代的国家（postrevolutionary State），并通过后革命时代的国家，俗世历史（saeculum）① 已完全基督教化；历史作为有意义的更替已经到了其尽头；所有理论的、实践的问题在原则上都已经解决；因此历史进程明显具有理性。

尼采所面临的衰微的黑格尔主义保留了黑格尔的"乐观主义"，即历史进程的可完成性。事实上，这种"乐观主义"立足于对未来无限进步的期待，或立足于对历史不可完结性的信念。在这种状况下，正像尼采所看到的，我们自己的原则（包括进步信念）会像所有更早的原则所呈现的那样都具有相对性；不仅过去的思想，我们自己的思想也必须依靠某些前提才能得到理解，这些前提对我们来说不可回避，但是我们了解到有人在诅咒这些前提消亡。历史成了这样一幅景象：表面的方面令人兴奋，严肃的方面却萎靡不振。这教诲了一个致命的（deadly）真理。它向我们表明文化有其可能，只要人们投身于他们并不质疑、无可置疑的思想、行动原则，这些原则限定了人们的视野，以使人们能够具有一种品性和风格。它同时又告诉我们，任何这样的原则都可以质疑，甚至都可以拒斥。

惟一的出路看来只是，将这种历史教训弃之不顾，自愿选择一个生机勃勃的（life-giving）幻想而非一个致命的真理，乃至编织一个神话。但这对于理智健全的人们明显不可能。只有人们认识到整个客观史学或客观知识的本质局限，真正的解决之法才会

---

① [译注] 此拉丁语词原指世代，引申为当代、属人生活、属人历史。

出现。客观史学足以摧毁任何思想、行动原则之客观有效性这一幻象；而它不足以启发对历史的真正理解。客观的史家不能把握过去事物的实质，因为他仅仅是一个观察者，并未致力或献身于思想、行动的实质性原则，这是因为他已认识到这样的原则并不具有客观有效性。但是，从对这一客观真理的认识中可以而且必须得出完全不同的结论。不同时代所遵从的不同价值并不具有客观根据，也就是说它们都是人的创造物；它们的存在有赖于一个自由的属人规划，这规划塑造了令一种文化得以可能的领域。人现在必须有意识［26］地做他过去无意识地基于某种幻想（即幻想着服从那独立于其创造行为的事物）而做的事情。这个崭新的规划——一切价值的重估——需要拒斥所有早先的价值，因为通过认识到其赖以立足的对客观有效性的主张毫无根基，这些价值也就显得毫无根基。但恰恰是对所有这些原则之起源的认识使得一个新的创造成为可能，该创造以这个认识为先决条件且与之保持一致，却不能从这个认识中演绎出来；不然此认识就不能归因于一种凭借健全理智的创造性活动。

正是以这种方法，尼采被认为把致命的相对主义真理转化成了最生机勃勃的真理。为了以所有必要的含糊方式来陈述这种情况，尼采发现生机勃勃的整全真理具有主观性或超理论性，因为它无法被超然地掌握，也因为它无法同样适用于所有人或所有时代。尼采在试图克服那些阻碍其解决问题的困难时陷入了某些困难，我们仅能在此暗示这些困难。在我印象中，尼采曾把人的创造性解释为普遍权力意志的一种特定形式，而且该解释带来了一个问题，即尼采是否没有因此而再次尝试为一种超理论教诲或教训（message）找到一个充足的理论基础呢？换句话说，在我的印象中，尼采曾犹豫：权力意志学说是否只是他的主观规划，将来是否会为其他这样的规划所取代，或者说此学说到底是否终极真理呢？我们在此只限于表示，尼采的思想运动可被理解为一场从历史至上性走向自然至上性的运动，这场运动完全回避理性至上性，或者说试图以肤浅与深刻之间的对立去取代主观与客观（或者习俗［the conventional］与自然［the natural］）① 之间的对立。存在主义试图使尼采所谓对相对主义的克服免于重新陷入形而上学，或免于诉诸自然。

---

① ［中译编者注］除少数情况外，本书中 convention（即 the conventional；通常用来对译 νόμος［nomos］）通译"习俗"，νόμος 单独出现时通译"礼法"；附及，law 除了明确指现代法律的情况以外，通译"律法"，customs 通译"惯习"。nature（即 the natural；通常用来对译 φύσις［physis］）通译"自然"或"本性"或"天性"。对 νόμος 与 φύσις 的讨论，参本书"苏格拉底问题五讲"第一讲。

3. 海德格尔式存在主义导言

丁耘　译

[27] 存在主义一直提醒许多人，如果思想着的存在者、思想着的个体遗忘了作为他所是的他自身，那么思想便不完全并有缺陷。这是古老的苏格拉底警告。试比较一下《泰阿泰德》(Theaetetus) 中的忒奥多罗斯 (Theodorus)：这个纯然客观的人完全迷失于沉思数学对象；对于同伴和他自己，特别是自己的缺陷，则一无所知。理论人并非一个纯粹心智，并非查读仪表指针 (pointer-reading) 的观察者。诸如"我是什么 (What am I)"、① "我是谁"这样的问题，就无法由科学回答，因为那样将意味着，有一些遗忘了自身的忒奥多罗斯们已经用科学方法掌管了人类灵魂的边界。因为如果他们未曾这么做，如果其结果必定具有临时性和假设性，那么除了科学知识的代价与虚荣以外，我们通过忠实地考察我们自身与我们的处境而发现的东西，几乎不可能比科学更有裨益。

存在主义是一派哲学思想。这个名称与柏拉图主义、伊壁鸠鲁主义和托马斯主义不同。存在主义就像实用主义或实证主义一样，是一种不标人名的运动。但这是假象。存在主义最重要的意义归功于一个人：海德格尔。海德格尔独自一人便引发了哲学思想中如此彻底的一场转折，它正使德国和欧陆所有思想发生革命，并甚至开始波及盎格鲁-撒克逊思想。对于这个后果，我并不感到惊奇。我记得 1922 年他给我的印象，当时我作为一个年轻的哲

---

① [译注] 在英文中此表述常用来询问某人的"志业"。

学博士第一次听他讲课。在那以前，和德国不少同代人一样，我受韦伯的影响特别大：因为他毅然地献身于理智诚实，因为他热情地献身于科学观念——这种献身夹杂着对科学意义的深刻不安。当 [28] 我从海德格尔曾经授课的弗莱堡一路北上，在美茵河畔的法兰克福，我拜访了罗森茨威格（Franz Rosenzweig）——后来，博洽之士谈起存在主义时总要提到他的名字——并跟他讲起了海德格尔。我对他说，在我看来，比起海德格尔，韦伯在精确性、试探性与天资方面简直像个"弃儿"。以前我从未见过谁在解释哲学文本时如此认真、深入与专注。我听过海德格尔对亚里士多德某些篇章的解释，不久以后我又在柏林听了耶格尔（Werner Jaeger）解释同样的篇章。出于善意，我必须打住比较，最后只好说没什么可比性。渐渐地，海德格尔发动的思想革命攻势唤醒了我和我们这一代。我们亲眼目睹，自黑格尔以来，世界上还不曾有过这样的现象。他在极短的时间内就成功地废黜了德国那些已建立起来的（established）哲学派别。海德格尔与卡西尔（Ernst Cassirer）曾经在达沃斯（Davos）有过一场著名的论辩，这场论辩让所有长眼睛的人看到了已建立起来的学院哲学的这位声名卓著的代表人物的失败和贫乏。卡西尔曾师从新康德派宗师柯亨（Hermann Cohen）。柯亨曾经详尽阐发出一个以伦理学为中心的哲学系统。卡西尔把柯亨的系统变形为一个新的哲学系统，伦理学在这个新系统里彻底消逝。这个新系统已然默默地被忘却：卡西尔没有直面问题。海德格尔直面了问题。他宣告伦理学不可能，而他的整个存在都渗透着这样一种意识：这个事实敞开了一个深渊。

海德格尔崭露头角之前，当时最杰出的德国哲人——我得说，惟一的德国哲人——是胡塞尔。海德格尔对胡塞尔现象学的批判变得相当紧要：其之所以如此，正因为这个批判在于把胡塞尔自己的问题和提问进行一种极端化。要而言之，胡塞尔曾对我说（当时我已经受过马堡新康德主义学派的训练），新康德主义诸学派比所有其他德国哲学流派都要高明些,但其错误在于[他们造房子]从屋顶开始。他的意思如下。马堡新康德主义的首要论题是科学分析。但胡塞尔教导说,科学源于我们关于实事世界(the world of things)的原初知识:科学并不是人对世界之理解的完美典型,而是对那种前科学理解的一种特定改造。科学如何从前科学理解中充满意义地起源,这是个问题:[29]首要论题是对前科学世界进行哲学理解,于是首先便是分析被明显感知(sensibly perceived)的事物。在海德格尔看来,胡塞尔自己也从屋顶开始[造房子]:就连被明显感知的事物本身也具有派生性;并非首先有了被明显感知的事物,然后这些事物再处于被评价的状态或对我们发生影响的状态。我们对世界的原初理解并非把事物理解为客体,而是理解为希腊人所谓的处境(pragmata)。① 胡塞尔分析前科学理解的世界时所处的视域,是作为绝对存在者的纯粹意识。海德格尔指出如下事实来质疑此路向:属于纯粹意识的内在时间必定有限度,甚至由人的有死性所构成,如果抽离于这一点,便无法理解这种时间。

海德格尔在 1920 年代后期及 1930 年代早期对德国产生了影响,很快他也对整个欧洲大陆产生了同样的影响。除了新托马斯主义与或粗糙或精致的马克思主义,现在已经不再有什么哲学立场。所有理性的自由哲学立场全都丧失了其重要性与力量。人们可以对此表示哀叹,可是我个人确实无法坚守那些已被认为不充分的哲学立场。我们恐怕必须做出相当大的努力,为理性自由主义找到一个坚实基础。只有一位大思想家能帮助身陷智识困境的我们。但有个大麻烦:我们时代惟一的大思想家是海德格尔。

当然,惟一要紧的问题是,海德格尔的教诲真伪如何。但这个问题也带有欺骗性,因为它回避了资格(competence)问题

---

① [译注] 即 $πρ\tilde{α}γμα$ 的复数形式 $πρ\tilde{α}γματα$,其不同于单数形式的意义是:处境、政事、私事、麻烦事。

——即谁有资格来判断。也许,只有大思想家才真正有资格判断大思想家的思想。海德格尔区分了哲人与那些将哲学等同于哲学史的人。换言之,他区分了思想家与学者。我明白自己只不过是个学者。但我还知道,绝大多数自称为哲人者大都充其量是学者。学者在根本上依赖于伟大思想家们的作品,伟大思想家们直面问题,不屈从于任何权威。学者则谨小慎微:持守法度(methodic),并不大胆(bold)。学者不会像伟大思想家们那样,逐渐超出我们的视线,遁隐在我们难以企及的高峰与雾霭之中。然而,虽然伟大思想家如此 [30] 大胆,他们还是比我们谨慎得多;在我们确信为根基之处,他们看到了陷阱圈套。我们学者们活在有魔力的圈子里,活得逍遥(light-living),仿佛荷马的诸神——大思想家们保护我们不受某些问题侵扰。正是由于伟大思想家们看法不一,学者才有其存在之可能。他们的不一致使我们有可能去推敲他们的差异——揣度他们之中谁更有可能正确。我们或许认为,过往的伟大思想家已经穷尽了所有相互抗衡的倾向。我们或许会试着把他们的学说分类,就像某种植物标本分类那样,我们会认为自己正处于有利地位俯视它们。但我们无法排除这样一个可能:未来还会产生其他大思想家(例如在 2200 年的缅甸),其思想的可能性未为我们的分类纲要所提供。由于谁我们才会相信已经发现了人类可能性的极限?简言之,我们所做的不过是思索我们从伟大思想家那里领会到的些许东西。

我把这用于我在看待海德格尔时所处的情况。我在欧洲见到一位著名心理学家,一位长者,他曾对我说,在他看来,还无法判断海德格尔工作的意义以及真相。海氏的工作在其智识方向上变化如此激烈,以致需要相当长的时间才能——哪怕以最低限度的恰切性——理解这一工作的意义。我对海德格尔关切的东西理解得越多,便越是清楚有多少东西我仍未领会。我所能做的愚不可及之事,就是闭眼不看或干脆拒绝他的作品。

这么做有个并非完全不值得尊重的正当理由。海德格尔在

1933年成了个纳粹分子。对于一位生活在伟大高度——这一高度远远高于政治这样的低处——的人来说,这一点不能归结为单纯的判断错误。任何人只要曾经阅读过他的第一部伟大著作而又不曾只见木不见林,都能看出海德格尔和纳粹思想在气质和取向上的亲缘关系。蔑视合理性、颂扬果敢性的实践意义(亦即严肃意义),除了鼓励那个极端主义运动还能是什么?1933年,海德格尔成了弗莱堡大学的校长(rector),当时他曾做过一个就职讲演,在讲演中他认同了那场横扫德国的运动。在海德格尔的新近出版的著作的护封上,不时出现其著述的所谓完整目录,他还没有勇气在这些目录中提及那篇讲演。1953年他出版了《形而上学导论》(*Introduction to Metaphysics*),① 此书由1935年的若干讲演构成,海德格尔在其中谈 [31] 到了民族社会主义(National Socialist)运动的伟大与尊严。海德格尔在1953年写的序言里面说,所有的错误都已经改过来了。在某种程度上,海德格尔的例子让人想起尼采。尼采当然不曾站在希特勒这边。然而在尼采思想与法西斯主义之间,存在着无可否认的亲缘关系。如果一个人像尼采那样,为了一种新贤良政制,富有激情地拒斥保守的立宪君主制以及民主政制,那么比起新的贤良方正之人——不用说什么金发野兽——品性的必然更为微妙的暗示,倒还是那一拒斥行为的激情产生了更大的效果。

反对上述运动的富有激情的政治行动完全合乎情理,但却不够充分。它甚至在政治上也不够充分。难道不存在威胁民主制的危险,不仅无外患而且无内忧?民主制、工业大众民主制难道没有问题?民主制那具有温情脉脉合理性的官方高级教士们恰恰不够合乎情理,以致无法应付我们当前的处境:欧洲的没落、西方乃至整个西方文明遗产面临的危险——这个危险至少与基督教纪元300年左右地中海文明遭遇的威胁一样大,甚至较之更加严重。

---

① [译注] 中译本参熊伟、王庆节译,北京:商务印书馆,1996。

尼采曾经描述过19世纪下半叶欧陆发生的变化。晨祷已代之以晨报：不再每天都是同样的东西，不再每天都是对人的绝对职责和崇高使命的相同提醒，而是每天都有并不提醒什么绝对职责和崇高使命的新玩意；专业化，对于越发琐屑之事知道得越来越多；现实中不可能专注于为数很少却彻底左右人的整全性的本质事物；用一种虚假的普遍性、用各种各样缺乏真正激情的兴趣与好奇作为刺激来弥补专业化；普遍的非利士主义（philistinism）① 和蔓延的因袭主义（conformism）所带来的危险。

请允许我用片刻工夫看一看犹太人问题。以色列的高贵简直并非赞美之辞所能穷尽，这是知道自己从何而来的当代犹太人的惟一亮点。但以色列并未给犹太人问题提供什么解决方案。"犹太-基督教传统"吗？这意味着模糊并且掩盖重大差异。看来要搞文化多元主义，只有付出抹去一切边界的代价。

假如民主制的批评者——哪怕他们是民主之敌——是一些思想者（特别是伟大的思想家），而非大言不惭的傻瓜，[32] 那么我们避而不听他们的声音，就完全不配做思想着的存在者。

存在主义诉诸某一种经验，即焦虑（anguish）或者说畏（angst），② 并将其视为某种基本经验，一切都必须借助它得到理解。拥有这一经验是一回事，把它看成基本经验则是另一回事。这就是说，经验自身并不能保证其基本性。它只能由论证来保证。这个论证或许不可见，因为它隐含在我们时代公认的东西里面。所公认的东西可能隐含着——但也只是隐含着——一种根本的不安，它被模糊地感受到，却没有人直面它。既然有了这样一个语

---

① [译注] 等于说庸俗主义，源出圣经《出埃及记》，13：17。参页 [232]。
② [译注] anguish 指极度的身心痛苦或折磨，词源是拉丁文 angustia [狭窄、紧张]。angst 是日尔曼语，指畏惧，对生命（生活）的整体焦虑；英语引进此词后，主要用后一意项。

境，存在主义所指涉的经验便显现为一种启示，显现为真正的（the）启示，显现为对根本不安的本真解释。但这里还需要某些我们时代同样公认的东西：必须把那模糊地感受到的不安，看成对人（而不仅仅是当今的人）而言具有本质性的东西。但这一模糊地感受到的不安分明是个当今现象。不管怎样，让我们假设这一不安体现了以往的一切时代所思想过的东西，或者这一不安就是其后果。这样，模糊地感受到的不安便是所有先前人类努力的自然结果；回归对这一不安的古老解释则不可能。于是，这便是如今普遍接受的第二个看法（除开模糊地感受到却未受到直面的根本不安）；这第二个要素就是进步信念。

我已经提到了那句名言：关于越发琐屑之事我们知道得越来越多。这是什么意思呢？意思是现代科学并未遵守它自诞生之日起直到19世纪末一直持有的诺言：它将向我们揭示宇宙的真实性质以及关于人的真理。你们会发现，《亚当斯的教育》（*The Education of Henry Adams*）① 这份具有纪念意义的文献，记录了科学在性质和主张方面的变化，这一变化在上世纪快终了时为普通公众所觉察，且从那以后在深度和广度上一直迅猛发展。你们都知道这样一个断言，通常不允许科学家尤其是社会科学家下价值判断。这当然意味着，虽然科学已经在前人做梦也没有想到的种种方面增进了人的权能，它却绝对无法告诉人们如何运用这权能。科学无法告诉人哪一种运用权能的方式更智慧些：智慧仁慈地运用呢，还是愚蠢残酷地运用。由此可知，[33] 科学无法建立其自身的意义性，也无法回答这样的问题：科学好不好，科学在什么意义上好。我们面对着一个庞大的装置，其体量不断增长，其自身却没有意义。如果某位科学家说，正如歌德笔下的靡非斯特（Mephisto）也曾言及的那样，科学与理性是人的最高权能；那么他会被

---

① [译注] Henry Adams, Boston, 1930。参《亨利·亚当斯的教育》，周荣胜等译，北京：中国社会科学出版社，2003。

告知，他不是作为科学家说这番话，他在做价值判断，从科学观点看，这种判断完全无法得到保证。有人曾谈到远离科学理性。这种远离不能归于任何反常（pervercity），而只能归于科学自身。我仿佛记得有人做过如此论证：否认科学或者理性的价值判断之可能性，意味着承认所有的价值都平等；而这又意味着，尊重一切价值、普遍宽容，乃是科学理性的命令。但这样［做论证］的时代已经过去。当前我们听到的是：从一切价值的平等中不可能引出任何结论；对于我们在科学发现中引出理性结论这种做法，科学并不提供正当理由，当然也不禁止。有假设说我们应当理性地行动，因此应当转向科学去寻求可依赖的讯息，这种假设完全在科学本身的视域、旨趣之外。远离科学理性乃是科学远离理性的结果，亦即远离如下构想的结果：人是理性的存在者，如果他并未理性地行动，那他就败坏了（perverts）他的存在。更不用说，一种不允许价值判断的科学，已经不再可能谈论进步，除非这所谓的科学进步与人无关：变化概念已经顺理成章地取代了进步概念。如果科学或理性无法回答"为什么要科学"的问题，那么科学或理性实际上在说，对科学的选择并不是理性的：人们同样有权选择令人愉悦的或者以别的什么方式令人满意的神话。况且，科学不再将自身设想为人类心智的完美典型；它承认，它建立在基本假设的基础上，这些假设永远只是假设而已。科学的整个结构并不依赖于明显的必然性。如果情况确实如此，那选择科学取向与选择其他取向都一样没有根基。但这无非意味着，持反思态度的科学家发现，其科学的根基、其选择科学的根基原来竟是无根基的选择——竟是一个深渊。因为，在科学取向与另一种取向之间进行选择，对这种选择的一种科学解释已经预设了对科学取向的接受。根本自由是惟一非假设性的东西；其他一切全都立足［34］于这个根本自由上。我们已然身处存在主义之中。

有人也许会说，科学，以及贫乏而愚昧的实证主义，凭其自身当然无助于反击存在主义的进攻。但我们并没有一种理性哲学，足以拾起科学和实证主义把握不住的头绪,对这种理性哲学而言,诗性的、情绪化的存在主义不足为敌。我本人已经考察了很久——我在哪里能找到这样的理性哲学呢?如果把新托马斯主义者撇开不算,今天我在哪里可以找到这样的哲人,他敢于宣称自己拥有真的形而上学、真的伦理学,它们用一种理性的、普遍有效的方式向我们揭示存在者的本性与好生活的特性呢?自然,我们可以拜倒在古老的伟大哲人——尤其柏拉图与亚里士多德——脚下。但是,谁敢说柏拉图的形相(ideas)学说(如柏拉图所暗示的那样)或者亚里士多德的心神(nous)①学说(心神仅仅思想它自身,并且本质上与永恒的可见宇宙相关)便是真实的教诲?难道那些像我本人这样愿意拜倒在古老哲人脚下的人,不曾冒无主见的折中主义之险吗?有人有足够的能力来提醒我们这些折中者,每个堪称伟人的思想家的特性便是目标和灵感的独一无二;对于这些提醒者来说,我们的折中主义经不起轻轻一碰。考虑到以往那些伟大思想家之间深刻的不一致,我们是否有可能将问题上诉到他们那里,而又不会抹除一切轩轾?结果,传统哲学的位置逐渐被另一种东西取代,后者在其诞生的国家里被称为世界观学说(Weltanschaungslehre)。

在这条总路向中,人们承认,我们无法参照来自任何一位过往伟大思想家真实的形而上学教诲或伦理学教诲。人们承认,存在着 N 种回答根本问题的方式,存在 N 种柯林武德(Collingwood)所谓的绝对预设,而不能说其中的哪一种在理性上优越于其他任何一种。这意味着抛弃理性哲学一向所理解的那个真理观念。这意味着,就像社会科学的情况一样,选择这些预设中的任何一个都没有根基,并再次把我们引向自由之深渊——更不消说这样一个事实:任何具有如此博综性视角的学说都预设,种种根本可能性都是现成的,或者根本的人类创造性已到尽头。况且,

---

① [中译编者注] 即 νοῦς,指心神、智力;心思、注意力;决心。一译"努斯"。

在如下两方之间存在着一种彻底不相称：一方是具有比较性视角的分析者，他没有直面根本问题，甚至没有在其原本意义上认识这些问题，亦即仿佛［35］仅仅指向一种回答；另一方则是伟大思想家自己。在这位分析者与伟大思想家们之间隔着一道鸿沟，划出这条鸿沟的，正是这位分析者关于原本的哲学自身之乌托邦性质的佯知（pretended knowledge）。他宣称，如果将伟大思想家的教诲分门别类，那么他有能力像伟大思想家所期待的那样、像伟大思想家本应被理解的那样去理解他们；此时，我们怎么可能相信他？我们特别对哲学史有了足够的熟悉，以便不被这样的虔敬希望欺蒙一时：虽然理性哲人们在一切其他方面会有深刻的不一致，但是关于人的行为，他们将很高兴地达成共识。博综性视角的学说发现自身处于困境，只有一条可能摆脱困境的方法，那就是在人的灵魂——或更普遍地说即人类状况——中发现各种比较性视角的根基。如果谁采取了这不可或缺的步骤，那他便已经又一次踏在存在主义的门槛上了。

存在着另一种非常通行的解决所谓价值问题的方法。据说我们必须接受价值，而对我们来说，接受我们社会的价值自然而然。但如果科学自身的意义依赖于价值，那么我们的价值便是我们的最高原则。于是，不可能忽略我们社会的原则与我们社会之间的关系，也不可能忽略原则对社会的依赖。这意味着，一般而言，原则——即所谓范畴体系或者诸本质——最终植根于具体事物，植根于实存事物。实存先于本质。如若不然，当人们说（打个比方）廊下派（Stoic）自然法教诲植根于或关系到希腊城邦（polis）的衰亡与希腊帝国的兴起，这话有什么意思呢？

有时人们试图回避"我们不得不接受我们社会的价值"这一说法所暗含的困难。对于认真的人而言，这完全不可能。我们不禁要追问我们社会种种价值的价值。接受我们社会的价值，就因为它们是我们社会的价值，这简直意味着逃避自身的责任；这意味着没有面对处境，也就是没有面对这样一个事实：每个人都不得不做出自己的选择；这意味着逃避自我。接受我们社会的价值，就因为它们是我们社会的价值，这样解决我们的问题意味着把非利士主义当做一项义务，意味着让自己无视真实的个人与伪君子之间的差别。

当前人们感受到但没有直面的不安，可以［36］用一个词来表达：相对主义。存在主义承认相对主义的真实性，但它也意识到相对主义远非解决办法，甚至连缓解都不是，而是致命的东西。存在主义便是认真的人对自身相对主义的反应。

因此，存在主义始于这样一种认识：我们发现所有客观的、理性的知识之根基乃是一个深渊。最终，支持着一切真理、一切意义的别无他物，只有人的自由。客观地看，最终只有无意义性、虚无。在焦虑（anguish）中可以体验到这种虚无，然而这一体验无法找到一种客观表达，因为无法超然地作出这种表达。人自由地创制意义；他创制了视域、绝对预设、理念、筹划（project），理解和生命在这些东西之中得以可能。人之所以为人，乃由于这样一种构造视域的（horizon-forming）筹划，由于一种无支持的筹划，由于一种被抛的（thrown）筹划。更确切地说，人一向生活在这样一种视域之中，而对其特性无所意识；他将其世界仅看作所与（given），也就是说他已经迷失了自己；但他能够从这种迷失状态中召回自己，并对他以一种迷失的、非本真的方式所具有的东西担起责任。人在本质上是一种社会存在者：做一个人意味着与其他人相处。以一种本真的方式存在（to be）意味着以一种本真的方式面对他人而存在：对自身真实，而又对他人虚假，这不协调。于是，似乎可能存在一种实存性（existential）伦理学，然而它只能是一种严格的形式性伦理学。无论如何，海德格尔从不相信可能存在一种伦理学。

做一个人意味着存在于世界之中。本真地存在意味着本真地存在于世界之中；意味着把世界之内的事物当做纯然事实性的东西接受下来，把一个人本己的存在（one's own being）当做纯然事实性的东西接受下来；意味着毅然自冒风险，蔑视虚假的确定性（而且一切客观的确定性都是虚假的）。只有人以这种方式存在，这个世界中的事物才向他揭示出它们自身之所是。关注客观确定性必然把视域弄得狭窄。其结局是，人在他自身周围拉起一张人造罗网，这网向他掩盖了那深渊；如果他想真正具有人性，他就必须意识到那个深渊。危险地生活意味着裸露地（exposedly）思想。

我们最终面对的是单纯的实然性（facticity）或偶然性（contingency）。但是，难道我们不是能够甚至被迫提出关于我们自己及世间万物之因的问题吗？诚然我们不禁追问何所来与何所往，或者追问整全。可我们不知道也无法知道何所来。[37] 人无法基于整全、基于自身的来源或者终结来理解自身。这种无可救治的无知乃是人类迷茫的基础，或是人类处境的核心。有了这一断言，存在主义就恢复了康德设想：存在不可知的自在之物，而且人有能力领会这一事实，即人的自由以客观知识为界限，并作为客观知识的根基。但在存在主义那里则没有道德律，也没有另一个世界。

于是有必要尽可能充分地显明人类存在的特性；有必要追问"什么是人类存在"；有必要探明人类存在的本质结构。海德格尔将这种探究称作生存（Existenz）分析论。海德格尔一开始就将生存（Existenz）分析论设想为根本存在论（ontology）。这意味着他重新接续柏拉图和亚里士多德的问题：存在（Being）是什么？一切存在者（being）被视为存在（to be）的依据是什么？海德格尔和柏拉图、亚里士多德的一致之处不仅在于，存在（to be）是什么这一问题是根本问题；而且在于，这个根本问题必须首先向那种以最突出或者最权威的方式存在（is）的存在者提出来。然而，虽然照柏拉图和亚里士多德的看法，最高意义上的存在（to be）意味着永远存在（to be always），可海德格尔主张，最高意义上的存在（to be）意味着生存（to exist），也就是说以人存在（is）的方式去存在（to be）：最高意义上的存在（to be）由有死性构成。

于是哲学就成了生存（Existenz）分析论。生存分析论揭示了生存的本质结构与不变特性。那么，撇开内容上的差异，新哲学便是客观的、理性的哲学吗？就可与康德关于主体性的先验（transcendental）分析论相提并论了吗？难道新哲学没有同样表现出绝对知识、完整知识、终极知识、无限知识的特性吗？没有——新哲学必然建立在一个特定的生存理念上。无法从一个中立的视角分析生存；为了向生存现象敞开，人们本来必须做出一个不受检审的选择。人是一个有限存在者，不能拥有绝对知识；他对其自身有限性的知识也有限。也许有人会说，约束（commitment）只能被这样一种知性（understanding）所领会（understood）：这种知性自身是受到约束的，或者它就是一种特殊的约束。也许，生存（existential）哲学是一种关于主观真理的主观真理。一般而言，一直引导着理性哲学的是 [38] 在真实的客观事物和作为意见的主观事物之间所做的区分（或者这一区分的等价物）。根据存在主义，先前所谓客观的东西显得流于表面（很成问题）；而先前所谓主观的东西显得深刻、坚定——这种看法所凭借的是这样一个理解：不存在什么不容置辩的东西（apodicticity）。

海德格尔的伟大成就是有条理地揭示了生存（Existenz）的经验，这种揭示建立于生存（existing）经验之上。基尔克果曾经谈论过生存（existence），但还是在传统视域之内，也就是在对本质与生存的传统区分之内。海德格尔则试图出于生存本身来理解生存。

但生存分析论遭遇了严重的困难，这些困难最终导致海德格尔找到一个全新的基础，亦即与存在主义决裂。这里我应当提出若干这样的困难。首先，海德格尔要求哲学完全从传统的或者承继下来的想法中解脱出来，这些想法只是过往思想方式的残余。他特别提到了源于基督教神学的概念。然而他对生存的理解明显具有基督教来源（良知、罪、向死而在、焦虑）。其次，生存分析论建立在特定的生存理念之上，这一事实使人追问这个分析根本上是否并不武断。第三，生存分析论的顶点是这样一个断言：最高形式的知识是关于有限性的有限知识；然而，如果不借助无限性，如何才能把有限性看成有限性呢？或者换一种说法，据说我们无法知道整全；可这不是必然预设了对整全的意识吗？霍金（Hocking）教授对这些困难作出如下简洁表述：绝望（désespoir）预设了希望（espoir），而希望预设了爱：那么，爱（而非绝望）不正是根本现象吗？那么，人最终所爱者——上帝——不正是最终根基吗？海德格尔对自己的这些反驳，根本上同黑格尔对康德的反驳如出一辙。海德格尔与他自己的存在主义的关系一如黑格尔与康德的关系。上述困难似乎会导致这样的结果，即人无法逃避形而上学：柏拉图和亚里士多德。海德格尔拒绝这个结果。不可能重返形而上学。但需要在一个完全不同的层面上对形而上学意指的东西做些重复。生存（Existence）不可能是一条线索，用来领悟［39］一切存在者（beings）藉以存在（are）的东西。毋宁说，必须借助一切存在者藉以存在的东西，生存才能得到领悟。这么看来，生存分析论似乎仍有几分现代主观主义的色彩。

我已经把海德格尔之于存在主义的关系同黑格尔之于康德的关系相提并论。可以说，黑格尔是第一位意识到其哲学从属于其时代的哲人。海德格尔对存在主义的批评因而可以表述如下。存在主义自称是对人本质特性的洞见、终极洞见，这样它便属于终极时间、属于时间之完满。然而存在主义否认时间完满的可能性：历史过程不可完结；人是并将一直是一个历史的存在者。换言之，存在主义自称是对人之历史性的理解，而它并未反思它自身的历史性，并未反思自己从属于西方人的一种特定处境。因此，有必要从基尔克果的生存（existing）个体（此个体无非藐视黑格尔基于普遍历史对人所做的理解）重返那种黑格尔式理解。可以把存在主义所属的处境视为自由民主制，或毋宁说，那是一种已经对自身、对自己的未来不那么肯定的自由民主制。存在主义属于欧洲的衰落。

这个洞见具有严重的后果。让我们回来看一看黑格尔。黑格尔的哲学自知属于一个特定的时代。作为哲学的完成或完美典型，黑格尔哲学属于时间的完成或完满。对于黑格尔而言，这意味着它属于后革命时代的国家，属于拿破仑治下统一了的欧洲：这个欧洲并不封建，提供平等机会，提倡自由创业，但处于一个强势政府治下——此政府不依赖于大多数人的意志，但却表达了作为每个人合理意志的公意（general will）。换言之：承认人的权利或者说承认每个人的尊严，有一个君主式国家元首，并由一流的、具有高度献身精神的公民事务机关（civil service）① 来引导此元首。这样构造起来的社会是终极社会。正因为哲学的完成已经成为可能，历史便也已经终结了。密涅瓦（Minerva，[译注]古罗马智慧女神）的猫头鹰在黄昏来临时开始起飞。历史的完成是欧洲乃至西方衰落的开始；又因为所有其他文化都已然吸收到西方当中，那么历史的完成便也是人类衰落的开始。人类没有未来。几乎所有人都反对黑格尔的结[40]论，而没人比马克思的反对更加有力。马克思指出后革命解决方案站不住脚，指出劳工阶级的问题及其所有隐含后果。一个世界社会的前景产生了，这个社会预设并永远确立了城镇对乡村或西方对东方的完全胜利；这个社会使每个人都可以发挥其全部潜能，其前提是人已经完全集体化。世界社会的人完全自由，之所以如此，最终的原因在于一切专业化、一切分工都已废除；一切分工一直被视为最终根源于私有财产。世界社会的人可以上午狩猎，中午绘画，下午搞哲学，太阳下山以后在花园里劳作。他是个地地道道的万事通（jack-of-all-trades）。

没有人比尼采更强有力地质疑这幅共产主义前景。尼采将共

---

① [译注] 现代国家诸行政部门的总称，包括军事、法律、选举等部门。civil 一词在现代相当背反，既指私权（民事权），又指公权（公民权）。

产主义式世界社会的人看成末人，也即人的极端堕落状态。无论如何，这并不意味着尼采接受了 19 世纪或者其后的非共产主义社会。同一切欧洲保守派一样，他在共产主义中看到的只是贯彻到底的（consistent completion of）民主式平等主义，只是贯彻到底的为了自由的自由主义诉求，这个自由并非"为了……的自由"，而只是"免于……的自由"。但与欧洲保守派相反，尼采又认为保守主义本身注定没落。因为一切仅限于防御性的立场都注定要失败。未来属于民主制和民族主义。而在尼采看来，这两者与他所设想的 20 世纪使命无法兼容。他把 20 世纪看成世界大战（这是全球统治的先导）的时代。如果人还有未来，这一统治将必由一个统一的欧洲来实施。他认为，这样一个铁血时代（an iron age）的重大使命无法由一个依赖民主式公众意见的软弱不稳的政府来完成。新局势召唤一个新贤良政制的出现。它必须由一个新贤良阶层、一个由新理念塑造的贤良阶层构成。这是他的超人设想最明显、因而也是最表面的意义：所有关于人类伟大的既往设想，都无法使人面对全球时代无限加重的责任。那个可能未来的不可见的统治者将是未来哲人。可以毫不夸张地说，还没有谁曾像尼采那样，将哲人之所是说得如此伟大和高贵。不可 [41] 否认，比起尼采自己似乎曾考虑过的柏拉图的哲人，尼采描绘的未来哲人令人所想到的要更多一些。因为，虽然柏拉图跟尼采一样清晰地（也许比尼采更加清晰地）看到这里关注的层面，但他只暗示而非言明其最深层的洞见。但在尼采未来哲学与柏拉图哲学之间有个决定性差别。尼采的未来哲人是圣经的一个嗣子（heir），是对灵魂的某种深化理解（deepening）的一个嗣子，这种深化理解的启动归因于对一位神圣上帝的圣经信仰。与古典哲人不同，未来哲人将关注神圣事物。他的哲学探究在本质上将具有宗教性。这并不意味着他信仰上帝——圣经的上帝。他是无神论者，但这位无神论者期待着一位尚未现身的神。他已经与圣经信仰决裂，这尤其因为作为创世者的圣经上帝处于世界之外：与作为至高之善的圣经上帝相比，世界必然不够完美。换言之，在尼采看来，圣经信仰必然导致彼世性和禁欲。至高的人类美德取决于人保持或者变得彻底忠于大地；在世界之外不存在任何值得我们关注的事物，无论它是上帝或形相或原子——那些我们通过知识或者信仰可能确定的东西。对世界的这样一种根基——此根基外在于世界，或曰外在于我们生活于其中的世界——的一切关怀，都使人与此世分离。这样的关注植根于这一渴望：躲避现实令人骇异、使人迷惑的特性，并把现实减弱到人可以承受的程度。这样的关注植根于对慰藉的渴望。

第一次世界大战撼动了欧洲的根基。人们丧失了方向感。进步信仰衰颓了。惟一仍旧信仰其原动力的人们就是共产主义者。但这恰好向非共产主义者展示了进步的欺骗性。似乎还是斯宾格勒（Spengler）《西方的没落》（*Decline of the West*）可信得多。但如果止步于斯宾格勒的预测，那人们就只有变得没有人性。难道欧洲全无希望？因之人类也毫无希望吗？正是在这样的希望精神中，海德格尔反常地欢迎1933年。后来他逐渐失望并抽身而出。纳粹的失败教诲了他什么？尼采希望：一个统一的欧洲将统治全球，而且通过统治全球这一崭新、超验（transcendent）的使命，欧洲不仅将获得统一，还将获得新生——这希望被证明是一种幻想。一个要么由华盛顿、要么由莫斯科控制的世界社会［42］看来正在迫近。对于海德格尔而言，中心是华盛顿还是莫斯科无关紧要。美国和苏俄在形而上学上是一回事。对于他来说，至关重要的是，这个世界社会对他而言甚于噩梦。他称之为"世界的黑夜"。正如马克思曾预言过，这确实意味着一个空前城市化的、具有空前技术性的西方对全球的胜利——彻底的铲平和一模一样（levelling and uniformity），丝毫不顾及这是产生自强力的压制，还是产生自大规模生产带来的肥皂泡沫般的广告。这意味着人类在最低水准上的统一、生命的完全空虚、毫无乐感（rhyme）或理性的自我不朽学说；没有闲暇、没有专注、没有升华（elevation）、没有淡泊；除了工作和娱乐，一无所有；没有个人，也没有集体，只有"孤独的人群"。

如何才能有希望？从根本上说，因为人内心总有某些东西无法由世界社会满足：对真诚、高贵、伟大的渴望。这渴望表达在人的种种理念中，可所有先前那些理念已被证明与那些并非世界社会的社会有关。古老理念不会帮助人们克服、削弱技术的权能。我们可以说：仅当有了一种世界文化、一种真正联合了所有人的文化，一个世界社会才能合乎人性。但没有宗教基础便永远不可能有一种高等文化：仅当所有人都真的由一种世界宗教联合起来，世界社会才可能合乎人性。但就所有现存宗教的实际权能而言，这些宗教的根基正为那种朝向一个技术性世界社会的进步所逐渐破坏。于是自发形成了一个现存宗教的公开或秘密的联盟，这些宗教得以联合仅仅是因为它们有共同敌人（无神论的共产主义）。这个联合需要它们向自己及世界隐瞒这个事实：它们彼此之间无法兼容——每个宗教都认为其他宗教的确高尚，但并不真实。人无法制造或编造一个世界宗教。人只能通过逐渐接受它才能为其做好准备，而只有他对自己及其处境思考得足够深入，他才会逐渐接受它。

技术使人的人性有毁灭之虞。技术是理性主义的结果，而理性主义则是希腊哲学的结果。希腊哲学是技术之所以可能的条件，因之也是技术所造成的困境的条件。如果对作为技术根源的希腊哲［43］学——更不用说现代哲学了——没有实质性的限制，就无望超逾技术性大众社会（mass society）。希腊哲学是理解整全之尝试。因而，它预设了整全可理知，或者整全的根基在本质上可理知，并处在人本身的掌控之中——这些根基永远存在（are），因此在原则上总是可被人通达。这观点便是人对整全的主宰之所以可能的条件。但从其最终结果看，那种主宰导致的是人的最终堕落。只有意识到了那在人类主宰之外的东西，我们才会有希望。要超越理性主义的界限，就需要发现理性主义的界限。理性主义的基础是对存在（being）的特殊理解，也就是说存在（to be）首先意味着在场，乃至现成在手，因之最高意义上的存在（to be）意味着永远在场，乃至永远存在。理性主义的这一基础被证明是个独断的假定。理性主义自身依赖于非理性、非明证的假定；理性主义虽看似权倾一时，却是空虚的；理性主义自身依赖于某种它无法主宰的东西。一种对存在（being）更恰切的理解为如下断言所暗示：存在（to be）意味着不可捉摸，意味着一种神秘。这是对存在（Being）的东方式理解。因是之故，东方并无主宰意志（will to master）。仅当我们变得能够向东方特别是向中国学习时，我们才能指望超越技术性世界社会，我们才能希冀一个真正的世界社会。可中国正屈服于西方理性主义。

海德格尔是惟一对世界社会这个问题的诸维度略有所知的人。

我们亟须东西方的交会。西方必须对克服技术性作出它自己的贡献。西方必须首先在自身之内寻回使这种交会得以可能的东西：它本己的至深根源，这根源先于其理性主义，也在某种层面上先于东西方之分。东西方之间的真正交会不可能在当今思想的水准上发生——也就是说不可能在东西方最浅薄时期的最吵嚷（vocal）、最轻率（glib）、最浅薄的代表者之间发生。东西方之间的交会只能是二者最深层根源的交会。

西方思想家可以沉潜到西方的至深根源来准备那个交会。在西方内部理性主义的限度总是为圣经传统所发现。（这可以说明海德格尔早期思想中的圣经［44］要素。）但对这一点必须正确地理解。圣经思想是东方思想的一个形式。把圣经绝对化，就堵塞了通向其他形式的东方思想的道路。然而圣经是我们西方人之内的东方。能够帮助我们克服希腊理性主义的不是作为圣经的圣经，而是作为东方事物的圣经。

西方思想的至深根源是对存在（Being）的特定理解、特定体验。对存在的西方特定的体验导致的结果是：诸根基之根基遭到遗忘，而且对存在的原初体验仅用于研究诸存在者。东方则一直以某种方式体验着存在，这种方式阻碍了对诸存在者的研究，并因此阻碍了人们关注对诸存在者的主宰。但对存在的西方式体验使关于存在的一以贯之的言说在原则上得以可能。通过令我们自身面对存在问题，面对关于存在的西方式理解的可疑性，我们得以接近东方的至深根源。"存在（Being）"一词所揭示的诸根基之根基将不仅是宗教的根基，甚至还会是任何可能的诸神的根基。由此方可开始理解一个世界宗教的可能性。

东西方交会依赖于一种对存在的理解。更确切地说，它依赖于领悟那诸存在者借以存在（are）的东西：与 entia、étants、beings 有差别的 esse、être、to be。① 整个存在（all being）的根基，特别是人的根基，据说是 Sein。除了海德格尔，每位作者都把 Sein 译解为 being。但对于海德格尔来说，一切都依赖于理解为动名词的 being 与理解为分词的 being 之间的截然不同，而在英语中动名词与分词无法区别开来。因此，下文我把相关的德文语词向希腊文、拉丁文与法文转译一遍之后，就用德文语词来行文：Sein 是 einai、esse、être；而 das Seinde 则是 on、ens、étant。② Sein 不是 das Seinde。但在对 das Seinde 的每一个理解中，都在无意间预设了我们在理解 Sein。人们不禁会用柏拉图式语言说，只是由于分有了 Sein，das Seinde 才存在。但在那种柏拉图式理解中，Sein 就是一个 Seinde。海德格尔通过这一点意欲何在？我可以用如下方式来理解：Sein 不能用 das Seinde 来解释，正如因果性（causality）不能用因果关系（causally）来解释。有人曾经说过，Sein 取代了范畴（当然是在康德式意义上）。这种变化是必然的，

---

① ［译注］前三词分别是拉丁语、法语、英语中"是动词"的现在分词复数，均指"诸存在者"；后三词分别是拉丁语、法语、英语中"是动词"的不定式，均指"存在"。下文谈到英语中现在分词 being 与动名词 being 无别，故此处提出与动名词相近的不定式（表示行为本身），以强调与分词（表示具体事物）的不同。

② ［译注］前三词中 einai 即希腊文"是动词"εἰμί的不定式εἶναι。后三词分别是希腊语、拉丁语、法语中"是动词"的现在分词单数，即"存在者"，其中 on 即ὄν。

因为范畴、范畴系统、绝对预设随着时［45］代而变化。这种变化不是"进步"，也不理性。范畴的变化无法通过或基于一种特定范畴系统来解释。但是，如果在变化之中没有什么东西持续着的话，我们便无法谈论变化。作为最根本思想之原因的那种持续者便是 Sein。按照海德格尔的看法，在不同的时代，Sein 给出或发送对于 Sein——因而也对于万物——的不同理解。这不免令人误解，因为这暗示 Sein 只是由推衍而出。但我们通过对于 Sein 的体验来知晓 Sein。那种体验无论如何预设了一个跳跃。以往的哲人并未做出这种跳跃，于是他们的思想被刻画为对 Sein 的忽视。他们所思、思及的仅仅是 das Seinde。可除非基于对 Sein 的某种意识，否则他们无法思虑、思及 das Seinde；但他们没有注意到这点。这个过失不能仅仅归于他们的疏忽，还应归于 Sein 本身。Sein 的关键是一种特定形式的 Sein——人之 Sein。人是"筹划（Project）"：每个人通过实行其自由、其对一种特定生存（existence）观念的抉择（即他选择一种筹划，或是未能如此），便得以是其所是。但人是有限的；其基本选择的范围受制于其处境，而此处境并不由他选择。人是一个"被抛（thrown）"到某处的筹划。Sein 借之被体验到的跳跃首先是意识到或接受被抛、有限性，是抛弃关于某种保护（a railing）、某种支持的一切想法。

以往的哲学尤其希腊哲学，都遗忘了 Sein，这正因为它没有建立在那种体验的基础之上。希腊哲学由一种 Sein 观念引导，依此观念，Sein 意味着现成在手、在场，因而（Sein 在最高意义上）是永远在场，是永远存在。与此相应，希腊人及其后继者将灵魂理解为实体（substance）、一个东西，而不是理解为一种自我（self）；如若它真的是一种自我，如若真实可靠，而不仅仅轻浮或浅薄，那么它就立足于对作为"被抛"之筹划的意识与接受。没有筹划，没有一种生存观念以及对此观念的献身，就不可能有那种并不仅仅轻浮或浅薄的属人生活；"生存之观念"取代了关于好生活的可敬意见。但意见指向知识，而生存观念暗示着，在这方面不可能有知识，只可能有远高于知识的东西（也就是关于所是[what is]的知识），即筹划或决断。整个存在——特别是人——的根基乃是 Sein；这一诸根基之根基与人同在，因而［46］并非永久（sempiternal）或永恒（eternal）。但如果这样，Sein 便不能是人的全部根基：人的出现（emergence），与人的本质（essence）不同，需要一个异于 Sein 的根基。换言之，Sein 并非事实之根基。如果我们试图彻底地理解任何事物，我们就得应对事实性、无法回溯的事实性。如果我们把人的事实（即人类存在）追溯到其原因和条件，以此来理解这一事实，那么我们会发现这整个努力都受制于一种对 Sein 的特定理解，受制于 Sein 所给予或发送的一种理解。这么看来，人的状况堪比康德的自在之物，关于自在之物我们根本无法言说，尤其无法言说它是否包含了任何永久之物。海德格尔提到了这样一个答复：人们无法谈及在时间上先于人的任何存在者，因为仅当人存在时，时间才存在或发生。本真的或原初的时间仅仅存在于或产生于人之中。宇宙时间、计时仪可度量的时间是第二性的或派生性的，因而在根本性的哲学思考中，无法诉诸或运用这种时间。这个论证让人想起某个中古论证，据彼论证，世界在时间上的有限性可与上帝的永恒性与不可变性相兼容，因为时间依赖于运动，若没有运动，本不能有时间。但是，谈论"创世之前"以及——就海德格尔而言——谈论"人出现之前"看来仍有意义，甚至必不可少。看来，人无法回避如下的问题：人的出现、Sein 的出现是什么造成的，令人和 Sein 从无到有之物（what brings them out of nothing）的出现又是什么造成的；因为 ex nihilo nihil fit（无中不能生有）。对于海德格尔来说，这是个巨大的问题。他说，Ex nihilo omne ens qua ens［一切存在者均由无而有（has being）/而现（comes out）］。① 这会让人想起从无中创世的圣经学说，可海德格尔那里没有创世主上帝的地位。

---

① ［译注］方括号内文字为施特劳斯所加。

按照海德格尔的理解，Esse 可以被粗鲁地、肤浅地甚至误导性地（但也并非全然误导性地）描述为柏拉图式形相和圣经上帝的一种综合：它既像柏拉图式形相那样具有非人格性，也像圣经上帝那样难以捉摸。

第二编 古典政治理性主义

4. 论古典政治哲学

曹聪 译

[49] 下面这些评论尤其意在探讨古典政治哲学的某些独特品质，这些品质正面临重大危险，即我们时代那些最有影响力的学派忽视或不够重视这些品质。这些评论并不打算勾勒出一种对古典政治哲学的恰切解释。如果这些评论指出了——在我看来——能够令我们最终达到那种解释的惟一路径，那么这些评论就算达成了其目的。

古典政治哲学与政治生活直接相关，这一事实刻画了古典政治哲学的品性。只有在古典哲人们完成了其工作之后，政治哲学才得以名副其实地"建立起来（established）",① 并由此与政治生活形成一定距离。从那时起，政治哲人们同政治生活的关系，以及政治哲人们对政治生活的领会，就取决于一种袭传（inherited）政治哲学的存在：从那时起，政治哲学就以一个政治哲学传统作为中介同政治生活联系在一起。政治哲学的这个传统，作为一种传统，认为政治哲学理所当然地具有必要性和可能性。这个源自古典希腊的传统在16、17世纪遭到否弃，让位于一种新的政治哲学。但是，这场"革命"并未重建与政治生活之间最初存在的直接关联：新的政治哲学与政治生活联系在一起，凭藉的中介是政治哲学或政治科学具有袭传性的一般观念，以及一个新的科学概念。现代政治哲人试图用他们所认为的真正教诲和正确方法，取

---

① ［译注］established还指成为既定的，即习俗的、袭传的，与自然的（natural）相对。

代传统政治哲学的教诲和方法;他们想当然地认为,[50]政治哲学本身有必要而且有可能。现在,政治科学可能相信,通过拒斥或摆脱政治哲学,自己就能够以最直接的方式与政治生活相关联;而事实上,它与政治生活相关,凭借的中介是现代自然科学(或者说对现代自然科学的反应),以及大量袭传自哲学传统(尽管这传统遭到忽视或轻视)的基本概念。

正是与政治生活的直接相关性,决定了古典政治哲学的取向和视界。相应地,立足于这种哲学并恪守其取向和视界的那个传统,曾在一定程度上恪守那种直接相关性。这一点上的根本变化肇始于现代早期的新政治哲学,并在如今的政治科学中达到极限。古典政治哲学和如今政治科学之间最显著的差异在于,后者根本不再关注前者的主导性问题:最佳政治秩序问题。另一方面,现代政治科学全神贯注于一类对古典政治哲学而言远远不那么重要的问题:方法问题。这两个不同点必须追溯到相同的原由:古典政治哲学与当今政治科学分别与政治生活之间相关性的直接程度有所不同。

古典政治哲学试图借以达到其目的的方式包括,接受在政治生活中所做的那些基本区分(这里严格界定的意义与取向是,这些区分的确可以在政治生活中做出),彻底思考并尽可能完美地理解这些区分。古典政治哲学并不源自如下基本区分,诸如"自然国家"与"公民国家","事实"与"价值","现实"与"意识形态","世界"与不同社会的"诸世界",或是"我(I)、我自己(Me)、您(Thou)与我们(We)"之间的区分——这些区分远离政治生活本身,甚至不为其所知,它们只产生于哲学反思或科学反思。古典政治哲学也并不试图将秩序引入政治"事实"的混沌之中,只有对那些从外在于政治生活的视角(该视角属于一种本质上并非政治生活要素的科学)来理解政治生活的人而言,这种混沌才存在。与之相反,古典政治哲学谨慎甚至严苛地因循着对于政治生活及其种种目标而言固有的、自然的脉络(articulation)。

古典政治哲学的首要问题和［51］用以表述这些问题的术语，都不具有特定的哲学性或科学性；它们就是议事会（assemblies）、委员会（councils）、社团、内阁提出的问题，至少对于一切心智健全的成年人而言，表述这些问题的术语浅近易懂，均取自日常经验和习惯用法。这些问题具有一种自然等级制（natural hierarchy），它为政治生活，由此也为政治哲学提供其基本取向。人们禁不住要在次要的、较重要的和至关重要的问题之间做出区分，在暂时的问题和永恒存在于政治共同体的问题之间做出区分；富有智性的人们会富有智性地对待这些区分。

同样，可以说古典政治哲学的方法也为政治生活本身所呈现。政治生活的特征就是持对立主张的人们之间的冲突。那些提出一个主张的人通常相信，他们所主张的对他们有益。在许多情形下他们相信，而且在大多数情形下他们声称，他们所主张的对整个共同体有益。实际上在一切情形下，种种主张以正义为名提出，有时出于真诚之心，有时则不怎么真诚。因而这些对立的主张都立足于关乎善或正义的意见。为了证明其立场，对立各方都深入论证。这种冲突呼唤仲裁（arbitration），呼唤一种富有智性的裁决，这裁决将赋予各方其真正应得的东西。做出这样一个裁决所需的某些材料，由对立各方自己提供，而这种片面的材料的不足之处——一种明显因其派别来源而产生的不足之处——意味着，要弥补这种不足，得靠公断者（the umpire）。最好的（par excellence）公断者就是政治哲人。① 他尝试解决那些最为重要而且永远重要的政治争议。

政治哲人不应是个"激进的"党徒，亦即不应较仲裁而言更为醉心于在内战（civil war）中得胜，这一关于政治哲人的职责的

---

① 留意亚里士多德的处理，参其《政治学》，1280a7 - 1284b34，1297a6 - 7；以及柏拉图，《书简八》，354a1 - 5，352c8 以下，和《法义》，627d11 - 628a4。

观点也具有政治性起源：好公民有责任平息内乱（civil strife），并通过劝谕（persuation）使公民之间达成一致。① 政治哲人首先以好公民的身份出场，他能以最好的方式、在最高的层面践行好公民的职责。为了践行其职责，他必须提出种种秘而不宣（ulterior）的问题，也就是在政治舞台上永远不会提出的问题；但在这么做的时候，他并未放弃自己的基本取向，亦即内在于政治生活的取向。只有此基本取向遭到抛弃时，只有政治生活所做的基本区分仅仅被视为"主观的"或"不科学的"并因此而遭受冷[52]遇时，如何接近从而理解政事这一问题（也就是方法问题）才会成为一个根本问题，才会确然成为惟一（the）根本问题。

事实的确如此：政治生活首先关注人们偶然归属的个别共同体，并且甚至尤其关注个体的处境，而政治哲学则首先关注一切政治共同体的本质性事物。然而，由前哲学方法到哲学方法，有一条笔直的、几乎从未间断过的道路。政治生活需要各种技能（skills），尤其需要一种看上去最为高超的技能，以便一个人能够治理好其整个政治共同体的诸事务。"政治科学"原本意指的东西正是这种技能，即卓越的治邦者或政治家所拥有的技艺（art）、明智、实践智慧和独到见解，而不是师生授受的关于种种政治问题的"一套真命题"。一个拥有"政治科学"的人不仅能够适当地处理他自身的共同体中大量不同的情势；原则上，他甚至能够管理好任何其他政治共同体的事务，无论是"希腊的"还是"蛮

---

① 参色诺芬，《回忆苏格拉底》（*Memorabilia*），4.6.14-15 以及上下文；亦参亚里士多德，《雅典政制》，28.5；以及休谟的评论（其论文"论原始契约"[Of the Original Contract]；[译注] 见英文影印本《休谟政治论文集》[*Hume: Political Essays*]，Knud Haakonssen 编，北京：中国政法大学出版社，2003）："然而哲人们已然投奔了一个党派（假如这在术语上并无矛盾）……"古典政治哲人和当今政治科学家之间的区别呈现于 Macaulay 对 William Temple 爵士的评论："Temple 不是个调解人。他只是个中立者。"对观托克维尔，《论美国的民主》（*De la démocratie en Amérique*，绪论结尾；[译注] 以下引文原为法文，中译文参考董果良译，北京：商务印书馆，1991，上册，页18）："我在写作本书时，既未想为任何政党服务，也未想攻击它们。"

族的"。尽管整个政治生活本质上是这个或那个政治共同体的生活,但"政治科学"——它本质上属于政治生活——本质上"可通用(transferable)"于不同的共同体。一个像忒米斯托克勒斯(Themistocles)这样的人不只在雅典得到人们的仰慕和倾听,而且在他不得不从雅典逃到蛮族之后亦然;这样一个人受人仰慕,是因为无论到何处,他都能提出合乎情理的政治建议。①

"政治科学"原本如是设定这项技能:一个人能够凭此技能以行事(deed)和言辞(speech)管理好诸政治共同体的事务。言说的技能比行动的技能更为重要,因为一切合乎情理的行动都来自深思熟虑,而深思熟虑的要素就是言辞。相应地,最先变成教育主题的那部分政治技能就是公开言说的技能。"政治科学"在一个更严格的意义上,亦即作为一门本质上可教的技能,首先体现为修辞术,或体现为修辞术的一部分。修辞术教师不必然是一个政治家或治邦者;然而,他是政治家或治邦者的老师。由于他的学徒分属极为不同的政治共同体,故他教诲的内容不可能只关乎任何个别政治共同体的特定方面。若"政治科学"成为[53]修辞家努力的一个结果,那么它比作为卓越治邦者或政治家之技能的"政治科学"更"普遍",甚至更"可通用":尽管异方人(strangers)成为治邦者或政治智囊(advisers)只是特例,异方人担任修辞术教师却是惯例。②

古典政治哲学反对将政治科学等同于修辞术;古典政治哲学

---

① 色诺芬,《回忆苏格拉底》,3.6.2;修昔底德,《战争志》,1.138。亦参柏拉图,《吕西斯》(*Lysis*),209d5-210b2,和《王制》(*Republic*),494c7-d1。《默涅克塞诺斯》(*Menexenus*)的意图之一就在于阐明政治科学的"通用"性:一个禀赋绝佳的异乡女子能像 Pericles 那样(甚或比他更能)创作出一篇至为肃穆的演说辞,并代表雅典城邦发表之。

② 柏拉图,《普罗塔戈拉》,319a1-2,和《蒂迈欧》,19e;亚里士多德,《尼各马可伦理学》,1181a12 以下,和《政治学》1264b33-34,1299a1-2;Isocrates,《致尼科莱斯——或塞浦路斯人》(*Nicocles or The Cyprians*),9;西塞罗,《论演说家》(*De oratore*),3.57。

主张，修辞术充其量只是政治科学的一个工具。但是，古典政治哲学并未缩减修辞家们业已达到的普遍性程度。与之相反，在作为言辞技能的这部分政治技能升级为一门独特学科之后，古典哲人们要想应对这一挑战，就只能尽可能地（或在必要的范围内）将整个"政治科学"提升到一门独特学科的地位。这一做法使得古典政治哲人们成了严格、终极意义上的政治科学的建立者。并且，古典政治哲人这么做所采取的方式取决于政治领域的自然脉络。

"政治科学"作为卓越治邦者或政治家的技能，取决于正确处理个别处境；政治科学的直接"产物"即得到有效传达的命令、法令或谏言，它们都意在处理个别事件。然而，政治生活懂得一种尚且更高的政治理解，此种理解并不专注于个别事件，而关注一切事件（即关乎每个特定主题），此种理解的直接"产物"——律法和制度——意在成为永恒。真正的立法者们——一如现代人所谓"宪法之父"——可以说构建了某种永恒秩序，在这个秩序中卓越治邦者和政治家得以正确处理变幻莫测的情势。尽管卓越治邦者的确可以在迥异的律法与制度的秩序下成功地行事，但其成就的价值最终决定于他所献身的事业的价值；这一事业并非他的杰作，而是那个或那些为其共同体创立律法与制度的人的杰作。于是，立法技能是政治生活所熟悉的最"像建筑术的（architectonic）"政治技能。①。

每个立法者首先关注的都是其自身为之立法的个别共同体，但是，他不得不提出某些涉及整个立法行为的问题。这些最基础、

---

① 亚里士多德，《尼各马可伦理学》，1141b24 – 29（对观 1137b13）；柏拉图，《高尔吉亚》，464b7 – 8，和《米诺斯》，320c1 – 5；西塞罗，《论职责》（*Offices*），1.75 – 76。卢梭仍持这一古典观点，或毋宁说是恢复了此观点，他对此作出如下表述："但是，如果说一个伟大的国君真是一个罕见的人物，那么一个伟大的立法者又该怎样呢？前者只不过是遵循着后者所规划的模型而已"（《社会契约论》，2.7；［译注］原引文为法文，中译文引自何兆武译本［北京：商务印书馆，2005，页50]）。

最普遍的政治问题自然适合作为最"像建筑术的"、真正"像建筑术的"政治知识的论题:亦即作为那种作为政治哲人之目标的政治科学［54］的论题。这种政治科学作为知识,或许能够被某个人用来教育立法者们。已然达到自身目标的政治哲人正是立法者们的老师。① 政治哲人的知识在最高层面上"可通用"。柏拉图在关于立法的对话中,通过引入作为立法者之师并装扮成异方人的哲人,证明了这个所见(ad oculos)。② 他通过将政治科学比作医学——这在柏拉图著述中经常出现——而更为明晰地阐释了这一点。

正是由于成了立法者之师,政治哲人就成了最佳公断者。共同体内发生的一切政治冲突,即便并非出自、也至少关乎最根本的政治争议:即哪一类人应该统治共同体这一争议。对此争议的正确处理看来是卓越立法行动的基础。

古典政治哲学和政治生活直接相关,因为它的主导性论题就是前哲学的政治生活中发生的现实政治争议。由于一切政治争议都以政治共同体的存在为先决条件,故古典著作首先关注的并非如下问题:是否有或是否应该有一个政治共同体,为何有或为何应该有一个政治共同体;因而,关于政治共同体的本性和目的的问题就不是古典政治哲学的主导性问题。与之类似,质疑特定共同体生存和独立的可欲性或必要性,通常意味着犯叛国罪;换言之,对外政策的最终目的本质上无可争议。因此,古典政治哲学并非由政治共同体的外部关系问题来主导。它首先关注政治共同

---

① 参柏拉图,《法义》,630b8 - c4, 631d - 632d,与亚里士多德,《尼各马可伦理学》,1180a33 以下,1109b34 以下,以及《政治学》,1297b37 - 38;参 Isocrates,《致尼科莱斯》,6,以及德斯鸠,《论法的精神》,卷 29 开头。关于政治技能与严格意义上的政治科学的区别,参阿奎那对亚里士多德《伦理学》(6.7) 的评论,以及阿尔法拉比,《学科举隅》(*Enumeration of Sciences*),章 5。

② 更不用强调,《政治学》和《居鲁士的教育》的作者们在写作各自作品时就是"异方人"。参《政治学》,1273b27 - 32。

体的内部结构,因为这一内部结构本质上是那些本质上涉及内战危险的政治争议之论题。①

共同体内争夺政治权力的集团之间的现实冲突,自然就引出了如下问题:哪个集团应该统治,或什么样的折中方案会成为最佳解决办法——也就是说,什么样的政治秩序会是最佳秩序。要么对立的集团仅仅是同一类人分化出的小派系(例如诸贵族党派,或诸对立王朝各自的拥护者们),要么对立的集团每一方代表特定的一类人。只有在后一种情况下,政治斗争才算碰触到了政治生活的根本;那么,从日常政治生活出发,[55] 对于每个人来说变得显而易见的是,关于哪类人拥有决定性发言权(say)的问题,乃是最根本政治争议的主题。

这一争议迫切的关注点是对既定政治共同体而言的最佳政治秩序,然而对这个迫切问题的每个解答,都暗含着对最佳政治秩序本身这个普遍性问题的解答。无需哲人努力揭示这个暗示,因为政治争议自然倾向于用普遍性术语来表达自身。一个反对以色列王政(kingship for Israel)的人禁不住运用反对王政本身的论证;一个替雅典民主制辩护的人禁不住要相应地运用支持民主制本身的论证。比如对于巴比伦而言,君主制是最好的政治秩序;某些人面对这一事实的自然反应是,这恰恰说明了巴比伦的低劣,而不是最佳政治秩序的问题没意义。

古典哲人所思索的那些主张统治权的集团或[人的]类型包括,"好人"(品性优秀之人)、富人、贤良方正之人和杂众(multitude)或贫乏的公民;和别处一样,处于希腊城邦政治剧场前台的正是富人和穷人之间的斗争。基于优秀品性,基于人的美德,基于"德性"而主张统治权,看来最少引发争议:骁勇善战的将军、正直公平的法官、智慧无私的治安执法官(magistrates),通常更受人拥戴。这样,"贤良政制"(最佳之人的统治)被视为

---

① 亚里士多德,《政治学》,1300b36-39;卢梭,《社会契约论》,2.9。

所有好人对于最佳政治秩序这一自然问题的自然回答。正如杰斐逊（Thomas Jefferson）所说，"这种政府形式最好：它为大多数人切实地提供了一个纯正的选举机制，以便令天性最佳［之人］（［the］ natural aristoi）出任公职"。①

该如何理解"好人"，也要从政治生活中探求：好人是这样的人，他们愿意而且能够把公共利益置于其私人利益及其欲望对象之上；或者说由于在任何处境中都能够分辨出怎么做才算高贵或正确，故他们行事只出于行为本身的正确和高贵，而非出于不可告人的（ulterior）理由。大体上也可以认识到，这个回答又引出了一些大约在政治上至关重要的更深的问题：那些普遍认为可欲的结果，可以为品性不坚（dubious character）之人所达到，或者说可以通过歪门邪道来达到；"正义"和"有用"并不可简单地等同；德性会逐渐败坏。②

于是，古典政治哲学的主导性问题，它所给出的典［56］型解答，以及它对种种可怕反驳之意义（bearing）的洞见，都属于前哲学的政治生活，或者说先于政治哲学。政治哲学要想超越前哲学的政治知识，就得试图充分理解这些前哲学洞见所暗示的东西，尤其得主张这些洞见是次好的（the second of them），以反对坏人或疑惑之人发起的多少"有点儿智术性的（sophiscated）"攻击。

当前哲学的答案被接受之后，最有利于"最佳之人的统治"的"质料（materials）"与制度便成了最紧迫的问题。只有首先解答这个问题，并因此而设计出一幅最佳政体（polity）的"蓝图"，政治哲人才会变成立法者的导师。立法者所针对的人民的性情、

---

① 1813 年 10 月 28 日致 John Adams 的信。［译注］aristoi 即 $ἄριστος$ ［最佳的］的主格复数 $ἄριστοι$。

② 参亚里士多德，《尼各马可伦理学》，1094b18 以下；色诺芬，《回忆苏格拉底》，4. 2. 32 以下。

传统、疆域的性质、经济状况诸如此类的因素严苛地制约着立法者关于制度与律法的抉择。立法者对这一律法或那一律法的选择，通常是立法者所意欲者与现实环境所容许者之间的折中。为了富有智性地达成这一折中，立法者首先必须清楚自己所意欲者，或毋宁说必须清楚那些本身最可欲的东西。政治哲人之能够解答这一问题，因为在沉思方面他不受任何一种特殊环境局限，他可以自由选择可能存在的最有利的条件——不论是种族的、气候的、经济的还是其他——然后权衡什么样的律法和制度在这些条件下更合适。① 这样，政治哲人要想跨越那些本身最可欲的东西和那些在既定环境之下可能的东西之间的鸿沟，就得讨论在各种不利条件下什么样的政体和律法最佳，甚至还得讨论何种律法和手段适于维持任何一种政体——即便此政体存在缺陷。由此，通过在政治科学的这个"规范的"根基之上树立一个"现实的"框架（或者采用更恰切的其他某种表达），通过以政治病理学（pathology）和政治治疗学（therapeutics）来补救政治生理学（physiology），政治哲人既不取消、也不限定，而是坚持自己的观点，即最佳政体的问题必然是主导性问题。②

古典哲人把最佳政治秩序理解为在一切时空都最佳的政治秩序。③ 这并不意味着他把这个秩序设想为必然有益于每个共同体，设想为"一个适于一切时空的完美解决方案"：一个既定共同体也许如此粗陋或如此败坏，以致只有一种非常低劣的秩序能"维持它的运转"。但是，这［57］的确意味着，在任何时空实现的政治秩序之善，只能根据绝对最佳的政治秩序来评判。那么，"最佳政治秩序"并非本质上就是希腊的秩序：正如将政治科学比作医

---

① 参亚里士多德，《政治学》，1265a17以下，1325b33-40；柏拉图，《法义》，857e8-858c3；西塞罗，《论共和国》（*Republic*），1.33。
② 参柏拉图，《法义》，739b8以下；亚里士多德，《政治学》，卷4开头。
③ 亚里士多德，《尼各马可伦理学》，1135a4-5。

学，这一秩序同健康状况一样，本质上都并非希腊的。但是，正如一个民族的成员比其他民族的成员更可能体魄强健，一个民族也可能在本性上比其他民族更适于拥有（has a greater natural fitness for）政治美德。

尽管亚里士多德断言，与北方民族和亚洲民族相比，希腊人生来就更适于拥有政治美德，但他当然并不认为，政治美德等同于（或源于）作为希腊人所应有的品性（quality）；否则，他决不会赞美迦太基的制度，一如赞美最负盛名的希腊诸城邦的制度。《王制》（*Republic*）中苏格拉底问格劳孔（Glaucon），格劳孔正在创建的城邦是否是一个希腊城邦，格劳孔特地作出肯定的回答，他们二人都只认为，希腊人建造的城邦当然是一座希腊城邦。兜这么一圈的意图——或毋宁说苏格拉底问题的意图——在于引导尚武的格劳孔服从于某一种关乎战事的节制：由于普遍禁止战争并不可行，故至少希腊人之间的战事应当限制在一定范围之内。格劳孔建造的一座完美城邦将是一座希腊城邦，这并不暗示任何完美城邦必然是希腊城邦：苏格拉底认为，也许完美城邦根本不在当时希腊的任何地方，而在当时"某个野蛮之地"。[①] 色诺芬甚而至于将波斯人居鲁士（Cyrus）描述成真正（the）完美的统治者，还暗示居鲁士在波斯接受的教育甚至比斯巴达的教育更优越；色诺芬认为，亚美尼亚人（Armenians）当中绝非不可能出现一个与苏格拉底地位相当的人。[②]

由于直接关涉政治生活，古典政治哲学本质上是"实践的"；

[①] 柏拉图，《王制》，427c2-3，470e4 以下，499c7-9；《法义》，739c3（对观《王制》，373e，和《斐多》，66c5-7），《泰阿泰德》，175a1-5，《治邦者》（*Politicus*），262c8-263a1，《克拉提洛斯》（*Cratylus*），390a，《斐多》，78a3-5，《法义》，656d-657b，799a 以下；《米诺斯》，316d。

[②] 《居鲁士的教育》，1.1-2，3.1.38-40；对观2.2.26。

另一方面，现代政治哲学往往自称政治"理论"，这绝非偶然。[1] 古典政治哲学首要关注的不是描述或理解政治生活，而是正确引导政治生活。黑格尔要求政治哲学保持克制，不要按照一个国家应该成为的样子去建构这个国家，即不要教导这个国家应该如何，而必须尽力把当下的、现实的国家理解为本质上具有理性的某种东西；他的这种要求无异于否定古典政治哲学的存在理由（raison d'être）。与［58］当今的政治科学或其著名解释相反，古典政治哲学追求实践目标，受"价值判断"引导，并以"价值判断"为旨归。以一种克制"价值判断"的纯粹描述性或分析性的政治科学，取代对最佳政治秩序的求索，这一努力在古典著作看来荒谬不堪，无异于企图以一座充满鞋业学徒所做之鞋的展览馆去取代做鞋技艺（亦即取代优良且合脚的鞋），也无异于设想一种拒绝区分健康与病态的医学。

因为政治争议关乎"善的事物"和"正义的事物"，古典政治哲学自然受关于"善"和"正义"的思索所引导。尽管比起我们时代的教条化怀疑论者们，古典政治哲学更懂得他们所遭遇的严峻的理论反驳，但古典政治哲学的出发点仍是日常生活中所做的道德区分。勇敢与怯懦，正义与不义，友善（human kindness）与自私，温和与残酷，文雅与粗鄙，诸如此类的区分在实践之中（也即在多数情况之下）都清楚易懂，而且对于指导我们的生活至关重要：这充分解释了何以要根据［上述道德区分］来思考诸根本政治问题。

就这些道德区分关乎政治而言，它们无法得到"证明"，也远非全然清晰，而且面临严肃的理论质疑。因此，古典政治哲学只

---

[1] 黑格尔，《哲学史讲演录》（*Vorlesungen über die Geschichte der Philosophie*, Michelet-Glockner 编），1：291："一直到最近，我们所见到的还不是真正的思辨性的实践哲学"（［译注］引文原为德文，中译文引自贺麟、王太庆译本，北京：商务印书馆，1983，卷一，页248）。亦参谢林，《基础性研究》（*Studium Generale*, Glockner 编），页94–95。

限于对某些人言说，这些人因其自然性情和教养而视那些道德区分为理所当然。至于那些对道德区分及其重要性毫无"品味（taste）"的人们，古典政治哲学明白，也许能够令他们沉默，但无法真正说服他们：即便苏格拉底也不能使迈雷图斯（Meletus）和卡里克勒斯（Callicles）① 这样的人回心转意（尽管能令其沉默），并且苏格拉底通过求助"神话（myths）"而承认论证在这方面的局限性。

古典哲人的政治教诲与其理论教诲不同，前者首先并非对所有富有智性之人言说，而是对所有正派之人言说。② 如果一种政治教诲既对正派之人言说，又对非正派之人言说，那么此教诲在他们看来一开始就是非政治的教诲，亦即在政治意义上或社会意义上不负责任的教诲；因为，如果政治共同体的福祉的确要求其成员受正派思索或道德思索所引导，那么这个政治共同体就无法容忍如下这种政治科学：此政治科学在道德上"中立"，因而倾向于放松那些 [59] 受其影响的人们心中原本持守的诸道德原则。换言之，即便当人们谈及正当（right）时只是在考虑自己的利益，同样确凿的是，克制（reserve）③ 是政治人的根本，当这个人不再克制时，他就不再是政治人，或者说他就不再言说政治人的语言。

于是，古典政治哲学对待政事的态度总是④类似于启蒙后的（enlightened）治邦者，而不同于像动物学家毫不掺杂感情地看待大鱼吃小鱼那样看待政事的超然旁观者，不同于基于操控或调节、而非基于教育或解放来思考的社会"工程师"，也不同于自信能预知未来的先知。

---

① ［译注］Meletus 见于《游叙弗伦》，Callicles 见于《高尔吉亚》。
② 参亚里士多德，《尼各马可伦理学》，1095b4-6，1140b13-18；西塞罗，《论律法》（*Laws*），1. 37-39。
③ ［译注］有常见表达法 to reserve some right ［保留某权利］。right 作不可数名词时指正义、正当，作可数名词时指权利。
④ ［译注］此处以及下文某些陈述古典政治哲学状况的句子都用的是过去时。

简言之，古典政治哲学根源于这个事实：在政治共同体中，不同团体之间争权引发的争议塑造着政治生活。古典政治哲学的目的就是解决某些政治争议，这些争议在好公民（而非党徒）的精神中具有一种根本性和典型性；古典政治哲学追求一种最符合人类美德之要求的秩序。古典政治哲学的主导性论题就是最根本的政治争议性论题，这论题得到理解的方式或依据就是，在前哲学的政治生活中来理解。

为了履行职责，哲人必须提出一个隐秘的问题，一个从未在政治舞台上提出过的问题。这个问题如此简朴、基本、毫不起眼，以致最初人们甚至无法理解，就像柏拉图对话中描述的诸多场合之所示。这个尤其具有哲学性的问题就是，德性是什么？拥有什么样的德性——人人都主动承认拥有此德性，而无法回答的论争又会令人人转而缄默——才能赋予一个人以至高统治权？根据这个问题，关于德性的普遍意见一开始就表现为，无意识地尝试回答一个无意识的问题。如果更深入地检审就会看到，这些意见的根本缺陷尤其为如下事实所更深刻地揭示：某些普遍意见与其他同样普遍的意见相矛盾。为了达成一致，哲人被迫保留一部分普遍意见，并放弃另一部分与之抵牾的意见；这样，他被迫采纳的就是一个不再为人们普遍持有的观点，一个真正悖谬的观点，一个为人们普遍视为"荒诞"或"可笑"的观点。

还不只如此呢！哲人最终被迫超越的不［60］仅是日常意见、政治意见的维度，而且是政治生活本身的维度；因为他变得认识到，政治生活的终极目标不能为政治生活所达到，而只能为一种致力于沉思或曰哲学的生活所达到。这一发现对于政治哲学而言至关重要，因为它划定了政治生活的界限，划定了整个政治行动与整个政治构想的界限。更进一步，这个发现还暗示着，政治哲学的最高主题是哲学生活；哲学——不是作为一种教诲或一个知识体系，而是作为一种生活方式——可以说解决了那个维系政治生活的问题。最后，政治哲学转化成了一门不再关注普通意义上的政事的学问：苏格拉底将他的追问称为对"真正政治技能"的求索，亚里士多德将他关于德性和相关主题的讨论称为"一类政治科学"。①

古典政治哲学与现代政治哲学的差异莫大于此：哲学生活或"智慧之人（the wise）"的生活——亦即古典政治哲学的最高论题——在现时代已经几乎完全不再是一个政治哲学论题。然而，就连古典政治哲学的终极措施，无论在普遍意见看来多么荒谬，也曾为前哲学的政治生活所"预示（divined）"：完全投身政治生活的人有时曾被公众视为"好事者（busybodies）"，与他们奔忙不息的习性形成对比的是那些"只在意自身事务（minding their own business）"的人们更淡泊的生活所具有的更高尚的品质和更非凡的自由。②

古典政治哲学与前哲学的政治生活之间直接相关，并非源于古典哲学或科学不发达的品性，而是源于成熟的反思。这一反思为亚里士多德对政治哲学的描述——"关乎人事的哲学"——所概括。这一描述提醒我们注意某种几乎最重大的困境，只有克服了这个困境，哲人才能严肃地关注政事，亦即关注人事。"人事"有别于"神性事物"或"自然事物"，后两者被视为在地位上绝对优先于前者。③ 这样一来，哲学原本最为关注的是自然事物。于是，哲学运思最初只是消极地、偶然地涉及政事。作为政治哲学

---

① 柏拉图，《高尔吉亚》，521d7；亚里士多德，《尼各马可伦理学》，1094b11，1130b26–29（《修辞学》，1356a25 以下）。

② 亚里士多德，《尼各马可伦理学》，1142a1–2（对观 1177a25 以下），和《形而上学》，982b25–28；柏拉图，《王制》，620c4–7、549c2 以下，和《泰阿泰德》，172c8 以下、173c8 以下。亦参色诺芬，《回忆苏格拉底》，1.2.47 以下，2.9.1。

③ 亚里士多德，《尼各马可伦理学》，1181b15，1141a20–b9，1155b2 以下，1177b30 以下。比较柏拉图《法义》804b5–c1 中哲人和立法者之间的争执与柏拉图《美诺》94e3–4 和《苏格拉底的申辩》23a6–7（还有《王制》517d4–5，《泰阿泰德》175c5，《治邦者》267e9 以下）。亦对观色诺芬，《回忆苏格拉底》，1.1.11–16，和塞涅卡，《自然问题》（Naturales Questiones），1，开头。

奠基者的苏格拉底本人，在转向政治哲学之前，以哲人的身份[61]闻名于世。哲人们面对的状况就是，他们也许不会再次下降到政治生活的"洞穴"中，而是会在洞穴外驻足于他们所认为的"福人岛（island of the blessed）"——亦即在洞穴外沉思真理。①

但是，哲学作为一种从意见上升到科学的尝试，必然与作为其本质出发点的意见领域相关，因而也与政治领域相关。因此，一旦哲学开始反思自身的行为，政治领域就必定进而成为带有哲学旨趣的关注焦点。为了充分理解自己的目的与本性，哲学必须理解自己的本质出发点，因而也必须理解政事的本性。

同其他已经开始意识到哲学可能性的人们一样，哲人们迟早会陷入惊异（wonder）：为什么要哲学？为什么人的生活需要哲学？关于整全之本性的意见应该为关于整全之本性的真知所取代，这一立场为什么好，又为什么对？既然人的生活是群居生活，或者更确切地讲是政治生活，那么"为什么要哲学"这一问题就意味着：为什么政治生活需要哲学？这一追问把哲学传唤到政治共同体的法庭前：它要哲学在政治上负责。正如柏拉图的完美城邦一旦建成，就不再允许哲人一心投身于沉思，这里的问题一旦提出，就不再许可哲人完全无视政治生活。通过证明政治共同体的福祉根本上取决于学习哲学，柏拉图的《王制》作为一个整体，一如其他古典哲人的政治著作，可以被绝佳地描述为一次对哲学提出政治辩护的尝试。这样一个辩护显得愈发紧迫，因为哲学的意义从未得到广泛理解，而且许多本意良好的（well-meaning）公民由此而猜疑并憎恨哲学。②苏格拉底本人就成了公众对哲学的偏见的牺牲品。

---

① 柏拉图，《王制》，519b7-d7；对观521b7-10。
② 柏拉图，《王制》520b2-3，494a4-10，《斐多》，64b，《苏格拉底的申辩》，23d1-7。对观西塞罗，《图斯库卢姆清谈录》（Tusculanae disputationes），2.1.4，《论职责》，2.1.2，以及普鲁塔克，《尼西阿斯》（Nicias），23。

在政治共同体的法庭前为哲学辩护，意味着基于政治共同体来为哲学辩护，亦即其所凭借的论据并不诉诸哲人本身，而是诉诸公民本身。为了向公民证明哲学可被允许、可被欲求，甚或必不可少，哲人不得不仿效奥德修斯（Odysseus），从普遍同意的前提出发，或从普遍接受的意见出发：① 他不得不视人的具体情况（ad hominem）② 进行论证，或者说"辩证地"进行论证。[62] 从这种观点看来，在"政治哲学"这个短语中，形容词"政治的"所表达的与其说是一个论题，不如说是一种处理方式；③ 从这个观点出发，我认为，"政治哲学"首先并非意味着对于政治的哲学处理，而是意味着对哲学的政治性处理、公众性（popular）处理，或者说对哲学的政治性引介——即力图引导有资质的（qualified）公民（甚或其有资质的儿子们）从政治生活走向哲学生活。"政治哲学"的这层深意与其普通含义若合符节，因为在这两种情形下，"政治哲学"的顶峰都是对哲学生活的赞美。无论如何，哲人之所以必须理解政事，恰如在政治生活中理解政事一般，归根结底是因为哲人意欲在政治共同体的法庭面前因而也在政治商讨的层面上为哲学辩护。

于是，哲人的政治哲学就从他对政事的理解起步，这种理解对前哲学的政治生活而言自然而然。起初，由于某一种惯常态度或行动方式受到普遍赞赏，便完全有理由把这一态度或行动方式视为一种德性。但是由于提出了关键性问题"德性是什么"，哲人

---

① 色诺芬，《回忆苏格拉底》，4. 6. 15。
② [中译编者注] 这个拉丁短语的直译是针对人（单数），而且是针对普通人，作为习语则强调对人不对事。
③ 亚里士多德，《政治学》，1275b25（对观 J. F. Gronovius 对格劳修斯《战争与和平法》[De jure belli ac Pacis, 导言，§44] 的注解），和《尼各马可伦理学》，1171a15-20；珀律比俄斯（Polybius），《罗马兴志》(The Histories)，5. 33. 5；亦参洛克，《人类知性论》(Essay Concerning Human Understanding)，3. 9. 3, 22。尤其注意"政治的德性"这一表述中"政治的"的贬义用法：柏拉图，《斐多》，82a10 以下，《王制》，430c3-5，亚里士多德，《尼各马可伦理学》，1116a17 以下。

很快被迫（或能够）超越前哲学的理解维度。尝试回答这个问题，导致在如下二者之间作出一种决定性区分：普遍受到赞赏的那些值得赞赏的态度，以及普遍受到赞赏的那些不值得赞赏的态度；此外还导致认识到不为前哲学生活所知的某一种不同德性之间的等级制。对普遍为人接受的观点的这样一种哲学批判导致：例如亚里士多德就从其德性清单（list）上删去了虔敬和耻感，① 而且其德性清单以勇气和节制（两种离理智最远的德性）为开头，接下来是自由（liberality）、大度（magnanimity）以及关于个人事务的诸德性（the virtues of private relations），再接着是正义，最后以诸智识德性（the dianoetic virtues）为旨归。② 此外，只有通过回答政事的本性这一问题，才能充分阐释关于作为一个整体的道德-政治领域种种限度的洞见。这个问题划定了政治哲学作为一门实践学问的限度：虽然政治哲学自身本质上具有实践性，但对于那些其目的不再是指导行动、而只是如其所是地理解事物的其他人来说，这个问题充当了一个入门的契机（an entering wedge）。③

---

① 亚里士多德，《优台谟伦理学》，1221a1 以下。
② 亚里士多德，《尼各马可伦理学》，1117b23 以下，和《修辞学》，1. 5. 6。亦参柏拉图，《法义》，630c 以下，963e，和《斐德若》，247d5-7；色诺芬，《回忆苏格拉底》，4. 8. 11（对观其《苏格拉底的申辩》，14-16）；阿奎那，《神学大全》，2. 2, qu. 129art. 2, qu. 58art. 12。[译注] dianoetic 为 διανοητικός 的转写，其名词形式指思想、概念、思考力、意图、（文字的）含义。
③ 参例如亚里士多德，《政治学》，1258b8 以下，1279b11 以下，1299a28 以下。

5. 显白的教诲①

陈建洪 译

[63] 勇者生而能自由表达自己的思想，不敢正视人生两极——宗教与统治——的人，只不过是懦夫。②

——伏尔泰

如今，人们并不认为显白（exoteric，③ 或公开）教诲与隐微

---

① ［译注］本文刊于 Interpretation: A Journal of Political Philosophy （14 - 1，[1986]）时，其编者 Kenneth Hart Green 所加题注译述如下：本文于 1939 年 12 月。可能在本文作完不久，最终打字版就制作完成，并作者进行了手工校改。本文主要关注莱辛（其次是施莱尔马赫）。在随后的一些年里，施特劳斯亲自对显白论进行了重新发掘，而这无疑得益于他对莱辛的阅读，还有他对《门德尔松全集纪念版》（Moses Mendelssohn Jubiläumsausgabe）卷二以及卷三的第一部分和第二部分的研究。施特劳斯很在乎莱辛给他的助益，于是在如下两份文献中都对此有所提及："A Giving of Accounts"（见 The College ［Annapolis and Santa Fe］, Vol. 22, No. 1 ［April, 1970］，页3）和他 1971 年 5 月 28 日致 Alexander Altmann 的信（由 Altmann 发表于《门德尔松全集纪念版》［Moses Mendelssohn Gesammelte Schriften: Jubiläumsausgabe, Stuttgart-Bad Cannstatt: Friedrich Frommann, 1974］卷三第二部分的"前言 ［Vorbemerkung］"）。施特劳斯在 1971 年说，1937 年以来他一直想写一篇文章表达莱辛"关于神和宇宙（de Deo te mundo）"的教诲的"核心（Zentrum）"，并题作"告别德意志（Taking leave of Germany）"；看来在现有文献中本文最接近于这篇未完成的文章。关于这个构想，施特劳斯曾说，"不少要点至今在我心中清晰得一如往昔"（参致 Atlmann 的信，见"前言"，前揭，页 viii）。本文由 Kenneth Hart Green 发现于芝加哥大学施特劳斯档案馆（最终打字版见第 9 箱第 18 文档，前期副本见第 12 箱第 2 文档），并在不进行实质改动的情况下发表。

② ［译注］此题词原文为法文。

③ ［译注］即ἐξωτερικός，指外部的、对外的。

(esoteric,① 或秘密)教诲的区分对于理解过去的思想有什么重要性：关于古典的古代（classical antiquity）的杰出百科全书未收录任何论及显白或隐微的词条，即使十分简短的也没有（《古典古学百科全书》[*Real-Encyclopaedie der classischen Altertumswissenschaft*]，Pauly 和 Wissowa 编）。由于为数众多的古代作家对这个区分言之非少，故杰出百科全书对此的沉默便不可能是由于文献资源对此的沉默；而必定是由于现代哲学对古典学术的影响。正是这种影响使得学者们看不到古代作家浩瀚的——即便并非必然正确的——论述的重要性。因为，尽管判断文献资源中是否以及何时开始区分显白教诲和隐微教诲，是古典学学者的事情，不过判断这个区分本身是否重要，则是哲人的事情。现代哲学并没有给这个哲学问题以肯定性回答。古典学学者策勒（Zeller）也许已然相信他自己有充分理由拒绝如下观点，即亚里士多德"有意为[其所发表的科学著作]选择一种对于平常的（lay）心智来说晦涩难懂的风格"；但是，如果作为哲人的策勒未曾使自己确信，他所拒绝的观点"归之于哲[64]人的是一种非常幼稚的、完全缺乏任何合理动机的故弄玄虚（mystification）"，②那么[他所相信的]理由对他来说是否仍然充分，便十分可疑。

迟至18世纪最后三十余年，有人尚持这样的观点，即所有古代哲人都曾在其显白教诲和隐微教诲之间做出区分；至少有一个人仍然完全明白这个观点的根本内涵。莱辛（Gotthold Ephraim Lessing）以一种独特的方式集哲人和学者这两种如此迥异的品质于一身。他以如下三个短篇清楚而充分地讨论了显白论问题："莱布尼茨论永罚"（Leibniz von den ewigen Strafen，1773）、"维索瓦蒂对三位一体说的异议"（Des Andreas Wissowatius Einwürfe wider

---

① [译注] 即 ἐσωτερικός，指内部的、对内的。
② 策勒，《亚里士多德和早期逍遥派》（*Aristotle and the Earlier Peripatetics*，Costelloe 和 Muirhead 译，London，1897），1：120 以下。

die Dreieinigkeit，1773)、"恩斯特与法尔克"（Ernst und Falk，1777 与 1780)。① 如此清楚而充分的讨论，只有这样的人才能做得到：他依然认为显白论不只是过去的一个奇怪事实，毋宁是所有时代的一种可理解的必需，因此也是他自身写作的一个指导原则。② 简言之，作为作家，莱辛最后一个揭示——同时也隐藏——那些迫使智慧之人隐藏真理的理由：他以字里行间的写作方式讨论字里行间的写作技艺。

在"恩斯特与法尔克"中有一个角色叫做法尔克，他的自我表达有点难以捉摸，有时候甚至神秘莫测。他试图表明，每种政制（political constitution）——甚至最好的政制——都必然不完美；一切政治生活的必然不完美，使得他所谓"共济会（free masonry)"有其存在必要，而且他毫不犹豫地宣称，这个必要的"共济会"过去一直存在，并将永远存在。法尔克本人是"共济会员"，尽管有点偏离正统（heretical）；为了成为"共济会员"，一个人就必须知道那些最好应该保密的真理。③ 那么，一切政治生活都必

---

① 参莱辛，《著作集》（Werke，Petersen 和 von Olshausen 编），6: 21–60（"恩斯特与法尔克"），21: 138–189（前述另两篇）。亦对观莱辛，"论一个时代的任务"（über eine zeitige Aufgabe, 24: 146–153)。"恩斯特与法尔克"曾英译为"莱辛'恩斯特与法尔克——对共济会员的谈话'译注"（Lessing's Ernest and Falk, Dialogues for Freemasons, A Translation with Notes），Chaninah Maschler 译，见 Interpretation, 14: 1 (Jan. 1986): 1–49。[译注] 以上诸文中译文见莱辛，《论人类的教育：莱辛政治哲学文选》，朱雁冰译，北京：华夏出版社，2008。

② Gottfried Fittbogen 一定程度上认识到了莱辛的显白论，参其《莱辛的宗教》（Die Religion Lessings, Leipzig, 1923），页60以下，页79以下。不过，Fittbogen 并没有发现莱辛弥足珍贵的评论最重要的内涵，因为他对莱辛的解释立足于对哲学之意义的康德式或后康德式看法。

③ 法尔克：你是否知道，朋友，你已经是半个共济会员了？……因为你已经认识到了人们最好三缄其口的真理。

恩斯特：是的，但却不妨（koennte, could）说出来。

法尔克：智慧之人（Der Weise）不可以（kann, can）说他最好三缄其口的事。

引自"对话二"，见莱辛，《著作集》，6: 31。参 Maschler 译文页21。[译注] 本文原注里的德语著作引文均为德英对照，中译措辞以英译为准。

然不完美这一观点,有何隐秘的理由?① "共济会员"行善(good works)的目的在于使善行变得多余("对话一"结尾和"对话三"页 39,[原编者按] 即 Maschler 英译文页 19 和页 28);而且如果某个人原本设计过一个愿意令沉思性真理对实际的、政治的生活有用的科学社会,此时这人又构想一个"愿意从公民生活实践而上升到沉思的社会"("对话五"结尾,即 Maschler 译文页 47),那么共济会才会出现。② 政治生活本身之不完美,其隐秘理由在于如下事实:所有实践生活或曰政治生活本质上低于沉思生活,或者说当达至自足的理论[65]生活这一层次时,所有事功(works)——因此也包括所有善行——都是"多余的";而且较低生活的各种要求必定不断与较高生活的各种要求相冲突,并实际上取而代之。"共济会员"(即智慧之人或沉思之人)何以必须隐藏某些根本真理,其终极理由就在于对这种冲突的考虑。此外需要说明的是,莱辛在"恩斯特与法尔克"中指出,宗教的多样性乃是由于政制的多样性("对话二",页 33 以下,即 Maschler 译文页 22 以下):宗教问题(即历史的、实证的宗教问题)在他看来是政治问题的内在组成部分(part and parcel)。

在"莱布尼茨论永罚"和"维索瓦蒂对三位一体说的异议"两文中,莱辛将这些观点用以解释莱布尼茨的宗教态度。这两篇短论的明确目的是要讨论曾引发莱布尼茨捍卫某些正统信念——永罚信念和三位一体信念——的"动机和理由"(《著作集》,21:143、181)。在捍卫莱布尼茨为永罚信念所做的辩护时,莱辛声称,莱布尼茨对公认观点之赞同所采用的独特方式,与"所有古代哲人在其显白言辞中所习用的方式"相同(同上,页 147)。通

---

① "对话三"(页 40,即 Maschler 译文页 28)清楚表明,即便所谓最好的政制也有这样的缺点,而只有这样的缺点才被明确地视为在即便最短视者看来也十分明显。这意味着,政治生活本身还有对于"目光短浅者"来说并不明显的其他缺点。

② ["恩斯特与法尔克"]开头时说共济会总是存在,结尾时又说共济会在 18 世纪初才出现,这两个说法之间的矛盾使我们明白共济会是一个意义暧昧的语词。

过这个论断，莱辛不仅断言所有古代哲人都运用两种教诲方式（一为显白的方式，一为隐微的方式）；他还引导我们将莱布尼茨显白论的所有本质特征溯源至古人的显白论。那么，莱布尼茨显白论的本质特征是什么呢？或换言之，导致莱布尼茨为正统观点或曰公认观点辩护的动机和理由是什么呢（同上，页146）？莱辛对这个问题的最初回答是：莱布尼茨对公认观点之赞同所采用的独特方式，与"所有古代哲人在其显白言辞中所习用的方式相同。他观察到了一种明智，我们最近的哲人们对于这种明智，的确已经变得太过智慧了一些"。① 故显白言辞和隐微言辞的区分与任何一种"神秘论"都如此地不相干，以致这样的区分只是出于明智。稍后，莱辛揭示了使莱布尼茨捍卫正统永罚教义的隐微理由，与他辩护此教义时表达的显白理由之间的差异（同上，页153以下）。他断言，显白的理由基于，道德存在者的邪恶永恒地增长纯粹是可能性。随后他接着说："无疑，人类对这个观念感到惊恐，尽管它只关涉纯粹的可能性。不过，我［66］不应因此理由而提这样一个问题：为什么害怕一种纯粹的可能性？因为，我必会预期这样一个正相反的问题：为什么不对此感到害怕，既然此观念只是对从未认真去改善自身的人来说才可怕？"这里的意思是，一个作出显白陈述的哲人所断言的不是一个事实，而是莱辛所特意提出的"一种纯粹可能性"；严格地说，他并不相信那个陈述为真（比如这样一个陈述，存在着像人类永恒增长的邪恶这样的东西，它表明永恒增多的惩罚的正当性）。这为莱辛的如下评论——该评论始于对柏拉图《高尔吉亚》最后一部分的引用——所揭示："苏格拉底本人十分真诚地相信这些永恒的惩罚；他至少在如下意义上相信这些永罚，即他认为，用丝毫不会引起疑义且极为明确

---

① 莱辛，《著作集》，21：147。参柏拉图，《泰阿泰德》，180c7–d5，以及《普罗塔戈拉》，316e5–317c5，343b4–5。

的语词来教诲这些惩罚是合宜的（expedient）。"①

在进一步深入探讨之前，我必须先总结一下莱辛关于显白教诲的看法。为避免武断解释之虞，我将略去这个观点中未被莱辛最肤浅的读者一眼就注意到的所有要素，尽管他观点的浅显部分就其本身而言也有一点隐然难解（enigmatic）。(1) 莱辛宣称，所有古代哲人以及莱布尼茨②都运用显白方式表达真理，以别于用隐微方式表达真理。(2) 真理的显白表达所使用的陈述，被哲人自己认为并非事实陈述，而仅仅是可能性陈述。(3) 哲人因明智或因合宜才作这些显白陈述（即在隐微教诲中不会也不能出现的陈述）。(4) 一些显白陈述针对的是道德层次较低者，他们应当为这些陈述所震慑。(5) 某些真理必须被隐藏起来。(6) 即便最好的政制，也必定不完美。(7) 理论生活高于实践生活或曰政治生活。这个总结给人的印象毫不引人误解，即显白论与对政治的、实践的生活的一种独特态度之间有一种密切关系："共济会"——它自身知道一些秘密真理——将其存在归因于所有实践生活或政治生活的必然不完美。

有些读者也许会倾向于立即对莱辛的整个教诲不以为然，因为它似乎基于明显错误的或仅仅传统的③假设，即所有古代哲人都一直运用显白言辞。为提醒这样的读者，必须指出，这种控罪（incriminated sentence）意味着一个完全无可反驳的解释：莱辛含蓄地否认，讨论哲学问题的作家若拒绝显白论，仍可称之

---

① 莱辛，《著作集》，21：160。亦参关于"信（believing）"的论述，见页184，187，189。

② 在莱辛死后才出版的一次私人谈话中，他对雅可比（F. H. Jacobi）谈到莱布尼茨："即便对于最深刻的人们，要发现他的真实意思常常也非常困难"（《著作集》，24：173）。

③ 对观亚历山大里亚的克雷芒（Clemens Alexandrinus），《杂集》（Stromata），5. 58 (Staehlin 编，页365)。

为哲人。① 因为他了解，柏拉图某些篇章表明，正是智术师拒绝隐藏真理。

莱辛死于康德出版其《纯粹理性批判》那一年，在他之后，显白论问题似乎完全被忽视了，至少在那些有别于小说家的学者和哲人中间如此。在施莱尔马赫（Schleiermacher）引入的柏拉图研究风格中，古典学问仍然受到关注，这种风格的基础是将柏拉图对话的自然秩序等同于这些对话的阐释的顺序（the sequence of their elaboration）；施莱尔马赫引入此风格时，仍然不得不详细讨论如下观点：存在两种柏拉图式教诲，一种显白，一种隐微。如此一来，他对柏拉图的言述手法作出了五点或六点极其重要而切实的评论，② 就我所知，这些评论之精微至今仍无可出其右者，亦无可与之比美者。但是，他没能看到至关重要的问题。他断言柏拉图对话中仅有一种柏拉图的教诲，尽管可以说对那教诲有着无数不同层面的理解：初学者并不恰切地理解的教诲，与训练有素的柏拉图门徒才能恰切理解的教诲，是同一个教诲。但接下来的问题是，初学者实际上所理解的教诲与训练有素的门徒实际上所理解的教诲果真相同吗？柏拉图的显白教诲与隐微教诲的区分有时被归因于柏拉图反对"多神论和公众宗教"，被归因于柏拉图认为自己有必要隐藏这种反对；施莱尔马赫相信他已经反驳了这一观点，因为他断言"柏拉图关于这一论题的原则在其作品中表现得如此清楚，以致几乎不可能认为他的学生还会需要关于这些原则的更多信息"（施莱尔马赫，《柏拉图著作集》，1. 1. 14）。然而，"多神论和公众宗教"是一个暧昧的说法：如果施莱尔马赫使用"相信存在雅典城邦所崇拜的诸神"这个不那么暧昧的说法，他本不能说柏拉图在其著作中已清楚地表达了对那种信念的反对。

---

① 关于莱辛的一个类似表述，参《关于古代事物的通讯（7）》（*Briefe antiquarischen Inhaltes* 7，《著作集》，27：97 以下）。

② 施莱尔马赫，《柏拉图著作集》（*Platons Werke*，Berlin，1804），1. 1. 20。

事实上，施莱尔马赫在为自己翻译的柏拉图《苏格拉底的申辩》所写的导论中认为，"这篇作品的一个弱点是，柏拉图并未更强有力[68]地运用苏格拉底侍奉阿波罗这一论据以反驳苏格拉底不信古老的诸神这一指控"（同上，页185）。如果柏拉图的苏格拉底信奉"古老的诸神"，柏拉图本人不也同样可能信奉这些神吗？人们如何能够说柏拉图在著作中明确表达了对"多神论和公众宗教"的反对？为否认柏拉图两种教诲之间的区分，施莱尔马赫所提供的最有力的论证看来是这一断言：柏拉图的真正探究并非绝对隐蔽，而仅仅对粗心的读者来说隐蔽；或者说，此所谓悉心之必需，仅仅针对充分理解柏拉图真正探究而言，而非针对作为真正探究之"表皮"的那些探究而言。① 但是，是否有人曾清醒地（in his senses）宣称柏拉图希望对所有读者或者所有人隐藏其秘密教诲？是否有能够声称在这个问题上比较有发言权的人，曾把柏拉图的隐微教诲视为任何其他教诲，除了他的对话中惟有粗心读者才不明白的教诲？惟一可能的意见分歧仅在于粗心读者和悉心读者的区分的意义：从极粗心的读者到极悉心的读者之间是有一条延续的道路呢，还是在这两极之间存在一个鸿沟呢？施莱尔马赫暗中假设从起点到终点存在延续的道路，而根据柏拉图，哲学预设了一种真实的转变（conversion），② 亦即预设了与初学者态度的整体决裂：初学者一刻都未曾离开过洞穴，甚至从未将眼睛从人造事物的影像转向洞穴的出口，而哲人则已经离开洞穴，并生活在洞穴之外，生活在"福人岛"（只要他并未被迫另行他事）。初学者与哲人（柏拉图的训练有素的门徒正是真正的哲人）之间的差别不在程度上，而在类别上。既然众所周知，柏拉图认

---

① "隐秘的东西只[是]相对而言如此"（同上，页12）；"真正的探究所披着的另外一种探究（不是像一层面纱，而是像随其生长的皮肤）对粗心者隐藏了——只对他隐藏了——应当被注意到或者被发现的东西，而真正的探究对悉心者则显明并刻画（clarifying and sharpening）他对内在一致性的感知"（同上，页20，强调为引者所加）。

② 《王制》，518c-e，521e，619c-d。亦参《斐多》，69a-c。

为德性是知识或曰科学；因此，不仅在理智上，而且在道德上，初学者都次于柏拉图的训练有素的门徒。也就是说，初学者的道德根基本质上不同于哲人的道德根基：初学者的德性并非真实的德性，而只是俗众的或政治的德性，这种德性并非立足于洞见，而是立足于惯习（customs）或律法（《王制》，430c3 – 5；《斐多》，82a10 – b8）。我们可以说，初学者的道德只是《王制》中"辅佐者（auxiliaries）"的道德，[69] 而非"护卫者（guardians）"的道德。故此，"辅佐者"作为初学者中的佼佼者，必须相信"高贵的假话"（《王制》，414b4 以下；亦参《法义》，663d6 以下），即相信那些对政治共同体有益，但终归是假话的陈述。真理与假话（或非真理）的差别不是一种程度上的，而是类别上的差别。使真理与假话的差别为真的东西，同样使隐微教诲与显白教诲的差别为真；因为柏拉图的显白教诲就等于他的"高贵的假话"。即便所有柏拉图门徒都未充分强调这种悉心的关联，柏拉图的每一个读者或多或少都熟悉此关联；但是，在反驳存在柏拉图的显白教诲与隐微教诲之分时，施莱尔马赫甚至连提都没有提及这种关联。在上下文中，他同样也没有提及莱辛的对话录（"恩斯特与法尔克"以及莱辛与雅可比［F. H. Jacobi］的谈话），比起任何其他现代德语著作，这些对话可能更接近柏拉图对话的神髓和技巧。所以，施莱尔马赫对上述观点的反驳不能令人信服。将他的《哲学伦理学》（*Philosophical Ethics*）与《尼各马可伦理学》作一个比较就会明白，① 何以他完全没有关注初学者道德与哲人道德之间的差别，而这个差别正是显白教诲与隐微教诲之间差别的根据。

---

① 欲发掘此原因，可以分析这样的陈述："关于理性本质的知识就是伦理学"；"对进攻战与防御战（offensive and defensive wars）之间的一般区分十分空洞"（《哲学伦理学》，节 60，276）。

我再回来讨论莱辛。莱辛怎样注意到①并明白这样一个事实:"所有古代哲人"都曾区分他们的显白教诲与隐微教诲?如果我没有搞错的话,在经历了自己的转变之后,即在体验到哲学是什么以及从事哲学需要作出什么样的牺牲之后,莱辛凭借自己的努力重新揭示了这个区分的意义(bearing)。因为,正是那种体验直接导致区分两派人——哲学性的人和非哲学性的人,同时也导致区分两种展现真理的方式。在一封很有名的写给一位朋友的信中(致门德尔松 [Moses Mendelssohn],1771 年 1 月 9 日),他表达了这样一种担忧:"在抛弃某些偏见的时候,我已经有点过多地抛弃了我将来不得不再次找回来的东西。"② 有时人们认为这段文字表明,莱辛将从其早期的强硬理性主义转向一种更积极的对于圣经和圣经传统的看法。有大量证据表明,这种解释错了。③ 那段文字的文脉 [70] 清楚地表明,莱辛先前所"抛弃"并感到应当"找回来"的东西,乃是他在弗格森(Ferguson)的一部著作中"依稀(from afar)"发现的真理,一如他基于在那本书的目录中所看到的东西而相信的。他还在弗格森的书中"依稀"发现了"某些处于不间断的矛盾之中的真理,我们碰巧生活于(live of)这些矛盾中,而且为了我们的安宁不得不继续生活于其中"。显然,两种真理之间可能有一种联系:莱辛先前曾抛弃的真理,可能与启蒙哲学普遍接受的、莱辛也终生接受的真理相冲突。不管怎样,两年之后,他公开指责那些更晚近的哲人回避了智慧与明

---

① 参莱辛年轻时对 Gellius(20.5)有关段落的评论,见第 10 封《文学书简》(*Literaturbrief*,《著作集》,4:38)。

② 对于莱辛在四十岁左右所经历的危机的另一个描述,见《关于古代事物的通讯(54)》(《著作集》,27:250)。

③ 例如,参 von Olshausen 为莱辛《著作集》(24:41 以下)所写的导论。亦对观雅可比在 1784 年 12 月 30 日致 Hamann 的信:"当 [莱辛的]《论人类的教育》……被一些人认为并非一部非基督教的著作而几乎完全相反时,莱辛对人们这种愚蠢看法的愤慨已经达到了暴怒的程度"(雅可比,《著作集》[*Werke*, Leipzig, 1821],1:398)。

智之间的矛盾,他们变得过于智慧以至于不服从莱布尼茨和所有古代哲人都遵从的明智规则。外在的证据表明,莱辛所参考的那本书是弗格森的《市民社会史论》(*Essay on the History of Civil Society*)。① 弗格森曾讨论过那些"处于不间断的矛盾(我们不得不生活于这些矛盾之中)之中的真理",并在一定程度上表现在他的《市民社会史论》的目录中;② 这些真理关乎文明的暧昧品性,亦即关乎卢梭的两篇著名早期作品的主题,对于此问题,莱辛尽管可能曾觉察过,但在青年时期没有足够细致地思索。③ 若干年后,莱辛用如下更为准确的说法表达了他对文明之暧昧性的看法:即便绝佳的公民宪政也必然不完美。如此看来,似乎是这个政治难题导致莱辛的思想发生了决定性转变,偏离了启蒙哲学——不过的确仍未转向任何一种浪漫主义(即所谓对统治和宗教更深刻的、

---

① 不过 von Olshausen 根据"内在的理由"拒绝这个结论,对观莱辛,《著作集》,1:44 以下。[中译编者注] Adam Ferguson, *An Essay on the History of Civil Society* (New York, 1995);影印版见《市民社会史论》,北京:中国政法大学出版社,2003,中译本见浙江大学出版社,2007。

② 例如,参下列章节的标题:"论技艺与职业的分离"(Of the separation of arts and professions)和"论完美国家无法避免的腐败"(Of the corruption incident to polished nations)。

③ 只要对比下列引文与"恩斯特与法尔克"中莱辛关于所有市民社会必然不完美的明显理由所作的论说,即可发现弗格森温和的卢梭主义对莱辛的影响。弗格森在第 1 部分第 3 节和第 4 节说道:

> 我们所认为的形塑了社会的强权机制(mighty engine),只是教导社会令其成员们相互不和,或者令他们在情感的纽带破裂之后继续交往([译注]句英文似乎双关:在爱情的纽带破裂后继续性交)。
> 如果不是与异邦人(alien)和外国人(foreigner)的称号相反对,同胞-公民(fellow-citizens)和国人(countrymen)的称号将会废弃,并失去其意义。
> 如果不承认对于对立者的敌意,就无法指望我们能够令一群杂众(the multitude of a people)感觉到他们中间的团结。

亦参第 4 部分第 2 节:

> 如果古代社会中一个奴隶的命运确实惨于现代社会中贫苦劳工和机械工人的命运,那么那些拥有地位和荣誉的上层人士是否没有相应地损害与其处境相称的尊严,便可能令人怀疑。

历史的观点），而是转向了一种更古老的哲学类型。我们可以从雅可比的一篇文章（该文致力于解释莱辛的一篇政治评论）中认识到，在从启蒙哲学转向那种更古老的哲学类型的途中，莱辛表面上与某些浪漫主义观点多么接近。根据雅可比所述，莱辛曾说，反对教皇专制的论证要么根本就不是一个论证，要么就可以两倍或三倍有效地反对君主专制。① 莱辛是否有可能曾经认为，教会专制比世俗专制好两三倍？在别的地方，雅可比以自己的名义（但无疑禀承了莱辛的精神）曾说，"彻［71］底（exclu-sively）"基于迷信的专制尚不如世俗专制那么坏。② 如今，世俗专制能够很容易地与启蒙哲学结盟，同时也倾向于拒绝严格意义上的显白论，这一点首先表现为关于启蒙专制（enlightened despotism）的经典教诲：霍布斯的教诲。但是，"彻底基于迷信的专制"——即全然不基于强力的专制——无法得到维系，如果不迷信的少数人不自愿克制住公开揭露和反驳"迷信"信念的话。故莱辛无需等到经历了罗伯斯庇尔（Robespierre）的专制之后，才认识到浪漫主义反对卢梭（他似乎本来相信一种对文明问题的政治解决）的原则时所宣称的那些东西是相对真理：莱辛于一代人之前便认识到并拒斥了这相对真理，而宁愿选择通往绝对真理之路——哲学之路。那时他体验到的东西令他用以理解莱布尼茨"明智"的意义的方式，比他同时代的启蒙后的莱布尼茨派所采用的方式及其能够采用的方式都远远更为恰切。所以，莱布尼茨是显白论传统的链条上离莱辛最近的一环。不过，莱布尼茨并不是惟一融入［这一传统］的17世纪思想家。且不提明智的笛卡尔，即使像斯宾诺莎那样大胆的作家都曾经承认，必须将"用来激发人的服从之心的信

---

① 雅可比，《著作集》，2：334（"莱辛所说过的某种东西"［Etwas das Lessing gesagt hat］）。雅可比在该文中广泛引用了弗格森的《市民社会史论》。

② 雅可比，《著作集》，3：469。参莱辛，"关于士兵和僧侣的谈话"（Gespraech über die Soldaten und Mönche），见《著作集》，24：159。

仰教义"与"真正的教义"区别开来(《神学政治论》[*Tractatus Theologico-Politicus*,Bruder 编],cap. 14, sec. 20)。但是,莱辛不必依赖这一传统的任何现代或者中古的代表人物:他熟知这一传统的渊源。我们这里所探察到的莱辛的看法是,仔细研习古典著作是勤奋、肯思考的人得以成为哲人的惟一道路。① 正是莱辛的这种坚定的古典主义,曾使得他首先注意到某些古代哲人的显白论,并因此而理解所有古代哲人的显白论。

---

① 在第71封《文学书简》(《著作集》,4: 197)中,他先引用了莱布尼茨颂扬古典评论和研究的话后,接下来写道:

无疑,出于这一视角而进行评论,以及为达到[对 Plato、Aristotle、Archimedes、Apollonius]了如指掌的程度而研究古人,并非卖弄学问(Pedantry),毋宁是莱布尼茨得以成为莱布尼茨的不二法门——也是勤奋、肯思考的人得以接近他的惟一道路(强调为引者所加)。

10年后(1769年),莱辛在其《关于古代事物的通讯(45)》(《著作集》,27: 218)中说道:

我们所见比古人多;可是我们的眼力也许不及古人:古人所见比我们少;但是他们的眼力(尤其对于阅读来说)也许远比我们更锐利——恐怕,对古人(Ancients)和现代人(Moderns)的整体比较必须以此为出发点。

6. 修昔底德：政治史学的意义①

彭磊　译

[72] 这个讲演是"西方传统：其伟大观念与论题"系列的一部分。西方传统今日受到了前所未有的威胁。因为如今它不仅受到来自外部的威胁，还受到来自内部的威胁。西方传统正处于分崩瓦解的状态之中。我们之中那些信奉西方传统的人，我们西方人——我们Sapadniks，如陀思妥耶夫斯基（Dostoevski）及其友人曾用以称呼俄国人中的西方人那样②——因此必须群集于西方传统的旗帜之下。我们的集合必须采取一种方式，也许这种方式与那高贵的传统并不相宜，但它至少提醒我们铭记此传统：我们必须以一种西方方式来维护西方的种种原则；我们不应试图令我们的疑虑淹没于充满眼泪或聒噪的赞同之海。我们必须意识到如下事实：我们西方传统的生命力和辉煌与它的可质疑性不可分离。因为西方传统有两个根源。它由两个异质的、最终互不相容的要素组成——希伯莱要素和希腊要素。我们正谈论、并有理由（rightly）谈论耶路撒冷和雅典之间的对立，信仰与哲学之间的对立。哲学和圣经两者都断定，人有且只有一个终极需要（the one thing needful）。但是，圣经所宣称的终极需要恰好与希腊哲学所宣称的终极需要相对立。在圣经看来，人的终极需要是顺从的爱；

---

① [译注] 本译文曾刊于刘小枫、陈少明主编，《修昔底德的春秋笔法》（《经典与解释》辑刊第17辑，北京：华夏出版社，2007）。此次重刊有所修订。

② [译注] 在19世纪40、50年代的俄国，爆发了斯拉夫派与西方派之争。陀氏当时所属的斯拉夫派以zapadniks（westernizers）之名称呼那些对欧洲心向往之的俄国人。

在哲学看来，人的终极需要是自由的追问。整个西方历史可以视为某种不断重复的努力，即试图在这两个对立原则之间达成调和或综合。但是，所有这些努力均失败了，并且必然失败；不论每一次综合多么令人赞叹，这种综合中总有一个要素隐秘地（subtly）却必然地成为另一个要素的牺牲品。哲学不得不违逆己意，成为神学的婢女；或者信仰不得不违逆己[73]意，成为哲学的婢女。西方传统不准许对它的两个要素进行综合，而只准许它们之间张力的存在：这就是西方生命力的秘密所在。西方传统不准许对这一根本矛盾有最终的解决，不准许一个没有矛盾的社会存在。只要还会有一个西方世界，就会有不信任哲人的神学家，就会有被神学家所困扰的哲人。群集于西方传统的旗帜之下的同时，我们要意识到这一危险：我们被迷惑或被威逼着走向一种因袭主义，而这将会是西方传统不名誉的终结。

我必须质疑，西方传统暗含的两个原则——哲学与神学——是否会准许我们以我一直使用的那些语词来谈论"西方传统"。请允许我宣布：这么做归根到底不可能。但是，想要始终以那些经得起精确分析的语词来言说，则甚至很愚蠢。大多数时候，一位希腊诗人的诗句可以表达出我们的行为准则："此等高雅之物非我所求也；彼等城邦之需乃我所欲也"（欧里庇得斯，辑语16，Nauck编；亚里士多德，《政治学》，1277a 19–20 加以引用）。只要我们政治地言说，亦即粗陋地（crudely）言说，我们就被迫或多或少以我一直使用的语词来谈论西方传统。

西方传统的伟大观念或论题之一就是政治史学。与哲学或科学以及启示信仰一样，政治史学也是西方传统的特征。既然西方传统由两个异质要素组成，故我们必须首先确定政治史学属于哪一要素。答案毫无疑问。如"政治"和"史学"这两个语词所示，政治史学源自于希腊而非希伯莱。①

有人或许会说，政治史学的主题是人的权力（human power），不过是受到同情看待的权力。权力是个极不恰切的语词。因而让我们转而谈论自由和帝国吧。政治史学预设自由和帝国是（这并非不合情理）人类的伟大目标——预设自由和帝国是令人赞慕的正当目标。自由和帝国引发许多庞大共同体（bodies of men）最伟大的奋斗。这种伟大令人惊叹。这种伟大能为每个人所见或所感，而且正是这种伟大影响着每个人的命运。政治史学的主题是重大的公众性（massive and popular）主题。政治史学要求这一重大的 [74] 公众性主题唤起一种重大的公众性回应。政治史学属于一种许多人参与其中的政治生活。它属于一种共和式政治生活，属于城邦。只有政治成为重要之事，政治史学才将成为重要之事。只有政治成为至关重要之事，政治史学才将达到其顶峰，才将成为至关重要之事。然而，仅仅对于那些更想拯救其城邦而非其灵魂的人们（如某些佛罗伦萨人那样），亦即对于那些受共和式德性精神、城邦精神所支配的人们，政治才是至关重要之事。

然而，受城邦精神支配的人将无法成为完全意义上的政治史家。一位古代评论家说，政治史家必定是邦外之人（apolis），是无邦之人（cityless），是超越城邦之人。②政治史学家必定不仅仅是个公民，甚至不仅仅是个治邦者：他必定是个智慧之人。政治史预设，智慧之人认为，对于悉心而同情地描述政治生活而言，政治生活本身相当重要；而这个预设包含着一个悖论。智慧之人始终会倾向于轻视政治生活，轻视其喧闹扰攘与绚丽荣耀。最重

---

① ［译注］politics［政治］源自希腊语 πόλις［城邦］，history［史学］源自希腊语 ἱστορέω［探究；叙述］，而且两个词在希伯莱语中都找不到对应词。

② ［译注］希罗多德、修昔底德、色诺芬及其后的 Polybius、Dionysus of Halicarnassus 等人无一例外地都曾有被城邦流放的经历。"在希腊，'伟大的'史家几乎全是流放者，或至少是离乡背井之人"，参 Arnaldo Momigliano，"传统与古典历史学家"，见《新史学》，1（2003），页21。

要的是，他们认为政治生活乏味。政治人总是被迫跟非常乏味的人就非常乏味的话题进行非常冗长的交涉。政治的百分之九十九的部分（如果不是更多）就是行政管理。至于激动人心的一小部分亦即决策，则不可避免地伴之以长期而单调的等待，而这意味着行动和思考的中止。智慧之人始终会倾向于在政治生活中发现某种纯真（childishness）之处。对政事抱有严肃兴趣的智慧，必定属于那些某种意义上的赤子（children），或保持赤子般状态的人们。希腊的智慧之人就是这样的人。一位埃及祭司对一个希腊人讲："你们希腊人总是孩童；你们个个的灵魂都年轻；因为其中没有任何源于陈旧传统的古老信念，也没有一丁点儿上了年代的学问"（柏拉图，《蒂迈欧》，22b）。正是希腊共和主义与希腊智慧的交汇孕育了政治史学。

接着，政治史学预设这一信念：政治活动极其重要；此外，它还预设对该信念进行启蒙的一种智慧。这是政治史学的必要条件，但显然不是政治史学的充分条件。柏拉图和亚里士多德是智慧之人，并且他们相信政治活动极其重要。可他们并不是政治史家。那么，这种引发（issues in）政治史学的智慧——这种希腊智慧——到底有什么确切品性？

[75] 我们并不习惯于提出这一问题。我们把政治史学视为理所当然。千年以来的传统使我们习惯了政治史学的存在；政治史学不过是我们自幼所熟悉的陈设（furniture）之一。许多世纪以来，确实没有迫切的需要提出我们所提出的问题。然而过去两个世纪所发生的某些变化迫使我们比我们的前人更有必要（exacting）[提出此问题]。从 18 世纪左右开始，史学不断引起人们的关注，并且史学也不断扩张。政治史学当前只是史学众多分支中的一员，并且丝毫不比其他分支更重要或更核心。今日史学的综合性主题不再是政治性的行事与言辞，而是所谓"文明"或"文化"。人的一切都被认为是一种文明或一种文化的一部分：这里所说的一切，当然也包括哲学。然而，如果哲学本质上是一种文明

或一种文化的一部分，那么哲学也就不再是严格意义上的哲学。因为，严格意义上的哲学就是，人努力把自身从任何特定文明或文化的特定前提中解放出来。

史学在过去两个世纪的发展造成了一个后果，即作为真正自由追问的哲学变得不再可理知——不再可理知为一种正当且必需的追求。鉴于那些显而易见而无需赘述的理由，我们不能止步于此。并且，既然哲学所受的威胁来自于史学，我们不得不重新思考史学的整个问题。史学本身对于我们而言已经成了一个问题。为了澄清这一问题，我们必须回到史学传统的源头：我们不能把史学传统所视为理所当然的东西也视为理所当然。我们必须提出这个问题：最初是什么使得智慧之人变成了史家？正是抱着这一精神，我们转向了修昔底德。

在西方产生的不少（也并非很多）伟大史家中，修昔底德被认为是最具政治性的史家，是所有时代最伟大的政治史家，他最充分地理解并表达了政治生活——亦即如其现实所是之政治的生活（the life of politics as it actually is）——的本质；换言之，这种政治生活并非应用《独立宣言》诸原则，而是运用在路易斯安那交易（Louisiana Purchase）① 中发挥作用的诸原则——这就是严酷而巍然的"权力政治"。同时，修昔底德是一个仁厚乃至温文的雅典绅士——正如他对自己的描绘之所示。如果政治史学背后有某种智慧，如果有某种论证政治史学的智慧，[76]那么它最有可能发现于修昔底德的篇章之中或其字里行间（in the pages or between the pages）。

一切富有判断力和品味的人都对修昔底德心存敬慕，可是如今有人认识到，作为史家的修昔底德具有某些真实的或据说的缺陷，这令对修昔底德的敬慕打了折扣。这种批评可以归结为三点：（一）政治史家被认为是一个描述特殊境况或特殊事件的人；普遍

---

① ［译注］美国1803年从法国政府手中购得路易斯安那州。

事物似乎是哲人或心理学家这些人性研究者的领域。修昔底德的著作主要致力于一系列特殊事件（伯罗奔半岛战争）。同时，它还要揭露政治生活本身的永恒或不变的品性。正是有鉴于此，修昔底德才称自己的著作是"万世瑰宝"：通过理解修昔底德对他的时代政治生活的叙述，所有后世都将能够理解他们自己时代政治生活的实质。

可以说修昔底德看起来既是一个史家又是一个政治哲人。特殊与普遍的统一使修昔底德的史书异常吸引人，同时也异常惹人烦恼。因为他并没有告诉我们，应该如何构造这种普遍与特殊的统一，仅仅对伯罗奔半岛战争的叙述如何能够成为一种对政治生活本身的叙述。修昔底德叙述了一个发生于世界一隅，而且只发生了一次的事件，但他宣称这一叙述将会使任何时空发生的事件变得可理知；而他没有解释这如何可能。

（二）没有哪个现代政治史家会像修昔底德那样来写政治史。以我所知的最好的美国史家亚当斯（Henry Adams）为例。他撰写了第一届杰斐逊（Jefferson）政府时期的历史，[①] 其开篇当然是描绘杰斐逊接任时合众国的局势。亚当斯以适当的篇幅描绘了这个国家那时的智识、社会、文化和经济状况。修昔底德实际上闭口不谈此类事物。他把自己严格限制于政治——战争、外交和内乱。他对其他那些东西十分盲目吗？似乎不可能。那么，他把其他东西——肃剧（tragedy）、谐剧（comedy）、哲学、绘画、雕塑等等——看得不重要或者至少不如政事重要吗？看来就是如此。但是，他如此认为的理由何在？对此，他并没有说明。

（三）修昔底德著作还有另外一个令人犯难的特征。[77] 他

---

① ［译注］Henry Adams，《杰斐逊和麦迪逊治下的美利坚合众国史》（*History of the United States of America during the Administrations of Thomas Jefferson and James Madison*, Chicago: University of Chicago Press, 1967）。

同时记录了行事（deeds）与言辞（speeches）。① 至若行事或事件，他大体上以现代史家的方式来记录。但至于言辞，则由他本人创作（composes）。修昔底德宣称他创作的演说辞与实际发表过的演说的要旨一致。但修昔底德对其进行了编述（edits）。以当前史家的观点来看，这是一种伪造。此外，修昔底德根据某些修辞术法则（canons）来编述这些演说辞：他笔下所有的演说者都像修昔底德自己在演说一样；演说者的个性、地域色彩等等统统阙如。这些演说辞并不"自然"。这些演说辞并非属于那些富有激情的无知之辈，而属于绝佳的演说家，这样的人有闲暇与功力来打造一流的演说辞，这样的人遵循那些号称普遍有效的技艺规则。

　　这三项反驳似乎表现了如今阻碍人们理解修昔底德著作的主要困难。我们必须尽力克服这些困难。但我们必须做得比这更多。上述三项反驳都是典型的现代反驳。它们基于这一假设：现代史家采取的方式才是正确的方式。现代史家依据现代历史编纂学（historiography）标准来衡量修昔底德作品。但是，由于现代史学已经把我们带入了极为严重的困境，我们不能把它当作我们的标准。史学本身对我们而言已经成为一个问题。因而我们应毫不犹豫地质疑，我们到底是否有资格把修昔底德的作品说成是一部历史——当然还得质疑，我们是否有资格把一种特定的政治哲学或一种普遍哲学归之于修昔底德。根据我们所知的一种新式探究（a fresh investigation）之前的一切，修昔底德的事业也许先于史学与哲学之间任何可能的区分。我们只能谨慎地说：修昔底德的意图就在于，就伯罗奔半岛人和雅典人之间的战争，作出一份真实的或清晰或准确或详尽的叙述。并且我们不得不提出这一问题：他为何决定写作这样一份叙述？

---

　　① ［译注］言事并重是也。《礼记·玉藻》："动则左史书之，言则右史书之。"《汉书·艺文志》："古之王者世有史官，君举必书，所以慎言行，昭法式也。左史记言，右史记事。事为《春秋》，言为《尚书》，帝王靡不同之。"

修昔底德的下列陈述明确回答了这个问题：

> 我之所以特地谈论［波斯战争和伯罗奔半岛战争之间的间隔期］，是因为在我之前的作家们要么描写波斯战争之前的希腊事务，要么描写波斯战争本身。除了赫拉尼库斯（Hellanicus）以外，他们全部忽略了紧跟在波斯战争之后的时期；而赫拉尼库斯在他的《阿提卡编年史》（*Attic Chronicle*）中触及这一题材时，叙述得非常简略，并且他的纪年也不准确（《战争志》，1.97）。①

修昔底德在这里［78］暗示，希腊人应该拥有一份连续的、足够详尽且纪年准确的关于希腊事务的叙述（一份由作家们连续作出的叙述）备案。如果史学仅仅意味着这些，那么修昔底德显然熟知并且认可这一史观。但问题在于，他自己的作品能否这么来理解。在此足以断定的是，修昔底德发表上述那番陈述的目的在于，为他自己看似不必要的偏离正题而进行解释或开脱；他在交代之所以写作关于伯罗奔半岛战争的叙述时，可并没有做过这番陈述。如若从修昔底德整部作品的语境来看，这项陈述读起来就像在断然拒斥这部史书所预设的史观。并且也不难理解修昔底德为何拒斥这种史观——这种庸俗的史观。在交代之所以写作关于伯罗奔半岛战争的叙述时，他强调了这一事件非同寻常的重要性。而那种庸俗的史观并不准许重要者与不重要者之间存在差异；它令自己的光芒绝无偏见地抑或完全冷漠地普照一切重要的和不重要的时期。

那么，修昔底德出于什么理由而选择了他的主题？他在其作品的开头就说，他之所以写这个主题是因为他相信，伯罗奔半岛

---

① ［译注］中译本有《伯罗奔尼撒战争史》，谢德风译，北京：商务印书馆，1985。

战争是迄今为止所有战争中最值得注意者，它是希腊人卷入其中的最大的战争。这场战争之大（biggness），不仅解释了何以要写作一份关于这场战争的真实而详尽的叙述，还构成了这一叙述本身的一个最重要的要素。假如一个人不明白这是一场最大的战争或至少是最大的希腊战争，那么他就不明白伯罗奔半岛战争的真相。关于伯罗奔半岛战争何以是最大的战争，修昔底德史书的大约前二十章所给出的证据，是这部史书不可或缺的要素，而非仅是这部史书的一篇导言。

相信伯罗奔半岛战争是最大的战争是一回事，认识这一点则是另外一回事。只有通过论证才能获得这一认识。因为伯罗奔半岛战争之更"大"（superior "bigness"），并非不证自明。毕竟，每场战争的同时代人都相信他们经历的战争最大。在伯罗奔半岛战争的 50 年之前发生过另外一场大战：波斯战争。实际上在我们看来，就大而言，波斯战争似乎是惟一能与伯罗奔半岛战争相颃颉的对手，并且也确实是个最严肃的对手。修昔底德用 [79] 两句话就否认了波斯战争更大。这个问题似乎得以解决了：伯罗奔半岛战争是最大的战争。然而修昔底德花了至少 19 章的篇幅证明，他何以主张伯罗奔半岛战争是最大的战争。显然，伯罗奔半岛战争还有另一个严肃对手。但是，还有什么战争会被认为比伯罗奔半岛战争更大呢？答案只有一个：特洛伊战争。特洛伊战争和伯罗奔半岛战争均是整个希腊的共同事业，均为期甚长，并且均造成了巨大灾难。作为修昔底德身后的一代人，伊索克拉底（Isocrates）仍然认为特洛伊战争是最大的希腊战争。因此，修昔底德绝对需要去证明特洛伊战确实不如伯罗奔半岛战争那么大。他证明这一点是通过证明古人的虚弱：特洛伊战争时代的希腊人完全没有能力发动一场大规模战争。

如今特洛伊战争的名气当然得自于荷马的诗篇。特洛伊战争的威望得自于荷马的威望；因此，通过质疑特洛伊战争的威望，修昔底德质疑荷马的威望。通过证明古人的虚弱——他们在力量、财富和勇气方面的虚弱——修昔底德证明了古人的故事皆不可靠且不真实：他证明了古人在智慧上的虚弱，尤其荷马在智慧上的虚弱。通过证明那些投身伯罗奔半岛战争的希腊人更优越，修昔底德证明了他自己的智慧更优越。要不是由于修昔底德的作品，过去时代的吸引力——关键是经由荷马的魅力而催生出的吸引力——将会始终遮蔽住当前时代真实的优越性。故修昔底德使我们直面荷马的智慧与修昔底德的智慧之间的抉择。一如同时代人柏拉图，修昔底德也在与荷马竞赛。

荷马是个诗人，而且实际上是至尊的（the）诗人。何为诗人？荷马那里并未出现"诗人"这个词。我们倒是在荷马那里能找到歌者或乐师（minstrels）。歌者或乐师与诗人的区别在于：诗人被认为是制作者或创造者，有些东西有赖他的制作或创造才存在，即便这些东西看起来似乎未经诗人的制作而存在。诗就是虚构。与歌不同，诗预设一种对虚构与真实之别的意识，也预设了对这一区别的关注，亦即对真实的关注。诗人通过虚构来讲述真实——关于人［80］的真实。这种虚构主要在于夸大（magnifying）和修饰，由此隐瞒关于人的一些最重要的真理。举修昔底德书中的一个例子为证：

> 我倾向于认为阿伽门农（Agamemnon）之所以能够成功地集结起［针对特洛伊的］远征军，不是因为海伦（Helen）的求婚者们曾对丁达鲁斯（Tyndareus）立下誓约，而是因为他［阿伽门农］是他的时代里最强大的王……我相信，正因为阿伽门农继承了权力，也正因为他是他的时代里最伟大的海上统治者，他才能够召集远征军，其他王才遵从他，这不是出于慷慨或感恩，而是出于恐惧。(1. 9)

荷马遮掩了这一事实：政治生活——诸邦与诸王的关系——

的特征在于，与必要或强迫相对立的优雅（charis）①近乎完全阙如。因此，鉴于所有高等的人类生活都是城邦中的生活，荷马给我们呈现了人类生活本身的一个完全不真实的图景：人类生活永远存在于由可怕的强迫所造成的阴影之中。

因而，这种新智慧优于那种古老的作为智慧的智慧，作为真理之知的智慧。但是，荷马受到敬慕是因为他以一种最为令人愉悦的方式泄露了他所知道的真理。重要的是，修昔底德并没有简单地否认他的智慧也会令人愉悦："我的叙述不像是故事，这可能不会那么悦耳"（1. 22）：也就是说，对于耳朵受到过适当训练的那些人来说，它听起来并不会不如荷马之诗那么令人愉悦。修昔底德质朴而庄严的智慧也是缪斯式的（music）；它的灵感来自于一位缪斯，一位更高等、因而比荷马的缪斯更质朴、更庄严的缪斯。

我们已经提出了这一问题，即引发政治史学的希腊智慧的品性是什么？我们已经看到，修昔底德的智慧把自身呈现为荷马智慧的一个替代物，更确切地说是荷马智慧的完成。通过展现那些经过夸大与修饰的行事与言辞，荷马的智慧泄露了人类生活的品性。而修昔底德的智慧之泄露人类生活的品性，则是通过展现未经夸大与修饰的行事与言辞。这明显还不足以回答我们的问题。即便承认修昔底德通过他对这场战争的叙述而成功地挑战了《伊利亚特》（*Iliad*）的崇高地位，但对于《奥德赛》（*Odyssey*）又如何呢？最重要的是，即便承认修昔底德和荷马各自著作中的普遍和特殊的统一根本上相一致，但智慧何以需要这样的［81］统一呢？难道智慧不是对普遍事物、对人类生活之普遍品性的理解吗？那么智慧何以必须出现在对行事与言辞的展现之中呢？故我们必须重复我们的问题：引发政治史学的希腊智慧有什么品性？如果

---

① ［中译编者注］即χάρις，指优美，荣耀；仁爱，感激；喜悦；崇敬；美、乐、惠三女神之一。

某种对人类生活普遍品性的关怀，导致了对伯罗奔半岛战争真实而详尽的叙述，那么这种关怀的品性是什么？这一问题无异于在问，修昔底德为什么选择伯罗奔半岛战争作为他的主题。因为通过追问修昔底德何以选择他的主题，我们就暗示他有别的选择，而且暗示这些选择与他实际选择的主题有某些共通之处（否则它们也不会成为与之并存的选择）：这就是说，我们在修昔底德的主题中，发现了某种为伯罗奔半岛战争与其他可能的主题所共有的东西；我们发现了某种比伯罗奔半岛战争更具一般性的东西，我们把［伯罗奔半岛战争］提升到了一般层面，甚至提升到了普遍层面。

修昔底德之所以选择伯罗奔半岛战争，是因为到他的时代为止伯罗奔半岛战争在所有战争中最值得注意，或说是因为到他的时代为止伯罗奔半岛战争在所有希腊战争中最大。他预设战争是一个值得引起智慧之人注意的主题。既然他对伯罗奔半岛战争的叙述意在指导对所有未来战争的理解，那么伯罗奔半岛战争必定特别适合用来理解战争本身，而这必定因为它是修昔底德所知的最大的希腊战争。首先，所谓大具有什么品性（virtue）？我们在柏拉图的《王制》中找到了答案。苏格拉底正与他的年轻朋友们一起探寻关于正义的真理。在他的建议下，他们考察了一个正义的城邦，而非一个正义的个人，因为城邦比个人更巨或更大（larger or bigger）："也许在更巨的东西里面有更多的正义，在那里也就更容易理解正义"（368e）。通过观察更巨或更大的事物，他们将审视大写的正义。同样，通过观察最巨或最大的战争，修昔底德将研究大写的战争：相比于在较小的战争中，在最大的战争中战争的普遍品性将更可见，而且争斗也将更多。

但是，未来的希腊战争或许仍然会比伯罗奔半岛战争更大，并因此或许会比伯罗奔半岛战争更全面地泄露希腊战争的特性。修昔底德平复了我们的疑问：在伯罗奔半岛战争时代，希腊人在各方面都正处于顶峰。伯罗奔半岛战争是彻底的希腊战争。未来的希腊战争中，再也产生不了［82］与希腊战争相关的任何新奇之事，因为所有这些事情在伯罗奔半岛战争中悉数可鉴。

但是，希腊战争的本性是一回事；战争本身的本性则是另外一回事。不过，让我们假定，若不理解非希腊战争（亦即野蛮战争）的特性，就不可能理解这场彻底的希腊战争的真正品性——在这种情况下，理解这场彻底的或终极的希腊战争的品性就相当于理解战争本身的品性。修昔底德恰好就是如此假定的；他就是把这场最大的希腊战争径直称为最值得注意的战争。

但是，即便对战争的性质作出一种彻底的理解，也似乎绝不等于理解了人类生活的本性。毕竟，人的真实生活是一种和平的生活——无人比修昔底德更明白这一点。如果说修昔底德挑战了荷马，如果他相信他的智慧应该取代荷马的智慧，那么他必定相信，通过理解战争的本性，我们就能理解人类生活的本性。

修昔底德用一个更为普通的语词来称呼这场最大的战争：最大的 kinesis，① 亦即最大的运动。战争是一种运动，正如和平是一种静止（rest）。运动对立于静止。最大的运动对立于最大的静止。最大的运动预设了对抗者拥有最大的力量和财富。这种最大的力量和财富是在一个非常长的时期内——远远长于最大的运动所持续的时期——积累或储藏而成。它的积累或储藏并非处于运动之中并通过运动，而是处于静止之中并通过静止。这意味着：最大的静止在时间上先于最大的运动。但静止并非人首要的或最初的状态。如果我们回到过去，就会看到，早期的人所拥有的力量和财富要远远少于当前的人，并且这种虚弱和贫乏是因为运动在过去的时代占主导地位。太初之时，在最古老的时代，完全没有静止而只有运动：没有定居地，没有无惧或安宁的交往，没有秩序。财富和力量凭借静止才出现。从太初迄于伯罗奔半岛战争的运动，

---

① ［译注］即 κίνεσις，指与静止相对的运动，亦指政治动荡，以及演戏和跳舞的动作。

总体上是一种进步——在力量和财富上的进步。最初的运动或不安（unrest，[译注]本义即"非静止"）持续了非常长的时间。在涉及的时间跨度上相比较，通过静止获得的进步所持续的时间非常短，尽管它比高潮期的运动（伯罗奔半岛战争）所持续的时间要长得多。最大的运动是力量和财富的顶峰在其中消耗且消耗殆尽的运动。[83] 最大的运动预设了最大的静止。因此，若非同时理解最大的静止，就无法理解最大的运动。若非理解最大的和平，便无法理解最大的战争，可以说最大的和平以最大的战争为旨归。然而，正如荷马借其《伊利亚特》和《奥德赛》所表明的，亦如现时代最伟大的叙事诗人借其最伟大作品①的标题所表明的，战争与和平构成了人类生活的全部。故理解最大的战争就意味着充分理解人类生活的全部。在最大的运动中一切都变得清晰可见，并且它们只有在此时——最大的运动自身出现之时——才变得清晰可见。最大的希腊战争是最值得注意的战争：它之所以是最值得注意的战争正是因为它是最大的希腊战争。因为，若非同时理解非希腊战争的所有可能性，就无法理解这场最大的希腊战争——同理，若非同时理解最大的和平，就无法理解最大的战争。

希腊世界不同于且对立于野蛮世界，希腊人不同于且对立于野蛮人，就如战争对立于和平一样。积累或储藏力量和财富的过程也是希腊人与野蛮人相分化的过程。"希腊的（Greek）"一词是晚出的。希腊生活方式亦然。最初，希腊人像野蛮人一样生活；最初，他们也曾是野蛮人。太初时候，没有希腊人，因而也没有希腊人与野蛮人之分。太初时候，在最开始的彻底不安或运动中，所有人都无分别，均为野蛮人。静止、长久的静止，以及最大的静止，不仅是积累力量和财富的条件，也是希腊性（Greekness）得以出现的条件。但世上的野蛮人终归远远多于希腊人：希腊性

---

① [译注] 指托尔斯泰的《战争与和平》。

是例外，正如最初不安的时期远远长于静止的时期。静止和希腊性都是例外，都是不安的、野蛮的海洋里的孤岛。希腊性不仅在最大的静止中出现，而且在其中达到顶峰。修昔底德自己的作品毫无希腊性的顶峰的次要成分，它要求在最大的不安的正中间有某些静止。最开始的不安以虚弱、贫乏、野蛮、喧闹、混乱和恐惧为特征。最大的静止的顶峰已经部分地延伸入最大的不安，在这一顶峰上有着力量、财富、技艺、文雅、秩序、勇气，甚至还有清醒求真对诗性夸大的战胜。

[84]伯罗奔半岛战争是希腊战争的顶峰。它本身就彻底揭示了战争与和平的所有可能性，以及野蛮性和希腊性的所有可能性。整个人类生活之变动都处于战争与和平两极之间，处于野蛮性与希腊性两极之间。因而通过理解伯罗奔半岛战争，就理解了所有人事的界限，就理解了所有人事的本性，也就彻底理解了所有人事。

修昔底德所详细叙述的伯罗奔半岛战争是一个特殊事件。但是，这一特殊事件是人事或人类生活的性质在其中变得充分可见——因为希腊性的顶峰以及人性的顶峰在其中变得充分可见——的惟一现象；我们看到了衰落的开始。我们看到了顶峰的限度。因为战争或曰运动具有毁灭性。并且伯罗奔半岛战争这一特殊运动毁灭最高者。最大的静止在最大的运动中找到的不是它的顶点而是它的终点。这场最大的运动所削弱、危及乃至毁灭的，不仅是力量和财富，还有希腊性。这场最大的运动很快就导致了城邦之间的不安，导致了内讧（stasis），① 而这无异于重新野蛮化。希腊性的积累曾缓慢地战胜了最原始且最凶残的野蛮，而这种野蛮又重新出现在伯罗奔半岛战争中。这场战争把凶残的野蛮人当作参与内战（fratricidal war）的盟友带进了希腊腹地。色雷斯人（Thracians）屠杀了在一所希腊学校上学的儿童们（［译注］《战

---

① ［译注］即στάσις，指竖立，处境；派系；内讧，纷争。

争志》, 7.29)。伯罗奔半岛战争揭示了希腊性处于极度险境的特性。最初的运动（kinesis）、最初的混沌出现了。它把自身展现为衍生的静止、衍生的秩序、衍生的希腊性三者的永恒根基。通过理解这场最大的不安，修昔底德理解了人之可能性的局限。他的知识是终极知识。这就是智慧。

野蛮性具有原生性且最终获胜，而希腊性只具有衍生性；这一事实并未证明希腊性只是表面的而且不实在。希腊性不能缩减为野蛮性；不能把希腊性理解为对野蛮性的一种修改。在前二十章中描写希腊性的出现时，修昔底德并没有提到正义。但是，他一旦开始详尽叙述希腊性的顶峰时，就立即提到了正义。在文明的产生过程中，正义并不发挥作用，但文明一旦产生，正义也就产生了。

为了理解希腊性的特性，我们必须如［85］其在修昔底德笔下所展现的那样来观察它。他描述的战争是一场伯罗奔半岛人与雅典人之间的战争。我们在一方看到了一个城邦及其属邦（subject cities）；在另一方看到了众多的城邦。但我们很快就意识到，伯罗奔半岛联盟的核心是一个城邦：斯巴达。这场战争是雅典与斯巴达之间的战争。处于顶峰的希腊性有两极——斯巴达与雅典，一如人的生活之变动处于战争与和平两极之间，处于野蛮性与希腊性两极之间。因此，理解希腊性就意味着要理解斯巴达与雅典之间的差异——理解斯巴达和雅典的特性，理解斯巴达和雅典的特定局限，理解斯巴达和雅典的特定德性。

在谈论德性和邪恶（vices）时，在进行褒贬时，修昔底德表现出极大的克制。因此容易弄错他的意思。如果一个人根据的是个人印象而不是修昔底德自己所树立的路标，那错误就不可避免。这些路标就是他以自己的名义所说的褒贬之辞。

在修昔底德的作品中，最著名的部分或许就是伯里克勒斯的葬礼演说，它是对伯里克勒斯的雅典的高贵赞颂。修昔底德本人似乎完全认同伯里克勒斯的雅典，并因此完全认同伯里克勒斯本人。此外,修昔底德也对伯里克勒斯表示赞颂。但修昔底德从没有说伯里克勒斯是其时代中最好的或最富德性的人:他对伯里克勒斯的赞颂有所保留。并且这场葬礼演说为伯里克勒斯而非修昔底德所发表。这场葬礼演说是伯里克勒斯的一个政治行动。它必须据此得到理解。在葬礼演说中,这位居于领袖地位的雅典公民通过对比雅典和斯巴达来刻画雅典。这场演说与科林多人(Corinthians)在斯巴达发表的演说极为相似,科林多人在演说中也对比了斯巴达和雅典([译注]比较《战争志》,2.35–46,1.70)。科林多人身处斯巴达,他们在这局势中不可能无所保留地褒扬斯巴达人,因为他们对斯巴达不满:他们的演说所起的作用就是引起斯巴达政策的变更。但是,伯里克勒斯的葬礼演说所起的作用恰恰是捍卫雅典政策,保持雅典政策不变。结果,在修昔底德笔下,我们发现一位雅典人无所保留地褒扬雅典,但却没有相应地发现任何人相应地褒扬斯巴达。没有斯巴达人像伯里克勒斯赞颂雅典那样赞颂斯巴达。这确实证明,斯巴达不如雅典善于言辞(articulate)或比雅典更吝于言辞(laconic)。① 这绝非说明斯巴达不配最高的赞颂。斯巴达[86]拙于言辞;她未得到无所保留的赞颂,是因为她为别的城邦所赞颂,而别的城邦跟她有不同的政治利益,自然不会对她满腔热情。

在第3卷论内乱的部分,修昔底德说明了引导他评判人事的诸原则。当他描绘内乱及其后果(城邦的分崩离析、城邦的病态、文明的堕落)时,他就清楚地指出健康城邦的相应取向和堕落城邦的相应取向。在当前的语境下仅需提到一点。健康城邦最为敬重节制(moderation)之德;比起节制,病态城邦则更喜欢大胆(daring),喜欢所谓男子气(manliness)。节制与和平相近;大胆和男子气则属于战争。这些观点使我们毫不迟疑地断定,修昔底

---

① [中译编者注] laconic 指寡言,以至令人感到无礼或神秘兮兮。该词源自 Λᾱκωνικός,意为 Λᾱκεδαίμων(等于说斯巴达,该地区以寡言闻名)的。

德的道德品味与柏拉图一样。我敢说,他与所有智慧之人——亦即所有现代之前的伟大思想家——的道德品味都一样。

然而我们应如何根据节制与大胆之间的根本区分来评判斯巴达与雅典呢?修昔底德说,斯巴达人超越所有其他人,前者在兴盛中仍持守节制。借此观点,修昔底德赞同他笔下某些人物对斯巴达人的赞美——赞美他们的节制、他们的迟缓、他们的踌躇、他们的缄默、他们的可靠、他们的尊严感——简而言之,赞美他们的老派习俗。修昔底德再次以自己的名义说到,斯巴达比任何其他城邦都更早地获得了良好的律法,并且从未屈服于僭主;她持守同一种政制已经有四百多年了。尽管修昔底德只是偶尔对斯巴达给予明确赞扬,但这并不能证明这种赞扬无关紧要。一位深思熟虑者的观点不因频繁重复而价值倍增。对斯巴达式节制的赞美明显意味着:雅典人没有在兴盛中持守节制。至少从忒米斯托克勒斯时代开始,雅典就为一种大胆创新精神所激荡。没有人能在赞美雅典时说,她从未屈服于僭主或始终持守着同一种政制。尽管如此,修昔底德或许仍然会把伯里克勒斯的政制看作是雅典有史以来最好的政制。但实际上他并没有这样看;比起伯里克勒斯的政制,他必定更欣赏公元前411年的短命政制,即寡头制和民主制的良好结合。正如古典的古代所有智慧之人一样,修昔底德赞同一种混合的或节制的政制。而雅典民主并不节制。的确,伯里克勒斯令它保持着一个可接受的外观,但[87]这仅仅意味着,雅典的命运竟完全取决于一个人的德性。这意味着,雅典民主不得不在宪政上依靠完全不可靠的机运。一个稳健的政制应该是这样的,在此政制中一个相当大的群体赖以生存的公民德性——尤其节制之德——处于一个合理的高水平,而且这一群体服从统治:这就是一个节制的政制。因而,不论伯里克勒斯的品质多么伟大,他的统治与雅典民主不可分割;他的统治从属于雅典民主;要从政治上评价伯里克勒斯的统治,首先必须清晰地理解这种统治根基的不稳固性。在我所谓的政治而非政治哲学的意义上，修昔底德的政治取向跟柏拉图一样。在修昔底德看来，伯里克勒斯不仅从属于民主制，甚至与他尽其所能地效力和拯救的民主制处于深层和谐之中。修昔底德笔下的伯里克勒斯从未使用过"节制"一词，这点非常重要。葬礼演说尤其表明，伯里克勒斯的取向本质上与修昔底德本人归之于病态城邦的那些取向相一致：伯里克勒斯也更喜欢大胆而非节制。葬礼演说乃至修昔底德史书中雅典人的第一个演说，与雅典人在同米洛斯人（Melians）的著名——或说臭名昭著的——对话中的发言有一种紧密联系。

修昔底德以下列形式最为清楚地揭示了他对斯巴达和雅典的看法。他的史书中第一组演说是科基拉人（Corcyreans）和科林多人在雅典的演说；第二组是科林多人、雅典人、一位斯巴达王和一位斯巴达监察官（ephor）在斯巴达的演说。在第一组亦即发表于雅典的演说中，修昔底德没有记录雅典人的演说，倒是记录了雅典人两个相反的决策；在雅典没有商议（deliberation），只有仓促、易变的决策——实际上，正是这种决策引发了伯罗奔半岛战争。在第二组亦即发表于斯巴达的演说中，修昔底德记录了斯巴达人的两个演说和一个决策：商议之后紧接着是一项坚定的决策（［译注］比较《战争志》，1.44，1.87）。修昔底德稍后在第一卷中记录了雅典的一场议事会：只有一个演说；演说人是伯里克勒斯；伯里克勒斯的君主式统治为雅典指引着方向。但是，伯里克勒斯很快就会辞世而去。

不过，修昔底德不可能没有看到那属于雅典的荣耀（the glory which was Athens），这种荣耀与大胆创新的精神不可分割，也与那种远远超出节制的疯狂或曰mania① 不可分割。事实上，修昔底德［88］通过对比斯巴达的个人和雅典的个人而把我们的注意力转向了斯巴达和雅典之间差异的另一面。在某种意义上，修昔底德的史书始于斯巴达人泡赛尼阿斯（Pausanias）与雅典人忒米斯托克

---

① ［译注］即μᾶνία，指疯狂，狂乱；狂暴；酒神教引起的疯癫。

勒斯之间的对抗。这种对抗被误认为是游离正题的人物传记。事实上，与其说修昔底德关注的是泡赛尼阿斯和忒米斯托克勒斯，不如说他关注的是两者身上所体现的斯巴达和雅典。两者都是个人，这里主要是指偏离规范的人，即罪人：两者都是其城邦的叛徒。他们的罪行与波斯战争即另外一场大运动有关。但在这场比伯罗奔半岛战争规模更小的早先的运动中，道德堕落仍旧只限于那些特别地受其影响的（exposed）个人。修昔底德闭口不谈泡赛尼阿斯的本性和品格。但是他详述了忒米斯托克勒斯非凡的才华。他闭口不谈忒米斯托克勒斯的品格和意志力，以便更加清楚地显示这位雅典帝国创始人惊人的理智力量。斯巴达是更好的城邦；但是雅典在自然禀赋方面十分突出，而这意味着雅典在个人禀赋方面十分突出。

此外，我们不能不注意到，伯里克勒斯的演说与修昔底德的史书之间的非常近似之处。修昔底德在其作品的起首叙述了至少两个世代以来力量和财富的加速增长，而伯里克勒斯在其葬礼演说的起首重述了这一内容。修昔底德和伯里克勒斯都意识到，实现了一个惊人的进步——意识到他们正生活于顶峰之上。修昔底德本人就是雅典人：他所站立的顶峰就是雅典的顶峰。像修昔底德一样，伯里克勒斯也轻视荷马所吟唱的英雄时代被夸大的辉煌。像修昔底德一样，伯里克勒斯还对诸神讳莫如深。修昔底德自己的作品是一部富于大胆创新之作。他在论内乱的部分所刻画的政治衰败的一个本质特征，即丧失对神性律法的敬畏，是他本人观察事物的方式的一个本质要素。静止必然会导致对古代的敬慕。通过把自己从对古代的敬慕中解脱出来，修昔底德暴露了自己与骚动的大胆精神或不虔敬精神之间的紧密联系。

不过，有一个微妙而关键的差异存在于修昔底德和伯里克勒斯之间，因此亦存在于修昔底德与伯里克勒斯的雅典之间。修昔底德和伯里克勒斯都关注不朽的名誉。伯里克勒斯说"我们雅典人［89］在我们身后的每片土地上都留下了对恶事和善事的永恒纪念碑"（2.43）。修昔底德则在谈到他留下的这部作品时说，它将会是一笔有用的亦即有益的永恒宝藏（1.22）。纪念碑只能被瞻仰，而宝藏则意在被拥有；纪念碑意在被展示，宝藏则意在被使用，意在被最高贵地使用，也即意在理解；[纪念碑是]一项好坏参半的成就，而[宝藏是]一项纯粹好的成就；敌人不必通过唠叨这二者的区别来冒犯阁下的智性（intelligence）。只有在修昔底德的作品中——而不是在伯里克勒斯的雅典本身，大胆创新的精神、那种超越了节制之界限的疯狂才出现，或者说才是正当的，或者说才与自然相一致。伯里克勒斯的雅典不是顶峰，基于伯里克勒斯的雅典而可能[产生]的理解才是顶峰。伯里克勒斯的雅典不是顶峰，修昔底德的史书才是顶峰。修昔底德挽回了（redeems）伯里克勒斯的雅典。并且只有挽回它，他才能持守它。没有荷马，我们对阿喀琉斯（Achilles）和奥德修斯就会一无所知；没有修昔底德，我们对伯里克勒斯也将一无所知。政治上的最好和人性上的（humanly）最好之间并不相称：智慧是人性上的最好，它近乎政治上的劣势，或此劣势的一个产物。这就是修昔底德和伯里克勒斯的雅典之间的联系的意义所在。

　　修昔底德和伯里克勒斯之间这个微妙而关键的差异确证了我们的观点：修昔底德从政治的观点出发，把斯巴达看得比雅典优越。或者广义上说，修昔底德认为政治德性或政治健康等于节制精神或对神性律法之尊重的精神。当然修昔底德并不相信诸神会对不义给予报复。他并不信任正义的力量。他在作品中记录的第一个演说就以正义一词开头；紧跟其后予以反驳的演说则以必要性（necessity）一词开头。修昔底德深深感受到正义与必要性之间的冲突，在此冲突中必要性被证明为更强大。必要性不允许城邦始终正义地行事。以正义一词开始其演说的是科基拉人；以必要性一词开始其演说的是科林多人。科基拉人明显不如科林多人正义。但鉴于必要性，雅典人与不义的科基拉人结盟以反对尚且正义的科林多人，或许就是智慧之举了。必要性意味着陷入困境

(involvement)：波提狄亚（Potidaea）是科林多的殖民地，也是雅典的盟邦；[90] 它在科林多与雅典发生冲突的情况下被迫违背了它的誓言。

修昔底德并未说必要性完全支配着城邦间的关系。比如，他没有说伯罗奔半岛战争完全必要。还存在其他选择。在有见识的与疯狂的行动（courses）之间，在节制的与不节制的行动之间，有选择的余地；甚至在一定限度内，在正义的与不义的行动之间也有选择的余地。然而正如修昔底德所见，那个能够且必须操控政治生活的德性，与其说是正义不如说是节制。节制不仅仅是长远的算计。用亚里士多德的话说，节制是一种性情德性。在大多数情况下，节制产生于对诸神和对神性律法的畏惧。但它也产生于真正的智慧。事实上，节制的终极正当性完全来自于真正的智慧。因为，通过否认诸神的力量，修昔底德并不否认自然的力量，尤其不否认人的本性加之于人的限制。因而，不节制的行动就有了自然的制约。不节制的行动也许会成功，因为机运无法算计。但是，正是因为一项不节制的政策取决于机运，所以它是坏的：它并未依据自然。"雅典人和其盟邦对埃及发动的大举远征就此结束了"（1.110）：远征以彻底失败告终。"这就是斯巴达人泡赛尼阿斯和雅典人忒米斯托克勒斯这两位当时最显赫的希腊人的结局"（1.138）：他们以彻底失败告终。极端的行动以彻底失败告终。中道（the mean）才是正道。

我们现在能够试着解答，修昔底德为何不谈如今所谓雅典文化，以及他为何把自己的叙述如此严格地限于政事。我估计，我们所谓文化会被修昔底德称为爱美和爱智慧。修昔底德对荷马的严厉批评表明，他将最高地位并未赋予美，而是赋予了智慧。因此，问题就是：修昔底德何以不谈以雅典为发祥地的智慧？通过他的史书，修昔底德让我们理解了运动与静止、战争与和平、野蛮性与希腊性、斯巴达与雅典；他让我们理解了人类生活的本性；他让我们变得智慧。通过理解修昔底德的智慧，我们自己也变得智慧；但是，如若没有同时认识到我们是通过理解修昔底德才变得智慧，那么我们就无法通过理解修昔底德而变得智慧，因为智慧与自我之知密不可分。我们通过［91］理解修昔底德而变得智慧，由此我们也看到了修昔底德的智慧。我们从修昔底德本人那里得知他是一位雅典人。并且通过理解他，我们看到了他的智慧的可能性得自于雅典——得自于她的力量和财富，得自于她有缺陷的政体，得自于她的大胆创新精神，得自于她对神性律法的积极怀疑。通过理解修昔底德的史书，我们看到了雅典是智慧的发祥地。因为，只有通过自己变得智慧，我们才能认识到别人的智慧，特别是修昔底德的智慧，在某种意义上还有雅典的智慧。智慧不能像军事事务和政治事务那样呈现为一种壮观场面。智慧不可言说。它只能做或践行。要明白智慧，只有采取间接途径，只有通过反思：通过反思我们何以有智慧，或何以变得有智慧。只有通过理解修昔底德的史书，我们才能真正认识到雅典是希腊的学园。从伯里克勒斯口中，我们仅听说如此。智慧不可言说。言说智慧并不能呈现出智慧。对此有一项间接的证据，即在其他优秀的现代政治史著中，论及各时期智识生活的章节十分贫乏，至少很沉闷。如果某人要断定，智识史严格说来不可能，智识史就是荒谬地企图描述性地呈现本性上不可描述的事物；那么我不得不对此表示赞同。很幸运，我们这些智识史研习者中没有这样的人。

通过解答修昔底德何以不谈希腊文化这个问题，我们找到的不是问题的答案，而是一个最终会解答另一个问题的线索：这个问题与修昔底德作品中言辞的地位有关。

言说智慧并不能展现智慧。那么智慧到底怎样才能得以展现呢？智慧是人类生活的最高形式。人的生活怎样才能得以展现呢？人的生活——或者称之为人的内在生活，在最宽泛意义上亦即人的意识——在行事与言辞中得以展现，但其展现方式多半既非单靠行事亦非单靠言辞（两者都不足以揭示智慧）。举一个最简单的例子吧：一个人的言辞正义，行事也正义；另一个人的言辞正义，而行事不义；第三个人的言辞不义，行事也不义；第四个人的言辞不义，而行事正义。在每种情况下，我们只有既听其言又观其行，才能认识这个人。① 而且在［92］每种情况下，体会言辞和体会行事所产生的效果不同。不仅针对人如此，针对措施或政策亦然。每项政策都来自于商议，来自于言辞；言辞是行事的成因。但言辞、商议本身又是基于对事实、对行事的考虑。言辞既非开端亦非终点，而是中途车站，或更确切地说是照亮路途的明灯。只有藉由言辞，行事或事实才被揭露出来。但在揭露的同时，言辞也在隐瞒或欺骗。言辞或商议并不操控结果：它无法凌于机运之上。言辞可能基于这种或那种误解。并且言辞可能是旨在欺骗。言辞旨在揭露行事的成因或理由，但它只交待那些值得捍卫的理由，而它们可能是也可能不是真正的理由。没有言辞的行事无意义，或至少完全含混。但是言辞又增加了它们自己的含混性。言辞投射在行为上的光芒并非真理之光。言辞令现实变形。但这种变形是现实的一部分，也是真理的一部分。

言辞不仅与行事密不可分。在一个重要方面，言辞甚至是首要的。修昔底德有时把言辞与行事的区分等同于言辞与隐秘（secrecy）的区分：我们首先领会到的、最少被隐瞒的东西就是人们公开所说的东西。修昔底德作品中第一篇演说的第一个词是正义。如果我们只知道实行者（agents）② 关于其政策所说的话，我们就不得不相信，所有政策都是正义的并且所有演示者（actors）都是完美绅士。政治言辞主要是正当性论证。正当性论证不受限于对正义的考虑；有时还出于权宜（expediency）来论证政策之正当。

---

① ［译注］《论语·公冶长》："子曰：听其言，观其行。"
② ［译注］这个英文词另有代理者之义，在此指作者在作品中的代理者，亦即演说者。此词还强调与言辞相对而言的行事（参拉丁文词源 ago），亦即与"作者"相对的"做者"。下文"演示者（actor）"也有相近的含义。

要正确评价政治生活就意味着,一方面要正确评价正义与权宜之间的相对意义(relative importance)。合理的判断要求我们根据行事来看待言辞。但另一方面,如果我们没有根据言辞——即根据对正义的主张——来看待行事,我们就不能领会言辞的深意。看起来好像是由于对行事与言辞的关键检审,正义才丧失了其地位。但情况并非完全如此。有一种言辞是和约或承诺。和约或承诺的价值取决于各方的可靠性,取决于他们此前的行事与言辞之间的一致或分歧,取决于他们此前的表现,即取决于他们的正义。况且,所有城邦都被迫不断地缔结和约。

[93] 有些东西只有藉由言辞才能被揭露出来。那就是本质上属于言辞成分的德性和邪恶;比如,言说的机智、表述的优雅、高贵的坦诚与无耻的坦白,还有最重要的智慧本身。

人类生活的变动处于战争与和平、野蛮性和希腊性、行事与言辞的两极之间。但是,行事与言辞的关系一方面比战争与和平的关系远为复杂,另一方面也比野蛮性与希腊性的关系远为复杂。有人或许会怀疑,行为与言辞的二重性是否并非人类生活的核心。即便如此,当修昔底德着手真切叙述这场最大的不安,并由此展现人类生活的本性时,他肯定采用了一种对于行事与言辞二重性的恰切阐释。他不得不在行动、行事中呈现这种二重性——[而这需要]通过言辞。他不得不适当地模仿这种二重性。因此,他以如下方式模仿了言辞的首要性。他区分了发动伯罗奔半岛战争的口头或公开的原由与被隐瞒的原由。他首先描写了在公开原由中提到的事实(科基拉事件和波提狄亚事件),继而描写了在隐瞒的原由中提到的事实(对雅典权势的恐惧)。他因而不经意地颠倒了事件的时序。这证明,他重视言辞的首要性。他引领我们设想,发动伯罗奔半岛战争的真正原由恰是被隐瞒的原由。但是,更进一步的研究表明,公开的原由远比它们初看起来更为真实(亦即科基拉事件是引发伯罗奔半岛战争的决定性因素)。修昔底德因而警告我们,盲目(implicitly)相信我们对于人言的怀疑——即我们的合理怀疑——很危险。当然，只有对于那些抱有这种合理怀疑的人，修昔底德的警告才值得留意。对其他人而言，这一警告毫无意义：他们不会在修昔底德的作品中留意到它。

关于修昔底德对行事与言辞之二重性的模仿，有一个更深入的例子为证：修昔底德克制住自己，没有给我们提供他对角色和政治的完整评判。他所有的评判都不完整，故它们所隐瞒的东西与其所揭露的同样多。他把行事与言辞都呈现给我们，就像现实呈现它们一样。他并没有告诉我们，应该怎样根据行事来评判言辞，以及应该怎样根据言辞来评判行事。既然我们主要理解言辞，修昔底德通过向我们展现言辞来误导我们，一如现实通过我们耳闻的言辞来误导我们。此外，修昔底德笔下的角色们会说出他不说的东西：[94] 对于修昔底德正在讨论的主题，读者必须自己找出何为修昔底德的看法，亦即何为智慧的评判。修昔底德模仿了现实的谜一样的（enigmatic）品性。通过模仿言辞与行事的二重性，修昔底德将人类生活的真实品性揭示给了那些能够变得智慧的人，即那些有可能理解人类生活真实品性的人。

我们或许因此可以理解，为何修昔底德向我们呈现行事与言辞两者。但我们尚未清楚地认识到，为何他独自创作了角色们的言辞。毕竟，他意在就这场战争作一个准确的或真实的叙述，因而包括战争的行事和言辞两方面。所以他本应以间接的形式呈现言辞；如若不然，如果他有速记之类的东西可用的话，他本应原封不动地把这些速记转录下来。而事实上，他只保留了实际发表的演说的要旨而已。其他一切，即我们在其史书中读到的演说，都是他自己的作品：他以自己认为适宜的方式表达了实际发表的演说的要旨。行事的情况则绝然不同。若非通过叙述，行事就不能由战场迁移到书中。行事必然需要转换为言辞成分。而演说从一开始就存在于言辞成分之中。它们能如其所是地从讲坛迁移到一本书中，无需被转换成其他成分。如果需要什么证据的话，如下事实就能提供：修昔底德逐字录入了和约文本。（这事实上证明和约不是言辞而是行事。）

下面的两个观察立即说明了这一点。首先，修昔底德编述了演说辞，因为他确信，只有通过这样的编述，这些言辞才能成为真实的：对言辞的逐字报道不会是真实的言辞。其次，行事也经由修昔底德编述过。它们之被呈现不仅在于它们之被讲述，而最重要的在于它们之被拣选和被编排。只有藉由适当的拣选和适当的编排，我们才能得到一幅伯罗奔半岛战争的真实画卷。如果一篇言辞保持着它的原貌，亦即保持着每个现场的公民听到的样子，那么它就会像每个士兵所看到的战争一样不真实。真实的战争是具有最高军事洞识的人所看到的战争。真实的言辞是具有最高政治洞识的人所听到的言辞。行事经由叙述、拣选和编排而进行的转换必然对应言辞的相应转换。

[95] 然而如果修昔底德以间接言辞的形式来呈现这些言辞，那就不会引起这种转换了吗？不管怎样，这样的呈现会模糊最重要的事实：这些演说辞与修昔底德的史书——亦即修昔底德自己的逻各斯（logos）① 或曰他自己的言辞——处于同一个境遇（in the same element）。而且修昔底德非常急切地强调，他笔下角色们的言辞与他自己的言辞之间有紧密联系。在修昔底德的史书中，更大程度上在场的（present）是言辞而非行事：我们没有看到行事，但我们听到了言辞。言辞是在场的，因为它们可以是在场的，因为它们与修昔底德的言辞处于同一境遇。修昔底德之所以非常急切地强调其笔下角色们的言辞与他自己的言辞之间的紧密联系，是因为他非常急切地要显明，他笔下角色们的言辞与他自己的言辞之间存在差异。如果类群（the community of the genus）未被完全清楚地发现，就无法洞见这种特定的差异。那么，修昔底德笔下角色们的言辞与修昔底德自己的言辞之间特定差异到底何在呢？并且，角色们的言辞之特定品性为何要求这些言辞经由修昔底德

---

① [中译编者注] 即 λόγος，指表现思想的言辞；思想；原理；计算，比例。

编述才能变得真实呢？角色们的言辞都是政治言辞：每篇言辞都是向特定听众陈述特定城邦的一项特殊政策。每篇言辞根本上都是局部的。它本来就没有适当地揭示整体。它仅仅居于整体之内，居于真实的整体之内，亦即居于修昔底德理解的整体之内。发表现实演说的人并不明白他所说的话在整体中的真正位置上意味着什么：修昔底德在整体之中来理解它，亦即把它看作最大的不安——彻底的不安，或说是不安之化身——的一部分，并且以此彻底揭示出最大的静止，或揭示出野蛮性和希腊性，或揭示出人类生活的真实品性。对人类生活真实品性的真实叙述就是修昔底德自己的逻各斯。编述一篇政治言辞意味着，把它整合进真实且全面的言辞之中。因此，这意味着让政治言辞被看作与真实言辞根本不同的东西。政治言辞本质上不真实，因为政治表演者的视域必定有限。这个差异与如下差异有关：政治言辞在褒贬之事上远不如真实言辞那么克制。

为了表明修昔底德言辞的品性（virtues），我将简要讨论一个例子：雅典使者们在斯巴达的演说。在这个演说开场之前，修昔底德说明了这些雅典人所意图表达的内容：也就是说，他告诉了我们［96］他通常没有告诉我们的东西，亦即实际发表的演说的要旨何在。从而，他让我们清楚地看到了他自己编述的作品的特性。修昔底德说，雅典人"还想要陈述他们城邦的力量"（1.72）。而在修昔底德创作的演说辞中，他们又是怎样陈述雅典的力量呢？仅仅以间接方式。他们坦白地承认了帝国主义原则，借此辩护雅典的政策，亦即辩护雅典帝国主义。他们仅是如此来展现雅典的力量。因而，他们比通过列举雅典的优势（resources）更令人信服地展现了雅典的力量。这是因为，只有最有力量者才有资格说出他们所说出的原则。通过编述这个演说，修昔底德让我们看到了雅典使者以雅典的名义而说的那个雅典。我在这里仅仅指出，这同一篇演说本身证明了雅典惊人的优势、挑剔的文雅和灵魂的伟大，也证明了雅典何以如此冒犯其邻人的一个原因

——这个原因之前从未陈述过。可以假定，修昔底德在挑剔上超过了这些籍籍无名的雅典人。此外，我们能够猜想，如果修昔底德认为赞颂雅典是适宜的，那他会怎样赞颂雅典。他把这项任务交给了伯里克勒斯。修昔底德笔下伯里克勒斯的葬礼演说与修昔底德在字里行间所表达的对雅典的赞颂之间的差异给我们一个暗示：有一条鸿沟使政治言辞与真实言辞相分离。真实的言辞故意不完整。修昔底德对雅典的赞颂，还有他理解的全部真理就位于行事与言辞二者的中间地带。行事与言辞的二重性指向全部真理。而全部真理并未被指明。

修昔底德的言辞，如它被书写的那样，最终跟荷马的言辞一样不真实，这么说并非全然错误。但是，如果荷马的言辞之不真实是因为荷马的夸大和修饰，那么修昔底德的言辞之不真实则是因为修昔底德淡化（understates）真理。这可能就是修昔底德自己所认为的。提出如下问题也许并非不恰当：这一看法对荷马是否公平？它等于下面这个问题：诗是否比史更富哲学性。

无意之间，我们又回到了我们的主导性问题——引发政治史学的希腊智慧的特定品性。事实上，这一问题跟修昔底德与柏拉图之间的差异问题恰巧一致。修昔底德的智慧引［97］发了政治史学，柏拉图的智慧则引发了政治哲学。我先前已经说到，柏拉图和修昔底德在特定的道德评判和政治评判方面具有一致性。他们二人都把节制看得比大胆和男子气更高。他们二人都把寡头制与民主制的混合政制看作最佳的现实政制。认识到这一粗略的现实一致性，就更加急迫地需要我们——尽管是试探性地——阐明他们之间的深刻分歧。

我们必须比较可比的事物。修昔底德没有就诸如正义之类的问题写苏格拉底对话，而柏拉图也没有写史书。但是，柏拉图的对话与修昔底德的史书有一个最重要的共同点：两者都呈现了与特殊事件密切相关的普遍真理。苏格拉底在柏拉图那里扮演的角色相当于伯罗奔半岛战争在修昔底德那里扮演的角色。修昔底德从对这场最大不安的经历入手；柏拉图则从对那位平和（serene）的公民哲人的经历入手。为了说明其含义，我们以一个不那么宽泛的现象开始。虽然柏拉图没有写史书，但他给我们草绘了一部涵盖太初之野蛮到伯里克勒斯民主时期的历史。我指的是《法义》卷三。《法义》卷三是柏拉图作品中惟一跟修昔底德史书进行明确（simple）对抗的部分。

在《法义》卷三中柏拉图奇怪地叙述了那种得自波斯战争时期的优良雅典政制亦即祖传政制，如何转变为伯里克勒斯时代的极端民主政治。柏拉图把这场深远的转变追溯到对有关音乐和戏剧（theater）的祖传律法的故意漠视：通过不让最好和最智慧的人，而是让全体观众来评判歌曲和戏剧，雅典把她自身从贤良政制转变为民主政制。在同一文脉中，柏拉图声称，萨拉米斯（Salamis）海战胜利（不同于马拉松［Marathon］和普拉提亚［Plataea］陆战胜利）的意义无足轻重。我们或许会说：柏拉图伪造了历史。我们甚至应该进一步说：柏拉图故意伪造了历史。这是他之所以一再将自己的历史草绘称为一个神话的原因之一。他为什么伪造历史？这种伪造到底在于什么？雅典民主政制之所以会出现的真正原因在于：雅典人实际上不得不发动萨拉米斯海战，并因此被迫要建立一支强大的海军；他们需要穷人作海军的桡手；因此，他们不得不在雅典为［98］穷人们提供比其此前所享有的要多得多的赌注（stake）：他们被迫踏上了他们的民主历险。对波斯战争与伯罗奔半岛战争之间历史的真实叙述将会表明，雅典的民主化不是一个关乎有意之愚蠢（willful folly）的问题，不是一个关乎选择的问题，而是一个关乎必然性的问题。总的说来，这份真实叙述将会表明，在政制方面的选择余地极为有限；或者说——转述柏拉图本人的说法——建立政制或创立律法的不是人，不是人的智慧或愚蠢，而是自然和机运（参《法义》，709a – b）。对已然事物的正确陈述将促使人们相信命运（fatality）对选择而言的绝对优势。

因此，关于柏拉图或政治哲学与修昔底德或政治史学之间的差异，我们应该尝试着这样描述：前者强调人的选择，后者强调命运。

然而，通过伪造雅典历史，柏拉图含蓄地承认，而且后来更是明确承认，修昔底德对境况的估计正确：命运占优势。他只补充道，在非常有限的范围内，人才能在不同的政制之间进行选择。修昔底德并不否认这一点。因而，在修昔底德和柏拉图之间似乎有一种完美的一致。然而，柏拉图认为，在政制方面存在的极小选择余地，对于理解政治生活具有至关重要的意义，而修昔底德并不这么认为。柏拉图眼中的人比起修昔底德眼中的人要明显不那么关注命运。在这个表面上的程度差异背后，本质差异又是什么呢？

柏拉图从这一事实入手：整个政治生活的特征就是在更好和更坏的政策之间作选择，在被信以为更好的政策和被信以为更坏的政策之间作选择。但是，如果不同时相信某物完全好，就不可能相信某物较好。换而言之，每个诸如"一项特定的政策更可取"这样的信念所立足的理由如果得到适当阐述，则可揭示出一个关于最佳政制之构成的信念。然而，有必要把这一信念转化为知识。有必要探寻有关最佳政制之构成的知识。这种求索就是政治哲学。政治生活是一种对最佳政制的探索。政治生活因此指向政治哲学，亦即指向对最佳政制的有意识的求索。对最佳政制的求索只是对好生活的求索的政治形式而已。至于［99］好生活，在严肃的人看来最终只有一个选择：好生活在于政治行动还是在于哲学？对每个人而言，因而也对于城邦而言，如何生活的问题是一个严肃而实际的问题。

修昔底德否认，如何生活的问题对于城邦而言是一个严肃而实际的问题。城邦所追求的诸目标很明确，而且不可置疑，除非质疑城邦本身。这些目标也就是诸如稳定、免遭外国统治和僭主统治、繁荣之类的东西。这些目标在制度之中方可追求，而制度在每种情况下都是既定的。经验足以表明，最有利于智慧地追求这些目标的制度，就是一种节制的或混合的政制。治邦者之技艺就是智慧地或明智地追求上述那些明确的目标。比起发现何为最佳政制以及何为政治生活的终极目标，更为困难的是在每种情况下都辨明何为具有治邦者风范的行动方案（statesman-like course of action）。但是，治邦者技艺恰恰就在于智慧地处理个别状况。无视个别状况的所谓治邦者技艺微不足道且毫无价值。在有见识且节制的治邦者中间不会产生原则问题。因而，这种正当的政治生活只能在行动中得以展现。对于这位智慧的言说者而言，惟一关乎政治的问题是：在什么行动中，在什么情形下，政治生活才能以最好的方式——一种能够最充分地揭示出政治生活品性的方式——展现出来？答案就是：处于政治生活顶峰的行动。

我们现在应该说：柏拉图认为，政治行动的那些终极目标根本上成问题，而修昔底德并不如此认为。这种差异的原因何在？我认为我已经表明，修昔底德完全知道政治生活与致力于认知的生活之间冲突的意义。但与柏拉图相反，修昔底德认为，虽然思想者（并且仅有思想者）能够充分理解政治生活，但他并不能引导政治生活。哲学无从进入政治生活。政治生活也对哲学无动于衷。伯罗奔半岛战争这场最大的不安，及其之前的最大的静止，均与哲学完全无关。然而，柏拉图认为，政治生活并非对哲学无动于衷。这就说明了，柏拉图对斯巴达和雅典两者的批评，何以比修昔底德的批评更为严厉。柏拉图对政治生活所期望的，要远远多于修昔底德所期望的。在柏拉图看来，终极选择——政治生活还是哲学生活——影响了政 [100] 治生活本身；在修昔底德看来则不然。这就解释了为什么柏拉图认为政治生活的终极目标根本上成问题，而修昔底德却不以为然。

柏拉图曾试图表明，政治生活指向着哲学生活。政治生活需要美德或曰德性，柏拉图以此为起点并遵循着德性的辩证术：我们会持有任何德性的观念，不论它多么低贱和狭隘（并且没有哪种政治生活不带有这些观念，不论这种政治生活多么低贱和狭隘）；一致性的绝对要求不可避免地要把我们引向这一洞见：德性即知识，因而政治生活为了成为真正的政治生活就需要哲学。修昔底德承认德性显而易见的政治相关性。但他更坚决地认为：就具有政治相关性而言，德性并不像它在政治言辞中所呈现的那样是政治生活的目的，而仅仅是其手段。他就此切断了从政治生活朝向哲学生活的辩证运动。因为在柏拉图看来，整个人类生活，即便最低层面的人类生活，都指向着哲学，指向最高者。即便是最可鄙的民众煽动者（demagogue）或僭主最可鄙的行为，也能最终被理解成仅仅是一种对完全好的事物的同一渴求的极端曲解（这不过是由于无知），而这种渴求未遭曲解的形式就是哲学。较低者凭借较高者释放的魅力而存在，凭借较高者的力量而存在。另一方面，修昔底德否认了这种由较低者向较高者的导向。正因为如此，他才认为政治对哲学无动于衷。较低者对较高者无动于衷。伯罗奔半岛战争及其先例与哲学完全无关，但哲学取决于它们。较低者与较高者无关，但较高者取决于较低者。高者虚弱；低者强大。

　　柏拉图完全清楚如下事实，如果我们把自己的考察限于狭义的人事上，则修昔底德正确：政治生活一次次地证明了它对哲学的无动于衷。但柏拉图要求我们采取一种全面的视角，要求我们看到人事与人性有关，并且把人性看作整全的一部分；并且他断言，如果我们这样做的话，我们就会得出较高者比较低者强大的结论。对于柏拉图与修昔底德不和的最终理由，不应在他们对人事本身的不同估计中探寻，而应在他们对整全的不同看法中探寻。

　　修昔底德认为，首要的或根本的事实是运动或不安，而静止是衍生的；首要的和 [101] 根本的事实是野蛮性，而希腊性是衍生的；简言之，战争而非和平才是万物之父。另一方面，柏拉图相信静止、希腊性以及和谐居于首位。柏拉图和修昔底德都同意，对于人来说，静止、希腊性以及和平是最高者。但在柏拉图看来，对人而言的最高者（the highest for man）和人自身的最高者（the highest in man）近乎最高者本身，近乎统摄整全的原则或诸原则；而在修昔底德看来，人自身的最高者并不近乎最高者本身。在柏拉图看来，人自身的最高者，或曰人之人性，具有直接的乾坤支撑。而在修昔底德看来，人自身的最高者缺少这样的支撑：人之人性与［统摄整全的］诸原理相距甚远，以致不能接受这样的支撑。

这种差异说明了柏拉图对话与修昔底德史书所传达的心境之异。柏拉图的祥和对应于他那欢乐的（gay）科学，对应于他以最高者为最强者这一慰藉之言。修昔底德阴郁的（somber）智慧则覆有一层悲伤的面纱；最高者脆弱之极。

对修昔底德而言，发源于伯里克勒斯的雅典的智慧，归因于伯里克勒斯的雅典。对柏拉图而言，伯里克勒斯的雅典只是雅典智慧的条件而非原因。我们或许说，修昔底德把条件等同于原因；而柏拉图区分了条件和原因。因此，政治对修昔底德来说至关重要，而对柏拉图则并非至关重要。在柏拉图看来，智慧的原因是某个令我们成为其傀儡的未知之神。

修昔底德与柏拉图之间的区别等于修昔底德与苏格拉底之间的区别。我们应该说，修昔底德是个前苏格拉底之人。他的作品只能被理解成对前苏格拉底哲学背景的反驳，特别是对赫拉克利特（Heraclitus）思想背景的反驳。前苏格拉底哲学求索一种对整全的理解，这种理解不同于对整全的诸部分的理解。正因为如此，前苏格拉底哲学并不知道对人事本身作一种相对独立的研究。所以，前苏格拉底哲学需要修昔底德史书之类的东西作为其补充，后者是一种对真理的求索，而且首先是一种对人事的真理的求索。

苏格拉底把对整全的理解等同于对整全的诸部分的理解。因而，苏格拉底哲学允许一种关于人事本身的本性的研究。随着苏格拉底哲学的出现，完全修昔底德意义上的政治史学［102］就失去了其存在的理由（raison d'être）。这解释了色诺芬为什么以一种如此不同的旨趣以及如此不同的风格续写了修昔底德的史书。色诺芬的重心不再是政治史学，而是他对苏格拉底的回忆。这解释了色诺芬对政事的叙述何以表面上很浮泛。色诺芬不会再像修昔底德那样严肃地对待政治。他作为一个史家表面上的浮泛是对苏格拉底之祥和的反思。通过这场苏格拉底革命，政治史学最终成为一项从属于并区别于哲学的专门研究、一项极富声望的专门研究，但也只是一项专门研究而已。在传统的观念看来，政治史学提供了鉴戒（examples），而道德哲学和政治哲学则提供了准则（precepts）。

史学因苏格拉底革命而落入从属地位，这在许多世纪以来都没有改变。尽管如此，史学依然是政治史学。只是从18世纪左右开始，史学变成了文明史学。这项变化把自身呈现为一个巨大的进步，呈现为向某种整全理解（comprehension）迈出的巨大的一步，这种理解关乎真正所是或一直所是（it really is or has been）的人类生活或社会。下面的事实最清楚地表达了这一变化：对古典哲学而言，关乎社会的科学（social science）的整全性（comprehensive）主题是最佳政制，而现代社会科学的整全性主题则是文明或文化。如果我们问我们的同时代人"什么构成了一个文化或一个文明"，我们并不能得到一个清楚的答案。取而代之的是，我们被告知，我们能够怎样将此文明与彼文明区分开来。我们被告知，文明可以通过艺术风格上的差异而被最清楚地彼此区分开来。这意味着，凭借某种从未成为诸社会关注之焦点的东西，诸文明得以毫不含混地区分开来：诸社会不会因为艺术风格上的差异而发动战争和闹革命。因而，要定位诸文明，似乎先得明确地背离那些激荡社会并维系其运转的生死攸关的问题。事实上，那些把自身呈现为一种巨大进步、一种对我们视野的巨大扩展的东西，源于对最根本事物的遗忘，而且最终源于对一种必需之物的遗忘。史学仍旧首先是政治史学。

7. 苏格拉底问题五讲①

第一讲

林晖 译

[103] 要了解苏格拉底的思想，主要的资料来源有四种，其中阿里斯托芬的《云》(Clouds) 是时间上最早的一种。对于《云》中苏格拉底给人们的第一印象，尼采曾有过这样的描述：苏格拉底属于突出的民众蛊惑家（seducers）；对于身体和心灵的古老马拉松式德性的丧失，或对于伴随着身体和心灵之德性衰败的可疑启蒙，这样的人难辞其咎。事实上，苏格拉底是最初且最大的智术师（sophist），② 他反映并体现出所有的智术师式癖性。对于苏格拉底的这种描述与阿里斯托芬的整部作品完全相符，阿里斯托芬这个大守旧派（reactionary，[译注] 或译"反动派"）尽其所

---

① [中译编者注] 作者1958年在芝加哥大学作了6次公开讲演，时间依次是10月27日、10月29日、10月31日、11月3日、11月5日、11月7日，总题为"政治科学诸起源与苏格拉底问题"(The Origins of Political Science and the Problem of Socrates)。这里辑录后5讲，故这里第1讲实是原第2讲，余者类推。全部6讲的中译文曾刊于刘小枫、陈少明编，《苏格拉底问题》(《经典与解释》辑刊第8辑，北京：华夏出版社，2005)，其所据版本（见 Interpretation: A Journal of Political Philosophy, 23. 2 [1996]）经 David Bolotin、Christopher Bruell 和 Thomas L. Pangle 编辑。较该版本而言，本书所用版本改动程度更大，二者明显不同之处将在本文注中体现。这里5篇译文已在旧译文的基础上以本书版本为准经过再度校订。旧译文各部分的译者署名有误，今已改正。

② [译注] sophist 的词源 σοφιστής 既泛指有技艺之人、睿智之人（如希腊上古七贤），又指公元前5世纪以后著名的"智术师"（译法从严群）。

能抵制一切新事物：无论是民主政治、欧里庇得斯（Euripidean）肃剧，还是苏格拉底的求索。阿里斯托芬用以看待当时生活的观点是正义观，而且是旧式正义观。因此对于他来说，苏格拉底这个人作为一种新异现象，看来就是一名教授非正义的教师，甚至是一名教授无神论的教师。阿里斯托芬笔下的苏格拉底不仅极其邪恶，也极其愚蠢——因而十足地荒唐可笑。他遭遇了他应得的命运：一位从前的门徒——其子先前被苏格拉底完全败坏了——放火烧毁了苏格拉底的思想所（think tank），如果苏格拉底和他的门徒们在那会儿没有死去的话，那么这只是一件侥幸而荒唐的事罢了；他们理应死去。因此，《云》是对苏格拉底的攻击。柏拉图笔下的苏格拉底在面对官方指控而为自己辩护的时候，几乎把阿里斯托芬谐剧也称作对苏格拉底的指控——原初的指控，它成为第二次指控亦即最终指控的范本和来源。但即便这种说法也显得太温和了些。尤其如果仅从[104]这部谐剧的表面结局和全无根据的人物来看待这部谐剧的话，那么人们必然会把阿里斯托芬的做法视为诬蔑。按照苏格拉底在柏拉图的《申辩》中的说辞，他并没有做过阿里斯托芬归之于他的任何事情。在《云》中，苏格拉底以一名智术师和自然哲人的面目出现，可是苏格拉底对于自然哲学一无所知，而且当然是智术（sophistry）的死敌。而最终，如果人们期盼的是苏格拉底的肃剧性结局，那么阿里斯托芬对于他的谐剧性处理，这种显得极端轻浮的处理，就必然会在最大程度上令人震惊。

首先，关于阿里斯托芬笔下的苏格拉底和真实的苏格拉底——即我们通过柏拉图和色诺芬了解到的苏格拉底——之间显见的差别，柏拉图和色诺芬的论据大意是说，苏格拉底并不总是那位一直受到门徒们颂扬的苏格拉底。柏拉图笔下的苏格拉底在临终那天（《斐多》，96a以下）说，他年轻的时候曾以惊人的方式关注自然哲学，而且达到了惊人的程度。他没有提及具体时间，因此我们无从得知他对自然哲学的专注持续了多久——是否并未持续到［阿里斯托芬］构思《云》的时候。至于色诺芬笔下的苏格拉底，当他作为一个"测量空气"的人而声名狼藉时，或当他作为一个像阿里斯托芬笔下的苏格拉底那样的人而臭名昭著时，他已不再年轻，而且他还没有提出什么是完美绅士这一问题，亦即他似乎自从放弃自然哲学以来一直全身心投入的那一种问题（《齐家》［Oeconomicus］，6. 13 – 17，11. 1 – 6；《会饮》［Symposium］，6. 6 – 8）。这表明，阿里斯托芬没有把苏格拉底描绘成柏拉图和色诺芬笔下的那同一类哲人，这并不完全是他的错。而且，如果苏格拉底过去一直是柏拉图的或色诺芬的苏格拉底，那么阿里斯托芬挑选他作为一部谐剧［的题材］，就会变得难以理解：苏格拉底本应在政治上与阿里斯托芬处于同一阵营。而当一位谐剧诗人也许出于不得已而讥讽（caricature）其同党的时候，这种讥讽与被讥讽者之间就必然有某些相应之处。

　　我们已经开始怀疑，产生了这么多烟，是否可能没有一丁点儿火；接下来，我们开始怀疑，阿里斯托芬究竟是不是一个指控者，是不是苏格拉底的一个敌人。阿里斯托芬只在一篇柏拉图对话中现身，那就是《会饮》（Banquet）。这篇对话被说成是发生在《云》上演了大约七年之后。［105］场景是一次宴饮（banquet），宴饮末了只剩下三个人仍然清醒，其中的两个就是阿里斯托芬和苏格拉底。这三个人进行了友好的交谈，并最终就一个主题达成一致，对于阿里斯托芬而言没有什么比这主题更重要了，这主题即谐剧。这里的一致是指阿里斯托芬同意了苏格拉底所提出的一个论点。与之相一致的是《斐勒布》（Philebus，48a8 – 50a10）中柏拉图笔下的苏格拉底对谐剧中的灵魂状态所做的复杂而奇怪的分析。在那个分析中，我们识别出如下细节（strand）。谐剧中的灵魂状态是某种快乐和某种痛苦的混合，这种快乐源于朋友们的霉运，或源于他们对自身智慧无害的高估，这种痛苦则源于嫉妒。嫉妒什么呢？按照最自然的解释，似乎就是嫉妒朋友的智慧。这位朋友也许并非他所认为的那么智慧，因而他可能有些可笑，但这位朋友的智慧却可能足以引起嫉妒。把对谐剧的这种分析当作对谐剧的一般分析，极其不恰切；不过把这种分析当作苏格拉底对一部特定谐剧——作为最佳谐剧的《云》——的解释，则有其意义。简言之，根据柏拉图的论据，与其说《云》是对苏格拉底的指控，还不如说它是向苏格拉底作出的一个友好警告——这警告包含了对苏格拉底的慕妒交加之情。此种解释与如下可能性相容，即阿里斯托芬嫉妒的首要对象并非苏格拉底的智慧，而是苏格拉底全然独立于公众赞许——谐剧诗人必然依赖这种赞许——之外的状态，或者说是苏格拉底的完美自由。

正如在所有此类情形之中，产生解释上的种种差异，最终来说不仅是因为考虑或忽略了这个或那个特定情节（fact）或段落，而更多地是因为某种原初而根本的分歧。就我们面对的情形而言，这种根本分歧关乎肃剧。根据目前占主导地位的观点，最高的肃剧要比最高的谐剧更真实、更深刻，因为生活本质上具有肃剧性。从这种假定来看，苏格拉底的命运似乎具有完全的肃剧性。也正是基于这种假定，学界倾向于更清晰地审视柏拉图对话与肃剧的关系，而非其与谐剧的关系。我们无需去问这个假定是否公允；我们可以满足于询问这个假定是否柏拉图的假定。柏拉图熟悉这个假定；偏爱肃剧的成见并非现代［106］所特有。没有人比柏拉图更清楚如下事实，肃剧是最深刻感人的技艺。但由此他却认为，这并不表明肃剧是最深刻或最高的技艺。他默默地反对公众对于肃剧的偏爱。他认为同一个人必须既是肃剧诗人又是谐剧诗人。当他笔下的阿得曼托斯（Adeimantus）简单地把戏剧诗等同于肃剧的时候；通过将戏剧诗同样包括谐剧这一主张归于阿得曼托斯，柏拉图让他笔下的苏格拉底含蓄地纠正了阿得曼托斯（《王制》，394b–c）。如果我们没有忽视这一事实，即肃剧与谐剧之间的区别在某种程度上对应于哭泣与欢笑之间的区别，那么我们就能以这种方式阐明目前的问题。① 苏格拉底笑过一次，但我们却没有发现他哭过哪怕一次。他从未向我们展示过哭泣，相反却向我们展示了一次欢笑。他向我们展示过他的许多玩笑，却从未展示过他的义愤。他的反讽成为一个标志。他不是一个肃剧人物，但很容易看出他如何能够成为一个谐剧人物。观察天上事物的时候跌进阴沟的哲人，或离开过普通生活这一洞穴却在返回的途中迷失方向的哲人，当然会显得荒唐可笑，一如柏拉图的苏格拉底自己所指出的那样。从非哲人的视角来看，哲人必然荒唐可笑，而从哲人的视角来看，那些非哲人也必然荒唐可笑；哲人与非哲人的相遇是谐剧自然而然的主题。正如我们将看到的，这正是《云》的主题。所以，我们关于苏格拉底最早也最可敬的资料来源是一部谐剧，这并非全然是个偶然事件。

　　作出这些评论仅仅是为了抵制某些成见。对目前的问题的判定只能寄望于解读《云》本身。至少可以说，考量整个阿里斯托芬谐剧将有助于这样一种解释。

　　只要看看对于阿里斯托芬谐剧的种种现代解释，人们就会震惊于那些现代学者对于这些谐剧的政治背景和政治意义的专注。仿佛这些学者快要忘记或已经忘记了他们正在研究谐剧。正当我们进入一个本应欢笑并自娱的地方时，我们却首先必须穿过一条由招待者构成的警戒线，这些招待者身着黑色外套，浑身散发着致命而死寂的（deadly and deadening）严肃气息。无疑，他们无意中增添了谐剧的效果。我们还是更容易想起黑格尔曾就阿里斯托芬谐剧[107]所说的话："如果没有读过阿里斯托芬，就几乎无法懂得人到底能够达到怎样粗野而放纵的欢乐（gay），② 即野兽

---

　　① [中译编者注] 本书此处删去了 Interpretation 版的一段话："柏拉图《王制》的一位最深刻的现代研习者莫尔（Thomas More）爵士在其《关于苦难之慰藉的对话》（*Dialogue of Comfort against Tribulation*）中说：'……（引文略，见页 [206]——中译编者）' 至于柏拉图和色诺芬的苏格拉底，可以说情况完全相反。"

　　② [中译编者注] 对观页 [101] 的措辞 gay。

般的快感。"黑格尔的话提醒我们注意在阅读阿里斯托芬谐剧时必须克服的障碍。因为如果我们意欲理解、欣赏并爱上阿里斯托芬谐剧,我们必然一开始会对它产生反感。阿里斯托芬为了使我们发笑而采用的途径包括谣言或诽谤、猥语、戏仿(parody)以及渎神。透过这层难看难闻的迷雾,我们看到的是贪杯、自由、壮实的乡下人(rustics);① 他们本性纯良;他们像品评牛马一样地品评民女或者女奴;他们在最佳、最快乐(gayest)的时刻,谁都无法愚弄他们(the fools of no one),不论是神、是妻子还是光荣的将领,不过他们就算很频繁地受到愚弄,也不大会生气,反而会被逗乐;他们热爱这片土地及其古老的、久经考验的习俗,瞧不起那些一夜间就在城市以及城市的夸口的鼓吹者之中蔓延开来的新巧而轻浮的事物;他们对于美的熟悉令人惊讶,以至于他们能够鉴赏埃斯库罗斯(Aeschylus)、索福克勒斯(Sophocles)和欧里庇得斯众多肃剧里任何一部的任何暗引;他们对于美的经验同样令人惊讶,以至于他们不赞成任何达不到原作那样完美的戏仿。有如此出身和如此禀性(build)的男人才是阿里斯托芬的观众,或者说(对于任何不可轻视的诗人而言同样如此)这种人才是他的观众中最佳或具有权威的一部分。阿里斯托芬所吸引、所召唤(conjured)的观众,就是如亚里士多德所描述过的最佳民众共同体(the best democracy,[译注]或译"最佳民主制"):由乡村公众作为中坚的民众共同体。从这群观众粗鲁流俗的外表到其高贵优雅的内心,阿里斯托芬令我们见到他们最自由最快乐(gayest)的一面;尽管我们强烈意识到他们,但我们无法同时看到他们的束缚和局限(bonds and bounds)。我们所看到的只是他们的一面(half),这一面看似较低的一面,实是较高的一面。我们所看到的只是人性的一面,这一面看似较低的一面,实是较高的一

---

① [译注]"自由(free)"指在古希腊享有公民自由权,参下文所谓"如此出身和如此禀性",下文 free women 也按此译作"民女"。

面。另一面专属于肃剧。谐剧和肃剧共同向我们展示了人的全部，却是以这样的方式：谐剧必须从肃剧的层面来理解，肃剧则必须从谐剧的层面来理解。谐剧的起点是最低处，而肃剧则居于中间。阿里斯托芬曾把谐剧缪斯或毋宁说谐剧诗人的珀加索斯（Pegasus）① 比作屎壳郎，这个渺小可鄙的畜生为一切难闻的东西所吸引，似乎结合了阿芙洛狄忒（Aphrodite）和美惠女神（Graces）的自负与孤僻——然而，一旦被诱使而得以从地上飞起，它飞得比宙斯（Zeus）的鹰还要高：它使谐剧 [108] 诗人得以进入诸神的世界，亲眼见到诸神的真相，并把这真相传达给他的凡人同胞们。谐剧比任何其他的技艺都要飞得更高。它超越了所有其他技艺；尤其超越了肃剧。由于它超越了肃剧，它也预设了肃剧。谐剧对于肃剧的预设和超越表现为对肃剧的戏仿，而这正构成了阿里斯托芬谐剧的特征。谐剧要比肃剧飞得更高。只有谐剧才能够将智慧之人表现为智慧之人：像欧里庇得斯和苏格拉底那样的人，亦即本身超越了肃剧的人。

　　这并不等于否认阿里斯托芬谐剧中充斥着最低俗的笑料。但这种谐剧从未把唯有反常的（perverse）人才能发现的荒唐可笑的东西表现得荒唐可笑。它始终保持在自然而然的笑料的限度之内。这儿只有打屁股，而绝无折磨与杀戮。真正引发恐惧的东西必定不在场，这不在场的最引发恐惧的东西就是死亡，或曰将死，这不同于冥府中的已死。因此，令人同情的事物和真正高贵的事物均必定缺席。尽管在阿里斯托芬的《蛙》中埃斯库罗斯和欧里庇得斯被描绘为热衷于粗言诟语，而索福克勒斯则始终保持沉默。尽管阿里斯托芬谐剧充斥着最低俗的自然而然的笑料，但它们又总是超越这类笑料；它从不仅仅是插科打诨。自然而然并不可笑的东西并没有被忽略；它们就出现在谐剧之中。阿里斯托芬谐剧

---

① [译注] Pegasus 是古希腊神话中生有双翼的飞马，它的蹄子踏出灵泉，传说诗人饮此泉水可以获得灵感。

的深度和意义,归功于其内在的正经与严肃。

我们必须试图恰切地表述阿里斯托芬严肃对待的东西。恰切的表述或曰真确的表述,也就是阿里斯托芬自己的表述。这里产生了一个困难。在戏剧中,作者从不以自己的名义言说。戏剧诗人可以通过他剧作的效果来表达他的意图。阿里斯托芬利用了这种简单的可能性:在既定情节的前提下,他让那些在他看来应该获胜的人物或事业取得胜利。因为所恶者的胜利和所喜者的失败皆与谐剧所要求的愉悦效果不相符合。无论如何,戏剧就是表演(a play);某些人(演员)假扮成另外一些人;前者以后者应有的方式来言说和行动。戏剧效果要求这种表演或曰假扮保持一致。如果演员不再 [109] 饰演其角色,不再与其本应代表的人物相一致,从而赢得了演员自身的声名,或者不再像从前那样只通过其所饰演的人物而为人所见、为人所闻,那么那种戏剧效果就遭到了破坏,而这令人恼怒或荒唐可笑。因此,尽管对戏剧假象(illusion)的破坏对于肃剧效果而言是致命的,却可以增加谐剧效果。故阿里斯托芬能够在他的谐剧中直接向观众言说;他的歌队或他的角色不仅仅彼此交流,还向观众们喊话。甚至有可能让谐剧主人公披露自己就是谐剧诗人本人,比如《阿卡奈人》(Acharnians)中的狄开俄波利斯(Dicaiopolis)。总而言之,阿里斯托芬能够通过他的歌队和角色把他的意图告诉观众,因而也告诉读者。由此,他告诉我们使我们发笑的正是他的意图,而非通过插科打诨。他声称自己是一位将谐剧提升至完美境界的谐剧诗人。尽管他很关注荒唐之事,但他对严肃之事的关注也丝毫不少;所谓严肃之事就是使人变得更好,而这需要代表城邦抵制其敌人和败坏者,需要教诲什么对城邦有好处或什么是绝对最好的,需要谈论什么是正义的。通过他的工作,康乐与正义成为盟友。他区分了他的谐剧中的智慧成分与荒唐成分:前者用来吸引智慧之人,后者用来吸引寻欢之人。诗人最本真的言辞(ipsissima verba poetae)迫使我们追问正义和智慧之间的关系:二者相同还是不同?这个问题为诗人的如下主张所清楚阐明：他使正义之事成为谐剧的一个主题。无论诗人如何成功地调和荒唐主张与严肃主张或正义主张，根本性的张力必然保持着。简言之，按照阿里斯托芬的理解，正义就在于保持或恢复祖传事物或古老事物。另一方面，一部谐剧的品性也非常依赖于诗人的创造力，依赖于他的新奇构思。就政事而言，阿里斯托芬原本是一个十足的守旧派；而作为一名谐剧诗人，他又不得不做一名革命派。

荒唐与严肃之间的张力对于阿里斯托芬谐剧具有本质性，他的谐剧的异常伟大之处就在于它们构成一部整全的谐剧，或者在于谐剧性在他的谐剧中无处不在：严肃事物本身只在荒唐事物的伪装下出现。要有智慧才能够理解这一点。正如严格来讲，当真理居于首位时不可能存在完全的谬误，当严肃事物居于首位时也不可能存在一段［110］不包括严肃内容的荒唐言辞。就在这些难以避免的局限之内，阿里斯托芬极其成功地将严肃事物或正义事物融入了荒唐事物。谐剧假象（delusion）绝未遭到破坏，更别说遭到削弱。那么他究竟是如何达成这一成就的呢？

很容易明白对不义的谴责如何可以通过嘲弄来完成。为了揭穿那些阿谀奉承者、民众煽动者、过于狂热的陪审员、自命英雄的将军、伤风败俗的诗人和智术师，显然只需审慎地利用关于当事人荒唐外貌和荒唐举止的流言或毁谤。再者，通过对他们进行荒唐的夸大，通过描述他们出乎意料却又符合逻辑的（如果可以这么说的话）结局，人们得以反省流行的恶习。比如说，可以展示一个完全新异的雅典，它由女人掌管，施行财产、女人和孩子的共产主义，以此作为极端民主制的终极形式；可以展示共产主义秩序的完全平等与自然不平等之间的冲突如何发生在年轻貌美者和衰老丑陋者之间；还可以展示这种自然不平等如何为一种法定平等或习俗性平等所修改，依据此种平等，每一个小伙子在与他的女伴欢爱之前都必须履行那艰难的义务，即满足一个最令人生厌的老妪：由这荒唐的场景所得出的严肃结论如此显然以致不必点明。公开揭露上述的民众煽动者之流多么不义,表明了那些人多么不明事理:这揭示出他们的不义很愚蠢,因而也很荒唐可笑。被嘲弄的人可能就在观众之中,这一事实又增强了其可笑性。因为阿里斯托芬所嘲弄的愚笨就是同时代的愚笨。当时的邪恶之所以被视为邪恶,是出于好的古老时代乃至祖传政体的看法——持这种视角者是淳朴、勇敢、乡土化、虔敬的马拉松胜利者,也是更喜欢埃斯库罗斯而非欧里庇得斯的人们。当时的不义也许将激起义愤而非笑声,若非表明这不义轻易地为荒唐可笑的途径所击败:正如尚武的希腊男人被妻子的节欲所击败,又如超级民众煽动家克勒昂(Cleon)被某个更卑贱的腊肠贩——他受到了上流人士亦即克勒昂的死敌的怂恿——用克勒昂自己的方法所击败。

然而,怎样才能够既表现不义为嘲弄所击败,又不使获胜的正义显得荒唐可笑呢?或者换言之,怎样才能够既表现正义之人,又不破坏[111]整出谐剧的效果?阿里斯托芬这样解决这一难题:正义的胜利,或者说从当时政治性愚笨这一荒唐状态向古代健全状态的转变,实是向另一类荒唐事物的转变。正义之人就是只关心自身事务的人,他不同于好事之人,而喜欢淡泊、宁静、孑然的生活。他待在家中,照管农田,并且享受着淳朴自然的快乐:所食、所饮,以及最后一样但同等重要的东西——所爱。他坦然地享受这些快乐。他坦率且完全不羁地表述他的享受。他直言不讳(He calls a spade a spade)。如果他作为角色在舞台上也这么干的话,那么他就会在公众面前说出那些按礼数无法当众说出的话:他会散布那些按礼数无法散布的私事;而这正是荒唐可笑之所在。因此,正义的胜利被谐剧性地表现为从公众的愚笨这一荒唐状态转向另一种荒唐状态的转变,后一种荒唐状态即公开展示本质上私人性的事物,亦即不适宜地言说那些因自然而然值得享受而为每个人所私下享受的事物。

因而,阿里斯托芬谐剧的主要话题或曰首要话题,就是城邦或曰政治共同体与家庭或曰家务(household)之间的张力。家庭的纽带是爱，而且首先是夫妻之爱，亦即合法爱欲。父母对孩子的爱最鲜明地体现在母亲身上，当她的儿子们被城邦送去打仗的时候，她最为痛苦。再没有像这样的自然情感能将母亲们和城邦联系在一起。这样一来，人们会认为家庭应该成为城邦的典范。在《妇女公民大会》(Assembly of Women) 中，阿里斯托芬已经表明这一想法不切实际；在该剧的描绘中，他把城邦变成了一个家。在这样的一座城邦中，成员们没有私人财产，因而女人统治了城邦。然而，阿里斯托芬对于家庭和城邦之间张力的强调，使人们揣测他的批评不仅针对他那个时代被败坏的城邦，还进一步针对健康城邦或曰祖传政体。《阿卡奈人》的主角狄开俄波利斯①显然是诗人自己的化身，当其他的每个人都在与城邦之敌作战之时，他却独自与敌求和。他因这一严重的通敌罪行而受到迫害，这种迫害不仅来自主战派，同样也来自他那些充满了古老马拉松斗士精神的乡村邻人们。狄开俄波利斯在断头台上借用欧里庇得斯的手段发表演说为自己辩护；他因此而成功地将迫害自己的人分成了两派，随后成功地中止了这场迫害；结果，他得到了 [112] 和平的田园生活之乐，而其余的人却仍在作战。如果有人像下面这样对阿里斯托芬说话，他只不过换了一种方式来表达相同的想法：正如在《蛙》中埃斯库罗斯和欧里庇得斯所达成的一致，不是古代的埃斯库罗斯这位最佳政治肃剧诗人，而是现代的欧里庇得斯给予了阿芙洛狄忒应得的评价。因为，正如苏格拉底在柏拉图《会饮》(177e) 中所言，阿里斯托芬谐剧全都献给了阿芙洛狄忒这位女神，还有狄奥尼索斯（Dionysus）。

顺便提一下，阿里斯托芬与欧里庇得斯之间的这种一致，以及阿里斯托芬与埃斯库罗斯之间的这种分歧，肯定了我们先前的主张，即阿里斯托芬意识到了他的整个事业具有本质上的新异性和革命性。阿里斯托芬至少有某几部谐剧的情节展现了他的这一

---

① [译注] 该人名 $\Delta\iota\kappa\alpha\iota\acute{o}\pi o\lambda\iota\varsigma$ 可拆分为 $\delta\acute{\iota}\kappa\alpha\iota o\varsigma$ [正义的] 和 $\pi\acute{o}\lambda\iota\varsigma$ [城邦]。

思想特征。在《骑士》（*Knight*）、《马蜂》（*Wasps*）、《和平》（*Peace*）、《鸟》（*Birds*）、《地母节妇女》（*Thesmophoriazusae*）以及《公民大会妇女》中，对政治健全性的恢复通过彻底新异的手段来达成，而这种手段与其目的——即祖传政体及其精神——不相容。因而，阿里斯托芬对于其政治训导（message）的政治可疑性未抱任何妄想。

还是回到手头的论题，阿里斯托芬借以对城邦本身进行批判性审视的现象，就是家庭或家务。或许可以认为他的谐剧是在评论《尼各马可伦理学》（1162a17-19）中的一个论断："就本性而言，与其说人是政治动物不如说是需要配偶的动物，因为相对于城邦，家庭出现得更早且更为必需，而且对于所有动物来说，生育后代［比过群体生活］更为常见。"现在阿里斯托芬谐剧摇摆其间的两极，一个似乎是那个时代公众的愚笨，另一个似乎是淡泊闲适的家居生活，即一种享受身体快乐的生活。或荒唐或空前或极端的途径令这种从一极向另一个极的转变得以发生于这些谐剧之中。《和平》的主人公忒瑞盖乌斯（Trygaeus）即经过简单伪装的谐剧诗人本人，他爬在一只屎壳郎背上升到了天上，从而成功地克服了一场手足相残的疯狂战争带来的恐惧。他相信宙斯对战争负有责任，并试图指责宙斯这种不友好的行为。到了天上后，他从赫耳墨斯（Hermes）那里了解到宙斯并未引发战争本身，却要对战争的延续负有责任：凶残的战神（War）受宙斯控制。战神深埋了和平女神（Peace），而且［113］宙斯发令，谁要掘出她，谁就将犯死罪。于是这位主人公对赫耳墨斯威逼与许诺——主要是许诺赫耳墨斯将成为至高神——以便让赫耳墨斯帮他掘出和平女神。忒瑞盖乌斯反抗至高神的明确命令，成功地掘出了和平女神，并将和平带给了全希腊。当然，他并没有履行许给赫耳墨斯的诺言。和平女神完全取代了赫耳墨斯而独享敬拜。通过反抗宙斯和其他神，忒瑞盖乌斯成为拯救者。除非废黜诸神，否则不可能拥有闲适平静且正义快乐的生活。

出于某种稍稍不同的视角,《马蜂》处理了同样的主题。在这部谐剧中,通过强迫以及随后的劝谕,一个有见识的儿子阻止他那狂热而年老的陪审员父亲赶赴法庭行不义之举。儿子希望他的父亲待在家里以免伤害他的同伴,而且尽情享受精致的现代社会的快乐。某种意义上,儿子成功了。父亲被说服远离法庭,去参加一个聚会。但他却对精致的享乐感到不适:他只是醉酒,与一个吹箫女纠缠,并在斗殴中找乐子。他的残暴本性可以被引导到不同的渠道,却无法被制服。这位父亲不是一名典型的陪审员,典型的陪审员是穷鬼,依靠在雅典收取薪金过活。他极为热切地想要出庭,因为他喜欢给人们定罪。他将他非人性的欲望追溯到德尔斐神谕中的一条训令。① 当他儿子骗他去宣判一名被告无罪时,他害怕因此而犯下反对诸神的罪恶。所以,他变得残暴正是因为畏惧诸神的残暴。令人惊讶的是诸神会比人更加严厉,因为正如忒瑞盖乌斯升到天上之后所发现的,从更高的地方看下来,即从诸神的所在看下来,人的邪恶似乎(比他们的)更少。诸神很残暴这一潜在看法在《马蜂》中无处不在。为了使人或多或少更仁厚一些,就必须把他们从诸神那里解放出来。就像柏拉图笔下的阿里斯托芬在《会饮》(189c–d)所言,爱若斯(Eros)是最爱人类的(philanthropic,[译注]或译"博爱的")神。其他神则未被刻画为爱人类。在《地母节妇女》中,诗人表现了欧里庇得斯如何受到雅典女人的迫害,因为他曾大肆诽谤女人。不用怀疑,欧里庇得斯确实说过那些关于女性的话;阿里斯[114]托芬在他的全部作品中表达了相同观点。不过,女人确实是一股值得认真考虑的力量。据说欧里庇得斯是一名无神论者,他为了拯救自己而做了一件严重渎神的事。但他没有遭到任何报应。他被迫做出的惟一让步是他必须向女人们保证,他将不再说她们的坏话了。与《云》相反,《地母节妇女》有一个愉快结局;一个诗

---

① [译注]即:若无人获罪,这位陪审员将干瘪而死。

人在哲人失败之处获得了成功。

在《鸟》中，我们看到的是两个雅典人离开了他们的城邦，因为厌倦了他们不愿为之支付的诉讼，也因为想寻找一个宁静舒适幸福的城邦，那儿的人不必成为好事者。来到一个所在之后，他们就希望得到关于那个城邦方位的必要信息，其中的一个雅典人突发奇想，提议建立一个由所有的鸟组成的城邦——一个民主的世界国（world state）。他向鸟儿们解释道，这个城邦将使鸟类成为所有人和所有神的统治者，因为人们和诸神之间所有的交往（即献祭）都必须经过鸟类的生存区域。这个建议被采纳了；诸神因饿得不行而做出屈服；鸟类成为新神；它们取代了诸神。鸟类的统治者则是我们这位聪明的雅典人。但他必须对鸟类的普遍民主制作出让步。那些鸟称颂自己是真正的诸神：它们是所有存在者中最古老和最智慧的一种；它们能洞察一切（all-seeing），能统治一切（all-ruling），并且对人完全友善。它们的生活中只有快乐；那些在人们那里"按习俗算作低贱的"东西，在鸟类那里却算作高贵：擅离职守、废除奴隶制，还有虽然列在最后却同样重要的一项——打老子。然而，当一个惯于打老子的人想要加入鸟类城邦以便能够为所欲为且不受到惩罚——因为据说鸟类律法允许打老子——时，他却被那个建立鸟类城邦的雅典人告知：根据那些律法，儿子不但不可以打老子，还必须在父亲年老时赡养他们。这就是说，有可能通过废黜诸神而造就一种普遍民主制，因而也造就普遍幸福，只要保存了不得打老子这一禁令，亦即只要保存了家庭。激起人们生育欲望的爱若斯要求人们维护家庭的神圣性。相比于城邦，家庭更为自然。在建设鸟类城邦的过程中，那个雅典来的建城者遇到了五个来访者：一个收受礼物的诗人、一个占卜者、一个视察员和一个贩卖命令或律法的人（他俩都遭到放逐且［115］挨过板子），以及处于居中位置的一位渴望"测量空气"的雅典星象家（astronomer）迈同（Meton）。这位建城者尊称迈同为另一个泰勒斯（Thales），并且很喜欢他；但同时又警告他，公民们会揍他，而迈同确实也遭到公民们（当然，亦即鸟儿们）的痛殴。建城者的赞许和喜爱未能使得这位星象家免于公众的敌视。即便在这样一个完全幸福的城邦中，即便在这个看似处处合乎自然的城邦中，一个人也不能公开做一名自然研究者。

猥亵和渎神均在于公开谈论那些依礼数不能公开谈论的事物。这之所以荒唐可笑并令人愉悦，是因为礼数被视为一种负担，被视为某种强加之物，被视为某种将自身尊严归因于强制、习俗和礼法（nomos）的东西。在阿里斯托芬谐剧的背景中，我们可以发现礼法和自然（physis）之间的区分。到目前为止，我们已经认清了自然在家庭中的地位。但阿里斯托芬则更进一步。这一步体现为他经常毫无义愤地提及通奸，还体现为如下这些事实：《鸟》中的主人公是一名少男恋者（pederast），① 还有《马蜂》中那位在某种程度上纠正了糊涂父亲的有见识的儿子对这位上了年纪的父亲动用了强力。总之，阿里斯托芬并未止步于家庭的神圣性和自然性。人们禁不住会说，他的谐剧是在歌颂自然的胜利，因为自然把自身显现于愉悦之中，并显现为高于习俗或律法，而习俗或律法正是高贵和正义之所在。为了避免粗糙的误解，必须马上补充两点。首先，如果从自然的角度来看待礼法，那么阿里斯托芬谐剧立足于关于自然的知识，因此也立足于与这种知识相伴的关于高尚快乐的意识。最终，阿里斯托芬毫不怀疑自然——尤其人的自然（[译注] 或译"人性"）——需要礼法。阿里斯托芬并不拒斥礼法，但他试图暴露其成问题且危险的状况，这种状况介于身体需要和心智需要之间；因为如果人们不懂得礼法的危险状况，就肯定会出于礼法而产生不合理的期望。

在现时代阿里斯托芬最深刻的研习者是黑格尔。他对阿里斯托芬谐剧的解释见于《精神现象学》（*Phenomenology of the Mind*）

---

① [中译编者注] 即 παιδ-εραστής，希腊习俗里爱恋少男的年长男子。参页 [xv] 关于"被爱欲者"的中译编者注。

中题为"宗教"的那一部分中题为"技艺-宗教（Art-Religion，［译注］或译'艺术-宗教'）"（完全通过技艺来表达自身的宗教）的那一节。黑格尔用技艺-宗教来意指希腊宗教，将其视为启示宗教之外的［116］最高宗教。这种技艺-宗教在阿里斯托芬谐剧中找到了它的终点和顶点，或者说是达成了完全的自我意识。黑格尔说过，在阿里斯托芬谐剧中，"个体意识已经意识到了自身，并将自身表现为绝对权力"。每个对象——诸神、城邦、家庭、正义——都消融在或被带回到了自我意识之中。这种谐剧表现并欢庆自我意识之外的所有事物都根本并不实存（insubstantiality），亦表现并欢庆完全挣脱了对于超越个体的所有事物的恐惧。这种谐剧欢庆"主体性（subjectivity）在其无限的安全性中"取得了胜利。人已使自身完全主宰了先前被他当做其知识或行动的实质内容的所有事物。主体性的这种胜利是希腊遭到败坏的最重要症状之一。就我们当下的目的而言，没有必要去深究何以黑格尔在他的美学讲座中没有一致地坚持这一观点。但是我们必须注意，黑格尔所说的主体性胜利在阿里斯托芬谐剧中之达成，恰恰凭借关于自然的知识，亦即凭借自我意识的对立面。现在让我们回到柏拉图对阿里斯托芬谐剧的解释，我们发现这一解释就在他让阿里斯托芬在宴饮上发表的讲辞之中。这里只能提几个要点。

　　阿里斯托芬本应在泡赛尼阿斯（Pausanias）停下来之后发表他赞颂爱若斯的讲辞。但阿里斯托芬这时打起了嗝——他没能完全控制住他的身体，或者说没能完全自制——于是医生（physician）厄里克希马霍斯（Eryximachus）不得不顶替他发言。阿里斯托芬显得可以和一位医生亦即一位一般意义上的自然研习者①互换位置。阿里斯托芬一上来就说道，人们似乎并没有体验过爱若斯的力量，否则他们会为他建立最宏大的神庙和祭坛，并且会最

---

① ［译注］医生（physician）和物理学家（physicist，自然学家）均有词根φύσις［生长、自然、本性］。

隆重地为他献祭，因为爱若斯在所有神中最爱人类。接下来他讲了这样一个故事。在最初的时候，人的自然和现在不同。每个人都由两个人构成；它有四只手，四只耳等等。在这种情形下，人们具有超凡力量并且过分自大，以至于他们想要升到天上攻击诸神。诸神不知道该怎么办，因为他们不能杀死人类，否则他们将自绝于崇拜和献祭。宙斯想出了这个办法：把人一分为二，使之被削弱，于是人就变成了现在的样子；在被分开来之后，每一半都在渴望其另一半。这种 [117] 对于原本统一的渴求、对于整全的渴求就是爱欲（eros）。原本的整全要么是男女同体人（androgynous），要么是男人，要么是女人。如今那些由原本的男女同体人而来的人就会寻找异性；他们之中突出的一部分便成为通奸者。如今那些由原本的女人而来的人便成为女同性恋者。如今那些由原本的男人而来的人便成为男同性恋者；在青少年男子中，这类人最优秀，因为他们最具男子气；他们天生要成为真正的治邦者。正是对这个故事，柏拉图笔下的阿里斯托芬给出了极为恰切的解释。但就这个神话本身而言，它告诉我们，人们（尤其最佳的那部分男性）将通过爱欲达到对诸神构成严重威胁的地步。在此我们记起，《鸟》中那个成功地废黜了诸神并通过鸟类而成为万物统治者的主人公，正是少男恋者珀斯忒泰洛斯（Peisthetaerus）。

第二讲

洪涛　译

本讲座代表一种回归理性主义诸源头的尝试，因而也是一种回到苏格拉底的尝试。关于苏格拉底最古老的文献是阿里斯托芬的谐剧《云》（Clouds）。为了充分理解《云》，有必要思索整个阿里斯托芬谐剧，或者说有必要理解其谐剧的精神。让我来复述上次提出的几个要点。阿里斯托芬谐剧有双重功能：既令我们捧腹，又教我们正义；既荒唐，又严肃。但同时，阿里斯托芬谐剧乃彻头彻尾的谐剧；谐剧性事物无处不在。因而，以这样一种令人发笑的方式所描述的，不仅包括不义或曰当时公众的愚笨，而且包括正义本身。阿里斯托芬是如何来实现这一伟业的呢？诚如他所见，正义的生活就是淡泊的生活：在乡村里享受田园生活之乐，享受身体之乐，尤其享受爱欲之乐。他的谐剧坦诚、无拘束地表达这种快乐。根据我常看的《美国社会学期刊》(*American Journal of Sociology*)，我了解到阿里斯托芬谐剧角色所用的语言在这个国家中被称为纯爷们儿聚会所用的语言。因此，由公众之愚笨这一荒唐状态变为公众之清醒这一可敬状态（the praise），就是由公众之愚笨这一荒唐状态变为毫无礼数（乃至淫秽）这一荒唐状态。如若分析这一事态，便可认识到阿里斯托芬思想的基础是一种两极对立，一极为城邦［118］，另一极为家庭，而且此情此景下家庭显得比城邦更自然。谐剧可以说是一股强大的吸引力，［把人们］从城邦吸引到更自然的家庭。换言之，阿里斯托芬预设了自然与律法或习俗之间的根本区分。基于这一根本区分，阿里斯托芬不仅质疑城邦，而且质疑家庭本身。例如，打老子这宗从家庭的角度来看的罪行，在阿里斯托芬的一出谐剧《马蜂》中并未被描绘为一种绝对的错。因此，对于那个根本的两极对立的更恰当的表述，兴许就是快乐与正义和高贵之间的冲突。根据阿里斯托芬的描述，欢快（gaiety）、和平、享乐的生活——亦即自然的生活——需要成功地反叛诸神，因为诸神严酷无情。这一点在《鸟》与《和平》中体现得最为明显。因此这就是阿里斯托芬昭著的渎神之处。

在总结我对阿里斯托芬谐剧的总体解释时，我曾将我的解释同另一解释相对比，后者来自现代致力于研习阿里斯托芬的最伟大心智——黑格尔。在阿里斯托芬谐剧中，黑格尔看到了主体性对一切客体性事物和实存性事物的胜利——亦即对城邦、家庭、道德和诸神的胜利。主体，自主的（autonomous）主体，意识到自身乃一切客体性事物的源头，并把客体性事物带回到它自身。这一点适于阿里斯托芬的几乎每个方面，只有一个方面除外，而这个方面的确至关紧要。这种"带回"（不管如何来称呼它）的基础，这种主体主义的基础，在阿里斯托芬那里并不是主体的自我意识，而是关于自然的知识，这恰是自我意识的对立面。阿里斯托芬在《鸟》中的一个场景将这一点表现得最为清楚：一个自然城邦创建者遭遇了一位星象家，即遭遇了一位自然研习者，那位依自然建立城邦的人仰慕并喜爱这个自然研习者，但他无法令他免遭公民共同体（citizen body）或曰公众的敌视。在此情形中公众由鸟类构成，不过若将这一场景运用于人类，并不需要很高明的智性或想像。阿里斯托芬谐剧的基础是有关自然的知识，而这对古人而言意味着哲学。但哲学尚是个问题；哲学不具有一种政治性或公民性存在。这就是《云》的问题所在，现在我就转向此问题。

《云》开场时一片漆黑。这部谐剧的主人公斯瑞西阿得斯（Strepsiades）［119］——就是那个令苏格拉底倒台（downfall）的人——正躺在床上，难以入睡。他盼望白天，盼望原本意义上的光。我们可以将这看作此谐剧的一条线索。苏格拉底将自身的倒台归因于一个寻求最原本意义上的光的人，一个潘萨（Sancho Panza，［译注］塞万提斯《堂吉诃德》[*Don Quixote*]里的人物）之类的人，一个失魂落魄或者说误入迷途的村夫。倘若这一比较让人想起阿里斯托芬的苏格拉底与堂吉诃德之间的某种相似性，也没有什么不好。斯瑞西阿得斯并非那种死板而老派的正义之化身；相反，他是个无赖。他只是个村夫，是个娶到贵妇的普通人。作为这场婚姻的果实，他们的儿子斐狄庇得斯（Pheidippides）遗传了他母亲家族的奢侈品味。斐狄庇得斯是个狂热的骑手。他让父亲陷入了巨额债务。为了赖债，斯瑞西阿得斯决定把他这个肆意挥霍的儿子送到苏格拉底那里去，让他学会如何通过在法庭上发言而赖债，因为苏格拉底拥有并经营着一个思想所。斯瑞西阿得斯对苏格拉底的了解仅限于：苏格拉底谈论天体，还为了钱财而教人如何打官司百战百胜——不论用正当手段还是卑鄙手段。但作为邻人的斯瑞西阿得斯不知道苏格拉底的名字，而他那颇富智术的（sophisticated）儿子无疑知道。他儿子拒绝做苏格拉底的学生。这个风流年轻的骑手极为蔑视苏格拉底及其同类，即"那些脸色苍白、衣冠不整的吹牛者和乞讨者"（行 102 – 103）；因此，斯瑞西阿得斯不得不自己去做苏格拉底的学生。

让我们对《云》开头的情形略作思考。普通人对苏格拉底一无所知，甚至不知道他的名字。贤良方正之人固然知道苏格拉底，但他们轻蔑地称他为荒唐可笑的臭要饭的。这两个最有势力的社会阶层对苏格拉底并不会有什么危险。倘若斯瑞西阿得斯当初安于其处境，苏格拉底就绝不会陷入麻烦。苏格拉底陷入麻烦，是由于出现了某种交叉类型的人（inbetween type of man），诚实绝非这种人的特征。此刻我们想起了《马蜂》中的老陪审员，他是如此一位残暴的判官（condemner），只因相信神不愿看到无罪宣判，他在社会上也属于一种交叉类型的人。不必说，这里的民众煽动家也属于那种交叉类型的人。

接着，斯瑞西阿得斯送儿子到苏格拉底那里，以便让儿子为他学会欺骗的技能。斯瑞西阿得斯最终导致他儿子有可能遭到败坏，但这并没有阻止他把责任全部推到苏格拉底身上。

[120] 关于苏格拉底的思想所或学校再作一语。许多人误解了柏拉图的苏格拉底关于"他把所有时间都耗在了集市上"所说的话（见于他在雅典人民面前发表的申辩），以致认为苏格拉底的校园多多少少是阿里斯托芬的虚构。然而，有一个来自色诺芬的证据，大意是苏格拉底过去常与其友围坐一处，研习古老的智慧之人的著作（《回忆苏格拉底》，1.6.14），而且他从未停止同他们思索何为每个存在者之所是（同上，4.6.1）。既然苏格拉底是这些聚会中的领袖，而且这样的活动无法在集市上很好地进行，

那么事实上色诺芬告诉我们,苏格拉底是一位教师,乃至一位完美的教师。是教师就有学生,师生共同体而非校园才是学校。

斯瑞西阿得斯来到苏格拉底的思想所,想做他的学生。他受到苏格拉底一位学生的接待。他见到苏格拉底,还颇费周折。倘与《阿卡奈人》中的一幕相比较,则苏格拉底不像欧里庇得斯那样容易接近。这位学生对斯瑞西阿得斯说,思想所里的事不能泄露给学生之外的人。但斯瑞西阿得斯宣称他正是来求学的,这诱使这位学生不假思索地说出自己所知道的一切秘密。苏格拉底的保密措施真是极不可靠。通过这位学生,我们知道了苏格拉底及其学生研究数学与自然科学。譬如,他们研究跳蚤所跳之距离相当于其脚长的多少倍。他们不必离开思想所去抓跳蚤。然后,斯瑞西阿得斯得知苏格拉底身处一个悬空的篮筐,在天上漫游,并审视或鄙视太阳。在斯瑞西阿得斯的央求下,苏格拉底屈身下降,并了解到斯瑞西阿得斯一心想学怎样赖债。苏格拉底即刻接纳了他,丝毫没有考虑学费的事情。事实上在这出戏里,自斯瑞西阿得斯敲苏格拉底之门起,我们根本没有发现苏格拉底为其教诲而收费的迹象。只有惟一一个不经意之处提及斯瑞西阿得斯出于感激而送了某种礼物给苏格拉底。阿里斯托芬笔下的苏格拉底并非一个智术师。苏格拉底绝非一个挣钱的人,而是一个使他的同伴都像他一样穷的穷光蛋,而且他毫不在意自己和同伴的穷。苏格拉底对斯瑞西阿得斯讲的第一句话就是,"转瞬即逝的家伙呵,你叫我干吗"(行 223)?苏格拉底由始至终显得蔑视一切转瞬即逝的事物,故尤其蔑视钱财。促使他与斯瑞西阿得斯谈话的,不是贪婪或虚荣,而是一种讲话的欲望,[121]这种欲望要么出于意欲降低世人愚蠢的程度,要么出于极为热切地致力于他的求索。

苏格拉底教授两种东西:自然科学与修辞术。自然科学与修辞术的二重性正好对应一对原则。第一项原则是以太(aether),即原初的旋转或者说混沌,亦即最高乾坤原则;另一项原则是云(Clouds),它提供知性以及言辞的力量,并赐予歌唱(choruses)

以灵感。云对应于修辞,因为云能随意变化形态,或因为云能模仿一切,或因为云能揭示万物的本性——还因为云遮蔽天空,遮蔽以太或苍穹或最高实在。修辞术本质上既揭示又遮蔽。云是苏格拉底承认并崇拜的惟一一类神。苏格拉底尊云为诸神,乃因云神是人的最大益处之源,而最高乾坤原则以太既对善又对恶负责。云神爱懒惰或消极的人们,并要求克制身体性活动(bodily exercises)。苏格拉底毫不犹豫地表明只崇拜云神意味着什么:"宙斯并不存在"(行367)。他要求斯瑞西阿得斯不再承认城邦所崇拜的诸神,而斯瑞西阿得斯呢,请注意,他毫不犹豫地答应了。奇怪的是,苏格拉底不假思索地说出这些令人震惊的话,而此前他未曾考验斯瑞西阿得斯是否配得上听这些话,以及他是否有能力理解这些话。阿里斯托芬的苏格拉底的特征是令人吃惊地缺乏明智(phronesis),① 缺乏实践智慧或明智。另外,既然斯瑞西阿得斯的兴趣仅在于欺骗其债权人,苏格拉底所教的也就仅限于演说与文法等等。他丝毫没有教他自然科学的想法。但即便学那些更低等或更容易的知识门类,斯瑞西阿得斯仍显得太笨。于是,他强迫自己的儿子做苏格拉底的学生。他尤其汲汲于让苏格拉底教斐狄庇得斯不义之言说(Unjust Speech)或曰不义之论辩(Unjust Argument)(正义之论辩与不义之论辩在《云》中均被人格化)。苏格拉底仅仅回答说,正义之言说与不义之言说这两者,斐狄庇得斯都要听一听。这两种言说彼此交锋时,苏格拉底本人将不在场。苏格拉底并不教授不义;他只是让他的学生直面正义与不义之间的论辩。正义无法通过论辩来反对不义并坚持她自身,这一事实不能让苏格拉底来负责。

不义之言说否认正当之存在,理由[122]是正义并不"与神同在"(行903-905)。宙斯没有因对其父所施的暴行而毁灭,

---

① [中译编者注]即 φρόνησις,施特劳斯译作 prudence。另外,对观页[142]关于 sophrosynē 的中译编者注。

相反却因此而得到了报偿。正义之言说对此无言以答。正义之言说指出，不义之言说的成长有赖于城邦，却危害城邦。它赞美老派的克制。不义之言说以阿里斯托芬谐剧精神作答。它提及自然的必然性，这比克制的要求更强大。它鼓励人运用自然，亦即认为没有什么很低贱，因为人们无法抵挡爱欲与女人。它还提出宙斯的行为来佐证。总之，祖传道德或曰阿里斯托芬表面上确立的惟一标准（the standard of the external Aristophanes），与作为其基础的祖传神学彼此冲突。这场交锋的结果是，正义之言说在不义之言说的阵营面前承认自己一败涂地与罪有应得（defeat and deserts）。

斐狄庇得斯学了言说的技艺。当确信自己儿子学业大成，斯瑞西阿得斯拒绝偿付其债务，还侮辱债主。他竭力嘲弄自己先前还债的承诺，还嘲弄诸神。随后，父子之间发生了冲突。儿子鄙视埃斯库罗斯，父亲则尊敬他。儿子更爱欧里庇得斯，认为其智慧在诗人中无出其右，并引欧里庇得斯一段有关兄弟姊妹之间乱伦的描写为例。斯瑞西阿得斯被深深震惊。儿子竟然打老子，却通过正义之言说如其父所愿地证明打老子合乎正义。但后来，当斐狄庇得斯声称他还能通过不义之言说来证明有权打母亲时，斯瑞西阿得斯忍无可忍。他咒骂自己，咒骂自己不诚实，自责自悔，并将愤怒转向苏格拉底及其学校，转而承认宙斯和其他神的存在，还焚毁了苏格拉底的思想所。他认为自己做得十分正当，因为这是在惩罚苏格拉底的不虔敬。但是，我们别忘了，并非苏格拉底的不虔敬或其课程，而是苏格拉底的所谓教诲——儿子可以打亲娘——激起了斯瑞西阿得斯无法抑制的忿怒，并导致了苏格拉底的倒台。倘若我们冀望理解阿里斯托芬对苏格拉底的这一控告，就必须克服对这一类主题的自然反感，并且追问：允许打母亲之不同于打父亲，有何特别的意义。当听到欧里庇得斯关于兄弟姊妹之间乱伦的描述时，斯瑞西阿得斯就已非常反感了，这个事实提供给我们一个迹象。我们将言明如下潜在的［123］思想。假设家庭比城邦更自然，家庭依然不可能拥有安全与繁荣，除非成为城邦的一部分。对乱伦的禁忌，迫使家庭超越其自身，并且可以说扩展至城邦。乱伦禁忌是家庭与城邦之间的准自然桥梁。斯瑞西阿得斯对所谓苏格拉底蛮横骇人教诲的极度反感，也不过源自父爱，正是这种爱使他越轨以至于欺诈。假设家庭与城邦之间（根本上即自然与习俗之间）的关系具有微妙性与复杂性，则唯有通过转向诸神而令习俗神圣化，方能跨越这两极之间的鸿沟。由于我所指出的原由，诸神若不严酷就不能履行其职责。然而既然诸神非人，而且他们令人类遵从的律法无法约束他们自身——赫拉同时是宙斯的妻子和姊妹——那么就仍有一个大难题。人必须做诸神要他们做的事，而不是做诸神自己做的事。对那些一心渴望模仿诸神的人来说，这不能让他们完全满意。

有必要考察一下苏格拉底的诸女神亦即云神的行为。云神没有表现出苏格拉底那种否认其他诸神之存在的倾向——完全没有这样。她们表现出与其他诸神有着最为友善的关系。但她们默默听着苏格拉底对其他诸神存在的否定。她们十分满意苏格拉底对云神的崇拜。她们恭贺斯瑞西阿得斯欲求伟大智慧，并向他允诺完美幸福，只要他记性好，学而不厌，极度克制，最后但并非最次要的是只要他崇拜云神。她们特地向他承诺，在公众演说技艺方面，当然也在那种他要用来赖债的公众演说技艺方面，他将胜过所有希腊人。她们将他交给苏格拉底。在斯瑞西阿得斯表现得过于愚笨时，她们建议他送儿子来顶替他跟随苏格拉底。斯瑞西阿得斯送斐狄庇得斯来时，她们提醒苏格拉底，不要忘记她们对苏格拉底的慷慨大度，并且建议他最大限度地利用斯瑞西阿得斯对苏格拉底的惟命是从。在正义之言说与不义之言说的交锋中，可以感受到某种变化。在正义之言说赞美古代教化体系或曰马拉松体系时，她们击节赞赏。她们从未击节赞赏不义之言说。当斯瑞西阿得斯不择手段地嘲弄、侮辱其债权人时，[124] 云神作出了可怖的警告，警告斯瑞西阿得斯今后的命运，尤其警告他将不得不从他富有智术的儿子那里指望某些东西。斯瑞西阿得斯恢复理智并悔悟之后，云神告诉他，他之所以遭受这一切，仅仅因为他变得不诚实。斯瑞西阿得斯有几分合理地回答说，云神曾经怂恿过他。但女神们答道，她们一贯将那些用心邪恶的人引向不幸，以便让他们懂得畏惧诸神。不必说，云神没有尽举手之劳（倘若她们能的话）以保护苏格拉底及其思想所。我提出下面的解释。迄今在雅典，云神的崇拜者惟有苏格拉底。因此她们此刻惠爱苏格拉底。尽管她们是惟一未受雅典崇拜的神，但她们声称自己对城邦的帮助胜过了其他神。她们面对这样一个选择。要么她们所惠爱的惟一崇拜者苏格拉底获得成功——云神们也就会受到整个城邦的崇拜；要么苏格拉底失败——她们只要愿意，就会成为毁灭他的助力。云神仍将为整个城邦所崇拜。用一个非常粗俗的说法，她们两边卖乖（sitting pretty）。

苏格拉底引新神（divinities）进入城邦后，云神看到他必定如此不受欢迎，便遗弃他。她们一旦看到斯瑞西阿得斯这件事情或曰这次考验的进展，就立刻改变立场。她们的所作所为证明了她们的神性。她们比苏格拉底更智慧。她们之所以智慧是因为，她们行动时总是明智地考虑到苏格拉底的德性和缺陷。苏格拉底的德性在于他勇敢、无畏与叛逆，这样的德性使他不崇拜城邦所崇拜的诸神，而崇拜惟有他才崇拜的新神。他的缺陷在于他缺乏实践智慧或曰明智。因为不应说阿里斯托芬的苏格拉底不义。他对正义很冷漠。他未指责斯瑞西阿得斯不诚实，这一事实大约意味着，一个人一旦过上一种忙碌的、践行的生活，就已经决定采取不诚实的手段。而且，谁也弄不清最初那些债主们在卖昂贵的马和马车给斐狄庇得斯时是否没骗过他。而且倘若通俗正义观——事实上它基于神话——在理智上低于对不义的公开诉求，那也不是苏格拉底的过错。倘若所有人都献身于阿里斯托芬的苏格拉底所献身的自然研究这一追求，那么没人会有哪怕一丁点儿[125]害人的念头。然而这看来是苏格拉底的错误的开端，并不是所有人都能够过一种沉思生活。作为这一重大疏忽的结果是，阿里斯托芬的苏格拉底全然没有意识到，如若非理论性的人应该受苏格拉底倾向的影响，那么苏格拉底对实践事务的漠视必对城邦产生毁灭性影响。苏格拉底没有意识到其思想所的处境。他缺乏自我知识。缺乏自我知识导致他缺乏明智。正因为缺乏自我知识，苏格拉底才具有如此极端的非政治性。倘有人还记得阿里斯托芬谐剧致力于赞美阿芙洛狄忒与狄奥尼索斯，或者说致力于赞美爱欲，那么他会立刻极为惊异地发现，苏格拉底完全不受酒和爱的影响。阿里斯托芬的苏格拉底全然不具有爱欲。正是基于这一原因，他完全不具有缪斯性（amusic，[译注] 或译"不具有诗乐性"）。无论他与欧里庇得斯的关系多么密切，在他与欧里庇得斯之间依然有一条鸿沟横亘其间，这恰因为苏格拉底与诗性缪斯毫无共通之处。作为这一点的一个必然结果，《地母节妇女》中受迫害的欧里庇得斯能够自救，而在《云》中遭到迫害的苏格拉底全无自卫之法。苏格拉底的求索亦即对自然与修辞的精审研究不是一种公共权力，而诗是一种公共权力。柏拉图在《王制》卷十开头谈到了诗与哲学的不朽（secular）争论，阿里斯托芬对苏格拉底的谐剧性描绘构成了诗这一方最重要的陈词。

柏拉图的《王制》可以说是对阿里斯托芬的最佳答复。《王制》的政治主张正是基于阿里斯托芬《公民大会妇女》所暗含的奇想（conceits）。柏拉图的《王制》中引入了不仅涉及财产而且涉及妇幼的彻底共产主义，其论据简直就是取自阿里斯托芬的《公民大会妇女》。《公民大会妇女》与《王制》各自的最佳城邦之间，有着如下最重要的区别。柏拉图主张，彻底共产主义需要哲学统治作为其拱顶石或基石，而阿里斯托芬对此完全缄默。这个区别对应柏拉图《会饮》中揭示的一个区别。依照阿里斯托芬，爱欲的方向是水平的。而依照柏拉图，爱欲的方向是垂直的。尽管《王制》对《公民大会妇女》进行了重要借用，它至少既反对又受惠于《云》。忒拉绪马霍斯（Thrasymachus）展现的是不义之言说，[126] 苏格拉底则持正义之言说的立场。在柏拉图那里，正义之言说当然是获胜者。《王制》的主要对话者是爱欲性的（erotic）格劳孔与诗乐性的（musical）阿得曼托斯。就诗乐（music）而言，苏格拉底以正义之名要求将那些作为自由诗人的诗人逐出城邦。就爱欲而言，作为不义之化身的僭主被揭示为爱欲之化身。《王制》的苏格拉底显得与《云》中非爱欲性的、非诗乐性的苏格拉底具有亲缘性。

那么关于政治科学之起源，从阿里斯托芬那里我们能学到些什么呢？与亚里士多德展示米利都的希朴达摩（Hippodamus from Miletus）时所持视角相同，阿里斯托芬将苏格拉底展示为一个研习作为整体之自然的人，一个无法理解政事的人。① 关注哲学导致超越城邦，即便（或因为）哲学关注修辞。哲学无法劝谕非哲人或曰普通人，因而哲学不是一种政治权力。与诗相反，哲学无法吸引杂众（the multitude）。因为哲学超越了属人的、转瞬即逝的事物，它具有彻底非政治性，故它又具有非诗乐性和非爱欲性。它不能教授正义之事，而诗却能。倘哲学打算变得正义，那么哲学就需要政治性追求作为其弥补，因为这追求具有诗乐性和爱欲性。哲学缺乏自我知识。诗是自我知识。柏拉图并不否认这里存在一个问题。在《法义》（804b）中，雅典异方人引起一个政治人向他说了一句话："异方人，你把我们人类看得如此卑微。"作为哲人的异方人答道："不必惊诧，但请原谅我；因为我说刚才这些话之前，曾把脸转向神并随之而获得了这种体验。不过倘若你喜欢，那就权且认为我们人类并非那么可鄙，而在某种程度上值得严肃对待。"人类在某种程度上值得严肃对待，哲学对这一事实的承认就是政治哲学或政治科学的起源。不过倘若这一承认具有

---

① [译注] 亚里士多德："没有从政的实际经验而创制出最优良城邦制度者，当以米利都人、欧吕丰的儿子希朴达摩为第一人"（《政治学》，1267b22 – 24，参吴寿彭译本，北京：商务印书馆，1983）。

哲学性，那么这必然意味着政事——亦即仅仅属人之事①——对于理解作为整体的自然至关重要。最先认识到这一点的哲人就是苏格拉底，从《云》中的苏格拉底衍生出的苏格拉底。通过色诺芬与柏拉图，我们了解到这个苏格拉底。我将首先来谈一谈色诺芬的苏格拉底。

乍一看，色诺芬有关苏格拉底的著作，是确定一种苏格拉底教诲之特性的最可靠来源。在作为苏格拉底主要资料来源的四位作者之中，[127]惟有色诺芬同时满足两个最重要的条件。他是苏格拉底的熟人，而且他通过行动证明了自己能够并愿意成为一个史家。尽管如此，色诺芬的记述（testimony）在我们的时代并没有获得它显然应该获得的重视。产生这一反常情况的原因可作如下表述。色诺芬并非很有智性，即便不说他是个笨蛋。他的心智属于一位退伍军官，而非属于一位哲人。更能吸引他的，是狗、马、战斗与有关战斗的回忆，而不是真理。伯内特（John Burnet）作为该领域最杰出的学者之一，曾以最极端的方式、因而也是一种格外具有启蒙性的方式表达过这一观点。实际上色诺芬本人就说过，公元前401年他还是个年轻人，那时他就已经为了好处而离开了雅典，并在小亚细亚与居鲁士在一起；有鉴于此，伯内特声称，色诺芬不怎么了解苏格拉底。②伯内特认为，色诺芬为苏格拉底所吸引，不是因为苏格拉底的智慧或智性，而是因为苏格拉底的军事声望。③这一看法最明显的缺陷在于，我们所有关于苏格拉底军功的详细情况都来自柏拉图，甚至在柏拉图那儿最详细的描述出自一位醉汉（[译注] 柏拉图，《会饮》，219e–221b）。色诺芬几乎不提这些事。在他的两份苏格拉底德性列表上，甚至没

---

① [中译编者注] 参页 [21] 关于 homunculi 的中译编者注。
② 《柏拉图的〈斐多〉》（*Plato's Phaedo*, Oxford, 1963），页 xv。
③ 同上，页 xvii – xviii；以及《希腊哲学》（*Greek Philosophy*, London, 1928），1：137 注2。

有提及苏格拉底的军事德性：他的勇敢或男子气（《回忆苏格拉底》，结尾；《苏格拉底在陪审团面前的申辩》[Apology of Socrates to the Jury]，节14、16）。他仅仅偶然谈到，不仅在公民生活中，而且在战事中，苏格拉底都曾展现过自己的正义。此外，波斯王的一个使者用以形容色诺芬的语词"青年"或"年轻人"，在文脉中（《上行记》[Anabasis]，2.1.13）指"你这个聪明的青年人"。之所以用这个词，是为了回应色诺芬所作的评论。这不能被用来确定色诺芬出生的时间。针对色诺芬的偏见，不是基于对其著述的冷静研究，而是基于这样的一个事实：那种关于一个人之伟大和一个作家之伟大的主流看法，并未为认识色诺芬这个人和这个作家之独特伟大留有余地。任何形式的浪漫主义，都不可能真正理解色诺芬。具体到伯内特的问题，他对色诺芬的不满有其特殊原因。他对苏格拉底自然科学思想的闪现格外敏感，而色诺芬明确否认苏格拉底与自然科学有任何关联。① [128] 尽管对色诺芬的现代评论没有什么价值，但其苛刻力度（sheer power）至少可以使我们重新考虑我们的原初印象。虽然色诺芬确实是一位史家，但这一印象有其夸大之处。色诺芬有一部史书《希腊志》（Hellenica），但他最博大精深的著作是《居鲁士的教育》，这部以史书面目出现的书应该而且确实一直被正确地看作一部虚构作品。作为史家的成就，只是色诺芬著述活动的一部分。为了描述他的整个著述生涯，应该智慧地运用一些在他作品手稿中发现的描述。在那里，他有时被称为演说家（Orator）色诺芬。要了解在古代演说术与史学之间的密切关系，只需参考西塞罗的修辞术著作。演说家色诺芬这一表述与其说意味着色诺芬是一位公众言说者，毋宁说意味着他是一位充分掌握了公众言说技艺的人，或者说意味着人们可以通过研究其著作来学习这一技艺。这一表述在此与其

---

① 例如参，John Burnt，《柏拉图的〈游叙弗伦〉、〈苏格拉底的申辩〉和〈克力同〉》(Plato's Euthyphro, Apology of Socrates, and Crito, Oxford, 1963）。

说意味着伯里克勒斯或德摩斯忒涅（Demosthenes）的技艺，毋宁说意味着伊索克拉底的技艺。考虑本讲演可能产生的结果，我想说色诺芬的修辞术就是苏格拉底式修辞术。

色诺芬著作中展示的公众言说技艺，是一种写作技艺。传统告诉我们，色诺芬是一个害羞的人，有强烈的羞耻感。这种描述无疑适用于作家色诺芬，或者说适用于色诺芬的写作技艺。一个具有强烈羞耻感的人会尽可能地不听、不看、不说那些丑的、恶的、坏的东西。用他本人的话来讲，"铭记好事而非坏事，是高贵的、正义的、虔敬的、也更令人愉悦的行为"（《上行记》，5.8.26）。例如谈到某个镇子，色诺芬宁可只说它很大，而不说它很大、很荒凉、很贫瘠。但谈到某个状况良好的镇子，他会毫不犹豫地说它很大、很热闹、很繁庶（同上，1.2）。谈到某个人，他会说他大胆而精明，而不说他是个大胆而精明的骗子。他希望他这些赞辞的读者能想到他所提及的德性，同样也想到那些因缺席而未为他所提及的德性。有个国王因一个可耻叛徒的叛国行为而获利，于是厚待了这叛徒；为了避免这一事实令我们震惊，色诺芬会表明，为了惩罚叛徒的罪行，这位国王花了一整年将他折磨至死。但由于色诺芬不仅希望我们的情感不致受到震惊，而且希望揭示真相，故他会加上一句评论：[129]他不能肯定，这样一种对叛国行为的恰当惩罚是否真的实行过。他说，这一惩罚据说是实行了（同上，2.6.29）。在这方面更进一步，色诺芬谈到一个人时会说，他的父亲据说是 X，而至于他的母亲，有人认为是 Y（《居鲁士的教育》，1.2.1）。为什么他把他所谓的"居鲁士的远征"冠以《上行记》（Anabasis，① 亦即《居鲁士的上升》）之名，原因之一是故事中关于居鲁士之幸福的惟一部分就是某种上升，也就是从海岸到内陆的上升之路，这段路迥异于完成上升之后所发生的战斗，而且后者对居鲁士来说是最大的不幸。这些例

---

① [译注]即ἀνάβασις，指攀升，由沿海向内地进军，上山的路。

子在此处足以表明，色诺芬的原则是宁愿记录好事而非坏事，这个原则界定了现在广为人知的反讽。反讽即为一种嘲弄。

在色诺芬的一部苏格拉底著作中，苏格拉底描述了对于他本人的普遍看法，这让人回想起《云》。在某种意义上，阿里斯托芬在色诺芬的作品中在场。色诺芬的苏格拉底与阿里斯托芬的苏格拉底之间最显著的差异之一就是，前者文雅而有耐性，后者则显得完全缺乏文雅，甚至毫无礼貌，当然也毫无耐性。色诺芬的苏格拉底惟有对色诺芬本人说话时，才不讲礼貌。这发生于色诺芬的苏格拉底著作所记载的他与苏格拉底惟一的一场对话中（《回忆苏格拉底》，1.3.8-13）。色诺芬的苏格拉底称色诺芬："你这个傻瓜！""你这个可怜人！"换言之，色诺芬的苏格拉底在对待色诺芬——且惟有对待色诺芬——时，才采用阿里斯托芬的苏格拉底对待斯瑞西阿得斯的那种方式。在《云》中，斐狄庇得斯在梦里对一个朋友说："让马儿好好打个滚，然后牵回家去"（行32）。色诺芬的《齐家》中，苏格拉底的对话者说，"我的奴子让马儿好好打个滚，然后把它牵回家去"——连韵律都一样（《齐家》，11.18）。《齐家》中苏格拉底的对话者伊斯霍马霍斯（Ischomachus）是个完美绅士，色诺芬何以用他来顶替阿里斯托芬的斐狄庇得斯？在《云》中，斐狄庇得斯作为苏格拉底的学生出现，所学的是不义。然而，伊斯霍马霍斯是苏格拉底的老师，所教的是正义；这正如在色诺芬的作品中，色诺芬完全取代了《云》中斯瑞西阿得斯的位置。通过借用荒唐可笑的东西，色诺芬使苏格拉底显得与值得尊敬的事物保持和睦，与城邦保持和睦，并以自己的行动致力于最高等的公民美德或［130］政治美德。可以这样说，色诺芬的苏格拉底著作是在《云》的层面上通过绝妙地运用阿里斯托芬的手法而对《云》所作的回应。倘若我们对悖论并不完全反感，那么可以以上述考察作为一条线索来理解色诺芬的苏格拉底著作。让我们回到最明显的东西上来，回到表面，并且尽可能地坚持它们。

以色诺芬之名流传至今的有十五部著作。其中四部为苏格拉底著作；然后是"居鲁士的远征"、《居鲁士的教育》、《希腊史》（*Greek History*，或毋宁称《希腊志》[*Hellenica*]）以及诸短篇（Minor Writings）。这些著作中，有几种的标题颇为奇怪。那本所谓"居鲁士的远征"的标题《居鲁士的上升》，只适于该书的第一部分。这部书大体讲的不是居鲁士的上升，而是色诺芬的下降：色诺芬发起并组织的希腊雇佣军的下降，而他们曾追随上升时的居鲁士。《居鲁士的教育》的标题亦只适于该书第一卷。这部作品主体讲的不是居鲁士的教育，而是居鲁士完成其教育之后的功业（exploits）。那本最长的苏格拉底著作《回忆录》（Recollections）——其拉丁译本作 *Memorabilia*——的标题同样有些奇怪。有些编者及译者注意到了这一点，他们把这本书称为《苏格拉底往事录》（*Memorabilia Socratis*）或《苏格拉底回忆录》（*Recollections of Socrates*），因为该书完全用来记述色诺芬关于苏格拉底的记忆。通过仅仅称这部书为《回忆录》，色诺芬表明，他真正的回忆或他最具典范性的（par excellence）回忆并非关乎他在小亚细亚的行事（这些内容另见于"居鲁士的远征"），而是关乎苏格拉底。在他的四部苏格拉底著作中，只有一部的标题中出现了苏格拉底的名字，这就是《苏格拉底的申辩》——正如柏拉图著作中也只有一部的标题出现了苏格拉底之名，也叫《苏格拉底的申辩》。可以说，苏格拉底著作构成了色诺芬作品的一极。另一极由《居鲁士的教育》构成。色诺芬的苏格拉底曾有一次提及居鲁士，这表明居鲁士在色诺芬的苏格拉底著作中并非缺席。这绝非偶然。色诺芬将居鲁士表现为统治者尤其统帅的典范。但正如色诺芬所示，色诺芬的苏格拉底拥有对统帅技艺的完美掌握。既然依据色诺芬的苏格拉底和柏拉图的苏格拉底的一项原则，做一个完美统帅的充要条件是拥有对统帅技艺的完美掌握，那么色诺芬的苏格拉底也［131］是一个完美统帅。另一方面，苏格拉底也出现于并非以苏格拉底为主题的三部篇幅最大的色诺芬著作，即《希腊志》、"居鲁士的远征"和《居鲁士的教育》。这三部著作各有一次直接或间接地提到苏格拉底。可以说，色诺芬全部作品的特点就是其中居鲁士与苏格拉底这两极的在场。

尽管居鲁士与苏格拉底均为卓越的统帅，但二者之间有一种根本的不同，通过反思可以发现这种不同是一种对立。色诺芬极简明地揭示了这种不同：在谈苏格拉底的德性时，他不提勇气或军事德性。居鲁士而非苏格拉底践行着王者（royal）技艺或曰政治技艺，因为居鲁士渴望如此践行，苏格拉底则不然。那么，既然居鲁士和苏格拉底之间存在一种对立，他们之间也需要一种连结。这一连结就是色诺芬本人。色诺芬之所以能够连结居鲁士与苏格拉底，是因为他是苏格拉底的学生，而不是智术师的学生。诱使色诺芬跟随小居鲁士（与伟大的帝国创建者居鲁士同名）的正是色诺芬的朋友普罗克西努斯（Proxenus），这人曾是著名修辞术教师高尔吉亚的学生。普罗克西努斯离开高尔吉亚的学校时，相信自己能仅通过正义而高贵的手段就赢得伟名、大权以及巨富。但他仍有个缺陷，即他只能统治绅士，而无法立威于兵士；因为他相信，通过是否给予赞扬已足以治人。他不欣赏惩罚性权力或严酷的权力。但苏格拉底的学生色诺芬既能统治绅士，又能统治非绅士。色诺芬相当懂得如何谴责并打击那些既邪恶且卑贱之人，一如他相当懂得如何赞美既好且高贵之人。因此，如果色诺芬愿意，他就能成为希腊军队的惟一司令官。因此，他倒真的可以试图去做小亚细亚一个城邦的创建者。色诺芬以其行事展示了苏格拉底与其同时代其他智慧之人的根本不同。苏格拉底是最佳政治教育家。他与那些只观照天上地下之事的人相反。譬如，苏格拉底而非高尔吉亚才是最佳政治教育家，因为前者认识到人内心某种东西的力量，这种东西违背理性，因而无法将其劝服，但又必须将其制伏。苏格拉底明白政事的本性：政事并不完全［132］具有理性。因此，苏格拉底在政治方面的弟子，能够通过观察驯狗或驯马来学到某些重要的东西。色诺芬的苏格拉底著作与他那些讲驯狗、驯马的短篇之间有一种关联。有充分理由可以这样说，色诺芬关于狗的著作——准确地说是关于用狗来打猎的著作——几乎都以批评智术师、赞美哲人来收尾。

现在，我必须接着对色诺芬的苏格拉底的政治教诲作一次更详尽的分析。有四部苏格拉底著作：《回忆苏格拉底》、《齐家》、《会饮》、《苏格拉底的申辩》。下一讲，我将试图说明《回忆苏格拉底》意欲描述苏格拉底的正义，而其他三部苏格拉底著作则描述苏格拉底这个人，而不限于描述其正义。《齐家》把苏格拉底描述成一个言说者，《会饮》把苏格拉底描述成一个行动者，《苏格拉底的申辩》则把苏格拉底描述成一个沉默的思虑者（deliberator）或思想者。四部书中篇幅最大的《回忆苏格拉底》的写作原则，就是提示苏格拉底真正活动的特性，不过并不对其进行阐释。倘若悉心思考这些提示，就会看到色诺芬的苏格拉底并不限于研究人事，而是与所有其他哲人一样关怀整全——而惟有他将人事当作通向整全的线索。对于色诺芬的苏格拉底而言，也对于柏拉图的苏格拉底而言，理解整全的关键在于这一事实：整全的特性就是我所谓理智异质性（noetic heterogeneity）。更简明地说，整全由诸多等级（classes）或种类（kinds）构成，它们的特性并不能通过感觉体验来充分了解。正因如此，苏格拉底能够成为政治哲学或政治科学的奠基者。因为政治哲学或政治科学所立足的前提是，政事处于一个独立等级，而且政事与非政事之间有本质性差异。或更具体地说，共同之善（the common good）与私人之善或局部之善之间有本质性区别。苏格拉底是第一个公正对待政治性诉求——事实上即由城邦或曰政治社会提出的诉求——的哲人。这意味着同时他认识到这一诉求的种种局限。因此，他区分两种生活方式，一种是政治生活，另一种是超越政治生活的生活，亦即最高的生活。

虽然在色诺芬及其苏格拉底看来，超政治生活在品格上高于政治生活，但他们［133］依然倾其全力培养人们尊重来自城邦、政治生活以及一切相关事物的诉求。节制被视为苏格拉底的显著品性。不论在这里还是在其他方面,认识到政事与非政事之间的本质性区别,或更根本地讲即认识到诸多本质性区别之存在,或曰认识到理智异质性之存在,看来就是节制——这与苏格拉底之前的哲人们的疯狂相对立。然而在一种甚至更首要的意义上,苏格拉底式节制还意味着认识到,某些意见虽然并非真理,但有益于政治生活。色诺芬指出,苏格拉底并不割裂智慧与节制。政事的确并非最高,然而最首要,因为它最紧迫。政事与哲学的关系,恰如克制与德性本身的关系。政事是基础,是不可或缺的条件。由此我们可以理解,何以一种流行看法认为,苏格拉底已然将自身及其研究完全限于人事和政事。人事或政事的确是通向万物的线索,是通向自然之整全的线索,因为它们连接或维系着最高者与最低者,或因为人是个小乾坤,或因为人事或政事及其种种必然效应(corollaries)是诸最高原则[1]得以最初显现自身的形式,或因为对人事的错误评判是个根本而首要的谬误。哲学首先是政治哲学,因为哲学就是从最明显、最重大、最紧迫的事物向最高贵事物的上升。哲学首先是政治哲学,因为需要政治哲学来庇护哲学内在的圣地。

第三讲

徐卫翔 译

柏拉图与色诺芬对苏格拉底的描述可以——我是说可以——

---

[1] [中译编者注] 在 Interpretation 版中"诸最高原则"作"最高原则",而且这一讲因录音中断而终于此处。"虽然在色诺芬及其苏格拉底……是诸最高原则"此段文字略同于 Interpretation 版的第四讲(对应本书第三讲)倒数第二段相应部分,彼段文字完整,故本书这一讲余下的内容据彼段增补。为避免重复,本书删去了彼段。

被理解为在回应阿里斯托芬对苏格拉底的描述。阿里斯托芬的描述并非一场插科打诨；它深入到了问题的根源，恰恰因为（而非尽管）它是一出谐剧。若将《云》与阿里斯托芬其他戏剧尤其《鸟》和《地母节妇女》一起研读，那么《云》乃是有关哲学与诗竞争至上性以及诗获得至上性之事例的最伟大文献之一。阿里斯托芬谐剧基于自然与习俗之间的根本区分。因此它基于哲学。如苏格拉底所描述，哲学——或曰自然之科学，[134] 或曰希腊文意义上的"自然学"（physiology）①——乃是修辞术的盟友。它承认自然之科学和修辞术之间差异对应的两项原则。这两项原则就是以太和云。尽管与修辞术结盟，哲学这种对天上地下事物的探究根本上具有非政治性。它完全超越了政事。它不注意人，或毋宁说不注意人的生活，然而人的生活是它的基础。于是它便不理解它自身。它缺乏自我知识，因而也缺乏实践智慧。因为它不关注人的生活，故它具有非爱欲性和非诗乐性。因而哲学必须被整合进一个由诗统辖的整体之中。诗既是智慧的基石又是其拱顶石，在这智慧之中哲学找到其位置，或者说通过这智慧哲学得到保护，同时也得到完善。

色诺芬，尤其柏拉图的论题所主张的，恰好与之相反。哲学的确不是阿里斯托芬的苏格拉底的"自然学"，而是某一种灵魂学（psychology），② 可以说就是柏拉图灵魂学；哲学才既是智慧的基础又是其拱顶石，在这智慧之中诗找到其位置，或诗通过这智慧而变好。苏格拉底具有明显的政治性。他是具有自我知识、因而也具有实践智慧的真正（the）哲人。他是最卓越的爱欲者（erotician par excellence）。这就是色诺芬和柏拉图对阿里斯托芬的总体回应。但它也留下一个问题：苏格拉底是否像最伟大诗人们那样富有诗乐性。也许只有柏拉图通过作为一切艺术作品（[译注]

---

① [译注] 即 φυσιολογία，该词在英文中仅指生理学。

② [中译编者注] 参页 [22] 关于 psychological 的中译编者注。

或译"技艺作品")中最伟大者的柏拉图对话,在诗与哲学之争中作出了支持哲学的决断。

我将先谈色诺芬。色诺芬的伟大主题也许可以这样来表述:苏格拉底是真正的(the)公民、真正的(the)治邦者、真正的(the)统帅。从没有任何哲人,不,从没有任何治邦者,像苏格拉底这样具有政治性。然而苏格拉底只是色诺芬思想中的一极。另一极是居鲁士,不管是波斯帝国的缔造者居鲁士,还是色诺芬曾伴其上行至小亚细亚的那位小居鲁士。苏格拉底与居鲁士的差异表明,虽然苏格拉底具有深刻政治性,但他还具有其他品性。上一次我提过我所认为的色诺芬写作方式的独特之处。若不嫌草率,可以比较色诺芬的方式与奥斯汀(Jane Austin)的方式:不谈论悲惨可怖之事,无论如何也要记述好事(这对色诺芬而言并不完全贴切)而非坏事。正如色诺芬所明确说过的,[135]说好事比说坏事更可取。可是,这里的好是个含混的语词。好可以指真正的好,也可以指人们通常认为的好。尤其在为苏格拉底辩护时,色诺芬就非常渴望展示,按照关于好的普遍观念,苏格拉底是好的;而如我们所见,这也许并非苏格拉底最深的层面。

色诺芬的苏格拉底著作有四部:《回忆苏格拉底》、《齐家》、《会饮》和《苏格拉底的申辩》。这些书中篇幅最大的《回忆苏格拉底》包含两大部分,第一部分较短,其中色诺芬驳斥了对苏格拉底的指控;第二部分长得多,其中色诺芬表明,苏格拉底使与他结交的每一个人都大大受益。与柏拉图在他的《苏格拉底的申辩》(24b-c)中一样,色诺芬明显没有逐字引用对苏格拉底的指控(《回忆苏格拉底》,1.1.1)。指控的大意是,"苏格拉底的不义之举在于不认城邦所认之诸神,且引入新神(divinities)。他的不义之举还在于败坏青年"(Diogenes Laertius, 2.40)。通过驳斥这指控,色诺芬表明苏格拉底没有犯过他被控告的这些不义之举,或任何其他不义之举。他证明苏格拉底在法定正义的意义上行为正当。在《回忆苏格拉底》的大部分篇幅中,色诺芬证明苏格拉底使与他结交的每个人都大大受益。然而在色诺芬看来，使同伴受益等同于正义之举，尽管也许并不仅仅等同于法定正义之举。因此，《回忆苏格拉底》全书的目的即证明苏格拉底的正义——他的法定正义与超法定正义。

这样，可以推测其他三部苏格拉底著作记述的是苏格拉底本身：没有特别考虑他的正义，只是考虑他的活动。而在色诺芬看来，人的活动由其言说、行事、思想或思虑所构成。对应于这个三分结构，色诺芬区分了他的三部短篇苏格拉底著作，正如从这些著作的开场所能看到的。《齐家》记述苏格拉底的言说，《会饮》记述他的行事，而《苏格拉底的申辩》则记述他静默的思虑。在这里必须作两点具体评论。首先，《会饮》不光记述苏格拉底的行事，还记述其他许多绅士的行事。并且，它所记述的不是严肃或认真的行事，而是嬉戏的行事。于是，我们尽可以看看在别处[136]色诺芬对绅士们严肃行事的描述。我倾向于相信这描述出现在他的希腊史《希腊志》中。与此相应，他把对于希腊史上僭主们的叙述——且仅把对僭主们的叙述——作为附录：亦即作为不完全属于此作品的部分（因为僭主显然是绅士的对立面）。其次，《回忆苏格拉底》与其他三部苏格拉底著作，二者发挥着根本不同的作用。《回忆苏格拉底》确立苏格拉底的正义，其他三部则记述苏格拉底本身。《苏格拉底的申辩》这最后也最短的一部，很大程度上是重复《回忆苏格拉底》末章。某些编辑者曾试图按照《回忆苏格拉底》末章文本来修改《苏格拉底的申辩》文本，以便克服许多细微分歧；这是十分危险的做法，因为其前提是完全无视如下可能性，即两部作品的不同目的也许要求一些精微的笔法（stylistic）差异（且不说要求别的什么）。要说明这一点，我们可以举出以下事实：色诺芬用《希腊志》的某些部分来写作《阿格西劳》（*Agesilaus*），同时在笔法上进行许多细微改动。看待《阿格西劳》与《希腊志》相应部分的差异，必须考虑到《希腊志》是一部史书，而《阿格西劳》是一篇颂词。正如每个大学男生都知道或应该知道,史书所要求的笔法不同于颂词所要求的笔法。而在这一事例中,仍有编辑者因不理解这个简单道理而改动《阿格西劳》文本。

重复一下,《回忆苏格拉底》所致力的主题是苏格拉底的正义,而且其第一部分处理苏格拉底的法定正义。原告指控苏格拉底败坏青年。为说明这个有些含混的指控,他独独挑出这件事来说:苏格拉底引诱同伴们轻视既定律法,因为他对他们说,用抽签的方式选举城邦官员(magistrates)很愚蠢。没有人会用抽签的方式来挑选一个舵手、一个建筑师或一个吹笛手,而这些人对城邦所能造成的危害比不上城邦统治者所能造成的危害。原告说,苏格拉底以这样的言辞引诱他的同伴们鄙视既定政制,亦即鄙视民主制,从而使他们变成施暴者。色诺芬特意表明像苏格拉底这样的人必定反对使用暴力,但他甚至未曾想过要驳斥这一指控:苏格拉底使[137]他的同伴们鄙视既定政制及其相应的既定律法。色诺芬未驳斥这一指控,是因为他无法驳斥。苏格拉底是雅典民主制直言不讳的批评者。如果法定正义包含对既定政治秩序的完全忠诚,则苏格拉底的法定正义在最重要的一点上有欠缺。于是,他并非无条件地正义。

原告还提到苏格拉底与当时两位最突出的政治犯的关系,他们是克里提阿(Critias)这个僭主和阿尔喀比亚德(Alcibiades)。色诺芬指出,绝不应让苏格拉底对这两个人离开苏格拉底以后的所作所为负责,他们之离开正是因为苏格拉底不赞同他们的做派(ways)。为了特别说明阿尔喀比亚德的恶劣(wickedness),色诺芬提到了其他许多事,其中就有阿尔喀比亚德与他的监护人(guardian)伯里克勒斯的交谈。阿尔喀比亚德问伯里克勒斯:何为律法?伯里克勒斯以这样一种适合民主制律法本身的方式适当地定义律法:律法是议事会上杂众所通过的关于什么应该做、什么不应该做的法令。阿尔喀比亚德进而迫使伯里克勒斯承认:寡头制中占少数的统治者或僭主制中的僭主所制定的法令同样是律法,此外,仅由统治者强加于被统治者的律法,因而尤其民主制下由多数人强加于少数人的律法,乃是暴行而非律法。律法的合法性并不归因于它的民主制渊源,而是归因于它之善。民主制渊源本身并不比僭主制渊源更好。色诺芬的苏格拉底从没有提出过这样严肃而危险的问题:何为律法?这一问题仅由色诺芬笔下年轻鲁莽的阿尔喀比亚德提出。然而,以典型苏格拉底风格提出这一问题的年轻鲁莽的阿尔喀比亚德,在提出这一苏格拉底问题时尚未离开苏格拉底,还是苏格拉底的同伴。原告还指控苏格拉底经常引用《伊利亚特》中的某些诗句,这些诗句描写奥德修斯使用不同语言分别对著名人士和寻常百姓言说。色诺芬甚至没想过要驳斥这一指控。

然而,对苏格拉底的指控中首先也最重要的部分涉及他的所谓不虔敬。正如色诺芬所示,关于不虔敬的指控重于关于不义或败坏青年的指控。只有"某些雅典人"相信苏格拉底败坏青年,而"所有(the)雅典人"都相信[138]苏格拉底对待诸神的态度不适宜(sound)。然而,色诺芬用以证明苏格拉底没有败坏青年的篇幅,不啻三倍于用以证明苏格拉底虔敬的篇幅。为了证明苏格拉底虔敬,色诺芬提及,苏格拉底经常献祭,并且信任占卜(divination),尤其信任他的"精灵(demonic thing)"。为避免人们怀疑苏格拉底在私下场合与公开场合的所为是否不同,他又说苏格拉底总是身处公开场合,身处那些他能遇上最多人的地方。一个人尽管没有任何隐私,还是会有私密想法。于是,色诺芬又说,苏格拉底总是身处公开场合并几乎不停地谈话,但从没有任何人听到他说过任何不虔敬的话。然而,紧接着他又承认,苏格拉底的思想并不必然通过他在集市上说的话而为人所懂得。在色诺芬看来,有且仅有一个众所周知的事实能证明苏格拉底的虔敬。那就是在阿吉纽西(Arginusae)战役后审判诸将军时苏格拉底的表现,当时只有苏格拉底不同意非法表决,以坚持他为之宣誓的职责。显然,这一行为尽管证明了苏格拉底的正义,却不必然证明,苏格拉底很虔敬,以致真诚地相信存在雅典城邦所崇拜的诸神。

在色诺芬对苏格拉底所受指控的驳斥终结之时,我们终于明白,苏格拉底的法定正义和法定虔敬无法得到证明,或者说苏格拉底并非无条件地正义。然而,这一点与如下事实完全一致:苏格拉底拥有超法定正义,这种正义就在于使同伴受益。为了在最高程度上使同伴受益,苏格拉底引导他们走向美德或德性,亦即走向特定个人所能够达到的那一种或那一程度的德性。因为人们在这方面的差异对苏格拉底而言至关重要,一如他通过频繁引用荷马诗句所揭示的那样——这些诗句描述奥德修斯用完全不同的方式对待完全不同类型的人。《回忆苏格拉底》的主体部分意在说明苏格拉底多么乐于助人。《回忆苏格拉底》中只有卷四可被认为是在把苏格拉底描述为一个教师而非一个顾问或告诫者。卷四开篇说道,苏格拉底帮助与他打发时间的那些人时,不仅采用严肃的方式,而且采用谈笑的方式,而且他并不以同样的风格对待所有人。他自然地为那些 [139] 优良本性所吸引,亦即为最有禀赋者所吸引;通过学习速度和记忆力,也通过欲求所有值得学习的主题,这些人得以展现真正的自身(themselves as such)。并非所有的人都具有优良本性。色诺芬列举了其他一些类型的人。卷四绝大部分篇幅用于记述苏格拉底与俊美的欧蒂德谟(Euthydemus)的对话,此人的特点不是自然禀赋卓越而是傲慢。色诺芬避免展现与一流人士交谈时的教师苏格拉底。于是,从色诺芬那里我们了解不到,这位对不同类型的人说不同的话的苏格拉底如何与一流人士交谈。

苏格拉底只通过交谈来施教。他的技艺在于交谈的技艺或技能。希腊文中表示交谈技能的语词是辩证术(dialectics)。从色诺芬那里我们得知苏格拉底的辩证术具有二重性(《回忆苏格拉底》,4.6.13–15)。当某人同苏格拉底观点相对立时,苏格拉底就将主题回溯到其基本前提,也就是说他对所涉主题追问:"什么是(What is)?"并且他在观点相反者的参与下回答这一问题。

由此，这位观点相反者自己就清楚地认识到真理。我们可以说，这是辩证术的更高形式。但色诺芬还进一步记述，当苏格拉底主动讨论某些东西时，亦即当他对纯粹聆听者们言谈时，他就不追问："什么是？"而是从普遍接受的意见出发，由此在聆听者中间达成超常程度的一致。这后一种达至一致而非真理的辩证术，乃是政治技艺中最重要的部分。正是这一技艺被荷马归于奥德修斯。当苏格拉底与观点相反者交谈时，他就采用那种具有科学性的辩证术，所谓观点相反者亦即那些能够富有智性地进行辩驳的人们，也就是那些能够超越既定意见的人们，或者说拥有优良本性的人们。当与多数人交谈时，苏格拉底就运用政治辩证术或修辞辩证术。关于苏格拉底如何展现他那种更高的辩证术，色诺芬几乎没有给出任何例子。因为很显然，仅仅运用"什么是"这一公式尚不能保证问题将得到恰当处理。如果我们想要发现如色诺芬所理解的苏格拉底的严肃思想，我们就必须将苏格拉底对一般人（ad hominem）① 说的话，翻译为他对观点相反者或具有优良天性的人言说时会采取的形式。

色诺芬在显白地赞颂苏格拉底时十分克制。而且他在 [140] 赞颂苏格拉底时避免使用最高级。在这方面他所用过的最强烈的表达，乃是他在听到苏格拉底某一陈述时所说的话："在我看来他有福（blessed）。"苏格拉底之陈述的大意是，别人从马、狗、鸟中找到乐趣，他则从好朋友那里找到乐趣："对于古代智慧之人在著述中遗留下来的宝藏，我同我的朋友共同探讨，如果从中发现什么好东西，我们就摘录出来，并把能够这样彼此帮助看作极大的收获"（《回忆苏格拉底》，1.6.14）。② 关于苏格拉底与他的朋友们研习古代智慧之人的著作并从中挑选精华，色诺芬一个例子

---

① ［中译编者注］参页［61］关于该短语的中译编者注。
② ［中译编者注］此处中译以及本书其他较长的中译皆参考过《回忆苏格拉底》，吴永泉译，北京：商务印书馆，1986。

都没有给我们。他请我们关注在他看来苏格拉底最值得赞颂的活动，但他要求他的某一类读者将模仿转化为明晰的知识。在上引段落中苏格拉底谈到了他的朋友们，或他的好朋友们。可以说色诺芬从不记述苏格拉底和他严格意义上的朋友之间的谈话。当然，"朋友们"是个含混的词。它既可以指严格意义上的朋友们，也可以仅指熟人们，因而也可以指普通交往对象（intermediate forms of relationship）。《回忆苏格拉底》卷二中有七章的主题是苏格拉底和友谊。色诺芬记述了苏格拉底和熟人、对话者以及苏格拉底的同伴（comrades）的交谈，但没有记述苏格拉底和苏格拉底的朋友之间的交谈。最有教益的交谈发生在苏格拉底与克力同（Crito）之间。富有的克力同向苏格拉底抱怨受到告密者们的威胁。苏格拉底让克力同关注这一事实：乡绅克力同用狗来保护羊群免受狼的侵袭。他说，克力同应该采取同样的方式，亦即通过这些告密者来保护他的财产不受其他告密者的侵害。当然，克力同必须让保护财产的告密者觉得自己在这笔交易中划算。于是克力同就按苏格拉底的建议行事。他们发现某一位阿赫德莫斯（Archedemus）精于此道："从此，阿赫德莫斯成了克力同的朋友，并受到克力同其他朋友的尊敬"（《回忆苏格拉底》，2.9.8）。我们需要作一个选择，要么说克力同不是苏格拉底的朋友，要么说苏格拉底尊敬有用的告密者。我建议我们选择前者。

《回忆苏格拉底》卷三展示了苏格拉底如何对待那些渴望并追求美（fair）或高贵的人们。此卷始于苏格拉底与一些不知名者的交谈，然后通过与熟人们的交谈，上升到与格劳孔的交谈——格劳孔［141］是柏拉图《王制》的主角，阿里斯通（Ariston）的儿子，因为格劳孔（［译注］指柏拉图和格劳孔的外祖父老格劳孔）之子卡尔米德（Charmides）以及柏拉图的缘故，苏格拉底对格劳孔亲善有加。紧接着与格劳孔的交谈之后，色诺芬记载了与卡尔米德的交谈。卡尔米德是令苏格拉底对格劳孔有兴趣的人之一。于是我们期待接下来记载的是，苏格拉底与另一个令苏格拉底对格劳孔有兴趣的人之间的交谈,亦即苏格拉底与柏拉图的交谈。不料,我们看到的是苏格拉底与另一位哲人阿里斯提普斯(Aristippus)的交谈。此后,下降开始了,引领我们从出色的诸匠人、一个名姬(venal beauty)、一个有病的青年,重新降到不知名者。也就是说,色诺芬为构建其论证,采用这样一种方式以指向和暗示一个顶峰——从不知名者上升到亲近者,又重新下降到不知名者。色诺芬暗示了卷三的顶峰,乃至全书的顶峰。他点出了这一顶峰,即苏格拉底与柏拉图的交谈,但他没有给出它。这顶峰缺失了。这一模式可适用于色诺芬的全部苏格拉底著作。最高者并未变得可见可闻,但它却可以被预知(divined)。未言说者比已言说者更为重要。于读者而言,这意味着他必须极端留意,或极端悉心。

在色诺芬微妙地暗示苏格拉底之主要追求的所有段落中,最重要的乃是:他说苏格拉底"从没有停止过思索每个存在者是什么"(《回忆苏格拉底》,4.6.1)。从文脉来看,这一苏格拉底式思索关乎按照种类或等级来区分事物。但至少可以说,对于苏格拉底的这种持久追求,色诺芬所给出的例子很少。也很难看出,苏格拉底如何能够持续思索每个存在者是什么,同时又一直身处公共场合,并几乎一直谈论异于何为每个存在者的种种主题。无论如何,苏格拉底的持续追求关乎存在(what is),关乎万物的本质。的确,同一个色诺芬还告诉我们,苏格拉底将其旨趣完全限于人事,但人们必须思虑色诺芬作出后一断言时所处的语境(同上,1.1.11以下)。他断言,苏格拉底之不讨论万物的本性,或者说不讨论智术师所谓的乾坤,是为了证明从未有人听到苏格拉底说过不虔敬或反宗教的话,因为自然研究就像[142]窥探诸神之秘密的傲慢企图一样可疑。但我已经揭示,人们不得不思考色诺芬的苏格拉底的法定虔敬。在断言苏格拉底将其研究限于人事时,色诺芬让他的苏格拉底寻思,自然研究者——亦即苏格拉底以前的哲人,现在叫前苏格拉底哲人——是否并未认识到人无法发现关于自然的真理，因为苏格拉底说，各派哲人相互对立，而且疯子般地行事。他们当中有人相信存在是一，另一些则相信有无限多的存在者。有人说万物皆变化，另一些则说没有任何事物在变化。有人说每一事物都会生灭，其他人则说没有任何事物生灭。将这些论点刻画成疯狂，使得我们看清苏格拉底认为适当而清醒的是如下这些关于整全的论点：存在有限数目的存在者，有些事物不可变而有些事物可变，有些事物并不生灭。色诺芬关于苏格拉底之主要追求的评论使得我们更精确地理解这些隐含之意。尽管有无限多的事物，但事物种类和等级的数目却有限，也就是说当我们提出"什么是"这一问题时，所意指的存在者数目有限。这些有别于个体事物的种类和等级，既不可变也不生灭。

苏格拉底之有别于在他之前的哲人，乃因为这一事实：他发现整全或自然的核心就在于理智异质性。整全不是一，也不是同质的，而是异质的。然而这异质性不是可感的异质性（比如四大本原的异质性），而是理智异质性、本质异质性。正因为如此，苏格拉底创立了政治科学。只有存在本质异质性，才可能存在政事与非政事之间的本质差异。理智异质性的发现，使得人们可以让事物是其所是，不再强求消除本质差异以混同万物。发现理智异质性，意味着可以为我们谓之常识的东西进行辩护。苏格拉底把这叫做从疯狂归于适宜或清醒，或者用希腊语词表述就是归于sophrosynē，① 我把这个词译为节制（moderation）。苏格拉底发现了悖谬的事实：某种程度上最重要的真理乃是最明显的真理或关于表面的真理。进［143］而，在种类或等级的意义上存在一种多样性，这一事实意味着不可能有针对存在的一种单一而总体的体

---

① ［中译编者注］即 $\sigma\omega\varphi\varrho o\sigma\acute{\upsilon}\nu\eta$，指头脑健全（包括清醒、克制、谨慎、谦虚）；在柏拉图的用法中高于 $\varphi\varrho\acute{o}\nu\eta\sigma\iota\varsigma$（明智，参页［121］中译编者注），并用来指哲人。施特劳斯常用 moderation 对译 $\sigma\omega\varphi\varrho o\sigma\acute{\upsilon}\nu\eta$，本译本把单独出现的 moderation 译作"节制"。

验，不管是神秘地还是浪漫地理解这种体验——典型浪漫式断言就是，感觉或情感或某一种情感才是这一总体体验。的确存在着对于特定种类或模式（pattern）的心智观照或感知（mental vision, or perception），但要把许多心智模式和心智感知组织起来，就必须通过推算（logismos），通过论理，通过推论潜在意义（putting two and two together）。

通过认识到政事不可化约为非政事，认识到政事自成一类（sui generis），苏格拉底公正地对待了为政事而提出的主张，或曰由政事自身、亦即由政治共同体、由城邦所提出的主张。城邦将其自身展现为远远高于家务和个人。然而，这却并不必然意味着，苏格拉底承认城邦的主张就是真正最高者，或是与之相当的东西，亦即真正最高者的权威解释者，甚或顶峰的超越者。对政事地位的判断将依赖对政事的分析结果。苏格拉底对政事的分析，可以说开始于律法现象，因为律法似乎是典型的政治现象。理由如下。政事看来是成年自由男子最荣耀的活动领域——还有谁比成年自由男子更为荣耀呢？——而塑造真正的成年自由男子之品格的，或约束他们的，乃是律法，而且仅仅是律法。律法首先是议事会上公民们的言辞，这言辞告诉每个人（包括具有完全权能的公民[full citizens]）应该做什么和不应该做什么，这不是要求在另行通知（further notice）之前如此，或在给定的时间内如此，而是要求永远如此。城邦的福祉（well-being），不，城邦的存在（being），端赖律法，端赖守法或曰正义。这个意义上的正义乃是最卓越的（par excellence）政治德性。通过思索自身的替代者，亦即强力和律法，作为守法的正义以一种德性的面貌出现。

正是为了律法才要首先区分合法性（legitimacy）和不合法性。"王制（kingship）是征得人们的同意并按照城邦律法而统治，而不征得人们的同意且按照统治者意志而统治，则是僭主制"（《回忆苏格拉底》，4.6.12）。这一评论看起来只运用于君主，但苏格拉底进一步说，"从成全（complete）律法或惯习（customs）的人们中任命（fill）官员的政制乃是贵族制。基于财产条件任命官员的政制乃是［144］财阀制（plutocracy）。从全民中任命官员的政制乃是民主制"。也许有人认为这意味着共和国也可以具有王政特征（royal）或僭政特征，关键点在于统治者是否为律法所约束。然而仍有这样一个明显的困难，即应该服从律法的统治者自身就是律法的原因或渊源，而律法的原因或渊源自身不能服从律法——这就是现时代著名的主权难题。还有，立法者不能肆意行事。他们被假定应颁布善法。于是我们或许不得不在合法政制和不合法政制的区分之外另作一区分。人们或许不得不在好政制（如最有可能制定善法的政制）和坏政制（如最有可能制定恶法的政制）之间作一区分。如果使人们能够制定善法的品质是智慧，则好政制将是智慧之人的统治。换句话说，进行统治的惟一适宜的名分（title）乃是知识；能够令一个人成为王者或统治者的不是世袭，不是选举，不是强力，不是欺诈，而惟独是关于如何统治的知识。具有最高政治智慧的人高于任何律法，不仅因为只有他才可能是卓越律法的渊源，还因为他具有无论多么智慧的律法都必然缺乏的应变性。具有最高政治智慧的人就是有见识的（seeing）律法，而每一种实际（proper）律法都在某种程度上很盲目。因此，真正统治者的正义不可能在于守法或法定正义。引导他的必须是超法定正义，必须是使人们受益的习性，即帮助他们变得尽可能好、活得尽可能幸福的习性。他必须分派给每一个人的，必定不是一种可能的愚蠢律法所宣称赋予他的东西，而是对他好或适合他的东西。用色诺芬的一个例子，如果一个大个子男孩有一件小外套，一个小个子男孩有一件大外套，我们就必须令大个子男孩与小个子男孩交换各自的外套（《居鲁士的教育》，1.4.16–17）。也就是说，通过追问律法的终极性，我们也追问法定财产的终极性。

在色诺芬《齐家》的开头，苏格拉底先论证一个人的财产是他的全部所有物，接着论证一个人的财产是他全部有用的所有物或对他有用的所有物，最后论证惟有一个人知道如何使用——亦即如何善用——的东西才能被当作他的财产。所以，海洛因将不可能是一个不良少年的财产。于是，我们就被引向这一问题：如果不在智慧之人的最严格监督之下，不智之人是否能够拥有任何财产？［145］有一个简单的方式来表达最高政治技艺超越律法本身这一观点，即苏格拉底的论题：政治技艺或王政（royal）技艺等同于家政（economic）技艺，亦即等同于父亲、丈夫、主人借以统治其孩子、妻子、奴隶的技艺。无论是色诺芬的苏格拉底还是色诺芬本人，都从没有以其自己的名义（eo nomine）谈论过自然法或自然正当。但色诺芬的苏格拉底有一次谈到了不成文法（《回忆苏格拉底》，4.4.19以下）。不成文法亦即自我实施的（self-enforcing）律法，因为不消任何人为干预，违反这些律法就会损害违法者；不成文法的一个例子便是禁止亲子之间乱伦。就像《王制》中柏拉图的苏格拉底一样，色诺芬的苏格拉底也极少在这一关键背景中提及禁止兄弟姐妹之间乱伦。

若要总结色诺芬的苏格拉底关于政事的分析，我们可以说这一分析与柏拉图对话——尤其《王制》和《治邦者》——所做的分析基本上一致。但色诺芬比柏拉图更寡言（laconic）、① 克制（reserved）或害羞得多。

目前我们已跟随色诺芬的苏格拉底上升到这样一个论点：智慧之人的绝对统治似乎是政治问题惟一智慧的解决之法。智慧之人将分派给每一个不智之人最适合他用的东西和最适合他做的事情。他之施行统治凭借其智慧，亦即凭借不智之人对其智慧的承认。他将只凭劝谕而左右（sway）不智之人。但不智之人能承认智慧之人的智慧吗？智慧之人的劝谕力量难道没有限度吗？苏格拉底——他要过自己所思索的生活——用他与雅典城邦的关系展示出这一困难。苏格拉底未能劝谕雅典城邦相信他的善好。他用

---

① ［中译编者注］参页［85］关于laconic的中译编者注。

他与妻子克珊娣珀（Xanthippe）的关系并以一种更具家庭气氛的方式展示了这一点。在色诺芬的《会饮》（2.10）中，一个同伴问苏格拉底为什么没有教育克珊娣珀，而是以这个兴许是古往今来最难应付的（difficult）女人为妻。苏格拉底回答道，正如一个人要变得擅长驯马就会学着去驯服最烈的（spirited）马，因为他要是能驯服这样一匹马，那什么马都不在话下了；同样的道理，他苏格拉底想要与人类一同生活，故娶了克珊娣珀，他非常明白只要能辖制住她，便能轻易与所有其他人相处。说到底，苏格拉底也可算是成功地与克珊娣珀一同生活过；当然，他未能成功地教［146］育她，或通过劝谕来统治她。当他儿子朗普洛克勒斯（Lamprocles）因其母亲出于暴烈脾气对他恶语相加而生气时，苏格拉底对朗普洛克勒斯谈话，并让他安静下来。他甚至没有试着说些抚慰的话，让克珊娣珀安静下来（《回忆苏格拉底》，2.2）。如此说来，假如智慧之人不可能通过劝谕来统治不智之人，而且考虑到智慧之人与不智之人的繁复关系，智慧之人确乎同样不可能通过强力来统治不智之人，那么我们就不得不满足于智慧之人非常间接的统治。智慧之人的这一间接统治在于律法之治（the rule of laws），① 构建这种统治时智慧之人发挥过某种影响。换句话说，必须用为同意所调和的（diluted）智慧之统治来取代未经调和的智慧之无限制统治。但严格来说，律法无法成为统治者；它们必须被运用、解释、实施且执行。于是，政治问题的最佳解决之道便是由最有能力（can best）成全律法的人来统治，这些人弥补了律法的本质缺陷。律法的成全便是衡平（equity）。于是，政治问题的最佳解决之道乃是这样一种政制：权力取决于衡平者

---

① ［译注］the rule of law（单数）在现代语境下通译"法治"，该术语被自由民主制赋予了特定意义。

(equitable),即希腊文 epieikes,① 该语词在希腊文中还指"更好的人们",实际上就是指乡绅。色诺芬在其最卓越的政治著作《居鲁士的教育》卷一中,简要描绘了他所认为的最佳政制。色诺芬的言外之意是宣称,他在波斯帝国缔造者居鲁士出现之前的波斯发现了这一最佳政制。这一最佳政制是大大改良了的斯巴达。每个自由男子只要已经顺利读完——美国意义上的——公立中小学就是公民,且能担任除世袭王位以外的一切公职。于是这政制看来是民主制。但不幸的是,穷人需要年轻儿子们在其小农庄上干活,因此只有优裕人家的儿子们才能获得担任公职的权利。如此说来,最佳政制乃是装扮成民主政制的贤良政制。当居鲁士要把这政制摧毁或改造成绝对君主制时,使最佳政制富有活力的原则才显现出来。居鲁士怂恿绅士们亦即统治阶层不再仅仅考虑正派(decency)、美德或德性,而要首先考虑通过德性所能获得的东西,亦即其财富的增加。故最佳政制的原则是培育人的美德,这与增加财富相对立。

正如色诺芬在《居鲁士的教育》这部虚构作品中展示其乌托邦时所揭示的,[147] 他并不相信他所理解的最佳政制实现(actual)过,因而也不相信它将会实现,尽管它可能会实现。如其过去一直所是,亦如其将来一直所是,政治生活或多或少不完美。实际上,政治性伟大在于一个还算好的(tolerably good)共和国中宽容而有效的领导权。色诺芬本人所展示的最伟大的例子,乃是斯巴达将军德尔居里达斯(Dercylidas),即严于律己而稍有些自负的阿格西劳在小亚细亚的前任(参《希腊志》,3、4)。因为德尔居里达斯出奇地足智多谋(resourcefulness),人们把他叫做"西西弗斯(Sisyphus)"。他有一次受到斯巴达当局的惩处,因为他们认为他不守纪律,总爱离开家乡。色诺芬揭示了另一些折中

---

① [译注] 即ἐπιεικής,指适宜的;合乎情理的,高尚的;衡平法的(不严格依法条字面意思判决的)。该形容词在这里用作名词。另外,值得对观古典英国法(霍布斯以前)中的衡平法(equity)。

方案，既然最佳政制在实践上不可能，故这些方案很重要。对于他毫无疑问的是，最适合一位绅士的生活便是管理而非增加其财富——即其家传的地产。但当色诺芬的苏格拉底尽可能郑重地提出这一观点后，他又记载了一个雅典人与之背道而驰的做法，此人的儿子是一位极其出名的绅士（《齐家》，20）。照那绅士之子的说法，其父酷爱务农。他看不得一个荒芜的农庄，而总要把它买下来，让它焕发生机。听那儿子讲完这故事后，苏格拉底问道："你父亲是把他所开垦的农庄全都留着呢，还是把它们卖出去以便赚很多钱？"那儿子回答道："他卖掉，我向宙斯起誓！"对金钱的绅士般自制与贪婪之间的折中，或务农与商贸之间的折中，便是拿农庄来交易。在此没有必要讨论色诺芬所认为的向人类脆弱性所做的完全妥协，即有益的僭主制（参《希耶罗——或论僭政》[Hiero, Or, On Tyranny]）。色诺芬的写作原则就是尽可能少谈最高者；总的来说，相比于其他古典作家，色诺芬在更大程度上通过坚守这一写作原则而被迫（或得以）替马基雅维利铺平道路，后者曾不经意地坦陈受益于色诺芬（尤参《君主论》[The Prince]，章14末尾）。但在色诺芬这里作为写作原则的，到了马基雅维利那里就成了思想原则。

正如色诺芬所示，苏格拉底对政事之分析的关键结果乃是，政事本质上不完美，政事的本质就是不智之人的同意对智慧的调和，或愚笨对智慧的调和。因而，政事的如下宣称显得毫无根据，即宣称超越了顶峰或自身就是最高者。[148]人的真正美德或德性存在于政事之外，或者说具有超政治性。色诺芬的苏格拉底就是人的超政治美德之范例，而他的居鲁士则是如下这种生活的范例：如果政事特有的原则得到遵守和彻底思索，那么这种生活就最高尚。苏格拉底与居鲁士之间的两极对立，对应于哲学与城邦之间的基本张力。色诺芬在自己最杰出的苏格拉底言辞《齐家》中最清晰地表达了政治生活方式和超政治生活方式之间的张力。

《齐家》是苏格拉底与克里同之子克利托布勒斯（Critobulus）

之间的交谈——这个青年人做得不太出色。苏格拉底鼓励克利托布勒斯投身于家务管理，务农是其中一个显著的（至少是从属性的）部分。苏格拉底充当了一个农艺之师，或整体家务管理技艺之师。这与他面对一个急于学习将军之技艺的青年时的所为（《回忆苏格拉底》，3.1）形成了对照。色诺芬的苏格拉底似乎掌握了将军之技艺，但他谢绝传授，而他完全愿意传授和平的农艺。

苏格拉底过去学会农艺不是通过务农，而是通过与乡绅伊斯霍马霍斯的一次长篇交谈。他学会这一技艺是在一次座谈（sitting）中，就坐在雅典神庙的走廊上，远离任何一个农庄。他对农艺的教授在于向一个年轻人传达他在某一天的某一次座谈之中仅凭聆听而掌握的教诲。然而，正如已经揭示的，苏格拉底所教授的不仅是农艺，而是整个家政技艺或家务管理技艺，这种技艺首先包括教育和管理妻子，这种技艺也是苏格拉底在那一次与伊斯霍马霍斯的交谈中学到的。不止于此，苏格拉底向年轻的克利托布勒斯传授的，乃是完美绅士的生活方式或曰完美的绅士作风（gentlemanship），这主题就是家政技艺本身，而且是很久以前那次交谈中苏格拉底向乡绅伊斯霍马霍斯咨询的首要而综合的论题。苏格拉底之学习完美绅士作风，并非通过思考或辩证术，而仅仅通过聆听，正如他向一个年轻人传授绅士作风之技艺时，后者也仅仅聆听。完美的绅士作风并不是一门科学，它也不立足于一门科学，而仅仅受意见所引导，仅仅受你［149］完全通过聆听来理解的东西所引导。换句话说，要想把握日常道德原则，不需要理智努力。日常道德不是基于知，而是基于行，但至于最高道德或曰超政治道德，德性就是知识。

如我所说，苏格拉底向克利托布勒斯所传授之教导的第一部分，关乎对妻子的教育和管理。伊斯霍马霍斯对其教妻之道颇为自负。在他劲头十足地向苏格拉底讲授其教妻之道时，他并不知道，那女人若干年后会与他们的女婿——希波尼库斯（Hipponicus）之子卡利阿斯（Callias）——发生风流韵事，其时卡利阿斯娶他们的女儿不到一年,卡利阿斯在他家里就同时占有了伊斯霍马霍斯的妻子和伊斯霍马霍斯的女儿,正如普路同(Pluto)或曰哈得斯(Hades)在他家里同时占有着德默忒耳(Demeter)和她女儿珀耳塞福涅(Persephone)。① 故卡利阿斯又被叫做雅典的哈得斯,而且柏拉图的《普罗塔戈拉》(*Protagoras*)的背景就基于这一故事,《普罗塔戈拉》的发生地就是卡利阿斯的家,对话中有几处暗示了我们身处哈得斯那里。但那只是顺便提到。然而,那不仅是笑话,而且揭示出理论与实践之间或知识与德性之间关系的重大问题。伊斯霍马霍斯教育他妻子——理论。她会怎么做,则是另外一回事。无论如何,《齐家》的中心题旨乃是,完美绅士伊斯霍马霍斯之生活与苏格拉底之生活的直接碰撞。这两种生活方式被展现为互不相容。这两种生活方式最明显的差异在于,一种必须生活优裕,或者用亚里士多德的话说,要成为一个完美的绅士,就得有适当的家产(properly equipped),而苏格拉底很穷。由于这些评说出现在一部论家政的著作中,人们必定追问苏格拉底生活的经济基础,追问苏格拉底的谋生手段。通篇著作所传递的答案是,苏格拉底不必操心这些,因为他有朋友。有这么一段妙文(1.14),文中的问题是,从此前所说的话中是否可以推出朋友就是金钱,给出的答案是:"凭宙斯起誓,当然是!"②

下一讲我要探讨柏拉图《王制》的主线,最后一讲则探讨柏拉图与诗人们这个主题。我想你们现在可以看出,这是对柏拉图而言绝对关键的主题:诗与哲学的相互关系和状态。人们可以大胆地说,哲学——柏拉图式[150]哲学——的竞争者不是任何其他哲学,不论是前苏格拉底哲学还是亚里士多德哲学,或者别的

---

① [译注]哈得斯与宙斯和波塞冬同为兄弟。哈得斯掌管冥国,主理地下财富、人世收成。有关他的故事,最有名的便是他劫走女农神 Demeter 的女儿 Persephone 并强娶为妻。另,前文所提阿里斯托芬戏剧《地母节妇女》中的地母节(Thesmophoria)就是为了纪念这对母女,因为她们也是创立婚姻和其他民事律法的女神。

② [中译编者注]略去 *Interpretation* 版此处的一段,参页[133]中译编者注。

什么；这竞争者是诗，因此我们要真正处理这个关键问题，就得追问柏拉图如何设想哲学与诗的关系。

第四讲

丁耘 译

在那些接近柏拉图以便就有关苏格拉底之事受其启蒙的人中间，已变得习以为常的是将最大的注意力投向某些被称作早期作品的对话，特别是《苏格拉底的申辩》。《苏格拉底的申辩》据说是苏格拉底在最严肃的场合关于其生活方式的自我叙述；也许有人认为其严肃性为如下事实所增进：这番叙述乃是公开叙述，是公开对最卓越的（par excellence）公众所作，而《斐多》里苏格拉底在临死那天关于其生活方式的自我叙述，则缺乏公众场合的严肃性，[①] 况且还出于柏拉图自己的笔法。这个考虑或诸如此类的任何考虑都有这样一个缺陷，即它表达了一种似是而非的思想，这思想不能要求与柏拉图的思想相一致。因为我们只是通过柏拉图才知道柏拉图的苏格拉底。与其他任何柏拉图著作一样，《苏格拉底的申辩》仍然是一部柏拉图著作。《苏格拉底的申辩》甚至是一篇柏拉图对话，苏格拉底与雅典人民之间的对话（37a7）。这是一篇柏拉图的技艺之作（work of art，［译注］或译"艺术作品"），而不是一篇报道。我们必须透过柏拉图的思想，才能理解柏拉图的苏格拉底的思想。且柏拉图仅以技艺之作而非论文呈现其思想。该如何来理解所谓技艺之作？我们回想一下那个赞美希腊画家的故事——他画的葡萄如此完美以致鸟儿都会飞来啄取。

---

① ［译注］苏格拉底称《斐多》中的听众而非《苏格拉底的申辩》中的公众才是他的审判官，参《斐多》，63b。

讲故事的人赋予技艺之作两个特点。它是对某物的模仿,而此模仿创造了这样的假象:此模仿就是被模仿事物。如果此模仿令人们忘掉了假象,那么此模仿便完美。假象就在于撇开本质性事物,在于抽离于(abstraction from)本质性事物。画出来的葡萄不能吃,更不要说它们不是三维的。但葡萄并非为了鸟儿而画。抽离于本质性事物是技艺之作的特征,并服务于这样一个目的,即带出并提升更具本质性的事物。在柏拉图对话这样的作品里,[151]首先就要抽离于可见性。我们仅仅听到人们讲话。严格来说,我们并未看到他们。其次,要抽离于偶然性。作品里发生的每件事都有意义或具有必然性。抽离于可见事物和偶然事物,其目的在于使我们关注可听事物与必然事物,关注言说的必然性与言说中的必然性。

柏拉图对话的问题在某种意义上无法解决。根本不存在关于柏拉图对话之意义的柏拉图言论。而且柏拉图的苏格拉底在讲到一切著述的本质缺陷时,给了我们一个最重要的暗示。与智慧的言辞不同,著述对所有人讲着同样的东西。著述的本质缺陷是缺乏弹性。既然柏拉图——与苏格拉底相反——确实进行著述,那么人们有理由假设柏拉图对话意在成为摆脱著述之本质缺陷的著述。它们是这样一些著述,如果读法恰当,它们就会表明自己拥有言辞的弹性,而且如果其每一部分的必然性都清楚了,那这个读法也就恰当了。柏拉图对话确实就是——而且意在——对不同的人说不同的东西。非常详细地发挥这个想法并没有太大的困难,这个想法只有一个缺陷。正如先前所述,这缺陷无论如何建立在这样一个前提下:柏拉图的苏格拉底是柏拉图的代言人。然而我们有什么权利接受这个前提?苏格拉底并不总是柏拉图的代言人。在《蒂迈欧》、《克里提阿》(Critias)、《智术师》(Sophist)、《治邦者》、《帕默尼德》(Parmenides)和《法义》中,他都不是柏拉图的代言人。通过把苏格拉底变成他人言说的沉默倾听者,柏拉图要揭示什么?只要我们对此一无所知,我们就无法搞清楚苏格拉底的所谓代言人资格。柏拉图当然从未说过苏格拉底是其代言人。在谈论戏剧——异于叙事——时，他的苏格拉底说，在戏剧里作者隐藏了自身（《王制》，392c以下）：这就是说，作者从不以自己的名义说话，而柏拉图对话就是一种戏剧。以莎士比亚为例，谁敢说在莎士比亚看来，生活就是一个愚人所讲的故事，充满喧嚣与狂怒，找不到一点意义呢？① 人人都会说这番话不属于莎士比亚，而属于麦克白；至于莎士比亚如何看待这番话表达的观点，从他写了这番话这一事实出发得不到任何结论。考虑到说话者的角色与他说这番话时的情境，人们甚至可能证明莎士比亚不持此观点。[152] 很可能戏剧的情节驳斥了麦克白的言论。很可能戏剧诗人之展现自己的思想，仅仅通过整部戏，通过情节，而非通过言辞——亦即他的角色的言辞。目前我们能够稳妥地说，言辞与行事的区别，以及行事比言辞更可信这层隐意，对于理解柏拉图对话这样的作品来说具有基础性意义。行事是言辞之意义的线索。更确切地说，非主旨性事物（亦即并非作为言说者的言说者所最关注的东西）正是主旨性事物（亦即作为言说者的言说者所最关注的东西）的线索。无疑悖谬的是，柏拉图的苏格拉底的言论无助于揭示柏拉图的思想，一如前引麦克白的言论无助于揭示莎士比亚的思想。那就让我们收回这个悖谬的提法，还是把柏拉图的苏格拉底当作柏拉图的代言人。但这么做于事无补，因为柏拉图的苏格拉底以其反讽而闻名。有一个以反讽闻名的代言人就相当于根本没有代言人。反讽首先意味着掩饰（dissimulation）。进一步讲，它意味着高贵的掩饰。意识到自己之卓越的卓越者"在他与众人的交往中是反讽的"，亚里士多德如是说。这就是说，他不让比他低劣的人们感到他们的低劣或者他的卓越。他隐藏了他的卓越。但如果他的卓越在于智慧，那么他高贵的掩饰就必定在于隐藏其智慧，亦即在于使自身显得不如实际上那么智

---

① [译注] 参莎士比亚，《麦克白》（Macbeth），第5幕，第5场。

慧,或者说在于不说他所知道的东西。鉴于存在着如此多种类的不智,他的反讽就在于对不同种类的人说不同的话。反讽最终意在对不同种类的人言说时以不同的方式回答一般性问题,抑或(as well as)决不回答问题,而只不断地提出问题。

理解柏拉图对话的开端是惊异。惊异在此不仅意味着对美的赏慕,而且首先意味着困惑,即意味着认识到柏拉图对话的斯芬克斯般的(sphinx-like)特性。首先,我们惟一的线索是人们必须试图描述的外在表象。首先,柏拉图对话并非他物,而是一个巨大的问题标志。然而幸运的是,柏拉图对话有多篇。数目之众多、形式之多样正是对主题——柏拉图对话——的表述,于是透出些许光亮。柏拉图对话的学习者的处境就像一个动物学家,面对动物中的一个未知之种(species),或毋宁说未知之属(genus)。他的首要任务是［153］按照最明显的东西即可见的外表来进行归类。我提出三种显然必需的分类方式。首先,存在着苏格拉底对话与非苏格拉底对话之间的区分,亦即由苏格拉底主导交谈的对话与由苏格拉底之外的人主导交谈的对话之间的区分。其次,存在着演剧型(performed)对话与叙述型对话之间的区分,前者看上去像戏剧。在演剧型对话中,对话的角色与读者之间没有任何桥梁。在叙述型对话中,对话的某位参与者向未参与者、于是也向我们读者描述那次交谈。在叙述型对话中,叙述者——有时就是苏格拉底本人——可以告诉我们他向某位参与者说那番话的理由,或者告诉我们他对某些参与者的评论,按礼数他不能把这些告诉那些参与者。例如,假如《王制》并非叙述型对话,我们就无法知道忒拉绪马霍斯在某个时刻脸色通红,而且这不是因为他害羞,而是因为他感到天气燥热。在叙述型对话里,苏格拉底能让我们进入同他一起的知情人甚至同谋者的内心。第三,存在着自愿型对话与强迫型对话之间的区分;前者是苏格拉底主动寻求的对话,后者是苏格拉底按礼数无法回避的对话。

如果从这个视角看柏拉图的《苏格拉底的申辩》,我们就能看到这场苏格拉底与雅典人民或曰他的控告者之间的对话，是一场演剧型、强迫型对话。苏格拉底并没有主动寻求这次交谈，没有告诉我们他说那番话的理由，也没有告诉我们他对于参与者的评论——这些评论他按礼数无法当着参与者的面作出。为了解答与《苏格拉底的申辩》的这个背景有关的问题，我们不得不转向例如《高尔吉亚》。在那里我们发现苏格拉底解释说，他作为一个被告的处境就像一个医生在儿童组成的法庭面前被厨子控告，控告他没有给予儿童他们想要的美味糖果（《高尔吉亚》，521e–522e）；这正是他在《苏格拉底的申辩》中按礼数无法对雅典人作出的评论。由此我们注意到，在与议事会上的雅典人民之间的演剧型、强迫型交谈之中，柏拉图的苏格拉底呈现自身的方式，不同于柏拉图在 [154] 作为整体的全部对话中呈现柏拉图的苏格拉底的方式。《苏格拉底的申辩》使得我们期待发现，苏格拉底被呈现为热衷于在集市上与碰巧在那儿的任何人交谈。然而，与在公众场合被迫进行的自我呈现不同，柏拉图的苏格拉底在行事上极端挑剔。他与有前途的青年交谈，与智术师、修辞家、游吟诗人（rhapsodes）、占卜者交谈，很少与引退的将军或政客交谈，与普通公民交谈的情况就更少了。他很有名气，或他为人取笑，是因为他运用鞋匠和其他匠人的例子，但与色诺芬的苏格拉底截然不同的是，柏拉图的苏格拉底从不与匠人讨论。他总是谈论鞋匠，但从不与鞋匠谈论。另一方面，我们从未发现他作为成熟男人与任何并非显然比他低劣的人交谈。当蒂迈欧（Timaeus）解释乾坤的时候，苏格拉底缄默地在场；爱利亚（Eleatic）异方人训练泰阿泰德（Thaetetus）与小苏格拉底的时候，苏格拉底缄默地观察。诚然我们在《帕默尼德》里看到苏格拉底与帕默尼德进行交谈，但那里帕默尼德明显更为卓越，而苏格拉底还很年轻。概括地说，除去在惟一的公开演说中的自述，柏拉图的苏格拉底仅与不属普通大众的人谈话，与在某种意义上属于精英的人谈话，不过此类人绝不属于最高意义上的精英；简言之，他的谈话对象是中等之人（inbetween people）。柏拉图对话反驳了柏拉图的苏格拉底的公开自述。

这番观察引导我们把最大的注意力首先投向《王制》。《王制》是惟一一篇由苏格拉底叙述的强迫型对话。苏格拉底被一些年轻同伴——显然并非雅典民众（demos）——所迫滞留在庇雷埃夫斯（Piraeus），这一强迫滞留为一场关于正义的广泛交谈提供了时机，在交谈进程中苏格拉底建立了一个完全正义的城邦，不是在行事之中，而是在言辞之中。在思索任何柏拉图对话之前，必须思索这样一个事实：有众多的柏拉图对话，或者说柏拉图作品由众多对话构成，因为它模仿了存在之众多、多样以及异质性。此模仿不是简单的复制。单篇柏拉图对话并非《哲学全书》（Encyclopaedia of the Philosophical Sciences）① 或一个哲学系统中的一章，也不是偶然的产物，亦非什么柏拉图发展阶段的遗迹。单篇对话的特性与其说在于主题，不如说在于其处理主题的方式。每篇对话对主题的处理都通过一种［155］特定抽离的途径，于是也都通过一种特定变形·（distortion）的方式。例如，《游叙弗伦》（Euthyphro）处理虔敬时对灵魂保持沉默，或者说抽离于灵魂现象。

因此，理解一篇对话意味着认识到某个原则，这个原则主导着那种刻画该对话的特定抽离。这个原则首先为对话的场景所揭示：时间、地点、角色与情节。对话中的讨论之所以必然发生，首先不是因为主题，而是因为对话发生的场景。可以合理地猜测，场景为柏拉图所采用是因为它最适合于主题；但另一方面，柏拉图关于主题的想法首先借助场景这一中介才进入我们的视野。《王

---

① ［译注］黑格尔的三卷本著作：《小逻辑》（《哲学全书》卷一，参贺麟译，北京：商务印书馆，1996）、《自然哲学》（《哲学全书》卷二，参梁志学等译，北京：商务印书馆，1980）和《精神哲学》（《哲学全书》卷三，参杨祖陶译，北京：人民出版社，2006）。

制》的场景如下：谈话发生在雅典的出海港庇雷埃夫斯，亦即雅典海军力量与贸易力量的所在地，具体地点是一位富有外侨的宅第，时间则是一个新兴的异方宗教游行首次举行的当天。于是这个环境就是那个以祖传精神来生活的古老而高贵的（patrician）雅典的相反一极。这个环境预示着在传统眼光下体现为政治衰败的东西。然而庇雷埃夫斯还有另一层涵义。《王制》里列出名字的同伴有十位：庇雷埃夫斯的十个人。这是在暗示三十僭主的统治，那时有十个人控制着庇雷埃夫斯。这就向我们暗示了一个在某种程度上把柏拉图本人都牵连在内的企图：推翻民主制，复辟一种寡头政制或一种贤良政制。然而《王制》里的角色与寡头制的反动没有任何共同之处。克法洛斯（Cephalus）——谈话就发生在他的宅子里——一家以及尼克拉托斯（Niceratus）是牺牲在三十僭主手里的人。正如柏拉图关于勇敢的对话以败北的将军为主要对话者，又如他关于节制的对话以未来的僭主为主要对话者，他的这篇关于正义的对话中的某些人物必定就是一场以正义为名发动的叛乱的无辜牺牲者。然则苏格拉底在《王制》里所进行的复辟不像是一场政治复辟；它毋宁将是一个不同层面上的复辟。这种苏格拉底式复辟的精神被以下事实所揭示：令苏格拉底和来自雅典边缘地区（uptown）的其他参与者留在庇雷埃夫斯的借口，是许诺晚宴（dinner）以及为敬拜一位女神而举行的火炬赛跑（race）。但后来我们就再也没有听到火炬赛跑或晚宴的消息。火炬赛跑与晚宴被［156］一场关于正义的交谈所取代。养育身体被养育灵魂所取代。这场相当广泛的关于正义的交谈在自身之中构成了一种对快乐乃至身体需求的自控训练，或者说构成了一种禁欲行为。当莫尔（Thomas More）撰写一部模仿《王制》的作品——他那禁欲气息少得多的《乌托邦》（Utopia）——时，他把关于其完美共同体的描述安排在午宴之后。

《王制》里苏格拉底的论敌是修辞家忒拉绪马霍斯。忒拉绪马霍斯与苏格拉底各自有一个追随者插入了他们之间的讨论，正当通过这两位追随者的短暂交锋①而澄清了［某些问题］时，忒拉绪马霍斯就从一个颇为不谬的（quite unparadoxical）观点出发：正义等同于法定。既然法定与否在任何情况下都取决于立法者或者政府的决断，那么正义就等同于强者的意志。忒拉绪马霍斯的行为方式是：禁止谈到某些事情，禁止给出某些回答；他要求苏格拉底支付罚金，此项支付由柏拉图的兄弟作保承担，正如苏格拉底受审那天，柏拉图本人作保承担了苏格拉底被要求的另一种支付（［译注］柏拉图，《苏格拉底的申辩》，38b）。忒拉绪马霍斯的这种行为方式让我们想起雅典城邦对苏格拉底的所作所为。正义等同于法定，忒拉绪马霍斯这个论点正是现实城邦的论点，现实城邦不允许超越其律法的诉求。在某种意义上忒拉绪马霍斯就是城邦。他扮演了城邦。他之所以能够扮演城邦乃因他拥有修辞技艺。苏格拉底轻而易举地制服了忒拉绪马霍斯并使他沉默下来，但在被迫沉默之后，忒拉绪马霍斯继续在《王制》中扮演一个角色。在卷五开头发生了一个让我们想起《王制》开头的场景。在两个场景里都能看到一场结束于决断的商讨，这是对城邦行动的模仿。虽然忒拉绪马霍斯并没有参与第一场商讨或决断，但他确实参与了第二场。在卷五的开端忒拉绪马霍斯已经成了这个城邦的一员。要令言辞中的城邦复辟，就得把忒拉绪马霍斯纳入城邦。在新层面上复辟正义需要忒拉绪马霍斯的技艺之助，即需要修辞技艺之助。

我们可以回想一下，在阿里斯托芬的《云》中，苏格拉底已导致了正义言辞之脆弱性的泄露。正义言辞之所以脆弱，乃因其基础根本就是神话，亦即人们所讲的诸神故事。而诸神作为所谓［157］正义护卫者显然不义。如果苏格拉底要显示正义言辞的力量（这自然是苏格拉底在《王制》中的首要作用），那么他必须使正义完全与神话相分离，与古代的传说或传统相分离。于是，

---

① ［译注］即 Polemarchus 与 Cleitophon 的交锋，参 340a–b。

柏拉图的苏格拉底以行事显示了正义言辞的力量，然而他显示的是一种完全新式、奇异、闻所未闻的正义言辞的力量。柏拉图的苏格拉底超越了普遍接受而并不纯粹的正义观念，按照这一观念，正义就在于给每个人他所应得的；因为一个人所应得的由惯习、律法或实定法所决定，而实定法自身之正义并无必然性。实定法自身所宣称为正义的东西，其本身之所以正义只是出于实定、出于习俗；因此必须寻求本质上、本性上的正义事物。我们必须寻求一种自身本质上合乎正义的社会秩序，寻求与自然相符的城邦。这样的城邦并无实例。它是完全新奇之物。它必须被创建才能存在。在《王制》里，它就被创建于言辞之中。

然而，在我们被迫质问"正义就在于给每个人他所应得的"这一观点之后，我们又找到了什么方向感呢？按照普遍接受的观点，正义并非仅是"给每个人他所应得的"这一习惯；它也意在成为有益之物。那么我们就会说正义就是"给每个人对他好的东西"这一习惯。在亚里士多德看来，《王制》给他的第一印象是，其中展现的方案具有爱人类的特性。如果正义是"给每个人对他好的东西"这一习惯，那么正义就专属于智慧之人。因为，正如惟独医生才知道什么是对人的身体真正好的东西，惟独智慧之人作为灵魂的医生才知道什么是对整全之人真正好的东西。进一步说，如是理解的正义——作为"给每个人对他好的东西"这一习惯——就全然无我。它是对他人的无我奉献，是纯粹的为他人服务或为整体服务。既然在一个正义的城邦里每个人都被假设为，他在投身于服务他人这一意义上才正义；那么就没有人会思索自己，思索自己的幸福，思索自己的一切。完全的共产主义，在财产、女人和孩子方面的共产主义，只是正义的制度性表现。然而，整体的福祉难道不等同于其所有成员的福祉吗？换言之，为什么每个人都完全献身于城邦？回答如下。好城邦是每个人尽其所能而达到的最高美德或德性的充要条件。正义的城邦是这样一个城邦，在其中做一个好公民［158］径直等同于做一个好人。每个人为之献身的，并非对他而言最快乐或最有吸引力的求索，而是使他尽可能成为好人的那种求索。然而正义隐含着某种予与取的互动。于是正义的城邦就是这样一个城邦，其中每个人都做依据自然适合他做的事情，每个人都接受依据自然对他好的东西，而非对他而言有吸引力或快感的东西。正义的城邦是一个完全理性的社会。除了对城邦有用的东西，亦即最终来讲除了对每个成员最大限度的完美或德性有用的东西，没有什么美或高贵的东西，甚至没有什么神圣或圣洁的（sacred or holy）东西。只需提起最令人震惊、最引人注目的例子：家庭，还有反对兄弟姊妹之间乱伦这一神圣禁忌，必须让位于优生学要求。这整个方案在每一点上都预设了智慧之人或哲人的绝对统治。然而，智慧之人如何才能令不智之人服从呢？大家可以看到，这个问题与我们在色诺芬那里发现的一样。除非运用强力，否则这里所需的服从将不会出现。因此，为数较少的智慧之人需要为数颇多的忠诚辅助者的支持。然而，智慧之人如何才能确保本身不智的辅助者的忠诚呢？智慧之人统治辅助者是通过劝谕，且仅仅通过劝谕。因为在好城邦里，辅助者不会被律法所阻。劝谕不是论证。不智之人尤其辅助者之被劝谕，是通过一种高贵的欺骗。如若没有一种根本性的假话（untruth），理性的社会或曰依循真理和自然的社会甚至没有可能。

　　这一根本性假话由两部分构成。第一部分在于，将所有人共同的大地母亲以及所有人之间的同胞之爱（fraternity），分别代之以大地的一部分——乡土、祖国、疆域——以及仅存于公民之间的同胞之爱。因而这个根本性假话的第一部分在于将人类的自然地位归于人类的一部分，即一个既定城邦的公民。这个根本性假话的第二部分在于将神性起源归于实存着的社会等级，或者更一般地说，在于把实存着的社会等级与自然等级相等同；这就是说，甚至依循自然的城邦也不径直就是自然的，或者说甚至最理性的社会也不径直就是理性的。于是劝谕的技艺对于城邦或社会至关重要。一旦追问如何才能将一个现实城邦转变为最佳城邦，困难就以一种更尖锐的形式重现。[159] 如果现实城邦的公民——亦即没有受过《王制》中为最佳城邦公民所规定的特殊教育的那些人——无法被劝谕而顺从于哲人的统治,那么这一转变就完全不可能。如果杂众不顺从于哲人的劝谕,那么最佳城邦的问题就全然不可解决。杂众可为哲人所劝谕这一断言的背景恰是,苏格拉底宣称他与忒拉绪马霍斯刚刚成了朋友。忒拉绪马霍斯必须被纳入最佳城邦,因为若没有忒拉绪马霍斯的技艺,最佳城邦就没有可能。就我所知,《王制》的研习者中惟一理解了这个关键事实的乃是阿尔法拉比,一位鼎盛期在公元900年左右的伊斯兰哲人,中古亚里士多德主义的奠基人。按照阿尔法拉比的说法,苏格拉底方式(仅仅适用于哲人对待精英的方式)必须与忒拉绪马霍斯方式(适用于哲人对待杂众的方式)相结合。何以需要高贵的假象首先因为如下张力:一方面是普遍的政治社会不可能存在(普遍一词在此严格地涵盖全人类),另一方面是特定或封闭的政治社会具有本质缺陷。特定或封闭的政治社会与所有人自然的同胞之爱相冲突。政治社会以这样或那样的方式在人与人之间划下了武断的界线。政治社会在本质上是排他的、苛厉的。可以说,《王制》卷一中关于正义的讨论在提出正义者不伤害任何人时达到了顶峰。追寻着这条思路,我们可以得出结论:正义是普遍益处(universal beneficence)。但在苏格拉底为正义作出的强有力言辞中,这一整条思路被默默(但并不是无可注意)旁落了。正义城邦的护卫者被比作狗,对熟人或者朋友温和,对敌人或者生人苛厉。柏拉图以这种方式让他的苏格拉底表达了与色诺芬同样的观点。色诺芬指出,他作为苏格拉底的学生,长于通过赞誉来引导君子,一如长于通过击打来降伏小人。色诺芬的苏格拉底与柏拉图的苏格拉底都已在总体上理解了理性与言说的本质限度,进而理解了政事的本性。

如我已指出的,《王制》的情节在于,苏格拉底首先将他与忒拉绪马霍斯的潜在冲突和盘托出,[160] 接着在于苏格拉底让忒拉绪马霍斯沉默,最终在于苏格拉底通过在最佳城邦中赋予忒拉绪马霍斯一个重要的——虽然是从属的——地位而与他达成和解。换言之,《王制》的情节专注于修辞术的强与弱。在交谈过程中,对修辞术的期待得到大大增强。一开始仅仅期待,已然在最佳城邦中成长起来并以它的方式受到教育的人民将会相信高贵的谎言。后来则期待,可以劝谕一个现实城邦的人民必须服从哲人们的统治。只有在这一期待的基础上,这么说才有意义:假如哲人们没有为王,那么邪恶就不会远离城邦。哲人们之可以为王,端赖哲人们有能力劝谕杂众相信他们有能力为王。但在《王制》该部分(也是全书的中心部分)的结尾,政治福祉的条件被彻底重设。政治福祉的前提,不是假设哲人们为王,而是哲人们已然为王,已然令所有长于十岁者过上了乡土生活,而且在没有任何父母影响的情况下抚育着这些孩童。苏格拉底甚至没有试图去证明,如果明白了哲人们会把杂众逐出城邦而只留下孩童,杂众还会被劝谕而服从哲人们的统治。无法仅仅通过劝谕让多数人为了所有后代的福祉而承受他们所认为的余生之中最大的悲苦。劝谕有绝对限度,因此《王制》所描绘的最佳城邦没有可能。只有搞一场彻底清洗(a complete clean sweep),最佳城邦才可能,但总会有无法清洗掉的强大遗习,其势力只能为每个个体自身的持续努力所打破。当且仅当所有人都能变成哲人,亦即当人性奇迹般地得到改造,最佳城邦才会成为可能。

既然在言辞中创建最佳城邦是为了证明正义言辞的强势,于是这似乎表明不仅传统的正义言辞而且新奇的正义言辞都很脆弱,或者说表明阿里斯托芬之正确。柏拉图的苏格拉底为了反对这个结论,设想城邦正义严格对应于个人正义,反之亦然。与此相应,他把正义界定为各司其事(doing one's job),或毋宁说良好地各司其事。如果一个存在者的所有重要部分都[161]良好地各司其事,那么这个存在者就正义。为了达到真正的正义,一个人未必应当做好他本应在完全正义的城邦里履行的事务。如果他灵魂的各部分良好地各司其事,如果他的理性居于统治地位,而且他那些低于理性的力量服从他的理性,那么这也就够了。但只有对于一个恰当地培养了理性的人来说,亦即对于哲人来说,这一点在严格意义上才可能。于是哲人——也只有哲人——才纯然正义,不论他所生活的城邦有何特性;反之,非哲人将并非纯然正义,不论他所生活的城邦有何特性。比起谈论良好地各司其事,苏格拉底谈得更多的仅仅是各司其事,其意义同于在意自己的事,即不做一个好事者,或过一种淡泊的生活。过正义的生活意味着过淡泊的生活,过最高意义上的(par excellence)淡泊生活,亦即哲人的生活。这是《王制》显白的秘密。据说个人的正义是用小号字母书写的,而城邦的正义是用大号字母书写的。正义据说在于在意自己的事,亦即在于不为他人服务。最佳城邦显然不为其他城邦服务。它具有自足性。

正义就是自足性,因而就是哲学。这样理解的正义有其可能,不论最佳城邦是否可能。这样理解的正义还有进一步的益处,即不会出现如下疑问:这种正义是否因其自身的缘故而值得选择。虽然通俗意义上的正义很可能成为一个负担,但哲人对自身之事的在意(亦即他的哲学探究)本质上令人愉悦。为了说得清楚些而稍微夸张一下,在最佳城邦中整体是幸福的,而没有一个个体是幸福的,因为哲人们负担着执政义务。在这样一个城邦之外,哲人作为哲人乃是幸福的。此刻我们才开始理解,强迫型对话与自愿型对话之间的区分意味着什么,以及《王制》何以是惟一由苏格拉底叙述的强迫性对话。但所有这些无非意味着,个人能够达到城邦所无法达到的完美。

政治生活的尊严源于某种超越政治生活的东西。可以三种不同的方式来理解政事的本质限度。在苏格拉底看来,作为政事尊严之源的超政治事物乃是哲学或曰静观(theoria),① 然而能够触

---

① [译注] 即θεωρία,指观看、思索;观礼;理论;所见。

及哲学的只有他所谓优良本性，只有拥有某一种自然资质的人。按照启示教诲，超政治事物［162］通过信仰（faith）达到，后者并不依赖特定的自然前设，而只依赖神性恩典或者上帝的自由拣选。按照自由主义，超政治事物在于每个人所拥有的与任何其他人同样多的东西。自由派思想的经典表述是如下观点：政治社会之存在首先是为了保护人类的诸权利，保护每个人都拥有的诸权利，而不管他的自然禀赋或他的成就如何，更别说神性恩典了。

回到《王制》的论争，通过认识到政治的本质限度，也就确实从我们现在所谓政治理念主义（political idealism）的种种魅惑——或者用苏格拉底的语言来说，这种魅惑恐怕非得称为偶像的魅惑，称为对正义的想象性呈现——中解脱了出来，然而也领悟到即便不曾出生也好过从未感受到这种魅惑。不过，从这种魅惑中解脱将不会削弱而只会加强对政治生活的关注或曰政治责任。哲学随城邦而兴衰。于是柏拉图为政治贡献了他篇幅最大的作品《法义》，亦即柏拉图真正的（the）政治作品。《法义》呈现了对于既非诸神又非诸神之子的存在者来说可能的最佳城邦，《王制》却并非柏拉图对最佳城邦的呈现，而是他以这样一种呈现——即他对公民事务脉络（ratio rerum civilium）的解说——为表象对政事本质特性的呈现，一如西塞罗曾经智慧地评说的那样（《论共和国》，2.52）。既然如此，《法义》中作为主要对话者的柏拉图式角色并非苏格拉底，这就引人注目了。鉴于上文所讲的一切，这一事实迫使我们提出这个悖谬的问题：阿里斯托芬对苏格拉底的呈现难道不是在一个决定性方面为柏拉图所证实了吗？可以毫无悖谬地回答这个问题。与阿里斯托芬的苏格拉底不同，柏拉图的苏格拉底之特性乃是明智（phronesis），也就是实践智慧。他对政事远非盲目，而是已然认识到政事的本质特性，并且他相应地依循这种认识而行事。

故而政事的本质便是低于个人所能达到的完美。如果个人的完美是城邦绝对无法达到的上限，那么城邦只要没有变得惨无人道或沦丧堕落就不可能陷落其下（fall beneath）的那个下限又是什么呢？柏拉图的苏格拉底开始讨论这些最低需要时，他正在描述最初的城邦，亦即格劳孔所谓猪的城邦，却也是苏格拉底所谓真正的城邦，即最低限度的（nothing but）城邦。这个城邦[163]所做的事情只是满足基本需要，即身体需要——食、衣、住；在这个城邦里，超越这些初级事物的任何善或恶均未出现。这是一种天真的状态，惟其天真，故易丧失；这也是一种正派的状态，其特性并非德性，而是淳朴与性善，是无需统治。在人类的才能（faculty）发达的时刻，就产生了对政府的需要；因为不管怎样，至少才能不必然会沿着正确的方向发展。对政府的需要等同于对约束的需要与对德性的需要。对这样理解的德性之需要，是由于共同生活之故；这就是城邦只要没有变得沦丧堕落就不可能陷落其下的那个下限。柏拉图把这种德性称为通俗德性（popular virtue）或政治德性。我们可以称之为功利德性。我们再重复一下，其根据或根基是城邦之需要。

然而，德性还有另一种根基，因此还存在另一种德性：真正的德性。关于真正德性的苏格拉底公式是：德性就是知识。这就是柏拉图的苏格拉底以及色诺芬的苏格拉底的另一个显白的秘密。这个公式意味着它自身所说的。严格意义上的德性并非他物，而只是知识或知性，严格意义上的邪恶亦非他物，而只是无知——德性或邪恶就是对自然之极（akra physeos）、存在之极的知识或无知。严格意义上的德性，预设并产生其他德性——勇敢、节制以及正义。如果可以用亚里士多德的（亦即并非柏拉图的）术语"性情德性（moral virtue）"，① 我们就可以陈述柏拉图的苏格拉底之观点如下。"种种性情德性"具有两个不同的根基。它们为之而存在的目的一方面是城邦，另一方面是心智生活。就性情德性仅扎根于社会需要而言，它们仅是通俗德性或政治德性，并且仅通

---

① ［译注］即 $\eta\vartheta\iota\varkappa\acute{\eta}\ \alpha\varrho\varepsilon\tau\acute{\eta}$，参亚里士多德，《尼各马可伦理学》，1103a14。

过习惯培养（habituation）而获得。它们本身没有固定性。一个生活在秩序良好社会中的好公民，通过习惯培养而非通过哲学而分有德性，他会选择来生做最大的僭主，就像柏拉图在《王制》末尾所说的（619b–d）。通俗德性或政治德性通过习惯培养并根据推理或算计（calculation）来获得——推理或算计的出发点是对社会的需要或者说是种种身体需要——而哲人则倾向于德性，而且无需为此而算计。在我们的世纪里，柏格森（Bergson）曾谈及道德的两种根基，其一是城邦，其二是开放社会或普遍社会。柏格森关于 [164] 第一种根基的说法根本上与苏格拉底教诲相一致。而更引人注目的是在第二种根基方面的不一致。哲学在苏格拉底的思想中所占据的位置，在柏格森的思想中为开放而普遍的社会所占据，而后者又为一种神秘主义所激发。

然而，如果道德具有两种截然不同的根基，怎么可能有道德的统一性呢？怎么可能有人的统一性呢？社会的道德需求与心智的道德需求怎么可能完全一致或至少在相当程度上一致呢？人的统一性在于这样一个事实：他作为整全的一部分向着整全开放，或用柏拉图的语言说，他作为整全的一部分已然看到万物的形相。人对自身向着整全的开放状态的关注，就是心智生活。既是部分又向着整全开放，并因此在某种意义上就是整全本身，这样的两重性就是人。进一步说，社会与整全本身有这样的共同点：在运用个体来克服并超出他自身这一层面上，两者都是超越个体的整全。一切高贵都在于这样克服并超出自身，在于这样献身于某种比自身更伟大的东西。

我们姑且说：在《王制》里，人的统一性问题以人的灵魂的统一性问题为形式得到讨论。这暗示《王制》抽离于身体。我的提法是，每一篇对话都表现为某种特定的抽离，即抽离于与被讨论的主题最相关的东西。《王制》特有的抽离是抽离于身体。《王制》特有的政治方案是完全的共产主义。但是身体构成了对共产主义的绝对限制；严格地说，人无法与任何其他人共有他的身体，虽然他可以很好地与他人共有他的思想与欲望。抽离于身体同样体现于《王制》里对男女平等的讨论,在该讨论中,男女之间的差异在地位与意义上一如秃头男子与非秃头男子之间的差异。《王制》谈到孩童的部分也揭示了同样的意图。亲子之间的血缘关系或曰身体关系,被搞得看不见了。而且最重要的是,《王制》的整个论证立足于个人与城邦的对应关系,可是人与城邦的这种对应关系很快就被[165]个人灵魂与城邦的对应关系所取代。身体被默默地抹去。在此我们回想起柏拉图未能提供交谈开始时许诺的晚宴。进一步说,我们从这里就理解了这样一个事实:在讨论未来哲人要探索的研究论题时,苏格拉底几乎忘了提及立体几何这个领域,也就是关于形体(bodies)的几何。最后但决非最次要的是,我们已经提及对哲人修辞力量的夸大,这种夸大仅仅是如下抽离的相反方面:抽离于哲人用以强制非哲人的身体性力量。无论如何,在《王制》里,人的统一性问题以灵魂统一性问题为形式得到讨论。这个问题之出现,是因为显然有必要承认智性或理性与灵魂之中低于理性的种种力量之间存在本质差异。这样,人之统一性的问题就变成了人的灵魂中最高者与最低者之间的连结纽带问题。

在《王制》里,柏拉图提出把灵魂分为三个部分:理性、血气(spiritedness)与欲望。在两个低于理性的部分当中,血气最高或最高贵,因为它在本质上服从理性,而欲望则反叛理性。用亚里士多德在其《政治学》中相近语境里的术语说,理性通过劝谕以政治方式或王政方式统治血气,而仅通过命令以专制方式统治欲望。[①] 于是,看起来血气便是人内心中最高者与最低者的连结纽带,或者说就是那赋予人统一性的东西。我们会冒昧地提出,人特有的东西,那人性的-太人性的东西,便是血气。"血气"所

[①] [译注] 参亚里士多德:"灵魂以专制的统治来统治身体,而理性对欲望的统治则是政治的或者王政的统治"(《政治学》,1254b)。引文参考了《亚里士多德选集·政治学》,颜一译,北京:中国人民大学出版社,1999。

对译的语词 thymos 或 thymoeides① 原本有着宽泛得多的意义，而且这样的宽泛意义也出现于柏拉图对话中。可以说，"血气"是与圣经里的"心（heart）"相当的希腊语词。特别在《王制》中，柏拉图通过把血气与欲望对立起来而更愿取 thymos 的狭义，而欲望当然与血气一样属于 thymos 的本意，属于心。为了理解柏拉图的这个倾向（特别是在《王制》里），我们要从如下事实出发：欲望包含爱欲，即最高与最低意义上的爱欲性欲望。《王制》意义上的血气极其不同于爱欲。它具有非爱欲性（anerotic）或反爱欲性（anti-erotic）。

通过派给血气一个高于欲望的地位，柏拉图贬抑了爱欲。在两宗事实上，这一贬抑表现得最为清楚。当柏拉图在卷二指出人在社会中生活的需要时，他提到了饮[166]食，但对生育则保持沉默。当他在卷九描绘僭主时，他将其呈现为彻底受爱欲左右，呈现为人格化的爱欲。然而，僭主是人格化的不义，或者说象征着对城邦具有摧毁作用的东西。因而我们应该说，作为爱欲的对立物，血气所意指的是政治激情。正是出于这个理由，色诺芬把他的居鲁士这个最成功的统治者呈现为一个彻底无爱欲的人。但是如何理解这一点呢？无爱欲的血气，政治激情，把自身揭示为对于胜利、卓越、统治、荣誉和辉煌的一种欲望。但是，政治激情难道不也是——甚至首先是——对于城邦或曰祖国的依恋，因而不也是爱吗？护卫者或公民的模范，难道不是喜爱他的熟人或朋友的狗吗？然而正是这一模范表明护卫者或公民必须对非公民或异方人苛厉。因而，不能仅仅把政治激情理解为依恋。对于爱国主义来说，苛厉、排他的要素同样也具有本质性。对于爱欲来说，这种苛厉不具有本质性，因为两人可以相爱而无需对其他人

---

① [译注] thymos 即 θῦμός，指心灵、灵魂、生气、勇气、精神；内心，强烈情感，意志，气质；思想。thymoeides 即 θυμο-ειδής，是 θῦμός 的形容词形式，指勇敢的；热情的，精力充沛的（马）。

苛厉。这种苛厉对于爱欲不具有本质性,但它由血气所提供。还有一个更大的困难。血气把自身展示为对胜利、卓越、统治、荣誉与辉煌的欲望。那么,血气不也是一种欲望吗?它有什么权利与欲望区别开来,甚或与之对立?回答隐含于纵欲(concupiscible)与易怒(irascible)之间的传统区分,这个区分源自柏拉图对欲望与血气的区分。但柏拉图的区分与这个传统区分并不相同。我已经提到了道德的两重根基,其一是社会之种种需要,这归根结底就是身体之种种需要,其二则是心智之种种需要。有两种欲望对应这两种需要。欲望指向一个好处,指向善本身,但血气(愤怒是其最明显的形式)指向一个难以达到的目标。血气产生于恰好被抵制或阻碍的欲望。需要血气以克服对欲望之满足的抵制。因此血气是一种对胜利的欲望。爱欲首先是生育人类的欲望,而血气是一种杀戮与被杀乃至毁灭人类的衍生性意愿。

血气与欲望相比是第二位的,它服务于欲望。它在本质上具有服从性,尽管看上去要比其他任何东西更具主宰性。然而它本身并不知道应该服从什么,服从更高者还是更低者。它折服于它并不了解的东西(It bows to it knows not what)。[167] 它卜知猜度某种更高者;它是耻感(aidos),亦即敬畏。然而由于本质上很恭顺(deferential),它具有比身体欲望更高的尊严,后者则丧失了那种恭顺。可以说,有血气的人总是在观望(on the lookout for)或寻求他可以为之牺牲的东西。他准备为任何东西牺牲他自己以及一切其他东西。他焦虑于尊崇,同样焦虑于被尊崇。虽然最有激情地关注自我主张,而且他在这同一行为中又最为忘我。既然血气不确定首要目的是身体的种种好处还是心智的好处,那么它就以某种方式独立于(或者说不去理会)那些好处。① 血气

---

① [中译编者注] *Interpretation* 版显示录音记录在"不去理会"后面有中断,中断之后的两句话也为本书原编者所略去:"血气的原词 thymos 并没有欲望所具有的那种对外的指向性(outward pointedness)。但这纯粹是语源学上的猜测,我顺带提一下。"

本身中立于两种欲望对象——身体的种种好处与心智的好处——之间的区别。血气因此极其含混，也因此而能成为最极端的混乱的根源。如此理解的血气正是那种把人类变得有趣的东西。因此它就是肃剧的主题。荷马是肃剧之父，因为其《伊里亚特》的主题是阿喀琉斯的盛怒（wrath），而《奥德塞》的主题是奥德修斯充满障碍的回归。血气是一个含混的领域，在其中更高者与更低者连结在一起，而且相互转化，没有可能清楚地区分两者。它就是通常意义上的道德之所在。

哲学并无血气。当在《法义》卷十中与无神论者争论时，哲人对他们的讲话明显不带血气。血气必须隶属于哲学，而最高形式的欲望、爱欲就是哲学。这里我们触及了柏拉图与阿里斯托芬最深刻的一致之处。在有见识的人那里，血气作为对卓越的欲望就变成了如下欲望：追求为自由男子们所认可。因此它在本质上与政治自由相关，于是与律法相关，于是与正义相关。同样，由于本质上很恭顺，它是一种羞耻感，它自身原本就折服于祖传事物，后者是对善的原初展现。出于这两个理由，它在本质上与正义相关。血气的常态是对正义的热忱，或者道德义愤。这就是为什么在柏拉图关于正义的对话《王制》中，血气被呈现为使人合为一体的纽带。并且可以说，《王制》的情节在于初次挑起了血气，或在于挑起了归属于血气的德性（亦即对未被理解之正义的热忱，即我们现在所指涉的政治理念主义），因而也在于净化了血气。通过理解血气，我们也就理解了 [168] 道德义愤的根本含混性，道德义愤很容易变成复仇或者惩罚。然而，血气的含混性并未被道德义愤的含混性所穷尽。它最引人注目的表现在于从有正当根据的义愤转化为无正当根据的义愤。对此最直接的陈述是莎士比亚笔下哈姆雷特（Hamlet）的独白。哈姆雷特列举了七种让生活几乎无法忍受的东西。这些东西几乎都是道德义愤的对象，例如压迫者的恶行等等，但在核心之处他提到了受鄙视之爱（dispised love）的种种痛苦。对于不义的有正当根据的义愤不知不觉地变为对于无回报之爱（unrequited love）的无正当根据的义愤。这可能是血气最深层的秘密，因此至少也是柏拉图《王制》最深层的秘密之一。

《王制》无法显示对血气的净化，这一净化就在于血气对哲学的顺从，而且不把血气变成中心、人的中心。《王制》的世界是一个血气的世界，是尚未净化的和已经净化的血气的世界。换言之，《王制》抽离于 charis① 或曰惠顾（grace）——古典意义上的惠顾，在这个意义上它本质地接近于爱欲。血气的世界不是 charis 或爱欲的世界。这样两个世界在柏拉图的视角中如何相关，它们是否像 charis 与 anangkē②（亦即惠顾与强迫）二者那样不相关：这样的问题恰对应于《王制》与《会饮》之间的关系问题，亦即对应于柏拉图对话中最具强迫性的对话与最具自愿性的对话之间的关系问题。

最后一讲

孙向晨　译

本系列讲座在这样一个阴影之下产生：理性主义在当代发生了崩溃。这种崩溃诱使我们去思考理性主义的整个问题。这种探索在某种程度上是一种经验性探索，其第一步就是理性主义的起源问题。出于种种理由，这个问题可以等同于苏格拉底问题，或整个古典政治哲学问题。无疑极端重要的是，对勘古典政治哲学

---

① ［中译编者注］参页［80］关于 charis 的中译编者注。对比此处对译此词的 grace 的三类意义：优雅；恩典；崇敬。

② ［译注］即 $ἀνάγκη$，指强迫，必然；自然欲念（如食欲）；暴力，痛苦；血缘关系。

与其在哲学上的竞争者,后者体现为现代政治哲学。但是在这样做以前,人们必须首先就古典政治哲学自身来理解其自身。我的探究限于古典政治哲学的品性和主张,限于它所试图解决的问题,限于它所试图克服的阻碍。这个问[169]题和这个阻碍清晰地体现于阿里斯托芬对苏格拉底的描述。苏格拉底因缺乏自我知识而具有非政治性。他没有理解哲学赖以生存的政治背景。他没有意识到哲学和城邦之间的本质差异。他没有从政事的特定品性来理解政事。这是因为他具有非爱欲性和非诗乐性。面对这种指控,色诺芬和柏拉图给出了一个相同的答复。苏格拉底具有政治性和爱欲性。他从政事的非理性特性来理解政事。他认识到作为哲人和杂众之间纽带的 thymos 或曰血气的至关重要性。他从政事的特定品性来理解政事。事实上,在他之前还没有人这么做过。因为他第一个把握到形相的意义,把握到如下事实的意义:要想刻画整全,就得通过等级或种类来加以表达(articulation into classes or kinds),而理解等级或种类的特性,只能通过思想而非感性知觉。

无论我们对这种答复的恰当性有什么看法,这种答复在一点上显然不恰当。它没有回答苏格拉底具有非诗乐性这一指控。

根据一种广为流传的观点,古典政治哲学的对立面或敌手是智术,也就是希腊智术师的教诲和实践。这种观点理应得到其享有的声誉。单纯而表面地阅读《王制》卷一、《高尔吉亚》或《普罗塔戈拉》,足以产生这种观点。在 19 世纪,这种观点开始得到如下理解。古典政治哲学与智术师之间的关系,一如德国理念主义(尤其黑格尔)与法国革命理论家(尤其法国哲人[philosophes])之间的关系。1789 年原则的信奉者和敌对者历来坚持且仍在坚持这一观点。自由派倾向于支持智术师,而保守派倾向于支持古典政治哲学。这种观点的最时髦因而也最简化的版本,不再断言一种仅仅比例上的衡平(equality),而断言一种简单的平等（equality）。① 因为古典政治哲学与智术师的关系一如德国理念主义与法国革命理论家的关系这一观点，暗示整个古典思想与整个现代思想之间存在一种根本差异，因而也暗示现代自由主义与智术学说之间仅存在一种类似而已。然而现在我们被告知，智术师本身就是自由派或民主理论家。必须认识这种意见，并仔细[170]检审这种意见，因为它体现出理解古典政治哲学或智术师时面临的最大障碍。但这里不是做这样一次检审的适当场合。②

这里我仅限于如下评论。柏拉图对智术师的批判与其说是针对智术师特有的教诲，不如说是针对一种特定生活方式。他惦记着某种类似于我们所谓"知识分子"的现象，一种极为含混的现象。因为知识分子这个名称掩盖了某种决定性差异，即那些为了其理智本身而培养其理智的人们，与那些为了获利、权力或名望而培养其理智的人们之间的差异。换句话说，知识分子只是一种外在的描述，一种也许出于某些官僚主义目的（如报税）而给出的已经足够好的描述。知识分子是某些通过写作和阅读来过活的人，而不是例如说靠填写和阅读报税单来过活的人；事实上知识分子未得到明确界定。知识分子形成了一种职业，但在所有其他职业中都会有种种职业标准来区分比如说医生和冒牌医生。但在知识分子这种职业中却不存在这样的可能性。人们也许会说，知识分子职业区别于其他职业，是因为其种种要求很模糊也很繁多（the enormous extent）。其含混性产生于混乱，又增加了混乱，因而它是一种威胁——不是针对道德，而是针对清晰性。

让我们回到智术师这个话题。正是在《王制》（492a 以下）中，柏拉图为智术师辩护，以反对人们通常指控他们是青年的败

---

① 参 Eric Havelock，《希腊政治中的自由倾向》(*The Liberal Temper in Greek Politics*, New Haven, 1957)。

② 参施特劳斯，"古典政治哲学的自由主义"（The Liberalism of Classical Political Philosophy），见氏著，《古今自由主义》，前揭，第 3 章。

坏者。柏拉图说败坏青年的并非如许多人所指责那样是智术师，而恰是那些做出这种指责的人们自身，或者说就是城邦，事实正是如此，将来也总是如此。智术师只是城邦的模仿者，只是政客的模仿者。《高尔吉亚》中的高尔吉亚和珀洛斯（Polus）以及《王制》中的忒拉绪马霍斯都是修辞家。古典政治哲学的对立面不是另一种政治哲学，而是修辞术，亦即自主的修辞术，或者说是这样一种视角：最高技艺、政治技艺就是修辞术。这种观点确实基于一种哲学，但这种哲学排除了政治哲学的可能性。柏拉图在《法义》卷十中对这种哲学进行过一次清晰的概述。它始于这样一个前提，即根本的现象是肉体，而灵魂和心智只具有派生性。它得出的结论就是，正义或正当（right）[171] 绝非自然的或依循自然，而只基于习俗或意见而存在。因此，原则上任何习俗、任何意见，或者如他们今天所说的任何价值系统，都与任何其他同类事物一样好。在这类事物中不存在自然，不存在真理，因此不可能有一门关于这些事物的科学。处理此类事物的真正技艺或科学就是为了某人的利益而对 [普遍] 意见施加影响的技艺，也就是修辞技艺。但在《王制》中，无论如何，柏拉图对于哲学和修辞术之间敌对状态的强调远逊于他对哲学与诗之间敌对状态的强调。后一种敌对状态之所以如此严重，是因为正是诗人——而非修辞家或智术师——辱骂哲人是"冲着主人狂吠的母狗"（607b）。古典政治哲学的伟大竞争者正是诗。

让我首先说明一下在我看来柏拉图如何处理哲学与诗之争。他强调需要高贵的假象；随即他又强调需要诗。作为哲学的哲学不能提供这些高贵的假象。作为哲学的哲学也不能劝谕非哲人或杂众；它不能吸引他们。于是哲学需要诗来做补充。哲学要求一种具有从属性的诗。这暗示柏拉图只与自主的诗进行争执。若他要使我们信服，他就必须表明，如果将诗理解为具有从属性，那么诗中被赏慕的东西没有任何丧失。

在《王制》中柏拉图对诗的讨论有两次。第一次讨论在卷二和卷三,先于哲学讨论。这个讨论涉及不止一个前哲学的方面。第二次讨论在卷十,后于哲学讨论。第一次讨论发生于苏格拉底和阿得曼托斯之间,阿得曼托斯的品性是节制或冷静(即便不是严肃),而非勇敢和爱欲性欲望,而且他对于诗人关于正义的教诲表达了一种深刻不满。第二次讨论则发生于苏格拉底与格劳孔之间,格劳孔的品性恰是勇敢和爱欲性欲望,而非冷静或严肃。关于诗的第二次讨论有望比第一次讨论更为大胆。

对于诗的前哲学讨论,就是讨论非哲学的战士们的教育。这种讨论的第一个主题是神话,或是对孩子们讲的不真实的言辞。神话的创造者就是诗人。诗人们完全不关心他们的故事是否适合讲给[172]孩子们听,或者说讲给不成熟的人们听——不论他们年龄上是否成熟。因此,在适宜的故事和不适宜的故事之间作出区分的,应该是人民而非诗人们,应该是政治权威们([译注]或译"政府当局"),而且在最佳情况下应该是最佳城邦的智慧的缔造者们。政治权威们必须关注故事是否有益于人们或公民们的善。似乎他们并不关注故事的诗性品质。至于诗性品质,诗人们可能是比政治权威们更好的评判者。政治权威们必须监督和审查诗人们。特别是他们必须强迫诗人们以特定方式来呈现诸神,以便诸神能成为人类美德和公民美德的典范。这种描述任务必须交给诗人们。这种强加于诗人们的任务非常艰难。只需想一想让阿芙洛狄忒成为公民美德的典范,即便不说让她成为主妇的典范。城邦的缔造者们可以规划阿得曼托斯所谓"神学"的大纲或总则。苏格拉底提到了两种这样的原则。诸神必须被表现为只是善的原因,而不是恶的原因。同时诸神还必须被表现得朴实而不进行欺骗。阿得曼托斯对于接受第一个命题毫无困难,但他对于第二个命题就有某种程度上的困惑。何以如此,稍后在同一个背景中就会显现。因为似乎进行欺骗的惟一高贵动机暗含在统治的职能之中。如果是诸神统治人,那么他们如何能避免为了人的好处而进行的必要欺骗呢?但是苏格拉底所立下的醒目规则禁止表现死亡的恐怖以及丧失至亲的痛苦。不允许诗人们公开言说当所有其他人因痛苦、悲伤或忧愁而无语时惟独诗人们自身才可以充分言说的东西。诗人们必须根据如下原则来写诗，即一个好人由于具有自足性，故不会因丧失孩子、兄弟或朋友而变得可悲。诗人们也许会表现低等的妇人以及某些更为低等的男人的哀伤，以致年轻一代中最优秀的那部分人将学会鄙视哀伤。

自主的诗通过诗性地模仿激情而表达激情；它把激情神圣化。另一方面，从属性的诗则帮助人们学会控制激情。必须将这种冲突也视为对阿里斯托芬的一种回应。在阿里斯托芬看来，诗人们本就是教诲正义的智慧之人。柏拉图否定这种主张。诗正是在教诲正当的同时削弱了对于正当的尊重。［173］诗人们以同情和强力来表现人心中的种种力量，而这些力量恰恰使人的行动反对正当和礼数。借助阿里斯托芬所提出的主张，柏拉图也要求诗人成为教诲纯粹而朴实的正义的教师，可以说这就是要求诗人不要通过这种有益的教诲而赋予听众以任何安慰。诗人们必须只是正义苛厉而严肃的仆人。柏拉图扭转局面使之不利于阿里斯托芬；从阿里斯托芬在《蛙》中对欧里庇得斯的控告中，柏拉图得出了所有反对阿里斯托芬的结论。尤其令人信服的或引人发笑的，是以城邦的名义批判谐剧本身，这种批判占据了他俩各自讨论的中心。对于那种相互嘲笑、互用污秽语言的人——无论他们是清醒还是沉醉——的模仿，在正义的城邦中都不被允许。谐剧所培育的这种轻率一定会抵消谐剧将以别样方式传达的关于正义的任何教训。谐剧的所有技法——诽谤、猥语、渎神以及戏仿——都遭到柏拉图或明或暗的拒斥。

尽管有上述这一切，或由于上述这一切，诗的必要性毫无疑问。然而同样无疑而且事实上已得到明确表述的是，得到允许的诗相当严肃，因而比那些受到排斥的最佳之诗要少些愉悦性。我们被期待为了正义而放弃某些非常有价值的东西。我们不得不丧失的东西最清晰地体现于荷马诗句中的讨论，在那里阿喀琉斯对他的主人阿伽门农王表示鄙视。苏格拉底说,闻知臣民对于统治者这样的冒犯,"无论如何都无益于服从"(390a)。同时他补充道,"要是这能产生某种其他的快乐,这也绝不会令人惊诧"。这其他的快乐就在于简要地思索此处相关的诗句:"你这个拥有狗眼鹿心的酒鬼"(《伊利亚特》,1.225)。我们听到这诗句时所获得的快乐具有双重性。首先,这是一种最高超的冒犯,可将其抛向一个国王或一个统帅。他有一颗鹿心;他只想着逃跑。但鹿是一种高贵而优美的动物;因此要将他比之于狗、狗眼,比之于一种卑劣的、奴性的、匍匐的行状。但狗会进攻和反击;因此将他比之于鹿,只会逃跑,诸如此类。这是一个完美的循环。其次,这是一个高贵的臣民对一个名不副实的国王所作的冒犯。它表达的是一种高贵的情感,即义愤的情感,这种义愤指向名不副实者的统治,指向平庸的现实统治者(merely factual rulers)对天生统治者的压制。我们也许不得不错失某些珍宝,苏格拉底对此表示既理解[174]又遗憾。我们不得不错失的首先就是一切肃剧和谐剧,苏格拉底说,这是因为在最佳城邦中每个人都必须完全献身于一项工作,而戏剧诗人必须模仿,并因此在某种意义上成为许多不同种类的人。尤其没有人应该并可以同时成为谐剧诗人和肃剧诗人(395a)。提出这后一点的同一个苏格拉底,在对一个谐剧诗人和一个肃剧诗人——而非对清教徒般的阿得曼托斯——言说时,却迫使此二人承认好的谐剧诗人也是一个好的肃剧诗人,反之亦然(《会饮》,223d)。同一个苏格拉底还要求,在正义的城邦中某类人——在他看来即最高的那一类——必须拥有两项工作,即哲人和执政者的工作,他还要求所有其他人只从事一项工作,只在意他们自己的事,但他迫使谐剧诗人"不要关注自己的事,而要严肃起来"(452c)。因而当苏格拉底说"我们必须坚守目前的论证,直到有人以另一种更漂亮的论证劝服我们"(388e)时,我们并不惊诧苏格拉底以此开辟了关于诗的另一场完全不同的讨论。之所以有必要如此重启这种讨论,出于一种简单的考虑:一个人如果不认识激情，就不能教诲如何控制激情；一个人如果不能呈现、模仿、表达激情，就不能令其他人相信他懂得激情。据此，柏拉图自己也模仿激情；甚至资质最平庸的人也能在柏拉图于《王制》卷一所呈现的忒拉绪马霍斯之怒中认识到这一点。柏拉图的行事与其言辞相矛盾，或毋宁说与他的苏格拉底的言辞相矛盾，又或更准确地说即与柏拉图的阿得曼托斯的言辞相矛盾。于是我们需要另一种论证，一种关于诗的更漂亮的论证。

这种论证的第一步为那第一场论证——可以说即柏拉图与诗人们之争的第一回合——中最明显的缺陷所指出。在第一场论证中，我们没有被告知何为诗。对于诗，"什么是"这一决定性问题甚至没有提出。诗作为对神话的编造而出现，所谓神话就是关于诸神、精灵、英雄以及冥府诸事物的不真实的故事。由此，诗不得不服从于政治控制，服从于以正义或道德之名而进行的删改。因此诗必须讲述富有教益的故事，而非充满魅惑的故事。然而在论证过程中越来越不清楚的是，诗在呈现诸神和冥府中诸事物时应依循的宏旨，[175] 到底是由不真实的还是真实的关于诸神和冥府诸事物的意见构成。故而，人们不能止步于从城邦或道德的角度思索诗。对于道德的最终判断将取决于诗如何与真理相关联。

关于诗的第一场讨论发生在建立最佳城邦的最早的可能时刻。关于诗的第二场讨论，在某种意义上亦即最终的讨论，发生在《王制》的政治部分完成之后。因为《王制》的政治部分并非如某些人所认为的那样终结于卷五的某处——也即哲学主题出现的地方。《王制》中的哲学讨论是政治论证的一个部分。哲学在《王制》里只作为一种手段被引进来用以建立好城邦。因此，亚里士多德这位最能干的柏拉图解释者，在他对《王制》的概述和批判中甚至没有涉及哲人的统治。《王制》的政治部分结束于卷九结尾。在那里，已然极端明显的是，前面描述的最佳城邦不仅不可能，而且在某种意义上甚至无关紧要。苏格拉底在那里说道，最佳城邦或言辞中呈现的正义是否在地上或天上"存在或将存在，都没什么关系",因为它肯定能够存在于个人的灵魂之内(592b)。

仍必须解决的大问题关乎可能存在的对正义的奖赏和对不义的惩罚——要么在生前,要么在死后。关于诗的最终讨论促使人们讨论对正义的奖赏和对不义的惩罚。关于诗的最终讨论一开始,苏格拉底说,尤其对戏剧诗的拒斥至此已经显得更为必要,因为不同种类或形式的灵魂之间的差异至此已经得到展现。他不仅以此意指对于灵魂三分论(分为理性、血气和欲望三部分)的阐释。他还意指或首先意指卷八、卷九已讨论过的灵魂的多种不良(of badness)形式:荣誉制(timocratic)、寡头制、民主制和僭主制形式。只有完成了对灵魂之好坏的哲学分析,才能对诗进行最终讨论。因为诗与哲学一样关注灵魂之好坏。只有现在,在关于诗的第二场亦即最终的讨论中,苏格拉底才对诗——或毋宁说对模仿——[176]提出了"什么是"这一问题。我们了解到,模仿是表象的产物,表象看似原型但不是原型。举例来说,一张画出来的床不是一个人可以用来睡觉的床,比如木匠所造之床。甚至木匠所造之床也不是真正的床。真正的床是床的形相,木匠以之为范本来制造出可见可触的床。于是就有了三张床:真正的床,即就本性而言的床,亦即神(God)所造之床;木匠所造的可见之床;以及画家所造的画出来的床。画家并未对床的真正成分进行再造;他按照床在外观上所呈现的样子来制造它。他模仿的不是可见的床,而是床的幻影。模仿就是对某事物的再造,这种再造与本性或真实有着三重远离。这就是对某事物的一个幻影的模仿,而此事物本身就以真实为范本或在模仿真实。现在为了模仿幻影、单纯的表象,人们无须认识原型、物自身、真实。举例来说,某个描绘将军的诗人并不了解处于将军地位的将军。他并不拥有将军的技艺。

至此苏格拉底将诗人与其他制造者或生产者作了比较。诗人与哲人的关系仍然模糊不清。因此苏格拉底将制造者的三者组合

——神、木匠、画家——替换成了另一个三者组合：床的使用者、木匠和画家；他由此总结并主张，惟一拥有真正知识的人，亦即惟一能够从善出发来判断事物的人，就是使用者，而这个人根本不进行制造或生产。因此我们得出结论，诗所三重远离的不仅是真实，而且是哲学。普通匠人们在智慧和知性上比诗人们优越（同样，在《斐德若》[248d-e] 中，甚至苦力或体操训练的喜爱者也在等级上比诗人优越）。

对诗的这种极端而荒诞的描述与贬低意味着什么呢？它不可能仅仅荒诞而已，因为那些聆听苏格拉底或回答他最重要问题的人，都像我或你们中的大多数一样富有智性，而这些人当中没有一个对此表示抗议。似乎哲学关注本性，亦即关注形式或形相。然而据说诗是对人造事物的模仿。甚至形相在此也被表现为人造事物。作为诗的世界的顶点和原因，形相由人造事物构成。因为诗人并不拥有关乎事物本性的知识。他们只模仿意见。他们尤其模仿 [177] 关于德性的意见，或模仿德性的幻影，因而也模仿关于神性事物的意见，亦即模仿神性事物的幻影。他们按照意见或曰权威意见中所体现的人事来模仿人事。或者用一个柏拉图象喻（image）来说，诗之处于人造事物的世界，是因为它完全属于洞穴，属于城邦。诗所赞扬和谴责的正是城邦、社会所赞扬和谴责的。而城邦所赞扬和谴责的正是其立法者或缔造者所教导人们赞扬和谴责的。立法者为了颁布城邦的道德命令，需要审视正义的形相，一如木匠为了制造一张床，需要以其心灵之眼审视床的范本。诗人仍处于立法者划定的界限之内。因此他模仿立法者，而立法者则以这样或那样的方式来模仿正义的形相。

尼采也许无意中对柏拉图传达的东西作出了一个完美解释。尼采说，艺术家历来就是一种道德或一种宗教的仆人（《快乐的科学》，段1）。但正如尼采所知，对于仆人来说没有英雄。如果诗人是一种道德的仆人，那么他们最有条件了解到主人在公共场合和日常生活中所掩饰的缺点。诗人，或确切地说是他们中的正派人士，确实以道德的仆人的面貌出现，他们服从道德。然而事实上，诗人是任何既定道德或任何既定秩序最严厉的批评者。当柏拉图批评诗人是模仿者的模仿者时（《王制》卷十），他批评诗人的正是他曾经要求他们做的，他本人早在《王制》卷二、卷三中初次批评诗时就制造过这样的诗人。因为在那里，他使诗人臣服于城邦及其秩序，从而有违诗的本性。在他完成了《王制》的政治部分之后，他通过让我们预言诗的本性而拿走了这一脚手架的剩余部分。

对《王制》关于诗的教诲的这种解释，为柏拉图《法义》所传达的教诲所肯定。在《王制》卷二关于诗的主题性讨论中明显的是，诗必然服从于政治或道德的控制。立法者必须劝谕或强迫诗人仅仅描写好人，并教导只有好人才幸福，只有坏人才可悲。但当《法义》讲述一位年老的雅典人试图使一位年老的斯巴达人和一位年老的克里特人相信饮酒是可欲的品性时，比在《王制》中更显然的是，道德不是诗必须依循的惟一标准。诗性卓越性的标准也［178］必须得到考虑。优雅或愉悦在其各自的意义上同道德一样重要，而且在这方面诗人自己才是最好的评判者。那就是说，柏拉图并不支持写得很糟却很虔敬的小册子。然而在《法义》卷四后来的讨论中，立法者和诗人的关系完全被颠倒了，严格意义上和狭义上的立法问题浮现出来了。这里的第一个问题就是，立法者该如何陈述他的律法？他是否应该像颁布单纯的命令一样依赖强制和暴力来陈述律法？或者他是否应该以双重方式陈述律法，也就是说既像颁布单纯的命令一样，也通过一个导论或序言——它会劝谕人们相信律法的智慧——来论证律法的正当性？这种双重方式的陈述当然更可取。然而这种双重性或两面性（duplicity）并不充分，因为被劝说的听众并不同质或统一。非常粗略地讲，每一群听众都由富有智性的一部分和不富有智性的一部分构成。律法的序言因此必须履行一种双重功能。它必须一方面劝谕富有智性的人，另一方面劝谕不富有智性的人。然而有时富有智性的人也为某些不同的论证所劝谕，这些论证原本用来劝谕不富有智性之人；而且这种不同也许会变得很巨大以至于成为一个矛盾。于是序言的作者必须是一个具有很强适应性和灵活性的人。他必须已经学会以不同的方式对不同类型的人言说，而且必须能够令不同类型的人以不同方式言说，从而说明自己在这方面游刃有余。这样的人不能成为作为立法者的立法者，因为立法者的职责就是简单明了且毫不含混地言说，亦即对所有人说同样的话。

那么谁是能够写作适宜序言的人呢？为了引出关于序言的讨论，柏拉图使他的代言人"代表诗人们"向立法者言说（《法义》，719b）。他首先提到古代神话，根据这些神话，诗人们通过灵感而言说，因而并不知道自己说的是什么。然而稍后他继续说道，诗人的非理性不在于他对于他所说的话无知，而在于自相矛盾。由于诗人模仿人，他创造的具有矛盾心情的诸角色之间相互矛盾，而且在这个意义上——注意是在这个意义上——他与自身相矛盾，他不知道这些矛盾的说辞孰真孰假。接着，哲人将自己等同于诗人。换言之，诗人并非真的与他自己相矛盾。他通过诸矛盾角色来含混地言说，以致人们无法知晓他通过哪一个角色——如果有的话——所说的 [179] 最接近于他所想的。另一方面，立法者必须毫不含混且简单明了地言说。但这不是一件容易的事。举例来说，立法者希望葬礼要节制，但何谓节制的葬礼则很大程度上取决于被葬人的财产（means），取决于他们是富有还是贫穷，或是拥有中等财产。每一个阶层都有其特定的尊严。没有人比诗人更好地领会特定的尊严，诗人可以以同样巧妙的措辞来赞颂宏伟非凡的坟墓、简单朴实的坟墓以及适度装饰的坟墓，因为诗人最有能力了解并解释富人、穷人和中产者的心绪。故而，如果立法者希望富有智性地为人事立法，他就必须理解人事，而且他要想促进这种理解，就得成为诗人的学生；因为诗人——我们要补充这一点——将人事不仅理解为在律法或既定道德看来的人事，而且理解为人事本身之所是。诗人比立法者更懂得人的灵魂。因为正是诗人教诲着立法者,诗人远不是一种神学或一种道德的仆人,而毋宁说是一种神学或一种道德的创造者。在希罗多德看来,荷马和赫西俄德创造了我们所谓的希腊宗教。柏拉图在其洞喻之中已尽可能清晰地表达了这种想法。洞穴的居住者亦即我们这些人所看见的只是人造事物的影子,尤其在高处活动的人们和其他存在者所造事物的影子,此外看不见别的东西,亦即看不见更高的事物。我们看不见制造和操持(carry)这些人造事物的人们。但正如柏拉图对高贵假象的要求所清晰显示的,他自己远非完全不支持诗人的活动。原则上,诗人所做的正是柏拉图自己所做的事情。

《法义》中对诗的讨论引导我们认识到,在柏拉图看来,诗人拥有关于灵魂的真知,因而诗是 psychologia kai psychagogia, 即对灵魂的理解以及对灵魂的引导,就像哲学本身一样——更确切地讲就像柏拉图哲学一样,因为并非每一种哲学都是柏拉图意义上的灵魂学(psychology)。哲学作为柏拉图意义上的灵魂学的必要而非充分条件就是,灵魂不能被认为派生于肉体,或次于肉体。一种物质主义(materialistic)哲学确实极其不同于诗。它也需要诗,亦即需要对灵魂生活的理解(在此我们像人们 [human beings] 那样认识这种生活),它只需要诗作为一种不确定的情感补充形式。这一点我们看得很清楚,尤其在当今的情况下:诗看来成为 [180] 抵御某种心理学(psychology)和某种社会学的惟一避难所,这两个学科在深度和广度上不能阐明人的生活,因为它们本质上不懂得高卑之别——因为这种心理学和这种社会学都具有物质主义起源。另一方面,柏拉图哲学视灵魂为首要现象,视肉体为派生现象,这种哲学与诗具有同样主题。这么说不可能完全正确,因为哲学关注整全,关注所有事物,而并非每一事物都是灵魂乃至人的灵魂。哲学也必然关注非灵魂的东西,关注肉体、数目以及灵魂与这些其他事物的关系。但柏拉图特地把对其他事物的处理委托给了一位异方人蒂迈欧,后者把乾坤学(cosmology)

这一数学式自然学（a mathematical physics）描述为一个逼真的故事（a likely tale）。柏拉图哲学的核心或曰 archē（亦即首要原则）是灵魂学说，而且这一核心或 archē 就是诗的主题。不过，难道柏拉图哲学不是显然以一种完全不同于诗的方式来处理其主题吗？诗人阐发他关于灵魂的观点（vision）；他并不试图证明这种观点，或驳斥那些与之抗衡的观点。他的法宝（organ）是心智之眼（亦即 nous）① 的所见（vision），而不是推理（亦即 logismos）。因此诗表达自身得通过诗篇——叙事诗（epic）、戏剧诗或抒情诗（lyric）；而哲学表达自身得通过论说。在论说中，专名只会偶然出现。论说是"非人格化的"。它们不是无生命的，但生于其中的或死于其中的，乃至在论说之中遭受各种不同命运的，并非人而是言辞（logoi），② 亦即通过与之相伴的推理而得出的断言。柏拉图常常涉及这种言辞的生活和命运，这也许在《斐多》中最为明显，在那里苏格拉底表示担心他的言辞（让我们称之为他的断言）有可能死亡——亦即被证明可被驳倒。然而《斐多》的首要主题不是苏格拉底言辞的死亡，而是苏格拉底自己的死亡。更为概括地讲，柏拉图哲学并非真的以论说形式表达自身。柏拉图哲学与论说形式不相容。它表达自身是通过对话形式，通过一种戏剧形式，通过模仿形式。不仅诗的主题与柏拉图哲学根本部分的主题相同，而且两者在处理方式上也具有根本上相同的特性。柏拉图对话和诗性作品都不具有自主性；两者都具有从属性，都致力于引导人们理解人的灵魂。

但这难道不是一个悖理的断言吗？[181] 诗人在阐明他的人类灵魂观时并不支持推理，也不反驳与自身抗衡的观点，而柏拉图可以说恰恰表明自己支持推理，而且反驳与自身抗衡的观点；

---

① ［中译编者注］参页 [34] 关于 νοῦς 的中译编者注。
② ［中译编者注］即 λόγος 的复数形式 λόγοι，参页 [95] 关于 λόγος 的中译编者注。另外，复数形式 λόγοι 可特指与诗相对的散文。

我们难道不承认这一点吗?故而看来,荷马的灵魂观相当不同于但丁,而这两位诗人的观点又相当不同于莎士比亚。就诗的要素来说,哪一种观点最恰切,这个问题无法被提出,更别说得到回答。然而在柏拉图对话中,推理被整合进了人的戏剧。推理常常(即便并非总是)出错——故意出错,正如模仿人的生活时它会出错。另一方面,人们有什么资格说莎士比亚、但丁、荷马不能通过推理来支持他们的人类灵魂观呢?他们确实没有阐明过那种推理。柏拉图也没有。柏拉图揭示,荷马的诗篇包含秘而不宣的思想(《王制》,378d)。这些思想含有荷马的推理。进而言之,人们也许会说,每一个人类现象都有两面,即诗性的一面和非诗性的一面。举例来说,爱有其诗性的一面和其生理性的(medical)一面。惟有哲学一并思索这两个方面。但这显然并不正确。请想一想歌德在《浮士德》(Faust)中用来呈现爱的两面性的方式,即对比浮士德和靡菲斯特(Mephistophele)各自如何评论浮士德对甘泪卿(Gretchen)之爱。可以说,通过把自身劈裂为肃剧和谐剧,诗得以公正地对待生活的两面,而且恰如柏拉图所说,真正的诗人既是一个肃剧诗人也是一个谐剧诗人。最终,哲学据说仅仅诉诸我们的知性而非激情,而诗主要影响我们的激情。若说哲学像数学一样是一门彻底的科学,也许真是如此。但柏拉图意义上的哲学是对真正的(the)人类问题亦即幸福问题的一种解决方案,事实上也是惟一(the)解决方案。哲学因此不仅是一种教诲,而且是一种生活方式。因此哲学表述就意在影响、而且确实影响着我们的整个存在,就像诗所做的一样,也许比诗所做的更甚。用柏拉图的话说,"我们自己就是肃剧家,我们尽全力写作最美也最好的肃剧"(《法义》,817b)。

那么柏拉图哲学与诗之间,或毋宁说柏拉图对话与其他诗之间不存在任何差异吗?柏拉图在《王制》卷十中说,其他诗或我们通常所指的诗,并不模仿有见识且沉静的或值得信赖的(reposed)角色,而更倾向于多彩而复杂的角色,这种角色本身更

[182] 有趣味，因而是诗自然而然的主题。诗的主题并不是纯粹的好人或好生活。再说有纯粹的好人吗？举例来说，好人在失去儿子时难道不会感到悲伤吗？难道他不会在其悲伤及其天职之间被撕扯吗？如果那样，他就具有双重性，也就并不纯粹了。苏格拉底说（604a）："我相信，他在独处时，将敢于说出许多羞于为人所闻的话，将做出许多不愿为人所见的事。"好人情不自禁地感觉到的，却又对别人隐藏的，就是诗的首要主题。诗恰切而守礼地表达非诗人所无法恰切而守礼地表达的东西。诗合法地揭示律法所禁止揭示的东西。惟独诗令我们从最深的痛苦中解脱出来，就像它加深我们的幸福一样。然而，我们必须不仅理解通常意义上的"好人"提法，而且理解柏拉图意义上的"好人"提法。德性即知识。柏拉图意义上的好人就是哲人。不必说，哲人那样的人并非像我这样，也不像别的政治哲学教授或纯粹（tout court or tout long）哲学教授那样。

通过声称诗并不表现好人和好生活，柏拉图想指出，诗并不表达哲人——思想者以及思想生活。用《斐德若》中的话（247c）来说："对于天外面的地方，地上的诗人之中迄今没有哪个歌颂过，往后也绝不会有哪个好好歌颂"，此所谓诗人即通常的、狭义的诗人。但诗人不也是思想者吗？诗不也表现作为诗人的诗人吗？比如《劳作与时日》中的赫西俄德、但丁，《暴风雨》中的莎士比亚，更不用说阿里斯托芬。然而，诗并不必然应该表现诗人。尽管柏拉图表现思想生活以培养其读者喜爱思想生活，或召唤他们过哲学生活，然而诗之表现诗（［译注］或当作"诗人"），并非为了诱使其听众自身成为诗人。不过就算真是那样，作为诗的诗所表现的是低于哲人的人以及低于哲学生活的种种生活方式。诗所表现的种种生活方式为一种根本性抉择所刻画，这种抉择排除哲学作为人类问题亦即幸福问题的解决方案。因为在柏拉图乃至亚里士多德看来，要解决人类问题既然不能凭借政治途径，便只能凭借哲学，凭借并通过哲学生活方式。柏拉图也表现那些不好的人或者说［183］坏人，但他这么做只是为了更清晰地呈现好人的特性，而且这就是他的首要主题。然而，诗只呈现那些不可能过哲学生活的人们。从柏拉图的视角来看，非哲学的生活要么显然不能解决人类问题，要么仅以完全不适宜或荒谬的方式来解决人类问题。第一种情况是肃剧的主题，第二种情况则是谐剧的主题。由此我们或许可以理解，何以正是根据自然，哲学赋予诗一种从属性的职能，一种哲学自身无法履行的职能。如果没人认识到人的生活应被引向哲学，那么诗就像人的生活所显现的那样来表现人的生活。自主的诗将非哲学生活呈现为具有自主性。然而通过阐明非哲学生活之中所显现的人类生活核心问题，诗为哲学生活作了准备。诗只有从属于柏拉图对话时才具有正当性，而柏拉图对话则从属于知性生活。自主的诗发现不了决定性方面。它所处的状态是想象、激情、富有激情的象喻以及在象喻之中自我表达的激情，而这些象喻也挑起并改变激情。自主的诗使激情变得高贵而纯粹。但自主的诗并不知道激情的纯化必须指向的目的。

第三编　理性与启示之间的对话

8. 论《游叙弗伦》

徐卫翔 译

[187] 《游叙弗伦》的主题是虔敬。出于不止一个理由，《游叙弗伦》并没有告诉我们柏拉图如何看待虔敬。确实，《游叙弗伦》没有向我们透露柏拉图最终的或完整的虔敬观。然而，这部著作却向我们透露了柏拉图对虔敬所做分析的一个重要部分。于是，通过研究《游叙弗伦》，我们所能学到的不外乎柏拉图视角下真理的某部分（part of the truth），亦即一种部分真理（a partial truth），必然也是一种部分虚妄（a partial untruth）。然而我们可以肯定的是，我们永远无法找到柏拉图所理解的有关虔敬的真理，除非我们已然理解并消化了半真理（half-truth），而对我们来说这种半真理之得到呈现，与其说是在《游叙弗伦》之中，还不如说是经由《游叙弗伦》。经由《游叙弗伦》而呈现给我们的半真理，并不属于通常类型的半真理。最通常的那一类半真理告诉我们通常接受的意见。经由《游叙弗伦》而呈现的半真理并非普遍接受的半真理。它并不通俗。因为它不通俗，所以惹人气恼。一种惹人气恼的半真理在某一方面高于通俗的半真理。要想抵达这一惹人气恼的半真理，我们必须做出某种努力。我们必须思考。但是，如果我们起初被迫去思考，而后所获得的回报却不外乎一个惹人气恼的临时结果，那可最不能令人满足。柏拉图给了我们两种安慰：首先，不管结果的性质如何，思考本身可以说就是最令人满足的活动。其次，如若我们相信结果比获得结果的方式更加重要，柏拉图的道德品性便能保证：最终的结果，或他心目中关于虔敬的完整叙述，将绝对令人满足，决不惹人气恼。

《游叙弗伦》是游叙弗伦（Euthyphron）和苏格拉底之间有关虔敬的交谈。提出了虔敬的三个定义，而这三个定义都被证明不恰当。到了对话的结尾，我们对于虔敬感到困惑。我们不 [188] 知道虔敬是什么。可是，难道不是每个人都知道虔敬是什么吗？虔敬就在于按照祖传惯习崇拜祖传诸神。这也许正确，可虔敬被假定为一种德性。它被假定为好。可它真的好吗？按祖传惯习崇拜诸神就好吗？《游叙弗伦》并没有给我们答案。也许可以更准确地说，《游叙弗伦》所呈现的讨论并没有给我们答案。但任何一部柏拉图对话所呈现的讨论，都只是对话的一部分。讨论、言辞或曰 logos，是一部分；另一部分则是 ergon①或曰行事、情节、对话中所发生的、角色在对话中所做的和所遭受的。logos 可以结束于沉默，而情节则可以揭示言辞所遮蔽者。苏格拉底和游叙弗伦之间的交谈发生在苏格拉底被控不虔敬之后。对话中随处可见对这一事实、这一情节的提示。因此，这迫使我们追问：苏格拉底虔敬吗？苏格拉底按祖传惯习崇拜祖传诸神吗？于是，《游叙弗伦》向我们提供了对虔敬的两重呈现：首先，有关虔敬是什么的讨论；其次，有关苏格拉底之虔敬问题的呈现。这两个主题看起来属于两个完全不同的等级。有关虔敬是什么的问题，是哲学问题。有关苏格拉底是否虔敬的问题，看起来则属于流言而非哲学的领域。这么说尽管在某种意义上正确，但还是不得要领。因为哲学问题乃是：在这里所界定的意义上虔敬是否一种德性。但是，在人能具备一切德性这个层面上，具备一切德性的人乃是哲人。因此，如果哲人虔敬，虔敬就是一种德性。但苏格拉底是哲学的一个代表。所以，如果苏格拉底虔敬，虔敬就是一种德性。而如果他不虔敬，虔敬就不是一种德性。因此，通过回答苏格拉底是否虔敬这一流言问题，我们得以回答关于虔敬之本质的哲学问题。如此，

---

① [译注] 即 ἔργον，指工作，战事，农事，竞赛，手工，行动（与 λόγος 对言），事情，产品，利益。

8. 论《游叙弗伦》

就让我们来看看，从关乎苏格拉底之虔敬的《游叙弗伦》中，我们是否能学到什么东西。

苏格拉底被控不虔敬，他被怀疑不虔敬。作为占卜者的游叙弗伦在虔敬方面是个专家，他确信苏格拉底之清白。游叙弗伦担保苏格拉底的虔敬。但是游叙弗伦不知道虔敬是什么。然而，如果我们假定虔敬就在于按祖传惯习崇拜祖传诸神，那么每个人都能发现苏格拉底是否虔敬，发现苏格拉底是否曾按祖传惯习崇拜祖传诸神。游叙弗伦尽管［189］缺乏哲学能力，可在这一关键事实上他能成为一个好见证人。但实情是，游叙弗伦似乎并不太关注人们之所为。最要紧的是，即便退一步讲，游叙弗伦自己的虔敬也受到怀疑。因此，就让我们排除游叙弗伦的证词，看看我们自己能观察到什么。

我们从苏格拉底自己口中听说，无论在他被控前还是被控后，他都认为通晓神性事物很重要。显然，由于苏格拉底探索有关神性事物的知识，控告者认为苏格拉底是一个创新者，亦即一个谬误制造者。控告者自然认为他自己知道真理。他指控苏格拉底事实上对神性事物懵然无知。这一指控假定苏格拉底声称的或其实际上的无知无关紧要，但这种无知不可能有罪，除非有关神性事物的真理能轻易地为每个雅典公民所掌握。如果有关神性事物的真理由祖传惯习传给每一个人，那么情况倒确乎如此。苏格拉底是在有罪的意义上对神性事物懵然无知吗？他似乎确信他对神性事物懵然无知。但他似乎以这个主题太艰难为由辩解其无知。他的无知并非出于有意，因此也就无罪。而如果苏格拉底对神性事物无知，他就不相信传统的或祖传的惯习告诉他和其他每个人的那些有关神性事物的说法。他不会把那些故事看作知识。事实上他认为，如果未经审察，人们就不应该同意任何重要断言。他说得很清楚，有关祖传诸神的祖传记载只是纯粹的断言。如果苏格拉底真的无知，极其无知，那么他就连祖传诸神是否存在也不知道。这样，他又如何会按祖传惯习崇拜祖传诸神呢？如果苏格拉底真的无知，而且知道自己真的无知，他就不可能虔敬。当然，他仍可以装出崇拜的样子，他可以在表面上依循。但这种依循就不再虔敬，因为一个有见识的人怎能崇拜那些其存在仍可疑的存在者呢？苏格拉底表面上的依循本非因为畏惧诸神，而只是因为他以人们所认为的不依循为耻，或因为畏惧坏名声。畏惧坏名声乃是畏惧因坏而得的名声。不相信祖传诸神的人们，就会被看作十足的坏人，被看作任何一种坏事都能做的人，[190] 而这一污点尤其与哲人们脱不了干系。在这种处境中，苏格拉底看来就不得不在表面上依循，即便不是为了他自己，至少也是为了哲学。然而，如果苏格拉底在表面上依循，人们又怎能知道他不虔敬呢？他们可以通过他的言论而知道。但苏格拉底对每个人言说他所思考的每件事吗？他本人害怕人们这样认为：只要人们愿意聆听他之所言，他就会因为爱人类而向现实中每个人大谈他所知道的一切，并声称非但不收钱，他如果有钱还乐意掏钱。我们得到这样的印象：雅典人真正怨恨的，与其说是苏格拉底的聪明，或其思想的异端特性，不如说是他那据说富有使命感的（missonary，[译注] 尤指宗教使命）热忱。苏格拉底真正的罪行，那置他于死地的罪行，与其说是不虔敬，不如说是他表面上对人类的爱，或指控中所谓他"对青年的败坏"。

至此，我们已经认识到了苏格拉底所说的自己对神性事物之无知的表面意义（face value）。但如果我们再次深入《游叙弗伦》，我们就会发现苏格拉底事实上在这方面并非全然无知。在交谈几近结束时，他说自己所具有的一切好东西都拜诸神所赐。在交谈的早些时候苏格拉底指出，他厌恶那些有关诸神行不义之事或相互争吵交战的流行故事，他也不相信这些故事为真。苏格拉底似乎相信自己知道，诸神既善又正义，因而既给予人们一切好东西——只给予好东西——也不可能相互交战。不过正是这种知识会使他不虔敬；因为他所拒斥的有关诸神的流行故事，不仅是好画家们的创造，也是好诗人们的创造。更为重要的是，他们提供了祖传崇拜重要因素的理据（rationale）。苏格拉底不接受有关诸神交战的流行故事，这一事实也许能解释他何以被控不虔敬。他自己就暗示了这一解释。但他是否曾对现实中每个人大谈这些故事并不真实？他罪在过于爱人类？

在与游叙弗伦的交谈中，苏格拉底根本没有做过这种事。他所做的不外乎指出对这些故事的一种不信任，或指出他不喜欢这些故事。他说他接受这些故事时带有某种厌恶感。此外，他并没有寻求与游叙弗伦谈话。他并没有［191］带着要启蒙游叙弗伦的意图去找他。相反，这场交谈是游叙弗伦强加给苏格拉底的。要不是游叙弗伦起了头，游叙弗伦可能永远都不会听说一个人能够或应该怀疑那些关于诸神的流行故事。苏格拉底没有显露一丁点具有使命感的热忱。

对此，人们也许可以提出如下的反驳。在《王制》卷二，苏格拉底长篇大论地铺陈他的神学。但首先，《王制》中与苏格拉底对话的角色，甚至在场的听众，都是一群精英（a select group）。游叙弗伦并不属于这一类型的人。首先，他属于判处苏格拉底死刑的大部分雅典人。其次，在《王制》里苏格拉底并没有像在《游叙弗伦》相应场合里那样明确提及这一事实：有关诸神的错误观念，可以说就体现在雅典城邦的官方崇拜中。《王制》中直白的批评针对诗人们，即那些离群之人（private men），而非针对祖传惯习。

我得出了这一临时结论。在那个指控的意义上，苏格拉底的确不虔敬。但其罪不在于过度爱人类——他惧怕就此被人认为有罪。我说过，与游叙弗伦的交谈是强加给苏格拉底的。苏格拉底当然并未寻求那次交谈。这篇对话开头对苏格拉底最爱去的地方的提及最具有启发性。这一提示让我们想起了《卡尔米德》（Charmides）和《吕西斯》（Lysis）的开头，在那里苏格拉底描述了自己有多么乐意找寻能与青年人交谈的地方。苏格拉底并不乐意与游叙弗伦交谈。苏格拉底与其交谈乃是由于他出于责任而不得不这么做，或因为他认为这样做正义。这次交谈是一次正义的行动。苏格拉底以行事来证明自己正义。这一行事证实了游叙弗伦隐含的证词。退一步说，就算苏格拉底的不虔敬仍旧可疑，他的正义却变得昭然若揭了。

但正义是什么？在游叙弗伦看来，严格意义上的正义等同于富有技巧地照料（skillfully tending）人们。通过这样富有技巧的照料或牧养，人们会受益或变得更好。不管苏格拉底对游叙弗伦富有技巧的照料有几分成功，从描述中显而易见的是，通过向自以为极有智慧的游叙弗伦说明他极其愚蠢，苏格拉底尽力使游叙弗伦变得更好。通过尽力使游叙弗伦变得多少明白道理，通过这般正义的行动，通过尽力使人们变得更好，苏格拉底相［192］信自己在明智行事。因为每个心智健全的人都希望自己和好人（因而是有益处的人）而非坏人（因而是有害处的人）相处。但正如一个想要唤住恶狗的人也许会被狗咬，或如一位把危险玩具从孩子手中拿走的父亲也许会激起孩子的愤怒，试图使人们变得更好的苏格拉底也会引起他们的怨恨，并因此陷入悲惨境地。那么苏格拉底试图让雅典人变得更好，这是否明智？尽管存在这一困境，苏格拉底的努力还是为了自己及其朋友们，最终甚至是为了我们。因为在和不管多么蠢笨的人交谈时，他也在学习，也在研究人性。没有这种研究，柏拉图的对话就绝对写不成。

但还是让我们回到主要论题，即苏格拉底的不虔敬。苏格拉底的不虔敬，乃是由于他知道或他认为他知道，祖传惯习背后有关祖传诸神的祖传记载有误。这种知识与苏格拉底对神性事物昧然无知这一可能性完全相容。他或许对神性事物有足够的知识，以致知道有关诸神的流行故事并不真实，因而也知道按祖传惯习崇拜祖传诸神并不好，或者说知道——如果你乐意这样说——按祖传惯习崇拜祖传诸神并非真正的虔敬。但苏格拉底也许对神性事物并不具备足够的知识，以致不知道真正的虔敬在积极意义上是什么。这样，苏格拉底就无法知道自己是否真的虔敬。而假定其他人不可能比苏格拉底更智慧，也就没有人能够知道苏格拉底是否虔敬。这样的话，人们所能说的不外乎是，他本不应因不虔敬而受到惩罚。我个人相信这原本是个智慧的决定。很可能这是《游叙弗伦》中最明显的训示：若是能从律法书（statue books）①中删除不虔敬之罪，那就太好了。但从柏拉图的观点看，这一训示仅仅表达了一个虔敬的希望，一个无法实现的希望。

现在让我们转向对《游叙弗伦》稍微更为细致的分析。且让我们先确定《游叙弗伦》在柏拉图对话体系（cosmos）中的位置。《游叙弗伦》探讨虔敬，即一种特定的德性。因此，它与探讨勇气的《拉克斯》（Laches）、探讨节制的《卡尔米德》以及探讨正义的《王制》属于同一类。我们知道有四枢德——勇气、[193] 节制、正义以及智慧。没有一部柏拉图对话致力于探讨智慧（我得补充，只有假定《忒阿格斯》[Theages] 是伪作，这一点才成立，因为《忒阿格斯》致力于探讨智慧）。我们倒是有一部柏拉图对话探讨虔敬。那么智慧要为虔敬所取代吗？最清楚地阐明四枢德的对话是《王制》。在《王制》中，苏格拉底却似乎以智慧来取代虔敬。在讨论哲人的本性时，亦即在《王制》的道德讨论的最高层面，苏格拉底甚至没有提到虔敬。尽管或因为如此，没有一部柏拉图对话致力于探讨智慧。然而智慧是一种科学，有一部对话致力于探讨科学：《泰阿泰德》。这样，《游叙弗伦》和《泰阿泰德》又同属一类，不仅因为它们都探讨特定的德性，也因为它们处于同一时期：两次交谈发生于大约同一时间，在被控之后、判决之前。它们都属于苏格拉底生命的终点。因此，在这两次交谈中苏格拉底都明确提到他的父母，或更确切地说即提到其父的技能与其母的技能，又或更确切地说即提到其父系祖先的技能与其母的技能。苏格拉底将自己的技能与其母的技能相比。苏格拉

---

① [译注] 疑当作 statute books。不过古法亦有刻于金石者，不烦改 statue [雕刻]。

底否认自己的技能与其父系祖先的技能亦即戴达洛斯（Daedalus）①的技能有何干系。他自身的技能与其祖先或曰其父系的关系，尚存疑问。他对其祖先或父系的态度，亦存疑问。

《游叙弗伦》探讨虔敬，留下虔敬是什么这个问题。《泰阿泰德》探讨科学，因而其高潮是对哲学生活的一次描绘。而这一描绘的高潮是这样的论题：我们必须尽快地从此世逃到彼世（from here thither），但这种逃离是尽可能地趋同于神（God）。这种趋同在于变得正义和虔敬，并变得明智。在这最庄重且最核心的段落（近乎处于对话篇幅的正中间），虔敬是否一种德性这个问题得到了肯定的回答。然而，如果对文脉进行思索，这段话远非没有含混之处。人们不能仅仅通过引用柏拉图来解决任何重要的柏拉图问题。《游叙弗伦》在柏拉图对话体系中的位置问题也是如此。

年老的苏格拉底被年轻的迈雷图斯（Meletus）指控为不虔敬。游叙弗伦站在苏格拉底这一边，反对迈雷图斯。但游叙弗伦，年轻的游叙弗伦，控告他自己年老的父亲不[194]虔敬。游叙弗伦的行动堪比迈雷图斯的行动：年轻人控告老年人。在苏格拉底和迈雷图斯之间，游叙弗伦占据一个中间位置。他是哪一类人？作为柏拉图惟一探讨虔敬的对话中惟一的对话者，他是哪一类人？

游叙弗伦对苏格拉底很有好感，而他又好自夸。他是个无害的自夸者。他的自夸和他的无害之间有一种联系。什么让他站在苏格拉底这一边？苏格拉底有一种占卜（divination）的力量，即他所遭遇的精灵（demonic thing）。而游叙弗伦是个职业占卜者。苏格拉底和游叙弗伦都与众不同。他们都具有高超的禀赋，且是同一种高超禀赋。他们因这种高超而为众人所嫉妒。游叙弗伦相信他和苏格拉底同在一条船上。

游叙弗伦是个占卜者。他自夸对神性事物有高超的知识。因

---

① ［译注］传说中的建筑师和雕刻家，曾为克里特王 Minos 制造迷宫，还曾制造翅膀令自己和儿子 Icarus 逃离监禁。

为他拥有这样的知识,他能够预知未来,从不失手。然而,人们会笑话他,当他是个疯子。人们并不拿他当回事。人们觉得他无害。但游叙弗伦对其高超如此确信,故这样的嘲弄影响不了他。他以显得疯狂而感到自豪。因为他在某种程度上知道,在那些充其量也只拥有属人智慧的人看来,神性事物一定显得疯狂。他以同样的口吻谈论他自己和诸神。他在他自己和人类之间划出一条界线。他肯定,只有一个神性事物专家,像他这样的人,才能是虔敬的。言下之意是,他否认普通公民有可能虔敬。他对众人相当蔑视。他把他的知识最神奇的部分留给他自己,或留给精英。他隐匿他的智慧。然而,他宣称拥有智慧,这一点他没有隐匿。因而,他有时也不得不显露自己的智慧。人们不知道,他隐匿自己的智慧是出于自愿,还是因为这智慧找不到传承者。由于对神性事物烂熟于心(versed),他就轻视人事;因此,他差不多对人事一无所知。他似乎相信一切冲突都关乎诸原则,关乎诸价值。他似乎没有意识到,大部分冲突都以诸原则的共识为前提,大部分冲突都源于这一事实:不同的人都将同一事物视为好东西,并希望据为己有。他似乎相信,被指控有罪的人要为自己辩护,就得否认罪犯应受惩罚这一原则,而非否认他犯了罪这一事实。在其对神性事物知识的限度内,游叙弗伦无害。如果这一知识会驱使他损害人类,他将[195]毫不犹豫地去这么做。就连他的父亲或母亲、他的兄弟或姐妹、他的孩子、他的妻子或朋友,他也会毫不犹豫地指控其不虔敬。他与苏格拉底成了鲜明对照,后者不会为任何事指控任何人。在交谈一开始,游叙弗伦相信他与苏格拉底在同一条船上。苏格拉底使他注意到这一事实:游叙弗伦因为其高超禀赋而受到嘲弄,可苏格拉底因为其高超禀赋而受到迫害。作为对这一差异的解释,苏格拉底指出,游叙弗伦隐匿其智慧从而安全,而苏格拉底被认为四处传播其智慧从而身陷危境。在这一点上,似乎苏格拉底和游叙弗伦的差异仅在于游叙弗伦比苏格拉底口风更紧。

当游叙弗伦向吃惊的苏格拉底夸耀他的事迹（即控告他自己的父亲不虔敬）时，苏格拉底则表示怀疑此举智慧与否，随后游叙弗伦似乎意识到自己比苏格拉底更智慧。于是苏格拉底提出，为了撤销自己不虔敬的罪名，他希望做游叙弗伦的学生——游叙弗伦声称对神性事物什么都知道。苏格拉底进一步提出，他想把游叙弗伦当作避雷针，以抵挡迈雷图斯的雷击。他想藏在游叙弗伦和他那妥善隐匿的智慧背后。他让游叙弗伦注意这一事实：通过教诲苏格拉底，游叙弗伦就将离开他一直中意的隐蔽立场。所有这一切都没能给游叙弗伦留下任何印象。所有这一切都没有能够让他明白，他与苏格拉底不在同一条船上，或者说他与苏格拉底之间横着一道鸿沟。只有当苏格拉底表示怀疑有关诸神的流行故事的真实性之后，游叙弗伦才意识到这道鸿沟。因为此后，他（尽管很不情愿）才把苏格拉底划到众人那一类去。从那一刻起，他知道苏格拉底和自己不在同一条船上了。但他显然仍旧觉得，与众人不同，苏格拉底尚且可教，亦即愿意听取游叙弗伦的智慧。然而，苏格拉底辜负了游叙弗伦的期待。相当奇怪的是，苏格拉底主要感兴趣的是那些没什么价值、不那么具有神性且事实上很琐碎的论题。他更感兴趣的是虔敬的定义，而非有关诸神的所为或诸神对人的要求这些奇妙故事。苏格拉底似乎渴望一种在游叙弗伦看来不那么高尚的知识。不管怎么说，游叙弗伦曲意满足这一欲望。

结果，游叙弗伦明白自己可能会输掉［196］官司，毕竟他不得不在地上，在一个属人的、由众人组成的陪审团面前打赢官司，但游叙弗伦对人事过于漠视以致并不担忧这一前景。相反，苏格拉底出奇地（strange）熟悉人事，熟悉低劣之人做低劣之事的方式，这让游叙弗伦确信苏格拉底属于众人，不是暂时而是一向如此；他还确信苏格拉底不可教，确信他之不愿听取游叙弗伦的智慧，乃因他没有能力理解这一智慧。一言以蔽之，苏格拉底是个凡夫（worldling）。稍后，苏格拉底让游叙弗伦明白，他根本就自相矛盾。虽然游叙弗伦晓得自相矛盾是件坏事情，虽然他与别人论争时也会求助于矛盾律，但他对自身言辞之虚弱丝毫不感到困惑。事实上，游叙弗伦似乎本就期待这样的情况出现。他的自相矛盾对他来说仅仅证明，他无法向苏格拉底说出或表达他所想的或所意识到的。说实在的，何以能够表达游叙弗伦向从未感受过神性事物的人夸耀的那些体验呢？在尝试传达不可传达者时，难道不会自相矛盾吗？再稍后，游叙弗伦几乎径直拒绝告诉苏格拉底有关神性事物的真正秘密，尽管苏格拉底一再要求他这么做。他暗示，苏格拉底必须满足于庸俗者也能了然于心的朴素信条（verities）。苏格拉底关于献祭和祈祷这些朴素信条的奇谈怪论，显然向游叙弗伦展露了苏格拉底心里一道无知的深渊。恰在交谈结束之前，当苏格拉底要求游叙弗伦不要藐视他时，他极其严肃，因为他确信游叙弗伦的确藐视他。交谈因为游叙弗伦无望地放弃而终止，他之所以无望地放弃交谈乃因他从这场交谈中认识到，苏格拉底是个不可指望的家伙。游叙弗伦对苏格拉底的交谈技能具有免疫力。就像苏格拉底自己一样，经过这场交谈他丝毫没有改变。他以自己的方式对苏格拉底有所了解，就像苏格拉底以自己的方式对游叙弗伦有所了解。就这么一回事。所以，在某种意义上，他真的和苏格拉底在同一条船上。因为，我们所提到的独特性相当于一种根本的相似性。游叙弗伦是一幅苏格拉底的漫画像。恰如苏格拉底，游叙弗伦超越了寻常技艺和德性的维度。但苏格 [197] 拉底从寻常技艺和德性转向哲学，游叙弗伦则从它们转向了某种有关神性事物的伪知识。可以说，游叙弗伦用某种有关神性事物的伪知识替换了哲学。虽然游叙弗伦相信自己比迈雷图斯和苏格拉底都更高超，但事实上他却处于迈雷图斯和苏格拉底之间的立场。现在，我们必须试着界定这一中间立场。

迈雷图斯指控苏格拉底不信城邦所信诸神。迈雷图斯认为自己代表城邦的信仰。迈雷图斯把苏格拉底传到城邦的法庭上。迈雷图斯认为自己代表我们所谓的正统观点。到底什么是正统立场，待我们厘清了游叙弗伦的背离后，庶几可得澄清。游叙弗伦知道自己与众不同，晓得自己背离了"人类"视为虔敬的东西。他如何理解虔敬？在他对苏格拉底所提的虔敬是什么这个问题的第一个答案中，他给出了一个形式上有缺陷的答案。他举了个例子，而不是下定义。他的第二个答案形式上完备，第三个亦即最后一个答案亦然。但无论是第二个还是第三个答案，都没有表达形式上有缺陷的第一个答案所暗含的虔敬观。只有第一个答案直接关涉游叙弗伦的品味、行动及其对父亲的指控。只有第一个答案作为游叙弗伦的言辞，同游叙弗伦的行事、生活以及支配其生活的原则相一致。因此，正是游叙弗伦给出的这惟一的答案，揭示了他所特有的虔敬观。柏拉图令游叙弗伦在一个形式上有缺陷的答案中表达其真正的虔敬观，可谓是一石三鸟。首先，他由此刻画出游叙弗伦缺乏训练。其次，他由此让我们认识到，游叙弗伦本人从未透彻理解他对正统或公认观点之背离的全部意义。第三，他由此阻止了一场对真正论题的真正讨论。在这一环境中，不可能给出虔敬问题的解决方案，也不应给出虔敬问题的解决方案，以免妨碍读者自己求索解决方案。然则，游叙弗伦在其第一个亦即形式上不完备的答案中所表示的虔敬观，其形式上完备的表达又该是什么样的呢？

　　我们应当说：虔敬在于做诸神所做之事。我们也应将此观点与正统观点进行对照，按照后者，虔敬在于做诸神叫我们做的事。因为，按祖传惯习崇拜祖传诸神意味着——由于惯习最终必须设想为由神所创制［198］——做诸神叫我们做的事。游叙弗伦以行事而非言辞来表达他的虔敬观。与祖传惯习相对立，他控告他的父亲不虔敬。然而，据说虔敬就在于按祖传惯习崇拜祖传诸神。他的行事无异于否认这个公认观点。他的行事表达了如下观点：虔敬在于做诸神所做之事。游叙弗伦的虔敬观属于异端（heretical），或用一个更时髦的词即属于异见人士（deviationist）。这一点从如下想法之中很容易看出。按正统观点，虔敬主要在于——

即便不是仅在于——祈祷和献祭。但诸神并不祈祷和献祭。通过模仿诸神或其行动,通过做诸神所做之事,人们将不会祈祷或献祭。诸神并不虔敬。通过模仿诸神,人们将不再虔敬。因此,游叙弗伦观点的一个更恰切的表达就该是,取悦诸神之事乃是人们做诸神所做之事,因而取悦诸神之事截然不同于虔敬之事。但游叙弗伦不敢向自己承认其观点的这一含义。在他的第二个答案中,他将虔敬之事等同于取悦诸神之事。但苏格拉底向他表明,他事实上意指的是,虔敬之事和取悦诸神之事完全不同。诚然,苏格拉底向游叙弗伦展示这一点时所采用的方式,与我刚刚所指出的有所不同,但我们慢慢会看到,苏格拉底的显白论证只是对其隐微论证的明显简化却也实在极为浓缩的(telescoped)表达。然后,游叙弗伦坚持虔敬在于做诸神所做之事。他如何知道诸神做什么事?是源于人类对诸神的信仰:源于人类在诸神的问题上所一致同意的观点,源于人类信以为真的有关诸神的流行故事。但这些流行故事也同样说,人不应该做诸神所做之事,反倒应做诸神叫他去做的事。因此,游叙弗伦的立场站不住脚。他所求助的权威拒斥了他。他应该回到正统观点。

但人们能回到正统观点吗?人们能接受一个仅以故事为根据的立场吗?然而,如果我们抛弃了故事,那么关于诸神、关于虔敬,我们又能说什么呢?还有,我们推测诸神是超越人类的存在者,因而最高类型的人能为我们暗示诸神可能是什么。但最高类型的人乃是智慧之人。这样,智慧之人所进行的类比乃是我们探讨诸神的最佳线索。既然智慧之人更爱那些做他所做之事的人们,[199] 而非那些只做他叫他们做的事、而不做他所做之事的人们。因此,考虑到我们将"诸神"理解为超越人类的存在者,我们倾向于认为,诸神之施行统治,根本不是通过告诉人类该做什么或通过发布命令。无论如何,智慧之人所进行的类比,亦即我们了解与诸神或取悦诸神之事有关的知识时的惟一引导,使我们认识到,游叙弗伦的虔敬观乃是,为超越正统虔敬观并达到一种更高观点而做出的一种不悉心的（halfhearted）努力。游叙弗伦的确居于迈雷图斯和苏格拉底之间的立场。不可能回到迈雷图斯。我们别无选择，只能投奔苏格拉底。

这条道路的方向乃至终点，由游叙弗伦的居间立场以及困扰着他的困难所揭示。然而，游叙弗伦的观点高于正统观点，游叙弗伦也明白这点。他的夸耀并非全无根据。游叙弗伦超越了正统观点，因为他渴望比众人之所见更高的东西。不过他没资格进行这种探察。他实在只是个吹牛者。他既声称取悦诸神之事就是虔敬之事，又意指取悦诸神之事并非虔敬之事，这样他就自相矛盾了。要解决这一矛盾，人们就必须干脆否认取悦诸神之事等同于虔敬之事。人们必须有勇气坚持认为，除非在城邦所理解的不虔敬的意义上成为不虔敬者，否则人们无法取悦诸神。或毋宁说，人们必须勇于以一种特定方式成为不虔敬者。以什么方式？游叙弗伦曾指出，人们如果做诸神所做之事，就是在取悦诸神。但不同的神做不同的乃至针锋相对的事。取悦此神，便令彼神不悦。如果不同的神喜悦不同的事，如果不同的神相互分歧，如果不同的神相互争斗，那就绝无可能取悦诸神。游叙弗伦在某种意义上承认这一点。他所做之事乃是最好且最正义的神宙斯所做之事。在诸神中他选取最正义的神为楷模。但要做此决断，他必须知道正义。他必须知道何为正义。他必须知道正义的形相。因为，最正义的神乃是最完美地模仿正义形相的神。但如果人们知道正义形相，那就没有理由要求人们模仿对正义形相最完美的模仿。为什么不模仿正义形相自身呢？没有任何理由去模仿任何神。模仿诸神，并由于诸神做某事便去做诸神所做之事，而且因此［成为］虔敬者，［200］这一切都显得多余。我们必须再进一步说：不需要任何神。如果我们怀疑有关诸神的流行故事，如果我们试着为自己而思考，我们就会得出这一结论：普遍意见归于诸神的东西实际上都属于种种形相。诸形相替代了诸神。由此，我们就能理解和判断迈雷图斯的指控。

就此而言，迈雷图斯正确。苏格拉底的确不相信城邦的诸神。他也真的引入了不同的存在者。但是，若迈雷图斯以为苏格拉底引入的不同存在者是某些神或精灵，那么他就错了。事实上，它们是形相。如果我们想谈论诸神，我们大约不得不说，苏格拉底所引入的不同的神乃是形相。人们也可以说，迈雷图斯谈论苏格拉底引入新奇事物，也大错特错。因为，形相先于一切模仿形相的存在者，也先于任何神。它们是最初、最古老的事物。沿着游叙弗伦提供的线索，苏格拉底将迈雷图斯的指控表达如下：苏格拉底被指控制造了（making）某些神（希腊文 poiein① 即"创制[inventing]"）。苏格拉底的辩护可陈述如下。只有苏格拉底将如下这些东西视为原初事物：这些东西从不被认为由他物所制造，而且它们制造他物。他的观点是极端非诗性的观点——诗性的意味着"制造的"。他的指控者是个诗人。人们若要否认原初事物是形相，那就不得不说原初事物是诸神，且诸神制造了形相（《王制》卷十）。人们不得不设想原初事物是具有制造性或创生性的（productive）存在者。游叙弗伦所提出的另一个观点太过极端，乃至于若能避免它人们就会很高兴。如何能避免它呢？让我们回到游叙弗伦不知不觉滑离正确道路的那一点。

游叙弗伦曾否认，做诸神所做之事高于做诸神告诉或命令我们做的事。但当他意识到不同的神做不同的乃至针锋相对的事时，他就不知所措了。他不得不在诸神中做出选择，并因此不得不求助关乎选择或偏好的原则。这一原则被证明乃是正义形相，即高于诸神的东西。但是，若不求助形相，若不削弱虔敬，难道就没有办法在冲突的诸神中作出选择？确乎有。从祖传惯习的观点来看，好事物等同于祖传事物，等同于古老事物。因此，最好的神乃是最古老的神。要想找出哪个神最为古老，我们不必诉［201］诸任何形相。我们只消查阅关于往昔的记载。如果我们将流行故

---

① ［译注］即 ποιέω 的不定式 ποιεῖν，指制作，作诗；行事。

事看做这样的记载,我们会知道最古老的神是乌拉诺斯(Uranos),即宙斯的祖父。就做诸神所做之事而言,惟一可能的虔敬方式,亦即按游叙弗伦的思路惟一稳妥的虔敬方式,就是做乌拉诺斯所做之事,或者说模仿乌拉诺斯。但乌拉诺斯做过什么呢?他伤害或者说毁灭了他的孩子们。他毁灭青年。按希腊人的说法,他败坏青年。也就是说,恰恰通过败坏青年,苏格拉底才会虔敬。或者反过来说,虔敬的苏格拉底选择了惟一的虔敬方式,即以最古老的神为楷模,并因此败坏青年。然而,乌拉诺斯不仅是一个人格神,他也是天。从其他私下(personal)对话中我们得知,德性可等同于对天的模仿。另一方面,控告年老的苏格拉底的迈雷图斯,尤其试图毁灭自己老父的游叙弗伦,都模仿宙斯这个相对年轻的神。他们不虔敬。此外,他们还前后不一贯,因为宙斯并不尊敬古老的诸神。因此,模仿宙斯的不是尊奉古老诸神的迈雷图斯和游叙弗伦,而是不尊奉古老诸神的苏格拉底。似乎除了从纯粹正统观念看,无论从哪个观点看,苏格拉底都虔敬。

人们会说,这些都是玩笑。这些陈述的确显示出些许困难,其中之一就是,尽管乌拉诺斯据说是最古老的神,但他的确不是最古老的神性存在者(divinity)。地母(Mother Earth)当然比乌拉诺斯更古老。而苏格拉底很可能不会同意,总的来说,男人的德性与对女神或女性存在者的模仿不相容。他自己的技能不就是女人的技能吗?因此,让我们重复一下我们的问题:我们是否无法避免在形相与诸神之间作选择?换句话说,为什么必须主张形相的第一性?《游叙弗伦》暗示了一种选择。最高的存在者要么是争斗的诸神,要么是形相。如果否认形相的第一性,人们就到达了对争斗的诸神的信仰。为什么?为什么诸神要争斗?说到底,因为他们不进行认知。但知识,真正的知识关乎不变事物、必然事物、可理知的必然性以及形相。知识所探究的那种东西(That of which knowledge is knowledge)乃是先在的。形相先于关于形相的知识。如果没有形相的第一性,就不可能有知识。因此,如果否认形相的第一性，人们就否认了知识的可能性。如果形相不是第一性存在者，则第一性的或原初的事物就不可能是进行认知的存在者。他们的行动［202］必定盲目。它们将相互抵牾、相互争斗。换句话说，如果第一性存在者是诸神而非形相，则任何既好且正义的东西之为既好且正义，乃因为诸神喜爱它，而非出于其他理由或曰其他内在理由。第一性的活动不是知识或知性，而是没有知识或知性的爱，即盲目的欲望。但这种两难局面不是在一神论中得到了克服吗？不可能基于《游叙弗伦》来解决这一问题，我相信在这篇对话中单数的"神（God）"从未出现。然而，《游叙弗伦》似乎暗示，即便是最古老的神也必须被设想为服从诸形相。诚然，如果只有一个神，在思考虔敬在于模仿神时就不会有困难了。人们必须知道，称神很好或很正义或很智慧，等于说神要依从正义的规范。如果这规范服从神，或依赖神，或由神所创造，如果它可以为神所改变，它就不再能够充当一个标准。神必须被设想为服从必然性，一种并非他所创造的可理知的必然性。如果我们否认这一点，如果我们假定神高于可理知的必然性，或并不为可理知的必然性所约束，那么严格说来他就不能进行认知，因为知识本身关乎不可改变的可理知的必然性。在这种情况中，神的行动将具有全然任意性。于他而言，没有什么不可能。比如说，他可以创造其他神乃至诸神，当然，他们不可能拥有知识，而只会争斗。

如果虔敬多余，如果诸神多余，那为什么几乎所有人都相信虔敬有必要，也相信诸神有必要呢？为什么人们需要诸神？在有关虔敬的第三个定义的讨论中，暗示了这一问题的答案。照那定义，虔敬在于事奉诸神。更确切地说，虔敬在于以某种方式事奉诸神，类似于奴隶事奉主子，全然屈服于主子，惟主子吩咐是从。虔敬是一种服务。对此，苏格拉底解释如下。虔敬是一种关于服务的技艺，一种服务性、从属性的技艺。它本身必然服务于一种居于统治地位的技艺，或一种建筑术式技艺。于是，虔敬预设诸神从事居于统治地位的技艺。但每一种技艺都产生某种东西。那么诸神的居于统治地位的技艺产生什么呢——当它以人类种种技艺为其从属性技艺时?游叙弗伦只是回答,诸神产生许多美的(fine)事物。他拒绝向像苏格拉底这种不受教的(uninitiated)人解释何为这许多美的事物。毫无疑问,游叙弗伦心里所想的这许多美的事物,不大会满足苏格拉底,但苏格拉底还是[203]在这一语境下说,通过回答何为诸神的居于统治地位的技艺所产生的东西,人们本会抵达对虔敬的一种恰切理解。稍后的语境中苏格拉底所举的例子,就显明了他心目中诸神的居于统治地位的技艺所产生的特定产物到底是什么。苏格拉底以将军技艺和农艺作为从属性技艺的例子。人们试图通过将军技艺和农艺而获得和生产的美好事物,乃是胜利和好收成。然而,要创造胜利和好收成,将军技艺和农艺还不够。因为这些技艺并不能保证结果,而结果是这些技艺中惟一要紧的东西。运用将军技艺和农艺所产生的结果是好是坏,端赖于偶然性。偶然性根本无法为技艺或知识所控制,也根本无法为技艺或知识所预测。但太多东西依赖于偶然性,以致人不得不屈服于偶然性力量。人作出非理性的努力,试图控制不可控制者,控制偶然性。然而,他知道他无法控制偶然性。正是出于这一理由,他需要诸神。诸神被他用来做他自己做不了的事。他相信能以诸神作为引擎来控制偶然性。他事奉诸神,为的是成为诸神的东家、诸神的主子。

然而,有一种特殊的技艺是人的一切技艺中最像建筑术的技艺,其结果尤其依赖于偶然性,而且绝对需要诸神或虔敬作为其补充。那就是立法技艺。立法技艺关乎正义、高贵以及善,有关这些对象的真正知识比有关度量衡的知识更为困难。因此,立法技艺是自然而然的分歧领域。立法技艺的首要对象是正义。而正是作为正义的一部分,虔敬才在第三个也是最后一个定义中得到界定。虔敬是对诸神的正义,正如更为狭义的正义乃是对人的正义。对人的正义是善。我们已经明白了这一点。尚存疑问的是虔敬的地位，或者说是对诸神的正义。看来，从对人的正义之不足或限度出发，可以最好地理解对虔敬的需要。而对人的正义最为严重的不足乃是，在非理性的人们眼中，它并不具备足够的约束力。虔敬所提供的以及诸神所提供的，正是这一约束力。但要想履行这一职能，虔敬就必须服务更为狭义的正义。更为狭义的正义首先是守法，或者说服从律法。因此，虔敬必须归属于这一 [204] 意义上的正义，归属于对律法的服从。但律法首先是祖传惯习。于是，虔敬就完全取决于对祖传惯习的服从。正是在这一点上，苏格拉底同意正统的观点，反对异端者游叙弗伦。游叙弗伦通过控告其父不虔敬而违反祖传惯习。苏格拉底以对待一般人的方式（ad hominem）① 向游叙弗伦指出，他没有权利违反祖传惯习。这样，他在游叙弗伦的眼中显得是民众的一员，是个俗人，便不足为奇了。我们可以说，正统观点与苏格拉底都拥有常识，游叙弗伦则缺乏常识。我的意思是说，一个社会可能立足于正统观点以及苏格拉底诸原则，但不可能立足于游叙弗伦的诸原则。因为，如果就实践而言祖传惯习未被视为神圣，那么一个社会就不可能。正是出于这一理由，柏拉图才坚称必须令律法惩罚不虔敬。像我们这样的自由派，忍不住要以柏拉图自身的证言为基础去与柏拉图争辩。柏拉图不是已经向我们展示了，在一切拥有常识的人们（众人和苏格拉底）眼中，游叙弗伦都是个荒唐可笑的人？而荒唐可笑的事物不是一种无危害的缺陷吗？那为什么不宽容游叙弗伦呢？不过我急着回到这篇对话。

《游叙弗伦》是篇非常悖谬的对话。其实每一篇柏拉图对话都是如此。《游叙弗伦》特有的悖谬则在于如下。《游叙弗伦》所从属的那一类柏拉图对话的正常程序是这样的：对话者先提出一个定义，表达关于讨论主题的最寻常的观点，尔后他被逐步引向一个更高的观点。但《游叙弗伦》中所提出的第一个定义，在关键

---

① [中译编者注] 参页 [61] 关于该短语的中译编者注。

方面却高于最后的定义,后者仅仅表达了公众的虔敬观,即虔敬在于献祭和祈祷。更宽泛地说,柏拉图对话的正常程序是从低到高的上升,而《游叙弗伦》的程序则是从高到低的下降。人们可以以两种不同的方式解释这一悖谬。首先,异端者游叙弗伦必须被领回到他所属的地方,即回到正统观点,或者说重新依循[习俗]。其次,《游叙弗伦》是篇异常极端的对话。它提出了有关虔敬问题的最不妥协的表述。因此,这篇对话的结构有这一特点:甲,揭示真理;乙,阐明基本谬误。在对话临近结束时,苏格拉底将游叙弗伦比作普洛透斯(Proteus)。普洛透斯是个狡猾的海神,要抓住他非常困难。他能化身于无数种[205]外形:雄狮、龙、豹、大野猪、流水、枝桠繁茂的树。游叙弗伦像普洛透斯,因为他不容易被抓住,而且总是在改变立场。游叙弗伦像普洛透斯,还因为普洛透斯不犯错:他能道出诸神的一切秘密。而今,苏格拉底想要抓住游叙弗伦,逼他道出真理。在神话中,是谁想要抓住普洛透斯,逼他讲出真理?墨涅拉俄斯(Menelaus)。正如游叙弗伦模仿普洛透斯,苏格拉底模仿墨涅拉俄斯。苏格拉底像墨涅拉俄斯。苏格拉底与墨涅拉俄斯有什么共同之处?墨涅拉俄斯是海伦的丈夫,而苏格拉底是克珊娣珀的丈夫。这条思路走不了很远。让我们来看看,在什么样的背景中,或出于什么理由,墨涅拉俄斯想要抓住普洛透斯(《奥德赛》,4.351以下)。墨涅拉俄斯自己说:"在埃及河边,尽管我一心要往这儿赶,但诸神还是把我阻留,因为我没有献上应献的祭品。诸神希望我们总是牢记他们的要求。"墨涅拉俄斯想要抓住普洛透斯,因为只有普洛透斯才能告诉他,怎么做才可摆脱他因没有献上应献的祭品而陷入的困境。苏格拉底想要抓住游叙弗伦,因为只有游叙弗伦才能告诉他,怎么做才可摆脱他因没有献上应献的祭品而陷入的困境。看来这些事情有益于理解《斐多》中苏格拉底对克力同说的最后一句话，"我们还欠埃斯库拉庇乌斯（Aesculapius）① 一只公鸡呢"，一如人们通常会理解的那样。无论如何，苏格拉底失败了，而墨涅拉斯则成功了。理由很明显，苏格拉底并没有问他的普洛透斯，他苏格拉底该做什么，而是问了他一个纯粹理论性的问题：虔敬是什么？

开头我就说过，《游叙弗伦》向我们传达了一个惹人气恼的半真理。这一惹人气恼的半真理说的是，除了对众人而言，虔敬是多余的，诸神也是多余的。为什么这是个半真理？因为我们知道诸神存在。当然不是雅典城邦的诸神，而是活生生的诸神。我们是如何知道的？通过论证。这论证从什么现象出发呢？从运动、自我运动、生活、灵魂的现象。柏拉图揭示《游叙弗伦》所传递的训示的半真理特性，并未通过使用"灵魂"这个语词、这个术语。通过对形相的强调和对灵魂的沉默，柏拉图创造了这一表象：没有诸神的位置。柏拉图论证这个半真理，很可能是通过思索形相无论如何都高于灵魂。

最后，我想说几句或许会［206］冒犯你们当中某些人的话，也就是谈谈致力于最严肃主题的论争所具有的某种玩笑特性。我请你们回想《会饮》的结尾部分，我认为它表明哲学独立履行了肃剧和谐剧两者的最高任务。无论是传统的还是当前的柏拉图解读，都可以说揭示了柏拉图思想的肃剧要素，却忽视了谐剧要素，除非谐剧要素自己跳到人们面前。有许多理由可以说明这一不足之处。我只提一个。现代柏拉图研究发源于德国这个没有谐剧的国度。为了指出为什么谐剧要素在柏拉图那里至关重要，我给你们读几句话，引自我所知晓的惟一欣赏该要素的柏拉图主义者莫尔（Thomas More）爵士。我引的是：

---

① ［译注］医药神，阿波罗的儿子，有起死回生之术。冥王哈得斯由此向宙斯抱怨，而宙斯也担心 Aesculapius 把人都变成不朽者，就以雷电击杀了他。

> 因为要想证明此世并非笑的时光而是哭的时光，我们发现我们的救世主自己哭过两三次，但我们从未发现他笑过哪怕一次。我不会发誓说他从未笑过，但至少他没有对我们笑过。另一方面，他却对我们哭过。(《关于苦难之慰藉的对话》[Dialogue of Comfort against Tribulation]，章13)

我们如果将莫尔所说的耶稣与柏拉图向我们讲述的苏格拉底作一比较，就会发现"苏格拉底笑过两三次，但我们从未发现他哭过哪怕一次"。偏爱笑并反对哭，似乎是哲学所固有的小偏见。因为，哲人们所理解的哲学的开端就不是对主的畏惧，而是惊异。其精神不是希望、畏惧和战栗，而是以引退为基础的沉静。笑要比哭稍微更接近于这种沉静。到底是圣经正确还是哲学正确，当然是惟一最为要紧的问题。但要想理解这一问题，人们必须首先去看看哲学自身到底是什么。人们不能一开始就透过圣经的眼镜去看它。不论我们的立场在哪里，没有任何可敬目的的达成，是通过试图证明我们可以两全其美。苏格拉底竭尽全力将那些能够思考的人从无思无虑的沉睡中唤醒。如果我们凭借他的权威是为了令自身睡去，那我们就错误地效仿了他的榜样。

9. 如何着手研究中古哲学？

陈建洪　译

[207] 我们提出如何着手研究中古哲学这个问题。倘若不先谈如何研究整个早期哲学，尤其如何研究整个智识史，我们便无法讨论这个问题。

在某个意义上讲，我们这个问题的答案不证自明。每个人都承认，如果我们非得研究中古哲学不可，我们的研究便不得不做到尽可能确切而富有智性。尽可能确切是指，任何细节不管多么微不足道，我们都不能认为它不值得我们最悉心的考察。尽可能富有智性是指，在确切地研究所有细节的时候，我们不应该忽视整体；每时每刻都不应该见木而不见林。但这些是细枝末节的问题，尽管我们不得不补充，它们只有就总体而言才是细枝末节，而如果我们在实际工作中予以留意，它们便不再是细枝末节：我们总是一方面忍不住迷失于奇妙且未经检审的细节，另一方面又忍不住不拘于细节。

当我们说理解中古哲学必须是历史地理解，我们便触及了一个更具争议性的问题。人们拒斥一种对过去的解释，常常并非仅仅因为它不确切或不富有智性，而是因为它不是历史解释。那么，他们所说的历史解释是什么意思呢？应该是什么意思呢？

据康德的一个说法，有可能比一个哲人理解自身更好地理解他（《纯粹理性批判》，B370）。现在，这样的理解可能享有盛誉；但它显然不是历史理解。如果它走得过远以至于自诩为惟一（the）真正的理解，那便确乎成了非历史理解。我们发现在中古犹太哲学研究领域中，这种非历史解释最为突出的例子，便是柯亨（Hermann Cohen）论迈蒙尼德伦理学的文章。① [208] 柯亨总是将迈蒙尼德的论述并不诉诸迈蒙尼德的参照标准（center of reference），而是诉诸他自己的参照标准；他不是以迈蒙尼德的视域，而是以他自己的视域来理解这些论述。柯亨有一个专门术语来表示这种做法，那就是"理念化"解释。也许可以适当地称其为寓意性（allegoric）解释的现代形式。无论如何，这就是所谓企图比古代作家理解自身更好地理解他。历史理解则意味着恰如先前作家理解自身那样去理解他。如果我说这本身已经是一项足够艰难的任务，那么每个曾做此尝试的人都会证实我所言非虚。

企图比一个过去哲人理解自身更好地理解他，其前提是阐释者认为他的见识高过古时作家的见识。康德显明了这一点，因为他认为人们能够比一个哲人理解自身更好地理解他。平庸的史家太过温和，以致不会以上述原话提出一个口气如此大的主张。但是，他恐怕也这么认为，只是没有意识到而已。他不会声称自己的个人见识高过如迈蒙尼德者。然而，若他不能宣称如今的集体见识高于 12 世纪的集体见识，那么他只是遇到了一点困难而已。例如，不止一个史家在阐释如迈蒙尼德者时，试图评价迈蒙尼德的贡献。他对什么做出了贡献？对与日俱增的知识与见识的宝藏做出了贡献。今天，这个宝藏看来大于以往，比如说大于迈蒙尼德死时的状况。这意味着，当说到迈蒙尼德的"贡献"时，史家脑子里想的是迈蒙尼德对现有知识或见识的宝藏做出的贡献。故此，他便依据现如今的思想来阐释迈蒙尼德的思想。其中隐含的假设是：一般而言，思想史是一个进步的历程，因此 20 世纪的哲学思想要比 12 世纪的哲学思想更高明，或者更接近真理本身（the truth）。依我之见，这个假设与真正的历史理解水火不容。它必然导致企图比过去的思想理解自身更好地理解它，而非企图正

---

① "迈蒙尼德伦理学的特点"（Characteristik der Ethik Maimunis），见《犹太教论》（*Jüdische Schriften*，三卷本，Berlin, 1924），3. 221-89。

如它理解自身那样理解它。因为很显然,对过去越感兴趣,我们对过去的理解就将变得越恰切;但我们若事先知道当下在最重要的方面高于过去,便无法对过去[209]真有什么兴趣,亦即无法富有激情地专注于过去。总的来讲,欧陆浪漫派亦即真正的(the)历史学派的历史理解高于18世纪理性主义的历史理解,这并非偶然;这是如下情况的一个必然结果,历史学派的代表人物并不相信他们的时代高于过去,而18世纪的理性主义者却相信理性时代(the Age of Reason)高于过去一切时代。一开始就认为当今思想高于过去思想的史家们觉得,毫无必要按照过去本身来理解过去:他们只是将过去看作对现在的一种铺垫。在研究过往学说时,他们首先追问的并非该学说创立者的意识和深层意图何在。他们更乐意追问:该学说对我们种种信念所做的贡献何在?从现在的视角来看,该学说的意义(其创立者对此很陌生)是什么?依晚近的进展来看,它的意义是什么?历史意识以历史真理和历史确切性的名义正当地抗议这一进路。思想史家的任务是恰如过去思想家理解自身那样去理解他们,或者依据他们的自我阐释令其思想再现生机。一言以蔽之:相信自己的或自己所处时代的进路高于过去的进路,对于历史理解来说具有致命性。

接下来,我们可以用稍微不同的方式表达这同一个想法。思想史家的任务是恰如过去的思想理解自身那样去理解它;因为抛弃这个任务就等于抛弃思想史客观性惟一可行的标准。众所周知,对于同一个历史现象,各时期、各代人和各种人都有迥然相异的阐释。同一个历史现象在不同时代里面目各异。新的人类经验会为古老文本带来新曙光。例如,无人能够预见往后一百年里圣经会被怎样解读。像这样的看法已令某些人认为,宣称任何一种阐释是惟一(the)真解都靠不住。不过,目下这些看法并不支持这样一个观点。因为,能够用以理解一个既定文本的无数多种方式,并不否定[210]如下事实:该文本的作者在写作时只以一种方式理解文本。比如说,基于清教革命来理解关于撒母耳和扫罗的纪事（the history of Samuel and Saul）时所持的视角，并非圣经纪事的作者理解该纪事时所持的视角。此处圣经纪事的惟一（the）真解就是，像圣经作者所理解的那样重述并显明圣经纪事。归根结底，对一个作者的阐释之所以千变万化，乃因为有意或无意地企图比作者理解自身更好地理解他；但是，如他理解自身那样去理解他的道路却只有一条。

回到我曾岔开的话题：相信自己的或自己所处时代的进路高于过去的进路，对于历史理解来说具有致命性。这个要不得的假设体现了人们所谓进步主义的特征，却为通常所谓历史主义所避免。进步主义者相信现在高于过去，历史主义者则相信所有时期都同等程度地"亲近上帝"。历史主义者不是想通过例如评价每个人的贡献来判断过去，而是寻求理解事物的实情一直是怎样，亦即"它本来是什么样（wie es eigentlich gewesen ist）",① 尤其过去的思想一直是怎样，同时寻求将这二者联系起来。历史主义者至少有意恰如以往的思想理解自身那样去理解它。但是他注定不能够称心如意。因为他知道，或毋宁说他假设，大体言之或通常情况下，所有时代的思想都同样真实，因为每种哲学本质上都是其时代精神的表达。比如说，迈蒙尼德对他那个时代精神的表达如此完美，就像柯亨对他的时代精神的表达。过去所有哲人都曾声称找到了真理本身，而不只是他们所处时代的真理。然而，历史主义者则断言，他们因为被误导而产生了这个念头。他将此断言作为其解说的立足点。他先验地知晓，迈蒙尼德之宣称教诲真理本身，教诲对所有时代都有效的真理，并无根据可寻。在这个至关重要的问题上，历史主义者与其年长的对手进步主义者一样，相信他的进路高于古代思想家的进路。因此，历史主义者的原则

---

① Leopold von Ranke，《1492 至 1535 年间的罗曼和日耳曼诸民族的历史》（Geschichten der Römanischen und Germanischen Völker von 1492 bis 1535, Leipzig, 1824），序言。

强迫他试图比过去自身更好地理解过去,即便这有违他的意图。他只不过[211]重复了他据以严厉攻击进步主义者的罪行,尽管有时候采取更具智术的形式。因为,不妨重复一遍,要理解一个严肃教诲,必须对它真有兴趣;必须严肃对待它。但是,如果预先知道它已经"过时了",便不可能严肃对待它。要想严肃对待一个严肃教诲,必须乐意认为它可能纯粹真实。所以,如欲对中古哲学有一个恰当理解,我们必须乐意认为中古哲学可能纯粹真实,说得更明白些即认为中古哲学在最重要的方面高于我们从任何当代哲人那里所能学到的一切。我们要想理解中古哲学,并非仅仅需要准备了解有关(about)中古哲人的皮毛,而是需要准备从学于(from)他们。

同样,如果想要懂得过去的一种哲学,必须带着哲学问题并以一种哲学精神接近它:必须首要关注的不是其他人对哲学真理思考过什么,而是哲学真理本身。但是,如果接近以往思想家时带着一个并非作为其核心的问题,那么注定要误释和歪曲他的思想。因此,我们据以接近过往思想的哲学问题必须如此宽阔、如此综合,以致可以被限定到相关作家对于该问题所采用的特殊而确切的表达。这个问题无他,惟关乎整全的真理本身。

哲学史家如果想适宜地开展工作,如果想成为一个胜任的哲学史家,就必须自身转化为一个哲人,或皈依哲学。他必须获得一种在"专业"哲人那里不太常见的心智自由:他必须尽人之可能地拥有一种完美的心智自由。不应该让任何袒护同时代思想乃至现代哲学、现代文明、现代科学本身的偏见,妨碍他给古代思想家以充分信任。研究过去哲学的时候,切勿让自幼就熟悉的现代路标牵着鼻子走;他必须要努力遵循那些曾引导古代思想家的路标。那些古代路标并非直接可见:它们往往隐藏于累累的尘埃和碎石。这些碎石中最要命的是现代[212]作者们的浅解薄见,是教科书里随处可见的想用一个公式解开过去之谜的陈词滥调。在运用引导过往思想家的路标之前,必须要先重新发现它们。而在史家成功发现它们之前,他不由自主地陷于全然无措和普遍怀疑的境地:他发现自己处于一片黑暗,而他对于惟一能照亮这黑暗的知识一无所知。在专注于研究过去的哲学时,他必须明白他正开始一次全然不知所终的旅程:当回到他自己时代的边界时,他不太可能还会是出发前的那个样子。

历史地理解中古哲学,要求该研习者乐意严肃看待中古哲人们的宣称:他们在教诲真理本身。不过,这可能会遭到义正辞严的反驳:[中古哲人]这种主张不是最不合理的吗?一般来说,中古哲学以亚里士多德的自然科学为基础:这种科学不是已经被伽利略、笛卡尔和牛顿彻底驳倒了吗?中古哲学的前提是对于我们所理解的宗教宽容、代议制度、人权和民主这种种原则几乎完全无意识。其特点是对诗与史的某种冷漠(近乎鄙视)。其根基似乎是坚信圣经字句启悟论(verbal inspiration),坚信口传律法出自摩西。中古哲学取决于对某种释经方法的运用,而这样释经如同寓意解释那样不可靠。简而言之,中古哲学激起的反对来自现代科学和现代学术最不容置疑的成果所培育的所有信念。

这还没完。中古哲学可能已经被现代思想驳倒了,不过就它那个时代而言,它仍可能是一个可钦可佩、弥足珍贵的成就。但是,甚至如此仍受到质疑。有一个观点有很强说服力,就是认为哲学对中古犹太教的影响远非有益。你们许多人可能都读过索勒姆(Gershom Scholem)博士的大作《犹太神秘主义举要》(*Major Trends in Jewish Mysticism*)。① 索勒姆博士认为,从犹太教的立场来看,也即从拉比②犹太教的立场来看,犹太神秘论(Kabbala)远远高于犹太中古哲学。如下观察是其立足点:

---

① New York, 1961。[译注] 中译本参《犹太教神秘主义主流》,涂笑非译,成都:四川人民出版社,2000。

② [译注] 拉比(rabbi)指犹太教律法和教诲的阐释者。

神秘主义者和哲人两者都彻底改变了古代犹太教的框架……[但是]哲人将犹太教的具体实在事物成功转变为一堆抽象事物之后，他只能做其本职工作。与此相反，神秘主义者则避免通过寓意化来摧[213]毁宗教叙述的活体（living structure）。……要明白这差别，只需考虑哲学和犹太神秘论各自如何对待拉比犹太世界两个杰出的创造性表现（Halakhah 和 Aggadah，亦即律法和传说）。显然可见，哲人未能同两者任一方建立起可嘉而密切的关系。……整个宗教律法世界一直置身哲学探究的范围之外，当然这也意味着，它不役于哲学批评。……就对宗教作纯粹历史的理解而言，迈蒙尼德对 mitswoth（亦即宗教戒条）起源的分析极为重要，但是他若认为自己关于 mitswoth 的理论可能会为其现实运用增加信仰热情，则未免唐突。……对哲人来说，Halakhah 要么无足轻重，要么在他看来只不过是逐渐瓦解而非增进它自身声誉的东西。……Aggadah……代表一种方法，用以原本而具体地表达犹太信众最深层的种种动力；它也代表一种属性，此属性有助于使它成为一个卓越而确切的途径，以便接近我们宗教的诸本质。然而，正是这种属性，一直令犹太哲人们迷惑不解。……他们的寓意化只是简单而含蓄的批评，这再平常不过了（同上，页 23，26，28-31）。

索勒姆并不止步于认为，我们的中古哲人就其作为哲人而言看不到犹太灵魂中最深层的种种力量；他还认为，他们看不到人本身灵魂中最深层的种种力量。他说，哲学"拒斥生活的基础层面，亦即最紧要的领域，在该领域中凡人们忧生惧死，并从理性的哲学里搞出贫乏的智慧来"（同上，页 35）。另一方面，犹太神秘主义者"强烈地感受到邪恶之存在，并对每个活物都抱有深深的恐惧。他们不像哲人那样用方便的公式回避这一切之存在"（同上，页 36）。

我们应该感谢索勒姆博士扫荡性地猛烈抨击我们的中古哲学。这抨击不容我们满足于流行心态的特征,亦即历史严肃性和哲学冷漠性的混合。因为索勒姆的批评尽管极为严苛,但不能说悖谬。事实上在某种程度上,索勒姆只不过明白地说出了对此论题的更普遍接受的观点所隐含的东西。[214] 古特曼(Julius Guttman)的《犹太教哲学面面观》(*Philosophies of Judaism*)是犹太哲学史标准著作,其隐含的中心论题有二:一是我们的中古哲人们在很大程度上为了希腊观念抛弃了上帝、世界和人这些圣经观念,二是现代犹太哲人们在捍卫犹太教核心信仰的原旨方面远胜于他们的中古前辈。这方面,我们还可以提及,罗森茨威格(Franz Rosenzweig)认为柯亨的《源于犹太教的理性宗教》(*Religion of Reason Out of the Sources of Judaism*)绝对高于迈蒙尼德的《迷途指津》(*Guide of the Perplexed*)。①

对这些批评,不能随随便便打发了事。只停留于一个辩证的、有争议的答案,则最粗鲁不过了。惟一令人信服的答案在于对我们伟大中古哲人们作出一种切实(real)解释。因为,若以为我们已经否弃了这样一种解释,便大错特错。首先,对犹太中古哲学的历史研究只不过是最近才有的事。从事这方面研究的每一个人都极大地倚赖于尤其蒙柯(Salomon Munk)、考夫曼(David Kaufmann)和沃尔夫松(Harry A. Wolfson)所取得的巨大成就。但我可以肯定,正是这些伟大的学者首先承认,对于像哈勒维(Halevi)的《哈扎里之书》(*Cuzari*)②和迈蒙尼德的《迷途指津》这

---

① [译注] 参 Shlomo Pines 英译,Chicago: Univ. of Chicago Press, 1963;中译本参傅有德译,济南:山东大学出版社,2004。

② [中译编者注] Rabbi Yehuda Halevi,《哈扎里之书:捍卫遭到轻慢的信仰》(*The Kuzari: In Defense of the Despised Faith*, N. Daniel Korobkin 译注,Northvale, N. J.: J. Aronson, 1998)。原书用阿拉伯文写成,原名为 Kitāb al Khazari(哈扎里之书,Kitāb 即"书")。此书背景是 8 世纪时 Khazars 之王带领民众(突厥人的一支)皈依犹太教的历史。

样的著作，现代学术连门儿都还没摸着：我们才不过刚刚起步。但是，就算撇开这个可能十分紧要的考虑不说，以上所引的批评在一定程度上也可以得到解答，而无需提出最严重的论题。索勒姆博士视作当然的是，我们的中古哲人们想在他们的哲学著作中表达或阐释历史上的犹太教活生生的现实，或虔敬的犹太人的宗教情愫或体验。他们的真实意图要么温和得多，要么极端得多。犹太传统的整个教诲（edifice）本质上或实际上受到来自希腊哲学信奉者的攻击。我们对犹太历史的希腊化时期所知有限，带着这些有限所知所要求的最大谨慎，人们可以说中古见证了西方世界最重要的两股力量——圣经宗教与希腊科学或哲学——最初的交锋，当然这也是第一次充分交锋。这不是伦理一神教与异教的交锋，亦即不是两个宗教之间的交锋，而是宗教本身与科学或哲学本身之间的交锋：亦即基于信仰和顺从的那种生活方式，与仅仅基于自由洞察或曰人类智慧的那种生活方式之间的交锋。这一交锋中的关键问题与其说是［215］宗教情愫或体验本身，不如说是某些基本而不显眼的预设；以这些预设作为基础，那些情愫或体验便不再只是一些美丽的梦幻、虔敬的愿望、令人敬畏的假象或者情绪性的夸张。犹太神秘主义者博格斯的摩西（Moses of Burgos）自然可以说，哲人止步于犹太神秘主义者起步之处（参Scholem，1961，页24）。但是，这岂不是和如下看法如出一辙：犹太神秘主义者本身并不关心信仰的种种根基，亦即不关心作为哲人的哲人所感兴趣的惟一问题？否定这个问题具有极端重要性，无异于断定信仰与知识、宗教与科学之间的冲突几乎不可思议，或无异于断定理智的诚实无需挂怀。若以为神秘主义者的特殊体验足以打消科学或哲学提出的疑问，那便是忘记了如下事实：这些体验确证托拉（Torah）[①] 之绝对真理的方式完全同于它们确证

[①]［中译编者注］希伯莱文 Torah 指犹太律法和智慧体系，狭义指希伯莱圣经中的律法书。

基督教教义或伊斯兰教信条之绝对真理的方式；这意味着降低这三大一神论宗教之间教义冲突的重要性。事实上，正是那些教义冲突的不可解决性引发了、或根本上加强了进行哲学研究的冲动。（面对基督教教义的影响，犹太哲学比犹太神秘论更为顽固，这一点也许并非无足轻重。）人们当然可以说，现代犹太哲学已经以一种较中古犹太哲学远远更先进、更成熟的方式讨论了信仰和知识、宗教和科学的问题，这种看法也尤其是古特曼和罗森茨威格所持观点的隐含之意。我们的所有内心疑虑归根到底不是传统犹太教信仰与亚里士多德形而上学之间的冲突，而是传统犹太教信仰与现代自然科学和现代历史批评之间的冲突。而且，讨论这种冲突的当然不是中古犹太哲学，而是现代犹太哲学。然而，这幅图景还有另外一面。从门德尔松到罗森茨威格的现代犹太哲学，与整个现代哲学的基本假设一荣俱荣、一损俱损。现在，现代哲学之于中古哲学的优越性已经不再像一两代人之前那样明显。现代哲学搞出了一个中古哲学全然陌生的区分，即哲学与科学之间的区分。这个区分所暗藏的危险在于，它为确立［216］一种非哲学的科学和一种非科学的哲学铺好了道路：这种科学只是一个工具，因而容易变成任何既存权力和利益的工具；而在这种哲学里，愿望和偏见已经占据了属于理性的地盘。我们已经看到，现代哲学放弃了对可证真理的诉求，堕落成为某种形式的理智自传，要不就通过成为现代科学的婢女而蒸发为方法论。我们每天可以看到，人们如此地贬低哲学之名，以至于谈论诸如希特勒这样的庸俗蛊惑者的哲学。这种不幸的做法并非偶然：它是区分哲学和科学的必然结果，这种区分最终势必导致哲学与科学相分离。无论我们怎么思考新托马斯主义，它在非天主教徒中间的巨大成功恰因为人们越来越多地意识到，现代哲学的有些基本问题搞错了。现代人与古代人谁更高明，这个17世纪讨论的老问题已再度成为一个争议性问题。它已经再度成为一个问题；只有傻瓜才会以为这个问题已经找到了圆满的答案。我们只不过刚刚开始意识到其深广的意义。但是，就凭它再度成为一个问题这个事实，已足以令中古哲学研究成为一个哲学要务，而不止是一个历史要务而已。

我想强调一点，这对正确地深入中古哲学尤其重要。现代哲学的发展已经到了这样一个地步，就是哲学或科学本身的意义性已变得可疑。只要提一个最明显不过的例子即可了然：曾有一个时代，哲学或科学普遍被认为是，或能够或应该是，社会行动的最佳指南。当今十分流行讨论政治神话的重要性和必要性，仅此一点就足以表明哲学或科学的社会重要性已经确乎变得可疑。我们再度面对这个问题：为什么要哲学？或为什么要科学？这个问题曾是哲学滥觞时期的讨论焦点。可以说，柏拉图对话最明显的意图正是回答这个问题：为什么要哲学？或为什么要科学？其途径即在城邦或政治共同体的法庭面前辩护哲学或科学的正当性。在根本上相同的意义上，我们的中古哲人们也被迫提出这个问题：为什么要哲学？或［217］为什么要科学？其途径就是在律法或托拉的法庭面前辩护哲学或科学的正当性。哲学的这个最根本的问题，也即其自身的合法性和必要性问题，对于现代哲学来说不再是一个问题。一开始，现代哲学就试图以所谓真正的哲学或科学来取代所谓错误的中古哲学或科学。它再也不提哲学或科学自身的必要性问题；它视此必要性为当然。仅此事实已可令我们确信，中古哲学从一开始就以现代哲学所缺乏的一种哲学彻底主义（radicalism）显明自身，或者说中古哲学在最重要的方面高于现代哲学。

所以，如下主张并非完全荒诞：我们的目光应该从现代哲人那里转向中古哲人，期望从学于他们，而不只是了解关于他们的皮毛。

中古哲学的研习者是一个现代人。不管他是否清楚这一点，他都处于现代哲学的影响之下。恰恰是这个影响，使得真正理解中古哲学变得十分困难，而且甚至变得一开始就不可能。正是现代哲学对这位中古哲学研习者所施加的影响，使得对中古哲学的一种非历史阐释一开始就不可避免。因此，要理解中古哲学，便要在某种意义上从现代哲学的影响中解放出来。而且，若不认真、持续、严厉地反思现代哲学的特定品性，这种解放便没有可能。因为只有知识才能使人自由。我们现代人理解中古哲学，只能达到我们以现代哲学的特定品性理解现代哲学时所达到的程度。

这绝不意味着中古哲学研习者必须完全通晓中古和现代所有重要哲学。如此浩如烟海的知识和事实信息的积累，即使确实可能，也会令任何人的心智虚弱不堪。另一方面，任何真正的学者都不可能倚赖那些关于中古思想与现代思想差别的陈词滥调（fables convenues），这种谈资因流传于诸教科书之间而获得了一种不朽。就算那些习见（clichés）为真，年轻学者也无法知道如下实情：他将不得不盲从这些习见。要想凝合应有之确切性与同等迫切的应有[218]之综合性，惟一的办法是一定要从细致考察诸关节点（strategic points）入手。比方有些时候，一部中古作品一直充当一部现代作品的范本：通过仔细比较仿本与其范本，我们对中古进路与现代进路的特定差别会有一个清楚而切身的直接印象。譬如，可以图菲利（Ibn Tufayl）的《叶格赞》（*Hayy ibn Yuqdhân*）和笛福（Defoe）的《鲁滨逊漂流记》（*Robinson Crusoe*）①为例。笛福著作取法于这位阿拉伯哲人著作的17世纪拉丁文译本。两部著作讨论的共同问题是，在毫无社会或文明助力的情况下，一个离群索居的人凭其自然力量能取得什么样的成就。这个中古人成功地变成了一个完美哲人；这位现代人则奠定了一种技术文明的基础。另外一类关节点体现为对于中古文本的现代评点。对比门德尔松对迈蒙尼德《逻辑论》（*Treatise on Logic*）的评点与迈蒙尼德这一文本本身，将很好地充当一个用以进入我们

---

① [译注] 两书中译本参图菲利（？－1185），《哈义·本·叶格赞的故事》，王复、陆孝修译，北京：商务印书馆，1999；笛福，《鲁滨逊漂流记》，史羽译，北京：商务印书馆，1980。

主题的契机。第三类关节点是致力于反对中古教诲的详细的现代论辩（polemics），比如斯宾诺莎在《神学政治论》中对迈蒙尼德之教诲和方法的批判。通过考察迈蒙尼德的什么论题为斯宾诺莎所误解或未为其充分理解，人们便能够抓住现代特有的某些偏见；这些偏见在一开始便阻碍我们对迈蒙尼德的理解，而且它们对我们的阻碍绝不少于对斯宾诺莎的阻碍。不过，上述三种类型的所有例子都会面对这样的反驳：这些例子也许会误导粗心的研习者以为，这些特定现代哲学与特定中古哲学之间的差别乃是现代哲学本身与中古哲学本身之间的真正（the）差别。

为了搞清楚这一基本差别，我想最好的办法莫过于切实地比较中古和现代各自的哲学或科学中最典型的分支。根据现今的大学课程表，或根据19、20世纪构建的哲学系统的目录页，就可以轻松地编出一份当今认可的哲学科目清单。请将这份清单与比如说阿尔法拉比或阿维森纳（Avicenna）的哲学科目划分做一个比较。这些差别是如此巨大，如此鲜明得骇人，以致连最短视之人也不会忽视；这些差别又是如此富有刺激性，以致连最懒惰的研习者也会被迫对其作一番思考。举例来说，人们一眼就可以看到中古并不存［219］在如美学或历史哲学这样的哲学科目，从而立马产生一种不容置驳且绝对正当的对诸多现代学者的不信任，这些学者连篇累牍地讲论中古美学或者中古历史哲学。于是，人们有兴趣询问："美学"和"历史哲学"这些术语到底从什么时候开始冒出来？当得知了它们的出现始于18世纪，人们便开始反思它们的出现所隐含的条件——这样，人们便已经步入正轨了。或者，不妨考虑一下中古哲学里并没有一门叫做"宗教哲学"的科目。如此众多书册皆讲论中古犹太宗教哲学——亦即讲论严格说来并不存在的东西！所有这些书册里边一定有某些东西基本上搞错了。我们于中古哲学里发现，对应我们现代宗教哲学的乃是作为一门哲学科目的神学，在过去就叫做自然神学。自然神学是关于上帝的教义，宗教哲学则分析人对上帝的态度，两者之间有天壤之别。这差别意味着什么？中古基督教最伟大的著作以"神学大全（Summa Theologica）"为题，而宗教改革时期最伟大的著作以"基督宗教要义（Institutio Christianae Religionis）"为题，这意味着什么？迈蒙尼德在其《迷途指津》中不讨论宗教问题，这又意味着什么？为了最终真切而严格地对中古哲学进行历史理解，我们不得不严格地从此类问题入手。

许多学者认为我提到的此类问题即使不算苛刻（bureaucratic），也够得上迂腐（pedantic）。他们论辩道：我们把中古哲人对诗的评论看做是他对美学的贡献，有什么不应该？中古哲人原本认为那些评论属于诗学或伦理学，甚或政治科学。他认为诗是一种本质上富有深意的活动，寓乐于教或寓教于乐（to please by instructing or to instruct by pleasing）乃其分内之事。他视诗学为一种技艺，其职分就是教诲如何作出好诗等等。他认为诗本质上服务于诸如道德提升这样的隐在目的。简言之，他对诗的看法极端狭窄。多亏我们的现代哲人们令我们更好地懂得了：诗因其自身而存在，而且美学远非教诗人怎样作诗而已，而是要分析诗性创造性以及［220］审美上的愉悦、鉴赏或理解。既然现代看法如此明显地高于中古观点，那么将中古哲人对诗的评论诉诸我们的参照标准，并因此把它们划归美学领域，对于我们来说还有什么可迟疑的呢？显然，正是这种心智习惯使得没有可能历史地理解中古哲学。如果我们一开始就知道中古在这方面的看法是错的或者贫乏的，就不应浪费时间去研究它；或者，就算有人不介意浪费时间，他也决不会耗费智力以真正地理解一个他不可能有任何好感的观点。既然提到了美学对抗诗的例子，我还可以加一句，中古对诗的看法根本上源自柏拉图的《王制》，而这部著作的作者不可能被指为如苦行僧般缺乏对美的感触。

我一直想要表达的个中意思是，术语问题无上重要。每一个指向重要话题的术语都暗示一整套哲学。由于我们在一开始并不能确定哪些术语重要和哪些术语不重要，所以必须高度注意读到的或论述中用到的任何一个语词。这样，我们便自然而然地面对翻译问题。翻译一部哲学书所能得到的最高奖赏莫过于说它极为忠于原文，也即极度地信译（in ultimate literalitatis），可举那些精妙绝伦的中古译者的拉丁措辞为证：无论把阿拉伯文著作译成希伯莱文，还是把这两种文字的著作译成拉丁文，他们的翻译都绝对超过大多数现代译文，尽管他们的拉丁文常常极度地不雅（in ultimate turpitudinis）。难以理解为何众多现代译者如此近乎迷信地害怕信译。这导致的结果是，不得不完全倚赖哲学著作现代译本的人不能准确地理解作者的思想。因此，即使最贫乏的外文习者（比如我）也被迫去读原文。中古却并非如此。中古亚里士多德研习者们对希腊文一窍不通，他们解读亚里士多德却远胜于饱学希腊古代文化（antiquities）的现代学者。决定这种优胜的关键因素在于，中古评注家采用的是亚里士多德文本的极度信译本，而且他们专注于文本及其措词。

以上评论适用于整个中古哲学研究。[221] 现在，我们转而专门讨论中古犹太哲学。一般而言，中古犹太哲学包括两个类型，较早出现的一类兴盛于伊斯兰教环境，较晚出现的一种出现于基督教环境。我所讨论的仅限于早出类型，撇开其他考虑不提，从我们的方法论问题来看，这个早出类型更有意思。有一些特定困难妨碍我们理解阿拉伯—犹太哲学，也妨碍我们理解它所倚赖的伊斯兰哲学。哲学史不同于学说编修（doxography），从而是现代世界的产物。哲学史的方案最初由培根提出。哲学史原本被认为外在于严格意义上的哲学，被认为是古代文化论者而非哲人的一项追求：哲学史只是在19世纪才成为哲学的一个内在部分，这尤其得力于黑格尔。作为基督教欧洲的一项成果，哲学史本质上倾向于用基督教经院学或拉丁经院学的种种规范来指导其中古哲学研究。如果对现代哲学与中古哲学的差别没有一番缜密反思，那么中古哲学研习者作为一个现代人，便由于现代哲学对其思想的影响而不能理解中古哲学。类似地，如果对基督教经院学与伊斯兰—犹太哲学的差别没有一番缜密反思，那么伊斯兰—犹太哲学研习者作为身处西方同源传统之一（in a tradition of Western origin）的哲学史家，便由于这一传统而不能理解伊斯兰—犹太哲学。

人们不得不从犹太教和伊斯兰教与基督教的差别入手。对犹太人和穆斯林来说，宗教首先是一套律法，是一套有着神性渊源的法典；而不是如基督徒以为的那样，宗教首先是教义中体现的信仰。相应地，真正的（the）宗教科学或曰神圣教义（sacra doctrina）并非教义神学或曰启示神学（theologia revelata），而是律法科学，亦即 halaka 或 fiqh① 的科学。如此理解的律法科学与哲学的共同之处，远远少于其与教义神学的共同之处。因此从原则上讲，哲学在伊斯兰-犹太世界的地位里远不如它在基督教世界中的地位来得稳固。如非至少对哲学的一个实质性部分进行研习，就毫无可能成为一个称职的基督教神学家；哲学是钦定的乃至必修的训练中的一个内在组成部分。另一方面，即使连一丁点的哲学知识都没有，也可以成为一个绝对称［222］职的 halakist 或 faqih。② 这个根本差异无疑解释了哲学研究后来在伊斯兰世界完全没落的可能性，而西方即使有路德也没有出现这种没落。这说明了为什么迟至 1765 年亚实基拿系犹太人（Ashkenasic Jew）③ 门德尔松感到不得不为推行逻辑研究做一番真正的申辩，并不得不表明，不许阅读异端或渎神著作的禁令何以不适用于对逻辑著作的研究。这还至少部分地解释了为什么尤其迈蒙尼德的《迷途指津》从未获得阿奎那的《神学大全》所享有的权威地位。这两部最具代表性的著作开头部分的差别最具启发性。阿奎那伟大的《神学大全》第一条所处理的问题是，神学是否必然与哲学科目相分离

---

① ［译注］halaka 即犹太教律法；fiqh 即伊斯兰律法。
② ［译注］halakist 即犹太律法家；faqih 即伊斯兰律法家。
③ ［译注］指中欧或东欧讲依地语（Yiddish）的犹太人派系。

并作为后者的补充：阿奎那在哲学的法庭前为神学辩护。另一方面，迈蒙尼德的《迷途指津》则专心致力于律法科学，甚至可以说致力于真正的律法科学；它以漫评一行圣经经文起头；它的起点是在传统犹太科学的法庭前为哲学辩护，而不是在哲学的法庭前为传统犹太科学辩护。我们怎么还能想象迈蒙尼德会在其《迷途指津》的开头处讨论 halaka 是否必然作为哲学科目的补充？迈蒙尼德的进路在他关于同时代的阿威罗伊的一篇研究中得到阐明，这篇研究显然旨在辩明哲学的法定正当性：它以伊斯兰律法术语讨论容许还是禁止，还是必得研究哲学。很清楚，哲学处于防御位置，事实上也许没那么严重，但就其法定处境而言确乎如此。在犹太文献中，与阿威罗伊的论证相侔的可不只一例。

对"哲学"和"哲人"这些语词的使用，最为明显地说明了哲学在中古犹太教中的地位成问题。我们当然地以为像迈蒙尼德和哈勒维这些人都是哲人，而且毫不迟疑地将他们各自的著作叫做哲学书。但是，我们的如此做法确实符合他们对这个问题的看法吗？在他们的措辞中，哲人通常是指这样一个人，其信念根本上有别于三种一神论宗教中任何一种的信徒，无论名义上他是否属于这三种宗教之一。哲人们自身理应形成一个群体、一个圈子，这个圈子根本上有别于［223］犹太人的圈子、穆斯林的圈子和基督徒的圈子。通过称哈勒维和迈蒙尼德这些思想家为"哲人"，我们暗自否认了犹太哲人或犹太哲学这个观念本身有问题。但是，这些人脑子里最为根深蒂固的信念莫过于此：犹太哲学本身成问题且不稳固。

现在，我们来考虑另一面的情况。无可置疑，基督教世界对哲学的官方认可有其不利之处。取得这种认可所要付出的代价就是受到严厉的教会监控。另一方面，哲学在伊斯兰—犹太世界里不稳固的地位，保证或者注定了其私人品性，以及相应的更高程度的内在自由。在这方面，哲学在伊斯兰－犹太世界里的处境类似于它在古典希腊的处境。常闻希腊城邦是一种全权（totalitarian）社会秩序：它所囊括和规范的不仅有政治和律法事务本身，还有道德、宗教、肃剧和谐剧。但是，无论就事实还是理论而言，有一种活动具有本质上彻底的私人性、超政治性和超社会性，这就是哲学。建立哲学学园的不是世俗（civil）权威或教会权威，而是毫无权威之人、离群索居之人（private men）。就此而言，我认为哲学在伊斯兰世界里的处境类似于在希腊的处境而非在基督教欧洲的处境。伊斯兰-犹太哲人本身就认识到了这个事实；在阐释亚里士多德的一篇评论时，他们把哲学生活作为一种彻底私人的生活来讨论：他们将其比做隐士生活。

在穆斯林和犹太人眼中，宗教首先是律法。相应地，宗教首先作为一个政治事实进入哲人的视野。因此，讨论宗教的哲学科目不是宗教哲学，而是政治哲学或政治科学。这里所说的政治科学有其特定含义：柏拉图式政治科学，亦即柏拉图《王制》和《法义》的教诲。伊斯兰-犹太哲学与基督教经院学之间最明显不过的差别在于：在西方世界，政治科学经典是亚里士多德的《政治学》，而在伊斯兰-犹太世界，政治科学经典则是《王制》和《法义》。事实上，伊斯兰-犹太世界那时全然不知有亚里士多德的《政治学》，而《王制》和《法义》在基督教欧洲的出现不早于 15 世纪。

当然，伊斯兰律法与犹太律法一样被认［224］为是一种神性律法，是神（God）通过先知赐给人们的律法。根据柏拉图的哲人王，阿尔法拉比、阿维森那和迈蒙尼德把先知解释为完美政治共同体的奠基者。这些哲人认为，预言（prophecy）学说本身是政治科学的一部分。阿维森那说柏拉图的《法义》是论预言的典范著作。这种视预言在本质上具有政治性的看法，着实影响了迈蒙尼德《律令之书》（sepher ha-mizvot）和《知识之书》（sepher ha-madda）的构想。其涵义见于迈蒙尼德的如下论评：偏好占星术而忽视战争和征服的技艺，导致了犹太国家的毁灭。

伊斯兰-犹太哲学和基督教经院学的差别最明显地体现于实

践哲学领域。至于理论哲学方面，其实伊斯兰－犹太哲学和基督教经院学两者立足于实质上相同的传统。但在政治哲学和道德哲学方面的差别具有根本性。我已经讲到伊斯兰－犹太世界里亚里士多德《政治学》的缺席。同样重要的是其中尤其西塞罗和罗马法这样的罗马文献的缺席。这个情况导致的结果是，自然法（natural law）学说——作为基督教经院学的标记，实际上亦即 18 世纪末之前西方思想的标记——在伊斯兰－犹太哲学中完全缺席：它只出现在某些受基督教思想影响的晚起犹太作家之中。确实，伊斯兰神学家们或曰 mutakallimûn 曾肯定理性律法（rational laws）的存在，这理性律法实际上同于西方所说的自然律法（natual laws）；但是伊斯兰－犹太哲人们完全拒斥这种看法。基督教经院学者称之为自然律法而 mutakallimûn 称之为理性律法的那些行为规则，伊斯兰－犹太哲人则称之为普遍接受的意见。可以说这个观点在基督教中古只是一个边缘现象，只出现在帕多瓦的马西利乌斯（Marsilius of Padua）这位中古教权主张的头号劲敌的教诲之中。

如此便到达了我想说的最后一点，这一点旨在阐明在伊斯兰－犹太哲学与基督教经院学之间作出区分的程度与意义，旨在辩明我的如下看法的正当性：要想真正懂得伊斯兰－犹太哲学，必须时时以此差别为念。基督教经院学中受伊斯兰哲学影响最深的一个学派是拉丁阿威罗伊主义（Latin Averroism）。拉丁阿威罗伊主义闻名于世的是其双重[225]真理学说，即断言一个命题可以在哲学里为真而在神学里为假，反之亦然。在阿威罗伊本人或其前辈们那里，并没有出现双重真理学说。我们倒是发现伊斯兰哲学里相对充分地运用了这样两种教诲的区别——基于修辞论证的显白教诲与基于说理论证或科学论证的隐微教诲。至今，伊斯兰哲学研习者还没有充分重视这个显然重要无比的区分。如果真正的、科学的教诲乃是隐微的、秘传的教诲，我们便不能如平常那样确信伊斯兰哲人的公开教诲是其真实教诲。我们便必须要获得一种特殊的阅读技巧，而这种技巧对于理解那些直陈作者之见、毫无隐饰或迂词的著作来说不必要。如果将这里的隐微手法追溯至垂死的古代文化中的某些虚伪现象，那便搞错了：其源头不得不回溯到柏拉图本身，回溯到《斐德若》关于口传教诲高于书面教诲的学说，回溯到《王制》和《法义》关于高贵谎言有其必要的学说，并且最终回溯到柏拉图本人在其所有著作里运用的写作技巧。我们可以稳妥地说，若未充分研究伊斯兰哲人们的这种柏拉图主义，我们对伊斯兰哲学的理解就立足于极脆弱的根基。类似的考虑也适用于倚赖伊斯兰哲学的犹太哲学。只要读过《迷途指津》的人都知道迈蒙尼德多么强调其自身教诲的秘密性：他从一开始就告诫读者，他所展开的只不过是秘密教诲的章节标题，而不是章节内容本身。在《哈扎里之书》里，我们也遇到类似的情况：哈扎里最后皈依了犹太教，是因为他聆听了对《创造之书》（*sepher yeszira*）隐微教诲的一种高度秘密的解释。正是因为这些现象，我敢说我们对中古哲学的理解还处于确实很粗浅的阶段。我并非以这一评价薄视尤其沃尔夫森和海内曼（Isaac Heinemann）对我们的贡献，他们曾以独特的写作技巧在多种场合论及早期哲人们。除总体考察之外，还需要连贯地、有条理地把这些考察应用于对文本的实际解释。只有完成这种解释之后，我们才能对我们的中古哲学的［226］价值和真理作出判断。从目前来看，暂时压后我们的判断并从学于这些伟大的教师，不失为明智之举。因为，有许多重要的教训，现代人只能从前现代、非现代的思想家那里才学得到。

10. 进步还是回归?[①]

郭振华 译

一

[227] 本讲座的题目表明,进步已经成了一个问题——进步看来已经把我们领到深渊边沿,因此有必要思索与进步相抗衡者。比方说在我们所在的地方停下,要不然就——如果可能的话——回归。回归(return)译自希伯莱语词 t'shuvah。T'shuvah 有一个普通含义和一个突出含义。此突出含义英译作"悔改(repentance)"。悔改就是回归,即从错误的道路回归正确的道路。这暗示了我们曾走在正确的道路上,后来才转向错误的道路。原本我们就走在正确的道路上;原本并无背离或罪恶或不完美。人原本就在家里,在他的天父(Father)的寓所。由于疏离,由于罪恶的疏离,他成了一个异方人。悔改,回归,就是回家。

我提醒你们注意《以赛亚书》第一章中的几行经文:

> 可叹忠信的(faithful)城变为妓女。从前充满了公平(judgment),公义(righteousness)居在其中,现今却有凶手居住。……因此主说,我也必复还(restore)你的审判官,像起初一样,复还你的谋士,像起先一般。然后你必称为公

[①] [译注] 本文译注中绝大部分内容编译自施特劳斯《犹太哲学与现代性危机》(*Jewish Philosophy and the Crisis of Modernity*,Kenneth Hart Green 编,State University of New York Press,1997)所载本文的编者注。

义之城，忠信之邑。①

悔改就是回归；救赎就是复还。一个完美的开端——忠信的城——之后纷至沓来的便是背叛、堕落、罪恶；而在此之后就是一个完美的终结。但这完美的终结乃是复还那完美的开端：起初是忠信的城，最后还是忠信的城。一开始人们并非漫游于眼前的一片森林，不受保护亦不被引领。一开始是在伊甸园。完美一开始就存在——在时间的开端，在最古老时代的开端。因而与此相应地，完美得到古老时代——父、[228]父辈之父、列祖（patriarchs）的时代——寻求。列祖就是以西结（Ezekiel）在其幻觉中看到的神性战车。② 伟大时代——古典时代——存在于过去：首先是荒芜时期，然后是神殿时期。犹太人的生活就是回忆的生活。这同时也是一种期待、希望的生活，但对救赎的希望就是复还——恢复至圆满（restituto in integro）。"他们的儿女要如往日"（《耶利米书》，30：20）。可以说，救赎在于最年轻的人——离过去最远、处于最远的将来的人——回归到质朴状态。过去高于现在。因而，这种想法和对未来的希望完全相容。但是，不论过去多么可敬，对救赎的希望——对弥赛亚（the Messiah）③ 的期待——难道不是把更高的地位赋予未来而非过去吗？

这不完全为真。依照最普遍接受的观点，弥赛亚低于摩西

---

① [译注] 参《圣经·以赛亚书》，1：21-26。本文圣经英译文均引自 King James Version，相应中译文引自和合本。
② [译注] 参《以西结书》，1、10。对观《创世记》，1-2；《列王纪下》，2：12。
③ [译注] "弥赛亚"在希伯莱文原指受膏者（膏即犹太王加冕时所受的膏油），在后来的犹太传统中指未来统一犹太各部并带来世界和平的犹太王。

(Moses)。① 弥赛亚时代将见证这样一种复还：托拉②得到完全实施；部分托拉的失效是因为神殿遭到毁灭。对托拉的信仰过去一向是犹太教的生活方式，然而弥赛亚主义却经常处于潜伏之中。例如，我从索勒姆得知，16 世纪以前的犹太神秘论专注于开端；直到卢里亚（Isaac Luria），犹太神秘论才开始专注于未来——专注于终结。然而甚至在卢里亚这里，最后的时代只是变得与最初的时代同样重要，而非比最初的时代更重要。此外（我引用索勒姆的话），"从倾向和习惯上讲，卢里亚是个坚决的保守派。这种倾向的明显表现就是，他执意要将自己不得不说的东西与更古老的权威联系起来"。对于卢里亚而言，"拯救其实仅仅意味着恢复，使原本的整全重新成为一体，或用希伯莱语讲就是 Tikkun……对于卢里亚而言，弥赛亚的出现正是复还的持续过程的圆满结局……通向万物终结之路也是通向开端之路"（《犹太神秘主义举要》，前揭，页 256，268，274）。犹太教关注回归，而非进步。"回归"能轻易用圣经希伯莱语来表述，而"进步"则不能。用希伯莱语表述"进步"，会显得有些造作，即便不算悖谬。③ 即便弥赛亚主义确实意味着主要关注未来，或曰朝向未来生活，那么这也不会对如下信念产生任何影响：过去高于现在。从时间方面讲，现在比过去更接近最终的救赎；这一事实当然不意味着，从虔敬或智慧方面讲，现在高于过去，尤其高于古典的过去。

---

① [译注] 作者谈到犹太教关于弥赛亚的"最广为接受的观点"时，其根基很可能是迈蒙尼德的律法书；在迈蒙尼德的各个律法书中，"最普遍接受的一种观点"常被用来权威地表述律法。可参迈蒙尼德，《密示拿托拉》（*Mishneh Torah*，Moses Hyamson 译注，New York: Philipp Feldheim, 1981），"审判官"卷（Book of Judges），"君王的律法"篇（Laws of Kings），章 11，段 1、3、4；章 12，段 1、2、4。

② [中译编者注] 参页 [215] 关于托拉的中译编者注。

③ [译注] 作者所谓"悖谬"指的是，表述"进步"的两个希伯莱词——kidm 和 hitkadmut——都源自词根 kdm，即"居前"、"高于"。词根 kdm 的各种形式常常带有这样的意思："古老"、"早先"、"以前"、"先前"，正如 kedem 表示"古老的日子"。因此，在现代希伯莱语中，"进步"不可避免地暗示着"回归"。

[229] 如今，t'shuvah 一词获得了一个更突出的含义。如今，t'shuvah 有时并不指发生在犹太教之中的回归，而是指某些犹太人对犹太教的回归，这些人或其父辈早已背弃作为一个整体的犹太教。对犹太教的抛弃、背弃当然不自视为背叛或离弃，不自视为偏离正道，也不自视为回归至犹太传统早已离弃的一个真理，甚至也不自视为仅仅转向某种更高者。它自视为一种进步。可以说，它向犹太传统确证，犹太教很陈旧，相当陈旧，尽管这种背弃本无可夸耀的往昔。但这种背弃认为，犹太教很古老这一事实恰恰证明了这种背弃本身的卓越性，也证明了犹太教自有其不足。因为它质疑回归这一观念暗含的前提：开端以及古老时代具有完美品性。它认定，开端极其不完美，完美只能发现于终结处——于是，从开端向终结的运转，原则上就是一种从极端不完美向完美的进步。从这种观点来看，年代久远无论如何不等于值得尊重。古代性恰应遭到鄙视，顶多鄙视中带点同情。

为了把这个问题讲得更清楚一点，我们将对比以回归观念为特征的生活与以进步观念为特征的生活。当先知们声讨其族人（their people）时，他们不会仅仅指控族人的这种或那种特定罪行或罪恶。先知们在如下事实中看到所有特定罪行的根源：族人已经背弃其上帝。先知们谴责其族人的反叛。过去，族人原本守信或忠诚；现在，族人处于反叛状态。未来，族人将回归，而且上帝将令他们复还其原来的所在。首要的、原本的或原初的是忠诚；不守信、不忠实只是派生而来。不守信或不忠实这一概念本就预设了忠实或忠诚具有原初性。原本的完美品性是罪恶的一个前提——也是罪恶思想的一个前提。谁这样理解自己，谁就渴望原本之完美，或渴望古典的过去之完美。这样的人受不了现在；他盼望未来。

另一方面，进步的人会回顾一个极端不完美的开端。这个开端就是野蛮、愚昧、原始、极度匮乏。进步的人并不觉得自己已丧失某种非常重要的东西，即便不说无比重要的东西；他丧失的只是枷锁。进步的人不会因为回忆［230］过去而感到痛苦。回顾过去时，他为自己的成就感到自豪；他确信现在高于过去。他不满足于现在；他期待未来的进步。但是，他不仅希望或祈求更好的未来；他认为他能以自身的努力赢得这个未来。进步的人在某一个未来之中寻找完美，而这未来绝非开端，亦非开端的复还；于是，他完全朝向未来而生活。那种自视为忠诚或守信的生活，在他看来就是落后，就是处于古老偏见的咒语控制之下。别人称作反叛的东西，他称之为革命或解放。他用偏见－自由之两极对立来反对守信－反叛之两极对立。

重复一下，当代对犹太教的回归发生于对犹太教的背弃之后，这种背弃最终或从一开始就自视为超越犹太教的一种进步。这种背弃为一位孤独者以古典方式所引发——他就是斯宾诺莎。斯宾诺莎否认犹太教真理：犹太教，当然也包括圣经，是古代部落的一连串偏见和迷信习俗。从这繁多而异质的传说中，斯宾诺莎发现了某些真理元素，但他并不认为这为犹太教所特有。斯宾诺莎在异教中也发现过同样的真理元素。在阿姆斯特丹，斯宾诺莎被犹太人共同体所驱逐。他不再认为自己是个犹太人。常常有人指责斯宾诺莎对犹太教和犹太人怀有敌意。但我没有看出来斯宾诺莎反对犹太教比反对（比如）基督教更猛烈，也没有发现他对犹太人怀有敌意。关于犹太教与基督教之间的世俗冲突，斯宾诺莎持一种奇怪（可能也没那么奇怪）的中立看法。斯宾诺莎从这个中立角度看待犹太人以及犹太人的命运，由此甚至对犹太人的救赎提出了某些建议。其中有一项几乎很显白的建议。首先，斯宾诺莎断言，犹太人只在如下意义上曾受［上帝］拣选：迦南人（Canaanites）在早些时候也曾被拣选，因此犹太人同样并不永远受到拣选；然后，斯宾诺莎试图说明，可以用一种极为自然的方法解释犹太人失去国土后的生存状态。在这种语境下，斯宾诺莎作出如下评论："若他们宗教的根基没有把他们的心智变得女里女气，我甚至绝对相信，鉴于人事易变，一旦时机降临，他们就可以恢复自己的国。"① 这意味着，对神性救赎的希望毫无根据。流亡的受苦毫无意义。根本没法［231］保证有一天会停止这种受苦。但是，若要对流亡的终结抱有合理希望，第一个前提条件就是，犹太人必须除去其宗教的根基，亦即除去犹太教的精神。因为斯宾诺莎认为，那种精神反对尚武的事业，也反对积蓄政府的能量。据我所知，这是关于犹太人问题的纯粹政治性解决方案的最早提议：以纯粹政治性解决方案取代救赎的神迹（miracle）——如果可能，人们可以仅以虔敬的一生来供奉这神迹。这是第一次暗示具有彻底政治性的锡安主义（Zionism，［译按］即"犹太复国主义"）。但是，斯宾诺莎还提示了另一个解决方案。在《神学政治论》中，他勾勒了他所谓正派社会的轮廓。按他的描绘，这种社会可被刻画为一种自由民主制。顺便提一句，斯宾诺莎可以说是鼓吹自由民主的第一位哲人。不过斯宾诺莎仍认为有必要以一种公共宗教或国家宗教为自由民主投保。而非常值得注意的是，那种宗教、那种国家宗教显然不是理性宗教，而且既非基督教亦非犹太教。它在犹太教与基督教的种种分歧方面保持中立。此外，斯宾诺莎宣布，他已经在圣经的基础上证明，摩西律法只有在犹太王国（Jewish commonwealth）时期才有其约束力。如果有人考虑到两个事实：第一，国家宗教在犹太教与基督教的种种分歧方面保持中立，第二，摩西律法不再具有约束力；那么，这人就有权声称，斯宾诺莎为犹太人问题的另一种纯粹政治性解决方案奠定了基础：这种解决方案是政治锡安主义的对抗性方案，即同化主义（assimilationism）。

在斯宾诺莎的自由民主制中，犹太人用不着靠受洗获得完全的公民权。只要他接受放任主义的（latitudinarian）国家宗教就够了，而且他们可以由此而忘掉摩西律法。在这种中立的氛围中，流放之苦有望得到解除。斯宾诺莎仅仅提示了两种相互抗衡的古

---

① 《神学政治论》，前揭，第3章接近末尾处。［译注］译文参考过中译本页64。

典方案，这两种方案均源于与犹太教的根本决裂。其实际后果在19世纪的进程中得到充分展示。但是，这两种方案经受实践检验时，都导致了某些困难。

在同化主义的前提下，犹太人的受苦——为犹太教而受苦——变得毫无意义。那种受苦仅仅是蒙昧往昔的残留，随着人类取得更长足的进步，这种残留将消失。但是，结果［232］令人有点失望。基督教势力的衰落并没有如期引起反犹情绪的衰落。即便在犹太人的法定平等已经成为事实的地方，这种平等反而与持续存在的社会不平等形成更强烈的对比。在许多国家，法定不平等与种种更为粗鲁的社会不平等，让位于种种更为精巧的社会不平等，但社会不平等并不因此就变得不那么残酷。相反，随着社会地位的上升，敏感性与日俱增。我们的祖先能够对憎恨、鄙夷无动于衷，因为这在他们看来恰恰表明以色列被拣选。而被连根拔起的、被同化的犹太人除了其赤裸裸的自我以外，无以对抗憎恨和鄙夷。完全的社会平等看来要求作为犹太人的犹太人完全消失——这种主张一点儿也不实际，仅凭一条理由就足以推翻：纯粹的自尊。在我们背后，在我们内心，有着一段不亚于世上任何其他族群的英勇（heroic）往昔，那么我们凭什么否认或遗忘这段往昔呢？（人们可以说，这段往昔甚至远远更为英勇，因为其种种主要特征不是军事荣耀与文化辉煌的光彩点缀，尽管它并不缺这些。）看来同化需要内在奴役作为外在自由的代价。或者在某种意义上换言之，同化主义似乎将犹太人引入非利士主义（philistinism，［译注］等于说庸俗主义）的泥沼，令他们浅薄地满足于最不令人满意的现在：这对于这个族群来说是一个最不光彩的终点，这个族群曾被领出为奴之家（the house of bondage），进入荒漠，并小心地避开了非利士之地："法老容百姓去的时候，非利士之地的道路虽近，上帝却不领他们从那儿走"（《出埃及记》，13：17）。非利士之地永远很近。一旦真的取得进步，在受过教育或受过一点教育的人那里，憎恨犹太人将不再表现为憎恨犹太人。这种憎恨不得不把自己打扮成反闪族主义（anti-Semitism，[译注]即反犹主义，反对亲犹太主义）——19世纪某个德国或法国学究扭扭捏捏地发明了这个词。这当然是个极不恰当的词。社会不平等持续存在、反闪族主义逐步兴起，这一切导致的震荡（尤其在德国和法国）显然为后来在德国发生的事（尤其在1933至1945年间）敲响了警钟。

有些欧洲犹太人意识到，同化根本不是解决犹太人问题的办法，并昭示另一种纯粹属人的、政治的解决办法，于是他们转向政治锡安主义。但是，政治锡安主义也面临自己的困难。纯粹政治锡安主义[233]隐含的基本观念根本不是锡安主义。它可以满足于在世上任何地方建立一个犹太国家。政治锡安主义已经是对犹太传统的一种让步。那些谋求解决犹太人问题（而不是让犹太人消失）的人，不但必须接受一块为犹太传统所圣化的土地，而且必须接受犹太人的语言，即希伯莱语。此外，他们还得被迫接受犹太文化。"文化"锡安主义成了政治锡安主义非常有力的竞争对手。但文化锡安主义所诉诸的传统，排斥用"文化"或"文明"这样的术语来解释自身，亦即排斥把自身解释成犹太族群天才的自发产物。这种"文化"或"文明"的核心在于托拉，而托拉将自身呈现为拜上帝所赐，而非为以色列所创。因此，用纯粹属人手段解决犹太人问题，这样的尝试终归失败。结儿不是人打的，所以人解不开。我不相信美国经验迫使我们对上述说法加以限制。我决不会缩小如下两种民族之间的差异：一个民族孕育于自由，献身于所有人生而平等这一主张；另一些民族则属于古代世界，当然并非孕育于自由。我也对美国怀有希望和信念，但我不得不补充一点，那种希望和那种信念在品性上不同于犹太人对犹太教的希望和信念，也不同于基督徒对基督教的希望和信念。没人声称对美国的希望和信念立足于种种显白的神性约定。

由于往昔的不可抗拒的力量，这种解决犹太人问题的尝试终归失败。已经渐渐遗忘这种力量的一代人对这种力量的体验，属于通常所谓对史学的发现。这种发现发生于 19 世纪。作为一种发现，它在于认识到从前没有认识到的东西：接受过去、回归犹太传统这样的做法根本不同于仅仅将该传统延续下去。的确，犹太人过去的生活往往不仅是一个传统的延续。在许多世纪的过程中，该传统内部发生了非常巨大的变化。但同样真实的是，我们如今目睹并以某种方式参与其中的那一变化，与先前发生在犹太教内部的所有变化有质的不同。

请让我试着阐明这种不同。如今，那些回归犹太教的人并没有断言比如说斯宾诺莎完全错误。[234] 他们至少接受某种圣经批判原则，这种原则被视为斯宾诺莎的主要罪过。要言之，如今回归犹太教的人承认现代理性主义（姑且用这个含混的术语）有许多重要的洞见，这些洞见不能遭到抛弃，而它们与犹太传统格格不入。因此，他们有意识地修改犹太传统。你们只需将这种做法与 12 世纪迈蒙尼德的做法相对比，在将亚里士多德哲学引入犹太教时，迈蒙尼德不得不假设自己仅仅是在恢复以色列人自己失落了的遗产。如今这些回归传统的犹太人试图以反思的心境去做在传统上不假思索或纯朴自然地去做的那些事情。他们与其说持传统态度，不如说持史学态度。他们将过去的思想当作过去的思想来研究，因而认为按现实状况，此思想不必然对当代人有约束力。但他们之所为仍然意在一种回归——亦即意在接受犹太传统所同样接受的东西。因此，关于如下两个要素之间相对意义的疑问就产生了：新的要素和不变的要素，新要素就是如今犹太教被迫成为所谓"越界（postcritical）"之物这一事实。在决定性方面，或者仅仅在次要方面，我们比我们的祖先更为智慧吗？在前一种情况，我们仍不得不宣称我们取得了决定性进步。但是，如果当代犹太教的"越界"特性所暗含的种种洞见仅仅具有一种次要性，那么我们正在亲眼目睹的运动确实只能说是一种回归。现在，这一回归运动也许没有取得曾经有过的效果，这只是因为，不仅在犹太人中甚至在整个西方世界，进步已经逐渐受到质疑。完全、突出意义上的"进步"一词实际上已经从严肃的文献中消失。人们越来越少地谈论"进步",越来越多地谈论"改变"。他们不再声称知道我们正在正确的方向上前进。如今,社会研究者们的一个主要论题不是进步,而是作为一种社会或历史现象的进步"信仰"或进步"观念"。大约一代人以前,关于此问题最著名的研究以《进步观念》(*The Idea of Progress*)① 为题。如今的文献中,其对应者则以《进步信仰》(*The Belief in Progress*)② 为题。用信仰取代观念,这本身就值得注意。好了,为理解进步信仰的危机,我们必须首先搞清楚这一信仰的内容。

什么是进步?在突出的意义上,进步的先决条件是,[235] 存在某种纯然的善或者目的作为进步的目标。进步是朝向目的的转变。但是,这仅仅是进步观念的必要而非充分条件。例证之一就是黄金时代观念,它同样以纯然之善的观念为先决条件;但此处这种纯然之善、这种目的正好位于开端。人的目的(即纯然之善)要成为进步观念的基础,就必须按一种特定方式理解。我认为,人的目的应该首先以如下这样的方式理解为知性完美:知性完美在某种意义上与种种技艺或志业(crafts)相关联。关于人的开端到底是否完美,历来有很多争论,但争论双方都承认,人的开端并不具备种种技艺和志业,当然也不具备其完美状态。因此,要回答人的开端到底是否完美,取决于如何评判种种技艺和志业的价值。无论如何,进步观念的前提条件是,存在一种纯然好的生活,而且生活的开端极端不完美。与此相应,我们在希腊科学或哲学中找到了一种完全的进步意识:首先,意识到已经获得的进步;然后,不可避免地鄙视古人的低劣或虚弱;接着,关于将来的进步,亚里士多德本人注意到:"在医疗技艺之中,对健康的

---

① [译注] J. B. Bury, London: Macmillan, 1920;中译本参《进步的观念》,范祥涛译,上海三联书店,2005。

② [译注] John Baillie, London: Oxford Univ. Press, 1950。

追求无止境,而在其他技艺之中,对其各自目的的追求也没有止境。因为诸技艺都旨在最大程度地达至其目的"(《政治学》,1257b25-28;[译按]参吴寿彭译本,前揭)。至少在某些方面,这里陈述了无限进步的可能性。然而,进步观念本身(the idea)不同于希腊的进步概念。完满(fullfillment)与将来的进步这二者之间的相对意义何在?关于进步的最精致的说法见于卢克莱修(Lucretius)和塞涅卡(Seneca),他们清楚地指出在诸科学和技艺方面无限进步的可能性。然而,卢克莱修是个伊壁鸠鲁派,而塞涅卡是个廊下派(Stoic),这意味着他们都预先假定伊壁鸠鲁或廊下派早已解决根本问题。于是,在关键方面,看不到什么将来的进步。概言之,似乎在古典思想中,种种关键问题被认为已经得到回答,只要它们能够得到回答。据我所知,惟一的例外是柏拉图,他认为,彻底的完满——亦即完全的智慧——根本不可能,可能的只是追求智慧,这在希腊语中就意味着哲学。柏拉图还坚称,[236]对智慧的追求没有种种特定限度,因此柏拉图的说法表明,无限的进步在原则上有其可能。

到目前为止,我一直在讨论理智进步。那么社会进步呢?二者是并行的(parallel)吗?古典著作熟悉如下观念:二者必然并行,或者说理智进步在原则上与社会进步相伴。我们在古典著作中发现这样的观念:立法技艺,即至高的社会技艺,像其他任何技艺一样在进步。亚里士多德转述了这个学说(《政治学》,1268b26以下),然而他质疑这种解决办法,而且注意到律法与技艺或理智追求之间的根本差异。说得更概括一点或者更简单一点,他注意到社会生活的要求与理智生活的要求之间的根本差异。社会的最高要求是稳定,稳定当然有别于进步。

请允许我总结上述观点,古典进步概念显然承认,在某些次要问题上,无限理智进步在理论上有其可能。但是,我们必须马上加一句,它在实际上不可能。因为,依照某一个学派的看法,可见宇宙具有有限持存性(duration);它已经诞生,而且将归于消亡。那些持另一种看法（即可见宇宙是永恒的）的人们——尤其亚里士多德——断言，存在着周期性大灾难将摧毁所有早先的文明。① 因此，相同进步过程的永恒重现之后总是衰落和毁灭。那么，与现代概念相比，古典概念有什么不同呢？我认为有两点。第一，古典概念并不认为理智进步与社会进步有一种理所当然的并行关系；第二，在现代概念中，进步过程没有一个必然的终结，比如大地或乾坤的大灾难。

在关于进步的古典说法中的第一点——理智进步与社会进步之间具有理所当然的并行关系——看来，得到强调的是理智进步而非社会进步。这一基本观念可以表述为：科学或哲学专属于极少数的一群人，即他们所谓"具有优良本性"的人，或我们所谓"具有天赋"的人。他们的进步，即这些极少数人的进步，并不必然——甚至根本不会——影响整个社会。这种思想在17世纪遭到根本性挑战——17世纪是现代哲学的开端，这时兴起了一个关键概念，即方法的观念。方法一出现，便拉［237］平了心智的种种自然差异，而且原则上人人都能够学到各种方法。只有发现仍专属于少数人。但是，所有人都能得到发现的成果，尤其对方法的发现成果。而且有个很简单的证据：有些数学问题，往昔最伟大的数学天才都束手无策，然而现在的高中生都能解决；结论是，理智的水平已经得到大大提升；既然理智有可能得到提升，那么理智进步与社会进步之间就存在一种必然的并行关系。

关于第二点——世界理所当然地有不被全球大灾难打断的无限未来——我们发现这种思想在18世纪得到充分发展。人类有开端，但没有终结，人类始于大约七千年前（我所指的这位思想家

---

① ［译注］作者谈到希腊思想的某一个学派，他心里想的很可能是柏拉图。作者还谈到希腊思想的第二个学派，而且明确指出关涉亚里士多德。关于柏拉图著作中周期性的全球大灾难，见《蒂迈欧》，22b－23c。关于亚里士多德著作中可见宇宙的永恒性，见《物理学》（*Physics*），251b20以下；《形而上学》，1071b5以下。关于亚里士多德著作中的周期性全球大灾难，见《政治学》，1269a5－8。

并不接受圣经纪年)。① 因此,既然人类只有七千岁,那么他们还处于婴儿时代。未来无边无际,看看我们在这般短暂的——与永恒相比——七千年里取得了怎样的成就吧!关键在于:有开端,没终结。显然,上述论证以一个开端为前提条件;否则你没法理解这种无限进步。如果有人死抠字眼的话,他可以在柏拉图对话《蒂迈欧》中([译注] 41a – b)找到这种观念——有开端没终结——的起源。然而,柏拉图当然承认有定期的全球大灾难。我认为,[这种观念的]渊源必须到某一种圣经解释中去找,比如我们在迈蒙尼德那里发现这种解释,即有开端——创世——但没终结,而且排除大灾难的可能性,这不是因为自然必然性,而是因为上帝跟诺亚(Noah)立了约([译注]《迷途指津》,2. 27 – 28)。然而,严格按照圣经来讲,开端不可能不完美。此外,那些附加的重要概念(比如原罪的力量、对更大救赎的渴求的力量)必然抵消进步概念的效力。因而在圣经中,从开端到终结这一进程的核心并非进步。存在一个古典的过去,我们要到西奈山(Mount Sinai)或列祖或其他什么地方去找。而且很显然,如圣经中所述,这一进程的核心不是理智 – 科学的发展。因而,无限时间为无限进步提供的支撑,似乎为一份启示文献所保证,而这份文献谴责进步观念的其他关键要素。完全、突出意义上的进步是个混合概念。

上述困难导致进步观念[238]在 19 世纪遭到了一次彻底修改。我举个例子:

---

① [译注] Abbé de Saint-Pierre,《关于普遍理性的持续进步的评论》(*Observations on the Continuous Progress of Universal Reason*)。引用于 J. B. Bury,《进步观念》,前揭,页 136。感谢 Ernest Fortin 帮忙指明出处。亦见 Bury 书,页 132;那里提到了这样一种正统信念,即从创世以来,人类历史的纪年表上只有"六千年"。Abbé de Saint-Pierre 反对这种信念,但 Abbé 师承的前辈却持这种信念,可参 Éméric Crucé(1590 – 1648)于 1623 所著《新齐里阿斯》(*Nouveau Cynée*,意即 New Cineas,Cineas 为古罗马政治家),该书倡导类似于现代的"进步"观念,要创造永久和平。

> 不再可能去一堆现成的、教条的命题中去寻找真理……真理包含在认识过程中,从低级阶段向高级阶段发展……所有那些阶段都只是由低级到高级的无限发展进程中的有限时期……不存在终极、绝对的真理那回事,发展也没有一个终极、绝对阶段。没有什么东西永远不灭,惟独生成和毁灭的过程永远不会被打断,无限地由低级向高级上升……在这里,我们没必要考虑,这种观点是否完全跟自然科学的现状相符合,因为如今自然科学预言地球的存在可能有终结,还预言人们在地球上的居住也有某一种终结。因此,自然科学如今假设,人类历史不仅有上升过程,还有下降过程。无论如何,我们现在肯定离开始衰落的转折点还相当远……

上述论断来自马克思的朋友和合作者(co-worker)恩格斯。[①] 我们看到,这里放弃了彻底无限进步,不过回避如此一来造成的严重后果,其所凭借的是一种完全无法理解、完全无法证明其正当性的说法——"不必在意"。这种更晚近的进步信仰基于这一决断:干脆忘掉终结、忘掉永恒。

可以说,西方文明的当代危机等于是完全、突出意义上的进步观念的最高危机。我重复一下,那种观念包括以下要素:人类思想的整体发展是在进步;当然,17 世纪以来,现代思想的兴起标志着超越之前一切思想的一次彻底进步。理智进步与社会进步之间,存在一种基本且必然的并行关系。理智进步与社会进步都没有种种特定限度。无限理智进步与无限社会进步实际上都有其可能。一旦人类达到某一个发展阶段,就会存在一种牢固的下限,人将不再会陷落于其下。我相信对于我们所有人来说,这一切论

[①] 《费尔巴哈和德国古典哲学的终结》(*Ludwig Feurbach und der Ausgang der deutschen klassischen Philosophie*, H. Hayek 编),页6。[译注] 上引文中译参考过《马克思恩格斯全集》,北京:人民出版社,1965,卷21,页307-309。

点都已经变得可疑。只需提出其中一个观点（可能是最为宏大的一个），即进步观念与下列意图密不可分：征服自然，人令自身成为自然的主人以及所有者，以 [239] 便消除人的财产等级（estate）。要达到这目的，就要凭借新科学。我们都知道，新科学及其所衍生的技术取得了种种巨大成就，我们也都能看到，人的力量得到了巨大增长。与前人相比，现代人是个巨人。但是，我们同样得注意到，智慧和善没有取得相应的增进。我们不知道，现代人作为一个巨人究竟比前人更好还是更坏。更甚于此的是，现代科学的这种发展在如下观点中到达顶峰：人不能以一种负责任的方式区分善恶——即著名的"价值判断"。关于如何正确使用现代科学的巨大力量，没有什么负责任的话可讲。现代人是个瞎了眼的巨人。怀疑进步就会导致整个西方文明陷入危机，因为在19世纪的进程中，进步与反动之间的区分已经进步地取代了好与坏或善与恶之间的古老区分。好与坏之间质朴、果断、永恒的区分，根本无法说服那些早已学会仅以进步与反动之区分为导向的人们，直到他们开始怀疑进步。

以进步与反动的区分取代好与坏的区分，是我前面提到过的对史学的发现的另一方面。简单说来，发现史学等于以过去或将来取代永恒——以暂时取代永恒。那么，要理解西方文明的危机，不能止步于懂得进步观念很成问题，因为进步观念只是更大的整体的一部分或一方面，我们应该毫不犹豫地将这一整体叫做现代性。什么是现代性？这个问题很复杂，没办法在这里详细讨论。然而，我愿意提出一两个还不成条理的看法。首先，有人可能记得导致西方文明当代危机的关键几步，对那些熟悉这方面问题的人，我必须为下述简要勾勒所显现的肤浅表示抱歉；但是，无论如何，我认为回忆这些东西非常重要。因此，请将下面的话看做简述，而非分析。

西方文明有两重根：圣经与希腊哲学。我们先看看这两个元素中的第一个，即圣经、圣经元素。现代理性主义排斥圣经

[240] 神学，代之以理神论（deism）、泛神论、无神论之类的东西。但在这一过程中，圣经道德在某种意义上得到了保存。人们仍相信，善包括诸如正义、仁慈、爱或惠顾之类的东西；现代理性主义还引发这样一种趋势，即认为圣经道德如果与圣经神学分离，就能更好地得到保存。当然，这种趋势在19世纪比现在更明显；如今这种趋势已经不那么明显，因为在1870或1880年左右发生了一个关键事件：尼采的出现。尼采的批判可以浓缩为一个论点：现代人一直在设法保存圣经道德，同时抛弃圣经信仰。那根本不可能。如果圣经信仰荡然无存，那么圣经道德也将烟消云散，人们将接受一种根本不同的道德。尼采用的词是"权力意志"。尼采以一种相当微妙而高贵的方式指涉这一术语，但后人之以粗鲁而低贱的方式理解此术语，并非与尼采提出的根本转向毫无瓜葛。

至于西方文明的另一个主要组成部分，即古典元素，也就是哲学或科学的观念，也开始发生转变。在17世纪，一种新哲学和一种新科学开始出现。它们的主张跟所有更早的哲学和科学的主张一样，但这场17世纪革命带来了前所未有的东西——带大写S的科学（Science）。本来，这种努力意在用一种新哲学和一种新科学取代传统的哲学和科学；但是，几代人下来，似乎新哲学和新科学之中只有一部分取得了成功，而且确实取得了惊人的成功。没人能质疑这些发展（例如牛顿物理学）。但新科学或新哲学之中只有一部分取得了成功，于是在哲学与科学之间开始出现我们一切人所熟悉的明确区分。在现代哲学或科学中，科学就是成功的那部分，哲学则是不成功的那部分——亦即累赘。因此，科学在尊严上高于哲学。如你所知，结果就是，不具有这种特定科学性的所有知识都遭到鄙视。科学变成哲学的权威，正如神学在中古是哲学的权威。科学正是人对世界的自然理解之真正（the）完美状态。不过接下来，19世纪发生了某些事情，比如非欧几何的发现及其在物理学中的运用，这就表明，[241] 不能将科学恰切地描述为人对世界的自然理解之完美典型,而只能描述为对于人对世界的自然理解的一种根本修改。换言之,科学的基础是某些基本假设,它们作为假设就不具有绝对必然性,而始终只具有假设性。尼采再次将这后果描述得再清楚不过:科学仅仅是对世界的诸多解释中的一个。对世界的科学解释当然有某些优点,但这并不赋予科学以任何最高的认知地位。我们时代有些人所表述的最终结果如你所知:现代科学绝不高于希腊科学,正如现代诗绝不高于希腊诗。换言之,就算负有盛名的科学——现代世界中没有任何其他势力比它更为声名显赫——也不过是一种泥足巨人,只要你思索其种种根基便知。请允许我重复一下,作为科学发展之链的一个结果,一种理性道德的观念(希腊哲学的遗产)已经毫无立锥之地;据说,所有的选择最终都是非理性的或不理性的。

二

关于进步信仰的衰落,其直接原因或许可以这样讲:现代意义上的进步观念暗示,一旦人达到某一水平,包括理智水平和社会或道德水平,存在就会达到一个可靠的水平,人就不可能陷落于其下。然而,本世纪我们所不幸目睹的难以置信的野蛮化,已然经验性地驳倒这一论断。我们可以说,完全、突出意义上的进步立基于种种完全不可靠的希望。甚至在进步观念的许多批判者中,你都可以看到这一点。第一次世界大战之前,进步观念最著名的批判者之一就是法国人索雷尔(Georges Sorel),他写了一本书,即《进步幻象》(*The Delusion of Progress*)。但奇怪的是,索雷尔宣称西方世界不可能衰落,因为西方传统有生命力。我认为,我们已经都变得足够清醒以致承认,无论斯宾格勒(Spengler)那儿有什么错误(错误确实不少),其著作《西方的没落》(*The Decline of the West*)的标题(尤其英译本标题)都比延续至今的这些希望更清醒、更合理。

我们亲眼目睹过而且仍［242］在目睹的这种野蛮化绝非偶然。现代发展的目的当然是带来一个更高的文明，一个超过先前所有文明的文明。然而现代发展的效果如何，则另当别论。现代所发生的一切就是对西方文明遗产的逐步侵蚀与毁灭。有人会说，现代发展的精髓是一种特别的现实主义，即在于这样的观念：道德原则以及对道德原则的诉求——布道、训诫——都已失效，因而人们不得不寻找道德原则的替代品，这种替代品必须比失效的布道更有效。比如，这种替代品可以去制度、经济中找，很可能最重要的替代品就是所谓"历史进程"，这意味着，相比于个人凭自己的努力所能做的或将做的，历史进程在某种意义上是实现好生活的一种远远更为重要的保证。人们已经注意到，这种改变表现于普通语言的改变，即表现于以进步与反动的区分取代好坏之分——这暗示着，我们必须选择并践行有助于进步、合乎历史潮流的事情，而且谁对这样的改进吹毛求疵，谁就不正派或不道德。然而历史潮流极端含混，并因此而不能成为一个标准，或换言之，跳上游行彩车（bandwagon）① 或融入未来的浪潮，并不比抗拒历史潮流更合理——一旦认清这些，那就没任何标准可言。被理解为历史进程的这些事实确乎并不教给我们任何有关价值的东西，而且放弃道德原则本身的后果就是，价值判断开始完全失去客观依据。再说得清楚一些，野蛮残忍的价值与文明的价值一样能够得到辩护——人们竟从诸社会科学研究中学到这一点。

我前面将现代性说成某种确切因而可知的东西。不必说，此处无法对这个现象加以分析。不过，我愿意简要列举现代性的独特要素，至少在我看来，这些要素都非常令人震惊。但是，我必须先澄清一点，以防遭到粗鲁的误解。一个现代现象并不为如下

---

① ［译注］bandwagon 至少有三个意思：一是马戏团吹打过市的彩车、宣传车，二是日益壮大的政党、事业，三是潮流、时尚、倾向。

事实所刻画，即这现象处于比如说 1600 年到 1952 年之间；因为种种前现代传统毫无 [243] 疑问存活了下来，而且仍在存活。不但如此，在整个现代，从一开始就一直存在一种反对这个现代潮流的运动。有一个现象非常著名，或许过分著名，那就是 17 世纪末的古代人与现代人之争，其最著名的形式关涉一个相对不那么重要的问题，即 17 世纪法国戏剧到底能否与古典戏剧相比。古代人与现代人的真正争执当然与戏剧没多大关系，而是关乎现代科学与哲学。现代科学一开始就遭到一种抵制：在代表抵制一方的最伟大的英文著作家就是斯威夫特（Swift）；不过你会在 18 世纪下半叶德国古典主义中再次发现强劲的抵制；① 事实上在 19 世纪，这场运动、这场抵制运动作为一场伟大的智识运动已经被逼入绝境。但是，从某方面讲，这个传统当然还在坚持。所以，在明白了我并不以现代性指涉纯粹年代性事物之后，让我来以一种纯粹列举（而非努力分析）的方式指出我所认为的现代性令人震惊的要素。

现代思想之为现代思想，其首要特征可以说是人类中心性。尽管这与如下事实恰好相矛盾，即现代科学及其哥白尼主义具有比以往思想更极端的反人类中心性；但一项更细致的研究表明这并非真相。当我提到现代思想的人类中心性时，我以其对比圣经和中古思想的神性中心性以及古典思想的乾坤中心性。看看现代哲学，你就会非常清楚地理解这一点；尽管现代哲学并没有现代科学所拥有的普遍权威性，但它是现代科学的一种良知或意识。只需瞧瞧最著名的几种现代哲学著作的标题，就能发现哲学就是

---

① [译注] 作者在此很可能指莱辛，参"显白的教诲"，见页 [63]。亦参"洛维特施特劳斯通信集"（Correspondence between Karl Löwith and Leo Strauss），见 *The Independent Journal of Philosophy*, 5/6 (1988)，页 177-192，尤其页 190："请读一读斯威夫特，他是除莱辛以外现代最自由的思想家"（洛维特和施特劳斯通信中译文散见 Meier 编，《回归古典政治哲学：施特劳斯通信集》，朱雁冰等译，北京：华夏出版社，2006）。亦参施特劳斯，《犹太哲学与现代性危机》，前揭，"附录一"最后一项。

或打算变成对人类心智的分析。要想容易地发现同样的特征（不过这会太累），还可以瞧瞧现代都冒出来哪些不为早先哲学所知晓的哲学科目：它们都从属于属人哲学或人类心智哲学。某种并非清楚地出现于所有场合、只会清楚地出现于某些场合的潜在观念就是，一切真理或一切意义、一切秩序、一切美都源自思想着的主体，都源于属人思想，都源于人。下面是一些著名说[244]法："我们只知道我们造出来的东西"——霍布斯。"知性为自然立法"——康德。"我发现思想的单子具有自发性，前人对此知之甚少"——莱布尼茨。举一个相当简单、通俗的例子，人的某些追求以前被称为模仿性技艺，现在则被称为创造性技艺。人们不应该忘记，在古典的古代，即便无神论、唯物论思想家也确信，人屈服于某些高于自身的事物，比如整个乾坤秩序；还确信人不是一切意义的源头。

与这种人类中心论相关联的是道德导向的一场根本转变，我们可以非常清晰地在如下事实中发现这一转变：现代社会思想中发展出一种严格形式的权利概念。要言之，前现代思想强调义务，就算提到权利，也只是将其视为义务的衍生物，或实现义务的附属品。在现时代，我们发现这样一种趋势（这种趋势也没法完全说清楚，但肯定有迹可循）：将权利放在第一位，将义务放在第二位，即便义务当然很重要。这关乎另一个事实：在17世纪的关键时期，上述转变开始变得极为明显，人们懂得基本权利与一种激情不谋而合。激情在某种程度上得到解放，因为在传统观念中，激情服从于行动，而行动意味着德性。在整个17世纪所有最著名的革命思想家那里，我们都可以看到这种转变，即德性本身现在被理解为一种激情。换言之，当德性自身被理解为一种激情时，人们就放弃了如下概念：德性就是对于激情的一种控制、克服、规范、命令的态度——参考柏拉图《斐德若》中马与驾马车者的象喻。这导致另一种在稍后阶段才变得明显的转变，即自由逐渐取代德性的地位；因而在当今的思想中，你们发现，自由并非等同于放任自流（这一点并非不言而喻），自由与放任自流之间的区分带有一种异常的意义，一种极其异常的意义。好生活并不像早先观念所主张的那样在于遵循一种先在于人类意志的方案，而首先在于方案本身的创造。好生活并不同时包括一个"什么"和一个"如何"，而仅仅包括一个"如何"。换言之——请允许我重复一下，我仅仅是在列举——人根本没有天［245］性可谈。他令自身成为其所是；人的人性本身是习得的。我认为，这一点在许多方面都毫无疑问；也就是说，绝对稳定的是某些所谓的生理特征，可能还包括某些非常初级的心理特征、知觉特性等等。但是，所有有趣的事物都不是模仿一个先在于人类行动的方案，而是人类活动本身的产物。人的人性本身是习得的。

这将我引到第三点，这一点只有在19世纪才变得完全明朗，这一点已然构成对如下主张的一种修正：将人从超人性事物之中彻底解放出来。人们前所未有地更清楚地看到，人的自由离不开一种根本的依赖。然而，人们将这种依赖本身理解为人类自由的一个产物，并将其命名为史学。所谓对史学的发现就在于下面这种认识（或所谓的认识）：人的自由根本上受限于他早先如何使用其自由，而非受限于其天性，亦非受限于自然或造物的整个秩序。我认为，这个要点变得越来越重要：重要到如今有人倾向于声称，现代思想的独特性就是"史学"，这种观念在这个层面上当然全然异于古典思想乃至任何前现代思想（自然也包括圣经思想）。如果有时间，我会试图表明，恰恰就在所谓现代思想的历史化之中，现代性问题从一种技术性观点来看已经一览无余；技术性观点有一种独特的说服力，至少对某一类人而言如此。但我先说到这里。

我们所一直反思的现代性危机，暗示我们应该回归。但是，回归到什么地方？显然，回归到前现代的整全意义上的西方文明，回归到西方文明的诸原则。然而，这里有一个困难，由于西方文明有两个要素，或者说有两重根，两者在根本上不一致。就像我在别处所做的那样，我们可以将这两个要素称为耶路撒冷与雅典，或者不用隐喻来说，就是圣经与希腊哲学。如今，这种根本不一致往往受到忽视，这种忽视有某个肤浅的理由，即初看起来，整个西方历史显得一直在努力调和、综合圣经与希腊哲学。但是，一种更仔细的研究表明，西方好多世纪以来发生过且仍在发生的事情，不是实现调和，而是试图实现调和。为实现调和所做的这些努力注定失败，这是因为：[246] 西方世界的双重根各有其必不可少的一样东西，而圣经所宣称必不可少的东西（按照圣经的理解）有悖于希腊哲学所宣称必不可少的东西（按照希腊哲学的理解）。说得简单、直白一点，在希腊哲学看来必不可少的东西是自主认知的生活。圣经所谓必不可少的东西是服从之爱的生活。那些调和与综合之有其可能，是因为希腊哲学可以把服从之爱用作一种附属性功能，而圣经可以把哲学当作一个婢女；但是，每一种情况下被使用者都会反抗这种使用，因此这种冲突确实是一种根本冲突。然而，这种不一致恰以某种一致为前提条件。事实上，我们可以说，任何一种不合都以某种一致为前提条件，因为人们必然在不同意某些东西的同时，认可这些东西的重要性。但是，就目前的语境来看，这种一致比上述纯形式上的一致要深刻得多。

那么，希腊哲学与圣经的一致之处究竟在哪里呢？从消极的角度看，我们可以说，而且任何人都可以基于此立场而申说：就反对我们前面所讨论的现代性诸要素而言，圣经与希腊哲学完全一致。圣经和希腊哲学都或直接或间接地抵制现代性诸要素。但是，这种一致当然仅仅是间接的一致，而且我们最好看看这种一致在文本中的直接体现。人们可以说（这不算误解），就我们可以而且确实称之为道德的东西而言，圣经与希腊哲学相一致。如果可以这样说的话，它们都关注道德的重要性，关注道德的内容，关注道德的根本不足。它们的分歧在于用什么来补充或完成道德，或换言之，在于如何看待道德的根基。

我将首先为你们简述或提示这种一致。不过有人说，圣经道德与哲学道德之间有一种根本而绝对的对立。如果有人听到某些人这样说,他有可能会认为,希腊哲人们除了鼓吹少男恋(pederasty)① 以外啥也不干,而摩西除了禁止少男恋以外啥也不做。这些人肯定仅仅极为草率地读过柏拉图《会饮》的某部分或《卡尔米德》的开篇;他们不可能读过那篇柏拉图藉以对人类社会作出具体规定的惟一对话,即柏拉图的《法义》;而 [247] 柏拉图《法义》(835c 以下)对这个论题的说法,与摩西的说法完全一致。② 有些神学家将十诫(Decalogue)第二条——按基督徒的说法——等同于希腊哲学中的自然法,他们这么做很合情理。对于亚里士多德和摩西都同样显然的是,谋杀、偷盗、通奸等等都绝对是恶(《伦理学》,1107a9 以下)。③ 希腊哲学和圣经都同意,最恰当的道德结构是父权制家庭,这种家庭是(或倾向于是)一夫一妻制,并且构成自由成年男子(尤其年长者)所主导的社会的细胞。无论圣经和哲学关于某些女人的高贵说了什么,原则上它们都坚持男性的优越地位。圣经将亚当的堕落归咎于夏娃的诱惑([译按]《创世记》,3:1 – 7)。柏拉图将最佳社会秩序的堕落归咎于对一个女人的垂涎(《王制》,549c – d)。圣经和希腊哲学所称许的社会都由自由男人组成,都拒绝崇拜任何人类。我不必征引圣经,因为我见过一位希腊作家如是说,"除了诸神,你不要将任何人尊崇为你的主人",而且对于那些声称具备神性荣耀的人,他表达了一种近乎圣经式的憎恨。④ 圣经和希腊哲学都同意将最高地位赋予诸德性中的正义,而非勇气或男子气。二者都将正

---

① [中译编者注] 即 παιδεραστία,参页 [xv] 关于"被爱者"的中译编者注。

② [译注] 参柏拉图,《法义》,636b – d,836c – e;《利未记》,18:22,20:13。亦参《申命记》,22:5,23:18 – 19。大约五段之前,作者还提到柏拉图关于德性特征的说法,参《斐德若》,246a – 247c。

③ [译注] 亦参《出埃及记》,20:13 – 14;《申命记》,5:17 – 18。

④ [译注] 此处作者很可能指希罗多德,《原史》(Inquiries),7. 136。感谢 Bernardete 指出其关联。亦参色诺芬,《残篇》,23;索福克勒斯,《安提戈涅》,450 – 60;《申命记》,4:16;《出埃及记》,20:4 – 5。

义首先理解为服从律法。它们都认为,人不仅应该绝对服从民法、刑法、宪法,还应该绝对服从道德、宗教方面的律法。用圣经的话说,托拉指导人的整个生活。用圣经的话说,"它就是你的生活"([译按]《申命记》,32:47),或者说"对于持守它的人们而言,它就是生命之树"(《箴言》,3:18);用柏拉图的话说,"律法使服从它的人蒙受神佑"(参《法义》,718b)。用亚里士多德的话综合表述,"律法若没有下令,就是禁止"(《伦理学》,1138a8);实质上,这也是圣经的观点,正如下面这些命令所示:"你们要吃饱"(《利未记》,25:19,[译按]《申命记》,8:10),"要生养众多"(《创世记》,1:28)。对这样一种律法的服从,更甚于普通的服从;这就是谦卑。毫无疑问,最伟大的圣经先知和最守法的希腊人,都因其谦卑而受到赞扬。① 如此理解的律法与正义,是神性律法和神性正义。律法之治(The rule of law)根本上就是上帝之治,即神权政制。人对律法的服从与不服,都会引起神性回应。柏拉图在《法义》卷十谈到人不能摆脱神性回应,这与《阿摩司书》和《诗篇》第139章中的某几行文字[248]几乎字字一致。② 在这一语境下,有人甚至提到(我认为无需进行申说)圣经一神论与希腊哲学所倾向的一神论之间存在关联,以及《创世记》第一章与柏拉图《蒂迈欧》([译按]28-38)之间存在关联。但是,圣经和希腊哲学的一致之处不仅在于它们赋予正义的地位、正义和律法之间的关系、律法的特性以及神性回应。圣经和希腊哲学还在以下方面保持一致:正义问题,以及义人受苦、坏人走运所引发的难题。柏拉图在《王制》卷二这样描

---

① [译注]柏拉图,《苏格拉底的申辩》,21d,22d-e;《克力同》,50c4-54d1。色诺芬,《回忆苏格拉底》,1.2.62-63,4.3.1-18。《民数记》,12:3;《弥迦书》,6:8。《密示拿·父辈训篇》(*Mishna, Avot*),5:22;《巴比伦塔木德·笞刑篇》(*Babylonian Talmud, Makkot*),24a。

② [译注]比较柏拉图,《法义》,905a;《阿摩司书》,9:1-4;《诗篇》,139:7-12。

述,完全正义之人遭受了最不义之人应当遭受的命运（[译注] 361e）；人们读到这里时不可能不想到以赛亚（Isaiah）如是描述，一个从未施暴、从未行骗之人却横遭欺压、折磨，像羔羊一样被牵去宰杀（《以赛亚书》，53:7）。正如柏拉图的《王制》在结尾处将一切运势复还给正义之人，《约伯记》在结尾处也把曾经暂时丧失的一切复还给正义的约伯（[译注]《王制》，611e-621d；《约伯记》，42）。

好了，在上面这一串极其概括的评论中，我悄悄用正义置换了道德，并将"正义"理解为对神性律法的服从。在我看来，神性律法这个观念似乎是圣经和希腊哲学的共同立足点。我此处所用的这个语词极容易译成希腊文，同样极容易译成圣经希伯莱文。但是，我还要更严谨一些。圣经和希腊哲学共同的立足点是神性律法问题。二者解决此问题的方式完全相反。

在讲其分歧的根源之前，我想列举圣经与希腊哲学之间根本对抗的某些后果，以便展示这种对抗。我已经指出正义在圣经和希腊哲学中的地位。我们可以将亚里士多德《伦理学》当作哲学伦理学的最佳（当然也是最易理解的）体现。亚里士多德《伦理学》关注的焦点不是一个，而是两个：其一是正义，其二是大度（magnanimity）或者说高贵的骄傲。如亚里士多德所说，正义和大度均包含所有其他德性，只是包含的方式不同。就其他所有德性引发的行动关乎其他人而言，正义包含其他所有德性；然而，就其他所有德性提高人自身而言，大度包含其他所有德性。亚里士多德的正义与圣经的正义之间存在一种密切关系，而亚里士多德的大度（指一个人惯于自称拥有伟大荣誉，而他的确配得上这些 [249] 荣誉）跟圣经的关系很疏远。圣经式谦卑排斥希腊意义上的大度。大度之人与完美绅士之间存在一种密切的关系。而圣经中很少有（甚至非常少有）绅士和淑女——我希望人们不要把这个评论理解为对圣经的一个批判。[圣经中] 有扫罗（Saul），他不服从神性命令，并由此而做高贵之事：他赦免了自己的兄弟亚甲王（King Agag），并只毁坏了一些微不足道的废物。他因此而见弃于上帝，亚甲也在天主面前被先知撒母耳（Samuel）劈成几截。上帝放弃扫罗，拣选了大卫（David），大卫做过一个绅士所不会去做的许多事，他是历来最大的罪人之一，但同时又是历来最大的悔改者之一。［圣经中］有一位绅士，就是约拿单（Jonathan），他太过高贵以至于不与其友大卫争夺以色列王位。［圣经中］有一位淑女，就是大卫之妻米甲（Michal），她看见大卫在天主面前又跳又唱，就在心里鄙视他并嘲笑他，以为他这样当着下等人的面又跳又唱，无耻地损害了他的君王尊严，但上帝惩罚了她，令她无法生育。圣经一方面排斥绅士概念，另一方面坚持认为人对穷人有责任，我无需详述这两方面之间的明显联系。① 希腊哲人根本不会鄙俗地崇拜财富——我必须这么说吗？如苏格拉底自己所说，他穷极了，而且他看不出来何以一匹马没钱也很好而人却不行。② 但希腊哲人们认为，就普通人而言，德性的先决条件是一个合乎情理的经济基础。另一方面，圣经把贫乏与虔敬或正义当作同义词使用。与圣经相比，希腊哲学在这方面和其他方面就显得不怎么热心（heartless）。大度的前提是一个人确信其自身价值，是一个人通过自身努力而能够成为有德之人。如果满足这一条件，那么意识到自己的不足或缺失或罪恶，就等于当不成好

---

① ［译注］关于大度之人、灵魂高迈之人与完美绅士的关系，参亚里士多德，《尼各马可伦理学》，1123a33 – 1125a35。关于 Saul 王和 Agag 王，参《撒母耳记上》，15。关于 David 王对 Uriah 和 Bathsheba 犯下的罪和悔悟，参《撒母耳记下》，11 – 12。关于 Jonathan 和 David 的友谊，参《撒母耳记上》，18 – 20，以及《撒母耳记下》，1。关于 Michal 和 David，参《撒母耳记下》，6：12 – 23。关于对穷人的责任及其原因，参《出埃及记》，22：20 – 26；《申命记》，15：7 – 11，24：14，17 – 20；《以赛亚书》，3：14 – 17，9：14 – 16，10：1 – 3，58：6 – 12；《阿摩司书》，2：6 – 7，5：11 – 12。

② ［译注］关于苏格拉底"穷极了"，参柏图，《苏格拉底的申辩》，23b – c。关于苏格拉底说人与马之善与金钱价值的关系，见色诺芬，《齐家》，11. 3 – 6。亦参施特劳斯，"自由教育与责任"（Liberal Education and Responsibility），见《古今自由主义》，前揭，页 13 – 14；施特劳斯，《色诺芬的苏格拉底言辞》（*Xenophon's Socratic Discourse*，Cornell University Press，1970），页 159 – 166。

人。我要再次引用亚里士多德:"羞耻感［就是对人的缺失的意识］应当为那些还没能完全成为有德之人的年轻人所具有,但对于一开始就不轻易做错事的那些成熟之人来说则不然"(《伦理学》,1128b10 以下)。或者用 20 世纪一位绅士评论另一位绅士的话来说,"就凭他的性格和举止,耻辱根本是不可能的事"。① 关于人究竟能否完全变成有德之人,希腊哲人们看法不一,不过如果有人像苏格拉底那样否认这种可能性,那么他们只会以德性上稳健进步之人的自我满足与自我赏慕,［250］替换有德之人的自我满足与自我赏慕。② 苏格拉底并未暗示,就幸福的少数人而言,他们应该悔悟、悔改,或表达一种罪感。人之罪(guilt)其实是肃剧的首要主题。因此,柏拉图要把肃剧驱逐出最佳城邦。(我并没有说这就是故事的全部;这仅仅是故事的一部分,你们看到,事实上德性颂歌已经取代肃剧。)而按照亚里士多德,肃剧的主人公必然是个一般人,而非最高等级的人。此外,应该注意到,创作、上演肃剧是为了令杂众受益。肃剧的功能在于激起并净化恐惧、怜悯这两种激情。③

好了,恐惧和怜悯这两种激情必然与罪感相关。当我变得有罪,当我开始意识到自己有罪,我立刻就会怜悯被自己伤害或摧残过的人,而且会恐惧对我的罪行进行报复的人。从人的角度讲,恐惧与怜悯结合于罪的现象,看来正是宗教的根源。上帝作为王者或审判者,是恐惧的对象;上帝作为所有人的父,使所有人成为兄弟,由此将怜悯神圣化。依据亚里士多德,若没有这些不得

---

① ［译注］Winston Churchill,"贝尔福"(Arthur James Balfour),见氏著,《当代伟人》(*Great Contemporaries*),London:Thornton Butterworth,1937,页 237 - 257,尤其页 239。感谢 Laurence Berns 指明出处。

② ［译注］色诺芬,《回忆苏格拉底》,4.8.6。亦参施特劳斯,《论僭政》(*On Tyranny*,前揭),页 197,203 - 205;《色诺芬的苏格拉底》(*Xenophon's Socrates*,Cornell Univ. Press,1972),页 124 - 126。

③ ［译注］柏拉图,《王制》,398a1 - b3,605c2 - 608b2;亚里士多德,《论诗术》(*On Poetics*),1453a7 - 11,1449b24 - 28。

不用肃剧来净化的情感，更好的那类人就能从所有病态中解放出来，从而能全心全意地致力于高贵行动。人们经常责备希腊哲学并未严厉检审人的种种意图——这种检审的起因是圣经要求对心进行净化。"认识你自己"对希腊人而言意味着，认识到做一个人意味着什么，认识到人在宇宙中的地位，检审你的意见和偏见，而非探索你的心。如人们所说，哲学对深度的这种缺乏会一直持续，只要上帝被认为与人之善无关，或只要人之善被认为完全是他自己的事。圣经和希腊哲学其实都承认道德或正义的重要性，也都承认道德有其不足，但在什么能够完善道德这一问题上它们存在分歧。我们已经注意到，希腊哲人们以知性或沉思来完善道德，而这必然容易削弱道德命令的威严；圣经要用谦卑、罪感、悔过以及对神性恩典的信仰来完善道德，而这必然强化道德命令的威严。这一切体现为如下事实：沉思本质上是一种超社会或非社会的可[251]能性，而服从和信仰本质上关乎信众共同体。我们引用犹太中古思想家哈勒维的话，"希腊人的智慧开出最美丽的花，却没有结出果实"，果实在这里指行动。① 作为非社会的完美典型，沉思通常预设一个政治共同体，或曰哲人们所认为彻底好的城邦；这个论断同样适用于种种技艺，若没有技艺的帮助乃至典范作用，政治生活和哲学生活就不可能。然而，依据圣经，第一个建城者是第一个谋杀犯，他的后代则是技艺的最初发明者。圣经中的上帝只现身于沙漠，而非城邦或文明世界。圣经中的上帝惠顾牧人亚伯（Abel），而非农人该隐（Cain）。②

道德命令的力量在希腊哲学中受到削弱，因为在希腊哲学中，这种命令背后并无神性约定的支撑。比如在柏拉图看来，恶永远

---

① 《诗集》（*Divan*，两卷本，Heinrich B. Brody 编，Berlin, 1899 [卷一], 1909 [卷二]），2.166。[译注] 亦参施特劳斯，《迫害与写作艺术》（前揭1952版），页109，注39。

② [译注]《创世记》，4:2、4、8、17、20-22；《出埃及记》，19-20。

不会从世上消除，而在圣经看来，末日会带来完美救赎。因此，哲人生活于一个凌驾恐惧、颤栗乃至希望之上的国家，而且其智慧并非像在圣经中那样发端于对上帝的畏惧，而是发端于惊异感；圣经中的人则生活在恐惧、颤栗以及希望之中。这令哲人内心产生一种特别的安宁，为了在此说明这种安宁，我举一个我认为并非完全偶然的例子。先知拿单（Nathan；［译按］对观莱辛，《智慧之人拿单》［Nathan der Weise］）严肃无情地斥责大卫王犯过一次谋杀罪和一次通奸罪。我想以此对比一位希腊诗人－哲人（见色诺芬，《论僭政》）的行事方式，他轻松而优雅地试图说服一位曾犯下罄竹难书的谋杀等罪行的希腊僭主相信，如果他更通情达理，就会获得更大的快乐。① 我认为，通过其他两个典型事件或叙述，也可以说明这其中的差异。想想在亚伯拉罕（Abraham）的故事中关于献祭（Akedah）——亦即捆绑以撒（Isaac）——的叙述。要点在于，亚伯拉罕服从一个没法理解的命令；这个命令之没法理解是因为，亚伯拉罕曾得到许诺，他的名字会凭借以撒及其后代得到传扬，而现在亚伯拉罕却被要求杀掉这个儿子。然而，亚伯拉罕毫不犹豫地服从命令。希腊哲学中与此类似的，我只能想到苏格拉底的例子，他按照阿波罗的命令行［252］事（或者至少他一直相信自己如此），而他之所为并不在于毫不犹豫地服从，而在于检审阿波罗的一句难以理解的话。②

那么，经过这些例证的解说，那个差异在于何处？诸原则清晰地体现于中古的讨论，尤其体现于神学讨论的鼎盛时期；尤其迈蒙尼德通过《迷途指津》也许成为这一根本差异的最伟大的分析者。迈蒙尼德所阐释的论题如下：哲学教诲世界具有永恒性，而圣经教诲从虚无之中造物（［译按］《迷途指津》，2. 13–24，

---

① ［译注］对观《撒母耳记下》，11–12。亦参施特劳斯，《论僭政》（On Tyranny，前揭）。

② ［译注］对观《创世记》，22；柏拉图，《苏格拉底的申辩》，21a–23c。

2.25–31）。必须正确理解这种冲突，因为迈蒙尼德主要思索亚里士多德，而亚里士多德教诲可见宇宙具有永恒性。但是，如果你们扩展这一点，不仅将这一点运用于这个乾坤，亦即我们现在置身其中的这个可见宇宙，而且运用于任何可能存在的乾坤或混沌，那么希腊哲学当然教诲乾坤或混沌具有永恒性；而圣经则教诲造物，这意味着从虚无之中造物。然而，问题的根本在于，只有圣经教诲神性全能，而这种神性全能的思想与任何形式的希腊哲学都绝对不相容。我还认为，人们可以将这一点追溯至希腊文学的开端（尽管这在技术上已经远远越出了哲学领域），即追溯至《奥德赛》中的一段（10.302），在那儿赫耳墨斯为奥德修斯指明一种奇草，用来保护他和同伴躲过基尔克（Circe）。可以说在这个文脉中，诸神无所不能，诸神是全能的，但相当有趣的是，这个观念在这个文脉中指什么。诸神何以全能？因为他们知晓万物的本性，这当然意味着他们并非全能。他们知晓那些完全独立于他们的事物之本性，而且他们通过这种知识才能恰当地运用万物。在整个希腊思想中，我们在某种意义上发现了高于任何人格存在的一种非人格必然性；而在圣经中，第一因是一个人，如人们今天所说的那样。这与如下事实有关：上帝对人的关注绝对是——如果可以这样说——圣经上帝的本质所在；而这种关注——如果说得温和些——对每一位希腊哲人而言尚是个问题。稍稍换一种讲法，圣经强调现在所谓的宗教体验，并将其理解为真实体验；而根据希腊哲人们（比如柏拉图）的观点，宗教体验是一种成问题的解释，比如在柏拉图看来，这种成问题的解释将灵魂体验视为一种普适原则（参《法义》，10，［译按］尤其891c–900b）。

我们必须尽可能试着理解这种对［253］抗。当然可以质疑我接下来要说的到底能否叫做一种对理解的尝试，因而你们也可以从比如社会科学的观点出发，把我的话当作一种论证。为了讲清楚这种对抗，有人建议我们回到圣经与希腊哲学的共同层面，回到最基本的层面，亦即具有共通性或可被假定具有共通性的层面。

如何找到这一层面呢？我认为从哲学开始更为容易，最直接的理由就是，我在这里提的是一个科学或哲学问题。我们不得不在所谓概念性思维的状态中推进，当然也是在希腊哲学的状态中推进。考虑到这一事实，我愿意更确切地谈谈这一问题。圣经区别于希腊哲学之处在于，希腊哲学基于如下前提：存在像自然或诸本性这样的东西——这样的观念在圣经思想中没有对应物。应该注意到，没有指代自然的希伯莱-圣经语词，在希伯莱文里只有 teva 间接源自"自然"在希腊文中的一个同义词 charakter。① 因此，在这种观点看来，关键问题是：我们得进一步回溯，看看对自然的发现或发明背后隐藏着什么。我们得试图识别出自然的所谓前哲学对应物，而且我们由此起步，也许最终能够对我们正在分析的这种对抗进行一种纯粹历史理解。允许我插一句。哲学就是探究诸原则，严格来讲这意味着探究种种开端，探究原初事物。当然，这是哲学和神话的共同之处；我现在要表明，哲学区别于神话之处在于，当凭借自然观念来理解对种种开端的探究之时，哲学才诞生。

那么，什么是自然的前哲学对应物呢？我认为，我们可以在诸如"惯习"或"方式"这样的观念中找到这问题的答案。我脑海中浮现这个答案，完全是阅读迈蒙尼德的结果，他的确洞悉我所谈论的种种真正根源。在他伟大的律法著作《密示拿托拉》(*Mishneh Torah*) 的开头，亦即在第一部分 Hilchot Yesodei ha-Torah（即"关于托拉的诸根基的律法"）第 4 章，他谈到四个要素。在引入自然这一术语之前，他先讲惯习或方式——火的惯习和土的方式；稍后，他提到水的本性。我认为，这种洞见直指问题的根源。"惯习"和"方式"这些提法是圣经观念，当然 [254] 在希腊渊源中也找得到。此外，我会假定，这些观念真的具有普适

---

① [译注] 即 χαρακτήρ，指雕刻花纹或印章的人或工具，印纹、烙印、表象、特征，类型、典型。

性，除非有人能证明并非如此。一切时空中的人们都注意到，事物以一种有规则的形式运转，它们有运转惯习和运转方式。例如，按圣经中的说法，derech nashim（即女人的方式）就是月经，或按希腊的说法，boskematōn dikē（即野兽的惯习）所指的无异于野兽的本性。或者再举一例，在圣经希伯莱语中，mishpat 一词指一个事物的规则运转所反映出的该事物的惯习或法则。在这种情形下，显然无法区分狗的惯习与非利士人的惯习；比如说，一个非利士人以自身的方式规则地行事，一条狗也以自身的方式规则地行事。如果你认为我举的例子太过蹩脚，你还可以举狮子和希伯莱人为例。因此，事物都规则地运转，都有其惯习或方式。我还从一位印度学生那里得知，在印地语中，dharma（一般译作"宗教"）指惯习或方式，还可以指诸如铁、树等事物的惯习或方式。既然人类的惯习或方式无疑地包括印度宗教，那么在派生意义上甚至最重要的意义上，惯习或方式就意味着基于宗教而存在的一切。

如果我们现在假定，"方式"观念确实是自然观念的前哲学对应物，那么我们还得马上补充这样一种显然的观点：在众多方式中有一种特别重要，那就是我们所属群体的方式——即我们的方式。我们的方式当然是正确的方式。为什么正确？答案是：因为它古老，因为它是我们自己的，或者用柏克（Edmund Burke）的漂亮表述，因为它"土生土长而且约定俗成"（《论 Regicide 和平的书信》[Letters on a Regicide Peace]，4）。我们可将所有这些表述归于"祖传"一词。因此，按原本的观念，祖传的就等于好的。好的必然是祖传的，这意味着（由于人总是一个思想着的存在者）祖先更卓越。如果情况不是这样，那么在什么意义上祖传的就是好的呢？祖先更卓越，因此应该将祖先理解为（如果这种观念得到充分思考）诸神或诸神之子或诸神的弟子。换言之，有必要将正确的习俗视为神性律法，亦即 theos nomos。人们是否始终会达成这一结论，当然引不起我们的兴趣，因为我们承认，可能有时人们的思考并不具备足够的洞察力；但是，在他们获得足够洞察力时，他们一定会达成上述理解。

[255] 不幸的是，用希腊象喻来说，神性律法或 theos nomos 引出如下根本性抉择：一方面是希腊哲学的品质；另一方面是圣经的品质。那么，为什么神性律法有问题呢？答案再熟悉不过：神性律法多种多样。我们随处可见那些自称具有神性的命令，这些命令不但互不相同——技术上讲这不是难题，因为不同的神会将不同法典颁布给不同宗族——甚至相互矛盾。在每部这样的法典中，都有某些成分自称具有普适性。关于这些相互冲突的主张，只需读读希罗多德，就能得到许多绝佳的例子：某宗族火葬死者，另一宗族土葬死者。那么，选择火葬者将土葬惯习不仅视为一种不同的民俗、一种不同的文化模式，而且视为一件可憎之事。① 因此，我们可以说，不同的律法相互矛盾，这尤其体现于诸律法关于太初事物的叙述，因为我们无法想象哪部成文或不成文的早期法典会没有一个绪篇，这个绪篇不但要解释相关义务，还要提供一个关于太初事物的叙述。既然所谓神性法典各种各样、相互矛盾，那就必须超越这整个维度，必须不依赖祖传事物并找到自己的方向（bearings），或必须意识到祖传的跟好的是两种根本不同的东西，尽管偶有相契之处。

还有一个基本问题，那就是如何找到人在乾坤中的方向。在根本意义上，希腊人的回答是：我们基于探究来发现太初事物。我们可以注意到所谓探究的双重含义。一方面，探究意味着用自己的眼睛看，而非通过道听途说；这等于说独立观察。另一方面，探究概念的前提是，意识到人造产物与非人造产物之间存在根本差别，以致不可能从人造产物抵达非人造产物，除非首先确立这

---

① [译注] 希罗多德，《原史》，1. 98、216，2. 85-90，3. 24、38，4. 26、71-73、94、190，5. 4、5、8。此处所指的关键段落应该是 3. 38，在那里希罗多德提到品达的一句话："习俗是万物之王。"

样一个论证：可见的宇宙为思想着的诸存在者所创造。我认为这个意义至关重要：正是以希腊哲学原则为基础，才产生了后来著名的对上帝或诸神存在的论证。这具有绝对必然性，不仅在亚里士多德那里如此，在柏拉图那里亦然，一如你们在比如《法义》卷十所见。有一种上升始于感性知觉和以感性材料为基础的推理，或者说有一种上升在［256］柏拉图和亚里士多德看来为某些观念所切实引导，这种上升指向上方；一切都取决于上升进程的可靠性，取决于论证。探究开端、探究太初事物，现在变成对乾坤进行哲学分析或科学分析；传统意义上的神性律法是一套发端于一个位格上帝的法典，如今其地位为一种自然秩序所取代，这种秩序甚至可以像后来那样称之为一种自然法——或至少用一个更宽泛的术语，即一种自然道德。因此，真正而严格意义上的神性律法，对于希腊哲学来说只是起点，只是具有绝对本质性的起点，而在进程中这种神性律法则遭到摒弃。如果说希腊哲学接受神性律法，那也仅仅是政治上接受，即出于教育多数人的意图，而非视其为独立存在之事物。

要想在我所提示的知性意义上理解圣经观念，人们可以说：圣经或曰圣经思想坚持这样的观念，即存在一种特定的神性律法；但它还主张，这种特定的神性律法是惟一真正的神性律法。其他那些声称具有神性起源的法典都在骗人，都是人的虚构。无论如何，既然接受一部法典，就不可能独立地质疑它，也不可能打算独立地质疑它。那么，圣经解决方案与神话解决方案之间的区别究竟是什么呢？我认为是这样：圣经的作者或作者们早就意识到神性律法的多样性问题。换句话说，他们意识到（我现在不是作为一位神学家、而是作为一位史家在发言），若一部特定律法要成为独一无二的（the）神性律法，何为其绝对必要条件。如果一个特定、偶然的宗族的一部特定、偶然的律法要成为神性律法，那么人们必须如何思索整全呢？答案是：整全必须是一个有位格的上帝；第一因必须是上帝；祂必须全能，既不受控也不可控。但是，可知就意味着可控，因此祂不应该在严格意义上可知。这样一来，用后来思想的语言来说，亦即用希腊化思想的语言来说，上帝的本质不可知；正如圣经所说，人们无法见到上帝的面容。但这还不够极端，《出埃及记》给出了神的名字，字面上译为"我应是我所应是"，这才是对此最极端的表述（[译按] 3：14）。这与希腊的本质观念截然相反，在希腊人那里本质意味着，存在是其现在所是，是其过去所是，是其将来所是。但我们可以说，在[圣经]这里，核心不可接近；核心完全自由：上帝是其所应是。这是一位自由的上帝，深不可测的上帝。[257] 那么，人凭什么可以信祂呢？答案是：惟凭约定。上帝自由地约束祂自己，但一切信任都取决于信上帝之言，信上帝的应许；不存在一种必然的、因而可理知的关系；不用说，这约定也不是一个允许原本独立的参与者加入其中的自由约定；按照圣经，上帝命令人履行这个约定。

我要用如下几个要点补充这极端简略的描绘。无疑，古典时期的希腊哲人们不知道圣经，而且我认为，人们普遍承认圣经的作者们不知道希腊哲人们。但显著的事实是，如果有人稍微更悉心地同时研究希腊哲人们与圣经，他就会发现，在西方思想的两个源头那里，一方其实都预知另一方，如果可以这么说的话。甚至在亚里士多德那里你会发现，他在一些段落中所谈论的某些很粗略的希腊观念，根本上对应我们所知的在圣经中发展得更为充分的观念，例如最好不要投身于哲学对上帝的反叛。

现在，请通过对比来思索关乎决定性圣经训示的完美一致，即有关创世的第一次叙述与第二次叙述之间的一致，第二次叙述以堕落故事为旨归（[译按]对观《创世记》，1：1-2：4a 与 2：4b-3：24）。[《创世记》]第一章中叙述天堂的降低，[第二章]中禁止吃知识树上知善恶的果子，此二者暗含同样的观念。因为，善恶之知当然不等于一个特定的知识分支——正如当上帝认识所造之物时，总以这样一句作结，"祂看着是好的"。完满之物，关于完成之物的完全之知,就是关于善的知识,这种观念就是说对知识的欲望、渴求受到禁止。人并未被设想为一个理论的、认知的、沉思的存在者;人被设想为应该生活在孩子般的服从之中。不用说,后来的传统对上述说法进行了多方面修改,但在我看来,如果我们忽视某些无关宏旨的发展的话,就会发现根本思想一直没变。

那么,在后来的时代里,在看似已经改变的态度之下,究竟暗藏着什么原则呢?我认为,我们可以从圣经本身进行理解。你们回忆一下,在关于堕落的故事之后,就讲了该隐,然后谈到该隐的谱系,城和技艺被归于这个不受欢迎的人类支裔;接下来我们发现,对于城和技艺,[258] 还有一种非常不同的态度:想想圣城耶路撒冷,想想比撒列(Bezalel)在装饰神殿时运用的种种技艺,诸如此类。关于这一问题,我认为最清楚不过的讨论可发现于《撒母耳记上》后文的讨论(关于王政,关于以色列的人世王政如何建立),在那儿我们会看到何为圣经解决方案的基本倾向。① 根本上讲,建立人世王政是坏事,是对上帝的一种背叛,城邦、技艺、知识都是对上帝的背叛。但是,靠神性旨意,这些源于人类背叛的东西也可能致力于事奉上帝,从而可能变得神圣。而且我认为,关于人类知识的问题,圣经的解决方案是这样:当且仅当人类知识致力于服侍上帝时,它才好;而且可能在这个意义上,它甚至有其必要。但若不致力于事奉上帝,人类知识就是背叛。人被赋予知性,就是为了理解上帝的命令。人要是没有知性,就不能自由地服从。不过正因这一事实,人才能将知性从事奉上帝中挣脱出来,从顺从的用途(知性原本被期望致力于此)

---

① [译注] 关于堕落,参《创世记》,3。关于该隐和亚伯,参《创世记》,4:1-15。关于该隐的谱系,参《创世记》,4:17-24。关于耶路撒冷,可参《以赛亚书》,2:1-4,66:20。关于 Bezalel,参《出埃及记》,35-39。关于王政,参《撒母耳记上》,8,10,12。

中挣脱出来；在圣经看来，这种挣脱正是哲学或科学的起源。这也是圣经与哲学或科学之间的冲突所在。即便以所谓犹太中古哲学为例，也会发现这个难题显而易见。①

然而，一系列事实都使哲学的意义晦暗不明；因此，我们必须端详一下这个问题。我认为，这种晦暗不明根本上因为，在讨论神学和哲学的关系时，哲学被等同于完备的哲学系统：在中古，哲学当然首先被等于亚里士多德——我并非借此说明亚里士多德有一个系统，尽管人们往往认为他有——但在现时代，哲学当然被等同于黑格尔。当然，黑格尔哲学只是一种形式非常特殊的哲学：它并不是原初、必然形式的哲学。我要解释一下。②

在哈勒维的《哈扎里之书》(5.14)③ 这部中古作品中，我们发现如下说法："苏格拉底对人们说，'我并不排斥你们的神性智慧，我只是不理解它。我的智慧只是人的智慧'。"正如上面这句箴言所说，在苏格拉底口中，"人的智慧"意味着不完美的智慧，或意味着对智慧的探究，亦即哲学。既然苏格拉底意识到人的智慧并不完美，那么很难理解为什么他不由此转向神性智慧。上述文本中隐含的理由是：作为一位哲人，苏格拉底拒绝赞成任何 [259] 在他看来并不显而易见的东西，而启示在他看来只是一种并不显见、未经证明的可能。面对一种未经证明的可能时，他并不排斥；他仅仅悬置判断。但是，这就会引发一个大麻烦，有人会将这一麻烦表述如下：在极其紧迫的问题上，在生死攸关的

---

① [译注] 原文自此处至倒数第二段，与作者的"神学与哲学的相互影响"一文有所重合，但个别文句、段落也有不同。可参看林国荣译文，见《信仰与政治哲学：施特劳斯与沃格林通信集》(*Faith and Political Philosophy: the Correspondence between Leo strauss and Eric voegelin*)，P. Emberley、B. Cooper 编，谢华育、张新樟等译，上海：华东师范大学出版社，2007，页306－319。

② [译注] 参哈勒维，《哈扎里之书》，4.12－19，1.11、25；亦参帕斯卡尔（《思想录》[*Pensées*]，556；《1654年回忆录》[*Mémorial 1654*]）："亚伯拉罕、以撒、雅各的上帝，不是哲人们、学者们的上帝。"

③ [译注]《犹太哲学与现代性危机》版此处作4.14。

问题上,不可能悬置判断。而启示问题显然极其紧迫。如果有启示,那么不信启示、不服从启示就是致命的。似乎不可能悬置关于启示的判断。哲人拒绝赞成启示,因为它并不显而易见,由此哲人排斥启示。但是,这种排斥缺乏充分根据,除非启示已被证伪。这无异于说,哲人在面对启示时,好像被迫背离了哲学观念,因为他的排斥不具备充分理由。我们对此能如何理解呢?哲学也许可以这样回应:极其紧迫的、不容悬置的问题是一个人应该过什么样的生活。对于苏格拉底而言,这个问题已经得到解决,因为他是位哲人。作为一位哲人,他知道我们对于最重要的事情一无所知。这种无知作为显见的事实显然证明,探究关于最重要的事情的知识,就是对于我们而言最重要的事情。那么,哲学显然就是正确的生活方式。此外,在苏格拉底看来,这为如下事实所证实:在他获取他所能获取的最高程度的明晰时,他找到了他的幸福。苏格拉底搞不懂,为什么非得赞成某些在他看来并不显而易见的东西。如果有人告诉苏格拉底,他不服从启示可能是致命的,苏格拉底会提出这个问题:致命是什么意思?在最极端的情形下,致命的意思是永罚。① 以前的哲人绝对确信,无所不知的上帝绝不会用永罚或其他什么手段惩罚那些寻求真理或明晰的人们。接下来我们必须思考,这一回应是否已经相当充分。无论如何,最关键的一点是,哲学不应是一套命题、一种教诲甚或一个系统,而应是一种生活方式,支撑这样的生活的是某一种激情,亦即哲学欲望,或者说爱欲。不应把哲学理解为人的自我认识所需的一种工具或者专业。被理解为一种工具或专业的哲学,当然同每一种关于生活的思考、因而也同圣经生活方式相一致。但是,这样的哲学已不再是原本意义上的哲学。我认为,后者已经在很大程度上 [260] 为西方的发展弄得晦暗不明,因为在基督教中古,哲

---

① [译注] 参莱辛,"莱布尼茨论永罚",见《论人类的教育:莱辛政治哲学文选》,前揭。

学已被剥夺了其作为一种生活方式的品性，而仅仅变成了一个非常重要的专业（compartment）。

因此，我必须努力重申，为什么哲学按照其本义必然是一种生活方式，而不仅仅是一个学科——即便是最高的学科。换句话说，我要讲清楚，哲学何以不可能得出这样一个洞见，即除哲学生活之外尚有另一种正确的生活方式。哲学就是探究关于整全的知识。因为哲学从本质上讲是一种探究，因为哲学永远不可能变成智慧（智慧异于哲学），哲学觉得问题总是比解决方案更显而易见。所有解决方案都可质疑。除非理解人的本性，否则不可能完全确立正确的生活方式；除非理解整全的本性，否则不可能完全弄清人的本性。因此，除非有一种完备的形而上学，否则不可能通过形而上学建立正确的生活方式，故而正确的生活方式仍可质疑。但是，正是所有解决方案的不确定性，正是对于最重要事物的一无所知，才使求知成为最重要的事情，因而也使一种致力于求知的生活成为正确的生活方式。因此，原本且完全意义上的哲学当然与圣经生活方式不一致。哲学与圣经是非此即彼的关系，或者说二者在人类灵魂的戏剧中相互抗衡。对抗双方都声称自己知道或掌握真理、至关重要的真理、关乎正确生活方式的真理。但是，只能有一种真理；因此，这些主张相互冲突，思想着的存在者们之间必然相互冲突；这不可避免地意味着论争。一千年来，对抗双方都试图驳倒对方。这样的尝试如今还在继续，而且事实上在沉寂了数十年之后，这样的尝试日益激烈。

三

现在我要谈谈当代的争论。我们可以说，在当代的争论中，实际上根本不存在支持哲学的一方，因为哲学已经支离破碎。我已在前文中谈到如今所理解的哲学与科学之间的区分——这样的区分必然使哲学名誉扫地。[261]因为相比于科学取得的巨大成就,哲学则缺乏成果。如今,科学是惟一堪称人类知性完美典型的理智追求。科学对启示保持中立。哲学则已经不能确定自己是谁。仅引一例,这段话出自当今最著名的哲人之一:"启示信仰是真实的,但并非对于哲人而言。拒斥启示对于哲人而言才真实,但对于信仰者而言则不然。"那么,我们接下来看看当代争论中支持启示的一方,这一方显得更有希望。(我不会多费口舌,不会讲那些最流行的说法,那些说法都是出自当今文明的需要,出自当今危机的需要,我们可以将其大致总结如下:为了与共产主义竞争,我们如今需要启示作为一种神话。这种说法要么愚蠢,要么渎神。不用说,在锡安主义中,我们也可以找到类似的说法,而且我认为陀思妥耶夫斯基很早就在《群魔》[The Possessed]中摒弃了上述整个说法。)①

支持启示一方的严肃说法大致如下:根本不存在支持启示的客观证据,这意味着不存在丝毫支持启示的证据,除了如下两条:其一是人与上帝相遇的体验或曰个人体验;其二是消极证据,即任何非信仰的立场都有其不足之处。就第一点——不存在任何支持启示的客观证据,只有人与上帝相遇的个人体验——而言,有一个困难。那就是这种个人体验与圣经中所描述的体验是什么关系?有必要区分先知所体验到的(我们可以称之为上帝的召唤或上帝的临在)与先知所言说的——后者也许应被称作人对上帝行动的解释,一如当今所有非正统神学家所言。这不再是上帝的行动本身。人的解释无法树立权威。但问题来了,难道关于上帝召唤或上帝临在的每一种特定意义不都是人的解释吗?就与上帝的相遇而言,犹太人与基督徒的解释方式就完全不同,更别提穆斯林和其他人。然而,只有一种解释可能为真。这就需要各种启示信仰者来一场论争,这场论争不得不在某种程度上诉诸客观性。

---

① [译注]尤参 Shatov 与 Stavrogin 在题为"夜"那一章的对话。

就第二点——即否定性证据，亦即任何非信仰的立场都有其不足之处——而言，[262] 在揭露现代进步主义、乐观主义、犬儒主义的不足之处时，这样的说法往往很有说服力，我甚至认为它绝对令人信服。

但是，关键困难不在于此。关键困难关乎古典哲学，而据我所知，这里的讨论并未抓住真正的困难。只需提到一点，据说古典哲学的根基是一种可以证明是假象的假象。据说，古典哲学的根基是这样一种没法保证的信念：整全可理知。这问题说来话长。请允许我仅限于表明，古典意义上的哲人典型就是苏格拉底，他知道自己一无所知，因此承认整全不可理知，他仅仅询问：通过表明整全不可理知，我们是否不承认自己对整全有某种理解。因为对于我们一无所知的某些东西，我们当然无话可说；在我看来，人之为人必然对整全有所意识，这个状况被严重地误解为整全可理知。请允许我仅总结出这一点。据我所知，当代支持启示、反对哲学一方的依据正是对古典哲学的一种不当理解。

现在，为了找到我们的方向，请让我们回到该冲突的一个更为基本的层面。这样，当代论争中真正重要的东西将变得更清晰，我们也就能理解当今神学中支持启示的论争何以应当从客观性中抽身。如今，只有天主教会、正统犹太人、正统新教徒才完全接受关于启示与理性的典型古老观点。当然，在这里我只谈谈犹太人。问题在于，我们怎么知道托拉来自西奈山或是活生生的圣言？传统的犹太人首先会这样回答：这是我们的父辈告诉我们的，而他们是从他们的父辈那里听来的，这条不间断的、可靠的传统之链可以追溯至西奈山。如果以这种形式回答问题，那人们就会禁不住问道：传统真的可靠吗？我只提早先争论中的一个例子。迈蒙尼德在其律法典籍的开篇（［译按］《密示拿托拉》，1：1b17 - 19），给出了从摩西到塔木德（Talmudic）时代的传统之链，而且那儿出现了示罗人亚希雅（Ahijah the Shilomite）这个人物，据说大卫王曾将托拉授予亚希雅，又据说摩西亦曾将托拉授予他的这位同时代人亚希雅。不论迈蒙尼德插叙这个塔木德故事意味着什么，在我们看来，[263] 他在暗示传统之链——尤其在其早期——包含某种如今所谓的"神话"元素，即非历史性元素。关于圣经中那些众所周知的不一致，我不想多说什么。谁是五经（Pentateuch）的作者？在传统上这个问题事实上为"摩西"本身所回答，以致当斯宾诺莎质疑托拉是否源自摩西时，人们都认为斯宾诺莎在否认托拉的神性起源。谁写了五经？是摩西本人，还是依据传说或间接途径得知启示的人们？我们对此处的诸多细节不感兴趣；我们要思考个中原则。

有没有历史证据能够证明启示是事实，就像有历史证据证明布鲁图斯（Brutus）和卡修斯（Cassius）刺杀了恺撒（Caesar）？显然不可能。就严格或一般意义上的历史事实而言，总是有证据来自不偏不倚的观察者或对立双方（如恺撒的敌友双方）的见证人。就启示而言，不存在不偏不倚的观察者。所有见证者都是信众，所有传播者都是信徒。此外，没有假刺杀、假战争，却有假启示、假先知。因此，历史证据预设某些标准，以便区分启示的真伪。我们知道圣经的标准，至少知道我们的语境下的一个关键标准：如果某位先知违背更早的经典启示亦即摩西启示，那他就不可能是真正的先知。因此，问题在于如何确立经典启示。

通常，传统会这样回答此问题：靠神迹。但是，困难又以这种形式浮现：神迹之为神迹不可论证。首先，神迹之为神迹是一个我们不知其自然成因的事实；但是，我们不知道某个既定现象的成因，不等于我们有权说它没有自然成因，只有超自然成因。我们不知道自然的力量——这是斯宾诺莎的论证所用的措辞，这令我们没资格诉诸超自然的因果关系。① 这样论证不很充分，理由

---

① [译注] 斯宾诺莎，《神学政治论》，第 6 章"论神迹"开头。斯宾诺莎在解释他所列举的关于神迹的四个论点中的第一个时，说道："……神迹是俗众的脑袋带来的东西，他们完全不晓得自然的力量。"

如下：尽管在自然的力量方面，我们的知识的确非常有限，不过我们知道——或至少像斯宾诺莎这样的人相信自己知道——某些事物从自然来讲根本不可能。我只需提到死人复活作为最强有力的例证，[264] 斯宾诺莎会认为，从自然上讲这根本不可能发生。所以，因不认识自然力量而作出的论证，要靠下面的论证来补充：尽管从理论上讲，在特定情况下某种现象可能是神迹，但这一论断所针对的那些情况都是道听途说，而许多道听途说的事情压根没发生过。更严格地讲，所有对犹太人甚至新教徒（天主教另当别论）很重要的神迹，都发生在一个前科学时代。这些神迹皆未为一流物理学家之类的人所审视。因此，出于上述理由，如今许多人都说，甚至过去有些著名的神学家也说，神迹的前提是信仰；神迹并非用来确立信仰。但是，这样的说法是否充分，这样的说法是否与圣经的神迹观相一致，尚存疑问。首先，有人会这样提出反对意见：如果你看看迦密山（Carmel）上的先知以利亚（Elijah）的故事，① 你就会发现，上帝与巴力（Baal）之间的问题要靠一个客观事件解决，不管你是否信仰者，你的感官知觉都能同样地接受这个客观事件。

　　支持启示一方的传统论证通常还有第二种形式，即预言的实现。但不必我说，这样的论证同样面对巨大的困难。首先，预言具有含混性，甚至有些并不含混的预言也具有含混性。例如如今人们普遍认为，其实《以赛亚书》第四十章有关居鲁士（Cyrus，[译注] 或译"古列王"）的预言是在事情发生后才被当作一个预言；此处的推理模式是，如果这个预言站得住脚，那它就是神迹；但是，这仅仅是道听途说，于是对原始材料的历史考据问题就出

---

① [译注] 参《列王纪上》，18。亦参施特劳斯，《斯宾诺莎的宗教批判》（*Spinoza's Critique of Religion*, E. M. Sinclair 译, New York: Schocken, 1965），页 212 - 214。

现了。①

还有更引人注目的另一条论证路线：用启示的内在品质证明启示。启示律法在所有律法中最好。然而这意味着，启示律法符合最佳律法的理性标准；但是，倘若如此，那么难道所谓启示律法不是理性——人的理性——的产物，不是摩西的作品而是上帝的作品吗？然而，启示律法尽管不抵触理性，却超逾理性；启示律法是超理性的，因此不可能是理性的产物。这段论证非常著名，我们却仍得追问：超理性是什么意思？所谓"超"需要证明，却不可证明。无所凭依的理性所看到的只不过是一种非理性元素，这种元素尽管不违背理性，本身却得不到理性的支持。从 [265] 理性的角度看，这是个中立的可能：有可能真，有可能假，或者说有可能好，有可能坏。如果能证明它为真或为好，亦即如果它依据自然理性为真或为好，那么它就不再保持中立。不过倘若如此，它就似乎成了理性的产物，人的理性的产物。请允许我试着采用更一般的表述。要么启示律法是完全理性的——在这种情况下，它是理性的一个产物；要么启示律法并非完全理性的——在这种情况下，它既是人的非理性的产物，又是神性超理性的产物。更笼统地说，要么启示是一个粗陋的事实，在纯粹的人类经验中，没有什么东西与之相符——在这种情况下，启示是一件对人来说并不重要的怪事；要么启示是一个富有意义的事实，人的经验需要这一事实以便解决人的种种根本问题——在这种情况下，启示很可能就是理性的产物，其产生归因于人试图解决人类生活问题。那么，理性、哲学显然不可能承认作为启示的启示。此外，启示律法也不把自身种种内在品质看得至关重要。启示律法并不强调普遍，而是强调偶然，而这会导致我前面指出的难题。

我们看看问题的另一面；当然，这些东西在整个如今的现世

---

① [译注] 尤参《以赛亚书》，44：28，45：1。亦参《耶利米书》，29：10-14。对观《历代志下》，36：17-23。

主义（secularism［译注］或译"政教分离主义"、"世俗主义"）中都看得到。所有这些以及与之相近的论证都仅仅证明，无所凭依的人类理性不容置疑地无视神性启示。它们并未证明，启示根本不可能。让我们假定启示是一个事实，即便它无法为无所凭依的理性所理解；让我们还假定启示故意不让无所凭依的理性理解它。因为如果有某种知识，就没必要去信仰、信赖、真心地服从或自由地归顺上帝。那样一来，全盘反驳对所谓启示的客观历史证据的所谓拒斥，已无关紧要。让我们再以迦密山上的以利亚为例：以利亚或上帝判那些信巴力的人有罪，那么那些人是否不偏不倚的科学观察者呢？在一篇著名论说文中，培根区分了偶像崇拜者与无神论者，并指出神迹说服不了无神论者，只能说服偶像崇拜者，后者大体承认神性行动有其可能。① 偶像崇拜者会恐惧、颤栗，不像哲人那样超越希望或恐惧。并非神学而是哲学在回避（begs）② 问题。哲学要求启示在人类理性的审判庭上证实自己的主张，但启示本身拒绝承认［266］该审判庭。换言之，哲学只承认所有人在所有时代都能于光天化日之下觉察的那些经验。但是，上帝说过或做过决定，祂要住在雾霭中。神学家会以哲学为武器攻击哲学；仅限于驳斥这样的攻击时，哲学才会胜利。但是，一旦哲学试图反驳启示本身，而非反驳启示的那些必然不充分的证据，那么这无异于哲学冒犯自身，哲学因此也就遭受惨败。

我相信，至今仍流行着19、20世纪的自由思想家们之间流行的那种观点：现代科学和历史批判已经驳倒启示。我要说，他们甚至没有驳倒最为基要主义的（fundamentalistic）正统教义。请看一个在19世纪乃至在我们自己的生活中（尤其对于我们中的那些有传统或正统背景的人）发挥着某种作用的著名例证：地球比圣

---

① ［译注］培根，"论无神论"，见《1625年论说文集》（*Essays of 1625*）；亦见《学术的进展》（*The Advancement of Learning*），2. 25. 24。

② ［译注］beg 尤指以有待证明的假定来回避或无视问题。

经中所讲的还要古老得多。但是，这显然是个有很大缺陷的论证。该反驳意见的前提是，万事万物都自然地发生；但是，这为圣经所否定。圣经讲创世；创世是一个神迹，是真正的（the）神迹。地质学、古生物学等等提供的所有证据，只有在如下前提下才能有效地反驳圣经：根本不曾有神迹的干预。自由思考的论证实际上基于贫乏的思考。它回避问题。与此相似，我们再看看文本批评——关乎圣经文本中的不一致、反复以及其他明显纰漏：如果圣经文本蒙神启发，那么这些问题就完全不同于当我们有权利把圣经看做一本仅仅属人著作时的情况。若是后一情况，那些纰漏就只是纰漏而已；而若是前一情况，那些纰漏就无异于秘密。

历史批判的前提是，不相信口传神意。科学和历史批判对启示发起的攻击、著名而有效的攻击，其前提是教条地排除神迹、口传神意的可能。我将只谈神迹，因为口传神意本身就是一种神迹。如果我们知道不可能有神迹，那么一切科学论证和历史论证所隐含的这种攻击就能够得到辩护。那样一来，我们就的确能够得出所有这些结论。但是，这意味着什么？我们需要掌握如下两个证明中的一个：要么证明不存在一位无所不能的上帝，祂仅凭自己就能行神迹；要么证明神迹与上帝的本性并不相容。在我看来，没有别的选项。第一个选项——证明不存在一位无所[267]不能的上帝——的前提也许是，我们拥有关于整全的完美知识，因而可以说我们知道任何角落都不存在一个无所不能的上帝。换句话说，此前提是一个完备的系统。我们能解开一切谜团。然而我认为，这根本不可能，这不过是奇谈怪论。第二个选项——证明神迹与上帝的本性并不相容——的前提也许是，人认识上帝的本性：用传统语言来讲，其前提就是自然神学。事实上，现代自由思想的基础、已被遗忘的基础，正是自然神学。决定性的争执并非发生于19世纪，而是发生于18、17世纪，那时对否认神迹等事物的尝试，立足于一种所谓关于上帝本性的知识——其技术性名称就是自然神学。

让我们勾勒一下这种论证的基本特点。上帝是最完美的存在者。所有人都这样理解上帝，不论祂存在与否。然而，哲人们宣称他们能够证明，启示和任何其他神迹与神性完美性互不相容。这说来话长，不仅在17、18世纪如此，在中古亦然。为了尝试勾勒这种论证，我将追溯其种种属人的根源。从根本上讲，自然神学中的哲学论证立足于从人的完美典型出发的一种类推。上帝是最完美的存在者。不过我们仅仅通过人的完美典型而在经验上知道完美，而人的完美典型体现为智慧之人，或者说接近智慧之人的至高之人。比如，正如智慧之人不会用永罚对付犯错的人类，更完美的上帝更不会这样做。智慧之人不会干荒谬或毫无目的的事情；而使用口传神意这样的神迹（例如，这只是为了告诉某位先知，一位异教的王者将要在数世纪之后施行统治）就很荒谬。这（或诸如此类的观点）就是上述这些所隐含的论证。对此我会这样回应：上帝的完美性暗示着祂不可理解。上帝之道在人看来很愚蠢，这并不意味着上帝之道很愚蠢。换句话说，自然神学使上帝不再不可理解，以便驳斥启示，而这根本行不通。

曾经有一个人，试图通过否认上帝的本质不可理解，从而强行得出自己的结论，这个人就是斯宾诺莎。（请允许我顺便说一句：通过分析斯宾诺莎的这些东西，我学到了不少。）人们可以从[268]斯宾诺莎那里学到不少东西，在现代批判启示的人之中，他当然是最极端的一个，这不必然体现于其思想，但显然体现于其思想的表述。我想引用霍布斯——如你们所知，他是个出了名的（notoriously）大胆之人——的评论，他说他从不敢像斯宾诺莎那样大胆地著述。① 斯宾诺莎说过，"关于上帝的本质，我们有充

---

① ［译注］参 John Aubrey，"霍布斯"（Thomas Hobbes），见《小传》（*Brief Lives*，Andrew Clark 编，Oxford: Clarendon Press，1898），卷一，页357。亦参施特劳斯，《迫害与写作艺术》，前揭，页183；《什么是政治哲学?》，前揭，页171。

分的知识",果真如此,那么上帝显然完全可理解。① 斯宾诺莎所谓关于上帝本质的充分知识导致,任何一种神迹都不可能。但是,斯宾诺莎关于上帝本质的充分知识又是什么呢?让我们对此稍加考虑,因为这真的不是一种个别、偶然的情况。你们中许多人都读过斯宾诺莎的《伦理学》,读过他对那种知识的阐释。你们知道,斯宾诺莎在《伦理学》开篇就下了一些定义。然而这些定义本身绝对独断,尤其是著名的实体(substance)定义:实体就是自在的并通过自身而被认识的东西。一旦你承认这一点,其他一切就随之而来;于是就不可能有神迹。但是,既然这些定义独断,那么那些结论也独断。然而,如果我们从其功用的角度看,这些基本定义就并不独断。通过这些定义,斯宾诺莎界定了某些前提条件——要想完全理解整全,就必须满足这些前提条件。但是,这些定义并不能证明,这些前提条件事实上已经得到满足——那取决于斯宾诺莎冒险行为的成功。证据在于成功。如果斯宾诺莎能够清晰而明确地解释一切,那么我们就会面临这种情况。关于整全,我们一方面有一种清晰而明确的解释,另一方面又有种种含混的解释,而其中之一就是圣经的解释。于是,任何一个心智健全的人都会选择清晰而明确的解释,而非含混的解释。我认为,这就是斯宾诺莎想给出的真正证据。但是,斯宾诺莎关于整全的解释,真的既清晰又明确吗?你们中只要有人接触过斯宾诺莎关于情感(emotions)的分析,就不会这样确信。然而进一步讲,即便斯宾诺莎的分析既清晰又明确,这一分析必然为真吗?难道其清晰与明确不归因于如下事实,即斯宾诺莎只是抽离于整全中的某些成分,这些成分并非清晰而明确,而且永远也无法变得清晰而明确?那么,从根本上讲,斯宾诺莎的做法就是原本意义上的现代科学的做法——将宇宙变成一个完全清晰而明确的统一体,

---

① [译注] 斯宾诺莎,《伦理学》,第2部分,推论47。中译本参庞景仁译,北京:商务印书馆,1997。

一个完全可数学化的统一体。

请允许我作如下总结:对启示(在此我要说,就算你 [269] 按最为基要主义的意义理解启示一词也没关系)的历史反驳的前提是自然神学,因为历史反驳往往预设不可能有神迹,而且只有凭藉关于上帝的知识才能最终确保不可能有神迹。然而,符合这一条件的自然神学反过来也需要前提条件,那就是上帝的本性可理解,而这又要求完全具备真正的系统,或曰完全具备关于整全的真实或充分的解释。既然这样一种关于整全的真实或充分的解释(这不同于一种清晰而确切的解释)显然无处可寻,哲学当然一直驳不倒启示。就像我前面说的那样,启示或毋宁说神学也一直驳不倒哲学。因为从哲学的观点来,启示仅是一种可能;其次,无论神学家们怎么说,人都可以像一个哲人那样生活,亦即非肃剧性地(untragically)生活。在我看来,所有证明哲学生活根本上很悲惨的尝试(比如帕斯卡尔等人所做的尝试)① 无一不预设信仰;作为对哲学的反驳,这些论证不可接受也不可能成立。要言之,我可以这样讲,所有所谓对启示的驳斥都预设了对启示的不信仰,而所有所谓对哲学的驳斥都预设了对启示的信仰。对双方来说,似乎并不存在一个共同的、因而也更高的立场。

如果有人说(仅说说而已),哲人们从未驳倒启示,神学家们也从未驳倒哲学;那么鉴于无论从哪方面来看都存在巨大的难题,这种说法听来有几分道理。在这个层面上,可以说我们只是说了一句微不足道的话;但是,为了表明这句话并没有那么微不足道,我想在总结之时给大家提供这样一种思考。在这里,当我用哲学一词时,我用的是其普通、模糊的含义,包括世上任何一种理性导向,包括科学和常识等等。果真如此,那么哲学必须承认启示的可能。而这又意味着哲学本身有可能不是正确的生活方式。哲

---

① [译注] 帕斯卡尔,《思想录》,72 - 73,82 - 83,361,365,374,389,397 - 399,412,525,556。

学并不必然是正确的生活方式，并不显然是正确的生活方式，因为有可能启示才是。但是，在这些前提下，选择哲学意味着什么呢？在这样的情况下，选择哲学其实是基于信念（faith）。换句话说，追求显而易见的知识，要以并不显而易见的前提为基础。这一困难在我看来潜在于所有当今的哲学探究，正是这一困难处于社会科学所谓价值问题的根柢处：哲学或科[270]学（随便你怎么称呼）无法解释其自身的必然性。我认为我不必证明，展示科学（无论是社会科学还是自然科学）的实际用处当然无法证明其必然性。我的意思是，我不谈论诸社会科学所取得的种种巨大成就，因为那些成就并不那么令人印象深刻；但就诸自然科学所取得的种种巨大成就而言，我们在氢弹时代完全重启了这样一个问题：鉴于其实际用处，这种成就真的合乎理性吗？这在理论上当然不是最重要的思考，但这在实践上发挥着一种很大的作用。

无论如何，在我看来，我们应该在行动中思索这一两难困境。也就是说：在我看来，西方智识史、西方精神史的核心和中枢，可以说正是圣经与哲学关于好生活观念的冲突。这一冲突首先当然体现为如下这些论争——神学家们基于圣经立场的论争以及哲人们基于哲学立场的论争。为什么这一冲突很重要？原因很多，但我只想强调一点：在我看来，这个未经解决的冲突正是西方文明生命力的奥秘。承认西方文明有两个相互冲突的根源，这观点乍看起来非常令人困窘。然而，意识到这一点，又能给西方文明加一道保险，使西方文明得到安慰。西方文明的生活处于两套规范体系（codes）之间，处于一种根本的张力中。因此，没有任何内在于西方文明本身、内在于其根本构造的理由容我们放弃生活。但只有我们过那种生活，亦即以那种冲突为生活，这种令人安慰的想法才能得到论证。没人可以身兼哲人和神学家，而且就上述问题而言也不可能超越哲学与神学之间的冲突，或假装能够综合哲学与神学。但我们中的每个人都可以是、而且应该是哲人或神学家，亦即要么是面对神学挑战的哲人，要么是面对哲学挑战的神学家。

施特劳斯文献分类编年

叶 然 编

编者说明

前人已有多种施特劳斯（1899—1973）著述编年，[1] 本编按文献的整体状况进行分类编年，首次整理了未正式出版的讲座和讲课，以及十多年来汉语学界的翻译成果（尤其刘小枫教授主持的"施特劳斯集"）。本编分为"专书"、"编述"、"文章"、"讲座"、"讲课"和"书信"六个部分。下面交待几个具体问题：

一、在每个条目的前面所标出的写作年份通常就是出版年份，这种情况下不再另行标出出版年份。如出版年份不同于写作年份，则于条目中标出其出版年份。

二、修订本和译本不单独列为条目，而是附列于原著最初所在的条目。此外，不收录中译本以外的译本，少量重要的译本除外。

---

[1] Meier, H. (ed.), "Leo Strauss: 1899—1973, A Bibliography", 2008. 电子版：http://leostrausscenter.uchicago.edu/files/pdf/Strauss_Bibliographie_3-5-09.pdf。Merley, J. A. (ed.), "Bibliography of Leo Strauss", in Leo Strauss and his Legacy: A Bibliography, Lanham: 2005, pp. 1—14. 。前一种文献表对原著的罗列更为完备，后一种则同时收录了西方学界可观的翻译成果。

三、诸多作品重印于迈尔教授夫妇编订的三大卷文集，① 得到了精善的校勘，并附有校勘记，以及特定著作的作者批注和相关笔记（本编未把这些细碎文字列为条目）。因此，凡本编提到的重印于这套文集中的作品，读者最好径直采用此文集中的版本。

四、基本未作修改就直接收入专书的文章，不列为条目。本于讲座和讲课的著述均归入"讲座"类和"讲课"类，其中一部分亦见于"专书"类。

五、讲座和讲课中，有些既有录音又有文字版（即精确的、正式的文字版），有些只有录音而无文字版，有些只有文字版而无录音。② 由于讲座和讲课资料整理工作进展缓慢，故本编在描述讲座和讲课时只能作出种种推测。另外，网络上流传着一些讲课录音的不精确的、非正式文字版，当为过去听讲者所临时整理，本编对这些材料也予以重视。最后值得提醒的是，讲课尽管涉及许多领域，但鉴于施特劳斯的头衔是"政治哲学教授"，故几乎所有课程都有一个总名叫做"政治哲学引说"。

本编最初刊于中国比较古典学学会编，《施特劳斯与古典研究》，北京：三联版，2014，页357—396。此次再版增补了两篇文章和几部讲课录音的正式文字版（附及中译本），并订正了一些小的讹误。

2017 年 2 月 16 日，成都

---

① Strauss, L., Gesammelte Schriften, I: Die Religionskritik Spinozas und zugehörige Schriften, ed. Meier, H. & W. Meier, Dritte: 2008. Strauss, L., Gesammelte Schriften, II: Philosophie und Gesetz – Frühe Schriften, ed. Meier, H. & W. Meier, Dritte: 2004. Strauss, L., Gesammelte Schriften, III: Hobbes' politische Wissenschaft und zugehörige Schriften – Briefe, ed. Meier, H. & W. Meier, Dritte: 2008. 本编所使用的卷一为2008年版，较之初版增加了少量篇目。此文集后续又出版了卷四至卷六，收录英文原著的德译文，本编不考虑。

② 录音下载见芝加哥大学 The Leo Strauss Center 网站：http://leostrausscenter.uchicago.edu. 此外，请注意在美国学制中冬季学期是每年的第一个学期，故本编年将冬季学期的课程列在一年的开端。

一、专书

1921,《雅可比哲学中的认识论问题》(*Das Erkenntnisproblem in der philosophischen Lehre Fr. H. Jacobis*, Hamburg, ii + 71 pp.)。重印于 Strauss, L., Gesammelte Schriften, II: Philosophie und Gesetz – Frühe Schriften, ed. Meier, H. & W. Meier, Dritte: 2004. 中译文见施特劳斯,《哲学与律法:论迈蒙尼德及其先驱》,黄瑞成译,北京:华夏出版社,2012。此为博士论文。

1928,《斯宾诺莎的宗教批判作为其圣经学基础:斯宾诺莎〈神学政治论〉研究》(*Die Religionskritik Spinozas als Grundlage seiner Bibelwissenschaft: Untersuchungen zu Spinozas Theologisch – politischem Traktat*, Berlin: 1930, xiii + 288 pp.)。题词: Dem Gedächtnis Frans Rosenzweigs。因与当时的上司古特曼(Julius Guttmann)意见不合,故从 1928 年推迟至 1930 年出版。重印于 Strauss, L., Gesammelte Schriften, I: Die Religionskritik Spinozas und zugehörige Schriften, ed. Meier, H. & W. Meier, Dritte: 2008. 英译本: Spinoza's Critique of Religion, tr. Sinclair, E. M., New York: 1965,作者增写了一篇很长的英译本序(稍加修订后收入专书《古今自由主义》[Liberalism Ancient and Modern, New York: 1968])。中译本:施特劳斯,《斯宾诺莎的宗教批判》,李永晶译,北京:华夏出版社,2013。

1933—1934,《霍布斯的宗教批判:论理解启蒙》(Die Religionskritik des Hobbes: Ein Beitrag zum Verständnis der Aufklärung, in Strauss, L., Gesammelte Schriften, III: Hobbes' politische Wissenschaft und zugehörige Schriften – Briefe, ed. Meier, H. & W. Meier, Dritte: 2008, pp. 263—373)。中译本:施特劳斯,《霍布斯的宗教批判》,杨丽等译,北京:华夏版,2012。此书为后人依据手稿

整理,作者在世时未打算发表。

1935,《哲学与律法:论迈蒙尼德及其先驱》(Philosophie und Gesetz: Beiträge zum Verständnis Maimunis und seiner Vorläufer, Berlin, 122 pp.)。题词: Dem Andenken von Meyer Strauss(施特劳斯的祖父)。重印于 Strauss, L., Gesammelte Schriften, II, op. cit. 英译本: Philosophy and Law: Essays toward the Understanding of Maimonides and his Predecessors, tr. Adler, E., Albany, NY: 1995. 中译本: 施特劳斯,《哲学与律法》,前揭。

1936,《霍布斯的政治科学》(Hobbes' politische Wissenschaft in ihrer Genesis, Neuwied, Luchterhand, 1965, 189 pp.)。重印于 Strauss, L., Gesammelte Schriften, III, op. cit. 英译本:《霍布斯的政治哲学》(The Political Philosophy of Hobbes: Its Basis and Its Genesis, tr. Sinclair, E. M., Oxford: 1936, xix + 172 pp.; reprinted in Chicago: 1952, xxi + 172 pp.),带有作者写的英译本序,美国版还有一篇专门的序。此书最早是以英译本出版,题词: To My Wife。德文版面世迟至1965年,对原来的德文手稿进行了改动(但手稿标题原本就是"政治科学",而非英译本标题"政治哲学"),去除了英译本序,换上了德文版序,并增加了"评施米特《政治的概念》"(1932)一文(见下面"文章"类),增加的这篇文章以及德文版序言的中译文均见施特劳斯,《霍布斯的宗教批判》,前揭。依据前述英文版翻译的中译本: 施特劳斯,《霍布斯的政治哲学》,申彤译,南京: 译林出版社,2001。

1948,《论僭政: 色诺芬〈希耶罗〉释义》(On Tyranny: An Interpretation of Xenophon's Hiero, New York, xiii + 121 pp.)。题词: To CWM。法译本: De la Tyrannie, tr. Kern, H., Paris: 1954, 347 pp.,包含《希耶罗》法译文,科耶夫(A. Kojève)文章"僭政与智慧"("Tyrannie et Sagesse"),以及施特劳斯作于1950年的回应性文章"重述"("Restatement",后人整理本见 Interpretation, 36: 1 [Fall 2008], pp. 29—78)的法译文"Mise au point"。

英文版第一次增订：On Tyranny: Revised and Enlarged, Glencoe, Ill.：1963, xi + 228 pp., 包含《希耶罗》英译文，科耶夫文章英译文，以及施特劳斯"重述"英文原作的删订本（后收入专书《什么是政治哲学？及其他研究》〔What Is Political Philosophy? And other Studies, Glencoe, Ill.：1959〕）。第二次增订：ed. Gourevitch, V. & M. S. Roth, New York：1991, 增加了与科耶夫的通信（其中法文被译成了英文）。第三次增订：ed. Gourevitch, V. & M. S. Roth, Chicago：2000, xxii + 336 pp. 第四次增订：ed. Gourevitch, V. & M. S. Roth, Chicago：2013. 依据第四次增订本迻译的中译本：施特劳斯等，《论僭政：色诺芬〈希耶罗〉义疏》，古热维奇等编，彭磊译，北京：华夏出版社，2016。

1952,《迫害与写作技艺》（Persecution and the Art of Writing, Glencoe, Ill., 204 pp.）。中译本：施特劳斯，《迫害与写作艺术》，刘锋译，北京：华夏出版社，2012。

1953,《自然权利与历史》（Natural Right and History, Chicago, x + 327 pp.）。重印本：Chicago：1971, x + 326 pp., 作者换上了新序言。中译本：施特劳斯，《自然权利与历史》，彭刚译，北京：三联书店，2006。

1958,《思索马基雅维里》（Thoughts on Machiavelli, Glencoe, Ill., 348 pp.）。中译本：施特劳斯，《关于马基雅维里的思考》，申彤译，南京：译林出版社，2009。

1959,《什么是政治哲学？及其他研究》（What Is Political Philosophy? And other Studies, Glencoe, Ill., 315 pp.）。中译本：施特劳斯，《什么是政治哲学》，李世祥等译，北京：华夏出版社，2011。

1964,《城邦与人》（The City and Man, Chicago, vii + 245 pp.）。

1966,《苏格拉底与阿里斯托芬》（Socrates and Aristophanes, New York, vii + 321 pp.）。中译本：施特劳斯，《苏格拉底与阿里

斯托芬》,李小均译,北京:华夏出版社,2011。

1968,《古今自由主义》(Liberalism Ancient and Modern, New York, xi + 276 pp.)。中译本:施特劳斯,《古今自由主义》,马志娟译,南京:江苏人民出版社,2012。

1970,《色诺芬的苏格拉底言辞:〈齐家〉释义》(Xenophon's Socratic Discourse: An Interpretation of the Oeconomicus, New York, viii + 211 pp.),包含 C. Lord 新译的《齐家》。中译本:施特劳斯,《色诺芬的苏格拉底言辞:〈齐家〉义疏》,杜佳译,上海:华东师范大学出版社,2010。

1971,《柏拉图〈法义〉的论辩与情节》(The Argument and the Action of Plato's Laws, Chicago: 1975, ix + 186 pp.)。中译本:施特劳斯,《柏拉图〈法义〉的论辩与情节》,程志敏等译,北京:华夏出版社,2011。

1972,《色诺芬的苏格拉底》(Xenophon's Socrates, Ithaca, NY, ix + 181 pp.)。中译本:施特劳斯,《色诺芬的苏格拉底》,高诺英译,上海:华东师范大学出版社,2011。

1973,《柏拉图式政治哲学研究》(Studies in Platonic Political Philosophy, Chicago: 1983, vii + 260 pp.)。中译本:施特劳斯,《柏拉图式政治哲学研究》,张缨等译,上海:华东师范大学出版社,2012。后人根据手稿整理。

二、编述

1931—1937, Mendelssohn, M.,《著作集:纪念版》(Gesammelte Schriften: Jubiläumsausgabe, Band II, ed. Bamberger, F. & L. Strauss, Stuttgart: 1972; Band III - 1, ed. Bamberger, F. & L. Strauss, Stuttgart: 1972; Band III - 2, ed. Strauss, L., Stuttgart: 1973)。Band II 和 Band III - 1 收录了施特劳斯 1931 至 1932 年撰

写的八篇提要以及所涉篇目的注释，Band III-2 收录了他 1936 至 1937 年撰写的两篇提要以及所涉篇目的注释。总共十篇提要重印于 Strauss, L., Gesammelte Schriften, II, op. cit. 提要的英译本：Strauss, L., On Moses Mendelssohn, tr. Yaffe, M. D., Chicago：2012. 提要的中译文见施特劳斯，《门德尔松与莱辛》，卢白羽译，北京：华夏出版社，2012。

1952，Husic, Isaac，《哲学论文集：古代、中古以及现代》（Philosophical Essays: Ancient, Mediaeval and Modern, ed. Nahm, M. C. & L. Strauss, Oxford, xlii + 358 pp.）。两位编者合作了一篇序言，中译文见施特劳斯，《犹太哲人与启蒙：施特劳斯讲演与论文集：卷一》，增订本，刘小枫编，张缨等译，华夏出版社即出。

1963，Strauss, L. & J. Cropsey (eds.)，《政治哲学史》（History of Political Philosophy, Chicago, ix + 790 pp.）。施特劳斯撰写了导言以及"柏拉图"和"帕多瓦的马西利乌"两章（"柏拉图"章的《王制》[Politeia] 部分经扩充后收入专书《城邦与人》[op. cit.]，"帕多瓦的马西利乌"收入专书《古今自由主义》[op. cit.]）。第二版：Chicago：1972，xi + 849 pp.，换上了施特劳斯新作的"马基雅维里"章（后收入专书《柏拉图式政治哲学研究》[op. cit.]）。第三版：Chicago：1987，xiv + 966 pp. 依据第三版迻译的中译本：施特劳斯等编，《政治哲学史》，李洪润等译，北京：法律出版社，2009。

三、文章

1917，"强大的东西多又多，可没有什么强过人"（"Vieles Gewaltige gibt es, doch nichts ist gewaltiger als der Mensch", in Pickerodt-Uthleb, E. J. [ed.], Zukunft brancht Erfahrung: Eine Festschrift: 475 Jahre Gymnasium Philippinum [1527—2002], Marburg：

2002, pp. 123—126)。此为高中毕业论文。

1921,"雅可比哲学中的认识论问题(提要)"("Das Erkenntnisproblem in der philosophischen Lehre Fr. H. Jacobis [Auszug]", Hamburg, 8 pp.)。重印于 Strauss, L., Gesammelte Schriften, II, op. cit. 英译文见 Strauss, L., The Early Writing (1921—1932), tr. Zank, M., Albany: 2002. 此为博士论文提要。

1923,"[评奥托的]《神圣》"("Das Heilige", in Der Jude, 7: 4, pp. 240—242)。重印于 Strauss, L., Gesammelte Schriften, II, op. cit. 英译文见 Strauss, L., The Early Writing, op. cit. 中译文见施特劳斯,《门德尔松与莱辛》,前揭。

1923,"答法兰克福小组的原则之言"("Antwort auf das 'Prinzipielle Wort' der Frankfurter", in Jüdische Rundschau, 28: 9, pp. 45—46)。重印于 Strauss, L., Gesammelte Schriften, II, op. cit. 英译文见 Strauss, L., The Early Writing, op. cit. 中译文见施特劳斯,《犹太哲人与启蒙》,前揭。

1923,"评'犹太复国主义和反闪族主义'讨论"("Anmerkung zur Diskussion über 'Zionismus und Antisemitismus'", in Jüdische Rundschau, 28: 83 - 84, pp. 501—502)。重印于 Strauss, L., Gesammelte Schriften, II, op. cit. 英译文见 Strauss, L., The Early Writing, op. cit. 中译文见施特劳斯,《犹太哲人与启蒙》,前揭

1923,"诺泰的犹太复国主义"("Der Zionismus bei Nordau", in Der Jude, 7: 10 - 11, pp. 657—660)。重印于 Strauss, L., Gesammelte Schriften, II, op. cit. 英译文见 Strauss, L., The Early Writing, op. cit. 中译文见施特劳斯,《犹太哲人与启蒙》,前揭。

1924,"拉伽德"("Paul de Lagarde", in Der Jude, 8: 1, pp. 8—15)。重印于 Strauss, L., Gesammelte Schriften, II, op. cit. 英译文见 Strauss, L., The Early Writing, op. cit. 中译文见施特劳斯,《犹太哲人与启蒙》,前揭。

1924,"柯亨对斯宾诺莎圣经学的分析"("Cohens Analyse der Bibel - Wissenscaft Spinozas", in Der Jude, 8: 5 - 6, pp. 295—314)。重印于 Strauss, L., Gesammelte Schriften, I, op. cit. 英译文见 Strauss, L., The Early Writing, op. cit. 中译文见施特劳斯,《斯宾诺莎的宗教批判》, 前揭。

1924,"犹太复国主义与正统"("Zionismus und Orthodoxie", in Jüdische Rundschau, 29: 50, p. 362)。重印于 Strauss, L., Gesammelte Schriften, I, op. cit. 中译文见施特劳斯,《犹太哲人与启蒙》, 前揭。

1924,"犹太复国主义之源"("Quellen des Zionismus", in Jüdische Rundschau, 29: 77 - 78 and 79, pp. 558 and 566)。重印于 Strauss, L., Gesammelte Schriften, I, op. cit. 中译文见施特劳斯,《犹太哲人与启蒙》, 前揭。

1924,"社会学的史学"("Soziologische Geschichtsschreibung?" in Der Jude, 8: 3, pp. 190—192)。重印于 Strauss, L., Gesammelte Schriften, II, op. cit. 英译文见 Strauss, L., The Early Writing, op. cit. 中译文见施特劳斯,《门德尔松与莱辛》, 前揭。

1924,"论与欧洲学术的讨论"("Zur Auseinandersetzung mit der europäischen Wissenschaft", in Der Jude, 8: 10, pp. 613—617)。重印于 Strauss, L., Gesammelte Schriften, II, op. cit. 英译文见 Strauss, L., The Early Writing, op. cit. 中译文见施特劳斯,《门德尔松与莱辛》, 前揭。

1924,"评列夫科维茨《当代宗教思想家》"("Besprechung von A. Levkowitz, Religiöse Denker der Gegenwart", in Der Jüdische Student, 22: 1 - 2, pp. 15—18)。重印于 Strauss, L., Gesammelte Schriften, II, op. cit. 英译文见 Strauss, L., The Early Writing, op. cit. 中译文见施特劳斯,《门德尔松与莱辛》, 前揭。

1925,"圣经的历史与科学"("Biblische Geschichte und Wissenschaft", in Jüdische Rundschau, 30: 88, pp. 744—745)。重印于

Strauss, L., Gesammelte Schriften, II, op. cit. 英译文见 Strauss, L., The Early Writing, op. cit. 中译文见施特劳斯,《斯宾诺莎的宗教批判》, 前揭。

1925,"柯亨的《犹太教文集》"("Hermann Cohen, Jüdische Schriften", in Jüdische Wochenzeitung, vom 08. 05)。中译文见施特劳斯,《犹太哲人与启蒙》, 前揭。

1925,"武装的教会"("Ecclesia militans", in Jüdische Rundschau, 30: 36, p. 334)。重印于 Strauss, L., Gesammelte Schriften, II, op. cit. 英译文见 Strauss, L., The Early Writing, op. cit. 中译文见施特劳斯,《犹太哲人与启蒙》, 前揭。

1925,"评温伯格的批评"("Bemerkung zu der Weinbergschen Kritik", in Der Jüdische Student, 22: 1-2, pp. 15—18)。重印于 Strauss, L., Gesammelte Schriften, I, op. cit. 英译文见 Strauss, L., The Early Writing, op. cit. 中译文见施特劳斯,《犹太哲人与启蒙》, 前揭。

1925—1928,"犹太学术研究院卡塞尔课程大纲"("Casseler Kurse im Auftrage der Akademie für die Wissenschaft des Judentums", in Jüdische Wochenzeitung für Kassel, Hessen und Waldeck, 刊号不详)。德英对照本见 Interpretation, 39: 2 (2012), pp. 109—138. 中译文见施特劳斯,《犹太哲人与启蒙》, 前揭。

1926,"论斯宾诺莎及其先驱们的圣经学"("Zur Bibelwissenschaft Spinozas und seiner Vorläufer", in Korrespondenzblatt des Vereins zur Gründung und Erhaltung einer Akademie für die Wissenschaft der Judentums, 7, pp. 1—22)。重印于 Strauss, L., Gesammelte Schriften, I, op. cit. 英译文见 Strauss, L., The Early Writing, op. cit. 中译文见施特劳斯,《斯宾诺莎的宗教批判》, 前揭。

1928,"[评弗洛伊德的]《一个幻觉的未来》"("Die Zukunft einer Illusion", in Der Jüdische Student, 25: 4, pp. 16—22)。重印于 Strauss, L., Gesammelte Schriften, I, op. cit. 英译文见 Strauss,

L., The Early Writing, op. cit. 中译文见施特劳斯,《犹太哲人与启蒙》,前揭。

1929,"纵览主义"("Der Konspektivismus", in Strauss, L., Gesammelte Schriften, II, op. cit., pp. 365—376)。中译文见施特劳斯,《门德尔松与莱辛》,前揭。

1929,"罗森茨威格与犹太学术研究院"("Franz Rosenzweig und die Akademie für die Wissenschaft des Judentums", in Jüdische Wochenzeitung für Kassel, Hessen und Waldeck, 6:49, p. 2)。重印于 Strauss, L., Gesammelte Schriften, II, op. cit. 英译文见 Strauss, L., The Early Writing, op. cit. 中译文见施特劳斯,《犹太哲人与启蒙》,前揭。

1929,"论政治犹太复国主义的意识形态(答约瑟夫三文)"("Zur Ideologie des politischen Zionismus [In Erwiderung auf drei Aufsätze Max Josephs]", in Der Jüdische Student, 26:5, pp. 22—27)。重印于 Strauss, L., Gesammelte Schriften, I, op. cit. 中译文见施特劳斯,《犹太哲人与启蒙》,前揭。

1931,"一部计划写的关于霍布斯的书的前言"("Vorwort zu einem geplanten Buch über Hobbes", in Strauss, L., Gesammelte Schriften, III, op. cit., pp. 201—216)。中译文见施特劳斯,《霍布斯的宗教批判》,前揭。

1931, "研究大纲:霍布斯的政治科学:自然权利导论"("Disposition: Die politische Wissenschaft des Hobbes: Eine Einführung in das Naturrecht", in Strauss, L., Gesammelte Schriften, III, op. cit., pp. 193—200)。中译文见施特劳斯,《霍布斯的宗教批判》,前揭。

1931,"评艾宾浩斯《论形而上学的进步》"("Besprechung von Julius Ebblinghaus, Über die Fortschritte der Metaphysik", in Deutsche Literaturzeitung, 52, columns 2451—2453)。重印于 Strauss, L., Gesammelte Schriften, II, op. cit. 英译文见 Strauss,

L., The Early Writing, op. cit. 中译文见施特劳斯,《门德尔松与莱辛》,前揭。

1931—1937,"[门德尔松篇目]提要"("Einleitungen", in Mendelssohn, M., Gesammelte Schriften: Jubiläumsausgabe, Band II, ed. Bamberger, F. & L. Strauss, Stuttgart: 1972; Band III - 1, ed. Bamberger, F. & L. Strauss, Stuttgart: 1972; Band III - 2, ed. Strauss, L., Stuttgart: 1973)。参"编述"类之"1931—1937, Mendelssohn"。

1932,"当今思想状况"("Die geistige Lage der Gegenwart", in Strauss, L., Gesammelte Schriften, II, op. cit., pp. 441—464)。中译文见施特劳斯,《门德尔松与莱辛》,前揭。

1932,"斯宾诺莎的遗言"("Das Testament Spinozas", in Bayerische Israelitische Gemeindezeitung, 8: 21, p. 322 and pp. 324—326)。重印于 Strauss, L., Gesammelte Schriften, I, op. cit. 英译文见 Strauss, L., The Early Writing, op. cit. 中译文见施特劳斯,《斯宾诺莎的宗教批判》,前揭。

1932,"评施米特《政治的概念》"("Anmerkungen zu Carl Schmitt, Der Begriff des Politischen", in Archiv für Sozialwissenschaft und Sozialpolitik, 67: 6, pp. 732—749)。重印于 Strauss, L., Gesammelte Schriften, III, op. cit. 中译文见施特劳斯,《霍布斯的宗教批判》,前揭。

1933,"关于霍布斯政治科学的几点评注"("Einige Anmerkungen über die politische Wissenschaft des Hobbes", in Strauss, L., Gesammelte Schriften, III, op. cit., pp. 243—262)。法译文:"Quelques remarques sur la science politique de Hobbes: A propes de livre recent de M. Lubienski", tr. Kojève, A., in Recherches Philosophiques, 2 (1933), pp. 609—622. 中译文见施特劳斯,《霍布斯的宗教批判》,前揭。此文最初以法译文面世,德文版是后人整理本。

1934,"迈蒙尼德的先知学说及其源头"("Maimunis Lehre von der Prophetie und ihre Quellen", in Le Monde Oriental [Uppsala], 28, pp. 99—139)。修订后收入专书《哲学与律法》(op. cit.)。

1936,"法拉比的一篇佚文"("Eine vermißte Schrift Fârâbîs", in Monatsschrift für Geschichte und Wissenschaft des Judentums, 80: 1, pp. 96—106)。重印于 Strauss, L., Gesammelte Schriften, II, op. cit. 中译文见施特劳斯,《论法拉比与迈蒙尼德》,刘小枫编,张缨等译,即出。

1936,"简评迈蒙尼德和法拉比的政治学"("Quelques remarques sur la science politique de Maïmonide et de Fârâbî", in Revue des Etudes Juives, 100, pp. 1—37)。重印于 Strauss, L., Gesammelte Schriften, II, op. cit. 英译文见 Strauss, L., On Maimonides: The Complete Writings, ed. Green, K. H., Chicago: 2013. 中译文见施特劳斯,《犹太哲人与启蒙》,前揭。中译增订版见施特劳斯,《论法拉比与迈蒙尼德》,前揭。

1937,"神意学说在迈蒙尼德作品中的位置"("Der Ort der Vorsehungslehre nach der Ansicht Mainunis", in Monatsschrift für Geschichte und Wissenschaft des Judentums, 81: 1, pp. 93—105)。重印于 Strauss, L., Gesammelte Schriften, II, op. cit. 英译文见 Strauss, L., On Maimonides, op. cit. 中译文见施特劳斯,《犹太哲人与启蒙》,前揭。中译增订版见施特劳斯,《论法拉比与迈蒙尼德》,前揭。

1937,"论阿布拉瓦内的哲学趋向和政治教诲"("On Abravanel's Philosophical Tendency and Political Teaching", in Abravanel, I., Six Lectures, ed. Trend, J. B. & H. Loewe, Cambridge, pp. 448—456)。重印于 Strauss, L., Gesammelte Schriften, II, op. cit. 中译文增订版见施特劳斯,《论法拉比与迈蒙尼德》,前揭。

1937,"评阿布拉瓦内对王政的批判"("Zu Abravanels Kritik

des Königrums", in Strauss, L., Gesammelte Schriften, II, op. cit., pp. 233—234)。中译文增订版见施特劳斯,《论法拉比与迈蒙尼德》,前揭。

1937,"追忆莱辛"("Eine Erinnerung an Lessing", in Strauss, L., Gesammelte Schriften, II, op. cit., pp. 607—608)。英译文见 Strauss, L., On Moses Mendelssohn, op. cit. 中译文见施特劳斯,《门德尔松与莱辛》,前揭。

1937—1940,"迈蒙尼德的隐秘教诲"("The Secret Teaching of Maimonides", in Strauss, L., On Maimonides, op. cit.)。中译文见施特劳斯,《论法拉比与迈蒙尼德》,前揭。一份笔记,具体写作年份不确定。

1939,"'迫害与写作技艺'讲座笔记"("Lecture Notes for 'Persecution and the Art of Writing'", ed. Kerber, H., in Yaffe, M. D. & R. S. Ruderman [ed.], Reorientation: Leo Strauss in the 1930s, New York: 2014, pp. 293—304)。中译文见施特劳斯,《苏格拉底问题与现代性:施特劳斯讲演与论文集:卷二》,增订本,刘小枫编,彭磊等译,北京:华夏版,2016。

1939,"斯巴达精神或色诺芬的品味"("The Spirit of Sparta or the Taste of Xenophon", in Social Research, 6: 4, pp. 502—536)。中译文见施特劳斯,《苏格拉底问题与现代性》,前揭。

1939,"显白的教诲"("Exoteric Teaching", in Interpretation, 14: 1 [1986], pp. 51—59; edited and reprinted in Yaffe, M. D. & R. S. Ruderman [ed.], Reorientation, op. cit., pp. 275—286)。中译文见施特劳斯,《古典政治理性主义的重生:施特劳斯思想入门》,潘戈编,郭振华等译,叶然校,北京:华夏版,2017;亦见施特劳斯,《苏格拉底问题与现代性》,前揭。

1939,"评迈蒙尼德《重述托拉》的海姆森笺注本卷一"("Review of Moses Hyamson's edition of Maimonides: The Mishneh Torah, Book 1", in Review of Religion, 3: 4, pp. 448—456)。重印

于 Strauss, L., On Maimonides, op. cit. 中译文见施特劳斯,《论法拉比与迈蒙尼德》, 前揭。

1941,"评肖特维尔《史之史》"("Review of James T. Shotwell: The History of History", in Social Research, 8:1, pp. 126—127)。中译文见施特劳斯,《苏格拉底问题与现代性》, 前揭。

1941,"迫害与写作技艺"("Persecution and the Art of Writing", in Social Research, 8:4, pp. 488—504)。修订后收入 Strauss, L.,《迫害与写作技艺》(op. cit.)。

1945,"法拉比的《柏拉图》"("Fârâbî's Plato", in American Academy for Jewish Research, Louis Ginzberg Jubilee Volume on the Occasion of his Seventieth Birthday, English Section, New York: 1945, pp. 357—358)。中译文见施特劳斯,《论法拉比与迈蒙尼德》, 前揭。本文部分内容经改订后并入《迫害与写作技艺》(op. cit.) 导言。

1945,"诸社会科学中的参照系"("The Frame of Reference in the Social Sciences", in "Leo Strauss on Social and Natural Science: Two Previously Unpublished Papers", in The Review of Politics, 76 [2014], pp. 619—627)。

1945, "注意'关于人的人之科学的一些批评性评论'"("Note on 'Some Critical Remarks on Man's Science of Man'", in "Leo Strauss on Social and Natural Science: Two Previously Unpublished Papers", op. cit., pp. 627—633)。

1946,"一部计划命名为《哲学与律法:历史论文集》的书的大纲"("Plan of a Book Tentatively Entitled Philosophy and the Law: Historical Essays", in Strauss, L., Jewish Philosophy and the Crisis of Modernity: Essays and Lectures in Modern Jewish Thought, ed. Green, K. H., Albany, NY: 1997, pp. 467—470)。

1946,"论柏拉图政治哲学的一种新解释"("On a New Interpretation of Plato's Political Philosophy", in Social Research, 13:3, pp. 326—367)。中译文见施特劳斯,《苏格拉底问题与现代性》,前揭。

1946,"评吉勒斯《哲人们的谬误》的海姆森笺注本"("Review of John O. Riedl's edition of Giles of Rome: Errores Philosophorum", in Church History, 15:1, pp. 62—63)。中译文见施特劳斯,《论法拉比与迈蒙尼德》,前揭。

1947,"论卢梭的意图"("On the Intention of Rousseau", in Social Research, 14:4, pp. 455—487)。中译文见施特劳斯,《苏格拉底问题与现代性》,前揭。

1950,"[关于色诺芬《希耶罗》的]重述"("Restatement", in Interpretation, 36:1 [Fall 2008], pp. 29—78)。参"专书"类之"1948,《论僭政》"。

1952,"论科林武德的历史哲学"("On Collingwood's Philosophy of History", in Review of Metaphysics, 5:4, pp. 559—586)。中译文见施特劳斯,《苏格拉底问题与现代性》,前揭。

1952, Nahm, M. C. & L. Strauss, "[胡锡克《哲学论文集》]序"("Preface", in Husik, Isaac, Philosophical Essays: Ancient, Mediaeval and Modern, ed. Nahm, M. C. & L. Strauss, Oxford, pp. vii—xli)。参"编述"类之"1952, Husic"。

1953,"瓦尔克的马基雅维里:评马基雅维里《论李维》的瓦尔克笺注本"("Walker's Machiavelli: Review of L. J. Walker's edition of the Discourses of Niccolò Machiavelli", in Review of Metaphysics, 6:3, pp. 437—446)。中译文见施特劳斯,《苏格拉底问题与现代性》,前揭。

1956,"社会科学与人文学问"("Social Science and Humanism", in White, L. D. [ed.], The State of the Social Sciences, Chicago, pp. 415—425)。中译文见施特劳斯,《古典政治理性主义的重生》,前揭。

1957,"致编者的信:以色列国家"("Letter to the Editor: The

State of Israel", in Strauss, L., Jewish Philosophy and the Crisis of Modernity, op. cit., pp. 413—416)。中译文见施特劳斯,《犹太哲人与启蒙》, 前揭。

1959,"现代性的三次浪潮"("The Three Waves of Modernity", in Gildin, H. [ed.], Political Philosophy: Six Essays, Indianapolis: 1975, pp. 81—98)。中译文见施特劳斯,《苏格拉底问题与现代性》, 前揭。

1961,"'相对主义'"("'Relativism'", in Schoeck, H. & J. W. Wiggins [eds.], Relativism and the Study of Man, Princeton, pp. 135—157)。中译文见施特劳斯,《古典政治理性主义的重生》, 前揭。

1961,"评哈德森'再思韦伯论题'"("Comment on W. S. Hudson, 'The Weber Thesis Re-examined'", in Church History, 30: 1, pp. 100—102)。中译文见施特劳斯,《苏格拉底问题与现代性》, 前揭。

1961,"追忆阿容松点滴"("Memorial Remarks for Jason Aronson", in Strauss, L., Jewish Philosophy and the Crisis of Modernity, op. cit., pp. 475—476)。中译文见施特劳斯,《犹太哲人与启蒙》, 前揭。

1962,"论门德尔松《上帝的事业:或被维护的神意》"("Zu Mendelssohns Sache Gottes, oder die gerettete Vorsehung", in Einsichten: Gerhard Krüger zum 60: Geburtstag, Frankfurt/Main, pp. 361—375)。此文为十篇门德尔松提要之一(参"编述"类之"1931—1937, Mendelssohn"), 此为作者本人将旧文初次发表。

1963,"柏拉图"("Plato", in Strauss, L. & J. Cropsey [eds.], History of Political Philosophy, Chicago, pp. 7—63)。中译文见施特劳斯,《苏格拉底问题与现代性》, 前揭。参"编述"类之"1963, Strauss, L. & J. Cropsey"。

1963,"答沙尔和沃林"("Replies to Schaar and Wolin", in American Political Science Review, 57:1, pp. 152—155)。中译文见施特劳斯,《苏格拉底问题与现代性》,前揭,译名作"摆脱无论左派还是右派的偏见"。

1963,"[《政治哲学史》]绪论"("Introduction", in Strauss, L. & J. Cropsey [eds.], History of Political Philosophy, Chicago, pp. 1—6)。中译文见施特劳斯,《苏格拉底问题与现代性》,前揭。

1965,"[《斯宾诺莎的宗教批判》]英译本序"("Preface to the English Translation", in Strauss, L., Spinoza's Critique of Religion, op. cit.)。参"专书"类之"1930,《斯宾诺莎的宗教批判作为其圣经学基础》"。

1965,"评敏兹《追踪利维坦:十七世纪对霍布斯的唯物主义和道德哲学的反应》"("Review of Samuel I. Mintz: The Hunting of Leviathan: Seventeenth – Century Reactions to the Materialism and Moral Philosophy of Thomas Hobbes", in Modern Philology, 62:3, pp. 253—255)。中译文见施特劳斯,《霍布斯的宗教批判》,前揭。

1967,"洛克作为'权威论者':评洛克《政府二论》的亚布拉姆笺注本"("John Locke as 'Authoritarian': Review of Philip Abrams's edition of John Locke: Two Tracts on Government", in Intercollegiate Review, 4:1, pp. 46—48)。中译文见施特劳斯,《苏格拉底问题与现代性》,前揭。

1968,"希腊史家:评亨利《希腊历史写作:基于色诺芬〈希腊志〉的一篇历史编纂学论文》"("Greek Historians: Review of W. P. Henry: Greek Historical Writing: A Historiographical Essay Based on Xenophon's 'Hellenica'", in Review of Metaphysics, 21:4, pp. 656—666)。中译文见施特劳斯,《苏格拉底问题与现代性》,前揭。

1970,"马基雅维里与古典文学"("Machiavelli and Classical

Literature", in Review of National Literature, 1: 1, pp. 7—25)。中译文见施特劳斯,《苏格拉底问题与现代性》,前揭。

四、讲座

1930,"[评蒂利希的]《当代宗教状况》"("Religiöse Lage der Gegenwart", Bundeslager of the Kadimah in Brieselang near Berlin, 21 Dec.)。正式文字版见 Strauss, L., Gesammelte Schriften, II, op. cit. 中译文见施特劳斯,《犹太哲人与启蒙》,前揭。

1931,"柯亨与迈蒙尼德"("Cohen und Maimuni", Hochschule für die Wissenschaft des Judentums, Berlin, 4 May)。正式文字版见 Strauss, L., Gesammelte Schriften, II, op. cit. 英译文见 Strauss, L., On Maimonides, op. cit. 中译文增订版见施特劳斯,《论法拉比与迈蒙尼德》,前揭。

1940,"德国战后哲学的现存问题"("The Living Issues of German Postwar Philosophy", Syracuse University, 27 Apr.)。正式文字版见 Meier, H., Leo Strauss and the Theologico-Political Problem, Cambridge: 2006, appendix. 中译文见施特劳斯,《苏格拉底问题与现代性》,前揭。

1941,"德国虚无主义"("German Nihilism", New School for Social Research, 26 Feb.)。正式文字版见 Interpretation, 26: 3 (Spring 1999), pp. 353—378(另参"Corrections to German Nihilism", in Interpretation, 28: 1 (Fall 2000), pp. 33—34)。中译文见施特劳斯,《苏格拉底问题与现代性》,前揭。

1942,"我们能够从政治理论中学到什么?"("What Can We Learn from Political Theory?" New School for Social Research, July)。正式文字版见 Review of Politics, 69: 4 (Fall 2007), pp. 515—529. 中译文见施特劳斯,《苏格拉底问题与现代性》,前揭。

1943,"就犹太人问题对轴心国的再教育"("The Re-education of Axis Countries Concerning the Jews", New School for Social Research, 7 Nov.)。正式文字版见 Review of Politics, 69: 4 (Fall 2007), pp. 530—538。中译文见施特劳斯,《犹太哲人与启蒙》,前揭。

1944,"如何研究中古哲学"("How to Study Medieval Philosophy", 16 May)。正式文字版见 Interpretation, 23: 3 (Spring 1996), pp. 321—338. 中译文见施特劳斯,《古典政治理性主义的重生》,前揭。

1948,"理性与启示"("Reason and Revelation", Hartford Theological Seminary, 8 Jan.)。正式文字版见 Meier, H., Leo Strauss and the Theologico-Political Problem, op. cit., appendix. 中译文见施特劳斯,《苏格拉底问题与现代性》,前揭。

1949,"自然权利与历史"("Natural Right and History", The University of Chicago, autumn)。共六讲。扩充为专书《自然权利与历史》(op. cit.)。

1950,"耶路撒冷与雅典"("Jerusalem and Athens", The University of Chicago, 25 Oct. and 8 Nov.)。原有三讲,有第一讲和第三讲录音。

1950s,"柏拉图的《游叙弗伦》"("Plato's Euthyphron")。正式文字版见 Interpretation, 24: 1 (Fall 1996), pp. 5—23. 中译文见施特劳斯,《古典政治理性主义的重生》,前揭。

1952,"进步还是回归?西方文明的当代危机"("Progress or Return? The Contemporary Crisis in Western Civilization", The University of Chicago, 5 and 19 Nov.)。原有三讲,有第一讲和第三讲录音。正式文字版见 Modern Judaism, 1: 1 (1981), pp. 17—45. 中译文见施特劳斯,《古典政治理性主义的重生》,前揭。部分内容亦以如下标题出现:"The Mutual Influence of Theology and Philosophy", in Independent Journal of Philosophy, 3 (1979), pp. 111—

118. 中译文见施特劳斯,《苏格拉底问题与现代性》,前揭。

1953,"思索马基雅维里"("Thoughts on Machiavelli", The University of Chicago, autumn)。共四讲。扩充为专书《思索马基雅维里》(op. cit.)。

1954—1955,"什么是政治哲学?"("What Is Political Philosophy?" Hebrew University, December and January)。修订后的正式文字版收入专书《什么是政治哲学? 及其他研究》(op. cit.)。

1956,"存在主义"("Existentialism", The University of Chicago, February)。正式文字版见 Interpretation, 22:3(Spring 1995), pp. 303—320. 中译文见施特劳斯,《古典政治理性主义的重生》,前揭,请注意中译文所据英文文集对原文有细微的删节。

1957,"论《创世记》释义"("On the Interpretation of Genesis", The University of Chicago, 25 Jan.)。正式文字版见 L'Homme: Revue française d'anthropologie, 21:1(1981), pp. 5—20. 中译文见施特劳斯,《犹太哲人与启蒙》,前揭。

1958,"弗洛伊德论摩西与一神教"("Freud on Moses and Monotheism", The University of Chicago, spring)。正式文字版见 Strauss, L., Jewish Philosophy and the Crisis of Modernity, op. cit., pp. 258—309. 中译文见施特劳斯,《犹太哲人与启蒙》,前揭。

1958,"政治学的源头与苏格拉底问题"("The Origins of Political Science and the Problem of Socrates", The University of Chicago, between 27 Oct. to 7 Nov.)。共六讲,正式文字版见 Interpretation, 23:2(Winter 1996), pp. 129—207. 第一讲中译文见施特劳斯,《苏格拉底问题与现代性》,前揭。后五讲中译文修订本见施特劳斯,《古典政治理性主义的重生》,前揭。

1959,"什么是自由教育?"("What Is Liberal Education?" The University of Chicago, 6 June.)。正式文字版收入专书《古今自由主义》(op. cit.)。

1959,内容不详。相关文献为 Strauss, L., "An Unspoken Prologue to a Public Lecture at St John's College in Honor of Jacob Klein", in Interpretation, 7: 3 (1978), pp. 1—3. 中译文见施特劳斯,《犹太哲人与启蒙》,前揭。

1960,"理性与启示"("Reason and Revelation", The University of Chicago)。共三讲,录音全。

1960,"迈蒙尼德引说"("Introduction to Maimonides' The Guide of the Perplexed", The University of Chicago, 7 and 14 Feb.)。录音全,正式文字版见 Strauss, L., On Maimonides, op. cit. 中译文见施特劳斯,《论法拉比与迈蒙尼德》,前揭。

1960s,"修昔底德:政治史的意义"("Thucydides: The Meaning of Political History")。具体时间地点不详。正式文字版见 Strauss, L., The Rebirth of Classical Political Rationalism, ed. Pangle, Th. L., Chicago: 1989. 中译文见施特劳斯,《古典政治理性主义的重生》,前揭。

1962,"为什么我们仍然是犹太人"("Why We Remain Jews", The University of Chicago, 4 Feb.)。录音全,正式文字版见 Strauss, L., Jewish Philosophy and the Crisis of Modernity, op. cit. 中译文见施特劳斯,《犹太哲人与启蒙》,前揭。

1963,"宗教与共同福祉"("Religion and the Commonweal", The University of Chicago, 27 Jan.)。录音全。

1963,"我们时代的危机"-"政治哲学的危机"("The Crisis of Our Time"-"The Crisis of Political Philosophy", University of Detroit, 28—29 Mar.)。正式文字版见 Spaeth, H. J. (ed.), The Predicament of Modern Politics, Detroit: 1964, pp. 41—54, 91—103. 中译文见施特劳斯,《苏格拉底问题与现代性》,前揭。

1968,"苏格拉底式追问"("The Socratic Question", Claremont Men's College, 14 Feb.)。录音全。

1970,"苏格拉底问题"("The Problem of Socrates", St. John's College at Annapolis, 17 Apr.)。正式文字版见 Interpretation, 22：3（Spring 1995），pp. 321—338. 中译文见施特劳斯，《苏格拉底问题与现代性》，前揭。

1970, Klein, J. & L. Strauss, "剖白"（"A Giving of Accounts", St. John's College at Annapolis, 30 Jan.）。正式文字版见 The College, 22：1（1970），pp. 1—5. 中译文见施特劳斯，《苏格拉底问题与现代性》，前揭。

五、讲课

1950s,《马基雅维里》（Machiavelli, The University of Chicago, autumn quarter）。可能已无任何资料留下，除了一份必读书目（题为 Machiavelli Supplements）。

1953,《霍布斯的〈利维坦〉》（Hobbes's Leviathan, The University of Chicago, autumn quarter）。共几讲以及录音状况不明。仅有学生听课笔记。

1954,《自然权利》（Natural Right, The University of Chicago, winter quarter），共几讲以及录音状况不明。有非正式文字版。此课讨论潘恩、托克维尔、马克思、尼采、马基雅维里、霍布斯、洛克、卢梭。

1956,《亚里士多德的〈政治学〉》（Aristotle's Politics, The University of Chicago, spring quarter）。共几讲以及录音状况不明。仅有学生听课笔记。

1956,《尼采：历史主义与现代相对主义》（Nietzsche: Historicism and Modern Relativism, The University of Chicago, winter quarter）。共几讲以及录音状况不明。有非正式文字版。

1957,《柏拉图的〈王制〉》（Plato's Republic, The University of Chicago, spring quarter）。共十六讲，录音状况不明。有正式文字版，见 The Leo Strauss Center 网站。中译本：张文涛译，上

海:华东师范大学出版社,即出。

1957,《柏拉图的〈高尔吉亚〉》(Plato's Gorgias, The University of Chicago, autumn quarter)。共几讲以及录音状况不明。有正式文字版,见 The Leo Strauss Center 网站。中译本:施特劳斯,《修辞、哲学与政治》,李致远译,上海:华东师范大学出版社,即出。

1958,《洛克》(Locke, The University of Chicago, winter quarter)。共几讲以及录音状况不明。有非正式文字版。

1958,《康德》(Kant, The University of Chicago, spring quarter)。共二十讲,录音全。有非正式文字版。阅读文本:Prolegomenon (Introduction), Critique of Pure Reason (prefaces and select passages), Idea for A Universal History with Cosmopolitan Intent, Theory and Practice, The Principle of Progress, Perpetual Peace, Fundamental Principles of the Metaphysics of Morals, The Critique of Judgment (select passages).

1958,《黑格尔的〈历史哲学〉》(Hegel's The Philosophy of History, The University of Chicago, autumn quarter)。共十二讲,录音状况不明。有非正式文字版。阅读文本除标题中提到的以外,还包括 Logic, Phenomenology of Mind.

1959,《柏拉图的〈法义〉》(Plato's Laws, The University of Chicago, winter quarter)。共十五讲,录音只有一讲。有正式文字版,见 The Leo Strauss Center 网站。

1959,《尼采的〈扎拉图斯特拉〉》(Nietzsche's Zarathustra, The University of Chicago, spring quarter)。共几讲以及录音状况不明。有非正式文字版。

1959,《西塞罗》(Cicero, The University of Chicago, spring quarter)。共十四讲,录音只有两讲。有正式文字版,见 The Leo Strauss Center 网站。中译本:于璐译,上海:华东师范大学出版社,即出。阅读文本:The Republic, The Laws, On the Ends of

Good and Bad Thingsand The Offices.

1959,《斯宾诺莎》(Spinoza, The University of Chicago, autumn quarter)。共十六讲,录音状况不明。有非正式文字版。

1959,《柏拉图的〈会饮〉》(Plato's Symposium, The University of Chicago, autumn quarter)。共十二讲,录音只剩一讲。十二讲的正式文字版:Strauss, L., On Plato's Symposium, ed. Benardete, S., Chicago: 2001, ix + 294 pp., 收录了作者自己的《会饮》英译。中译本:施特劳斯,《论柏拉图的〈会饮〉》,伯纳德特编,邱立波译,北京:华夏出版社,2012。

1960,《政治学的源头》(The Origins of Political Science, The University of Chicago, winter quarter)。共十四讲,录音仅缺第一讲。有非正式文字版。阅读文本:Plato, Apology and Crito; Aristophanes, Clouds, Birds, and Wasps。

1960,《亚里士多德的〈政治学〉》(Aristotle's Politics, The University of Chicago, spring quarter)。共十七讲,录音仅缺第二讲。有非正式文字版。

1960, Strauss, L. & J. Cropsey,《马克思》(Marx, The University of Chicago, spring quarter)。共十六讲,录音仅缺一讲。有非正式文字版。阅读文本:Capital, German Ideology, and Communist Manifesto.

1961,《古典政治哲学的基本原理》(Basic Principles of Classical Political Philosophy, The University of Chicago, autumn quarter)。共十六讲,录音状况不明。有非正式文字版。

1961,《柏拉图的〈王制〉》(Plato's Republic, The University of Chicago, autumn quarter)。共十六讲,录音状况不明。有非正式文字版。

1962,《修昔底德》(Thucydides, The University of Chicago, winter quarter)。共十七讲,录音状况不明。有非正式文字版。

1962,《卢梭》(Rousseau, The University of Chicago, autumn quarter)。共十七讲，录音只有四讲。有正式文字版，见 The Leo Strauss Center 网站。阅读文本：Second Discourse and Emile。

1962,《自然权利》(Natural Right, The University of Chicago, autumn quarter)。共十二讲，录音只有八讲。有非正式文字版。此课讨论赫拉克利特、柏拉图、亚里士多德和西塞罗。

1963,《色诺芬》(Xenophon, The University of Chicago, winter quarter)。共十六讲，录音只有四讲。有正式文字版，见 The Leo Strauss Center 网站。阅读文本：Oeconomicus, Hiero, Memorabilia, Ways and Means, Athenian Constitution, Lacedaemonian Constitution, and Cyropaedia。

1963,《亚里士多德的〈尼各马可伦理学〉》(Aristotle's Nicomachean Ethics, The University of Chicago, spring quarter)。共十六讲，录音只有一讲。有非正式文字版。

1963,《柏拉图的〈高尔吉亚〉》(Plato's Gorgias, The University of Chicago, autumn quarter)。共十五讲，录音只缺第三讲。有正式文字版，见 The Leo Strauss Center 网站。中译本：施特劳斯,《修辞、哲学与政治》，前揭。

1963,《维科》(Vico, The University of Chicago, autumn quarter)。共十七讲，录音只缺两讲。有正式文字版，见 The Leo Strauss Center 网站。

1964,《霍布斯的〈论公民〉与〈利维坦〉》(Hobbes' De Cive and Leviathan, The University of Chicago, winter quarter)。共十六讲，录音全。有非正式文字版。阅读文本除标题所示的以外，还包括 Macqherson, C. B., The Political Theory of Possessive Individualism: Hobbes to Locke, Oxford: 1962.

1964,《亚里士多德的〈修辞术〉》(Aristotle's Rhetoric, The University of Chicago, spring quarter)。共十六讲，录音全。有正式文字版，见 The Leo Strauss Center 网站。中译本：施特劳斯,《修

辞术与城邦》，何博超译，上海：华东师范大学出版社，2016。

1964，《格劳修斯的〈论战争与和平法〉》（Grotius's On the Law of War and Peace, The University of Chicago, autumn quarter）。共十四讲，录音状况不明。有正式文字版，见 The Leo Strauss Center 网站。中译本：张云雷译，上海：华东师范大学出版社，即出。

1965，《政治哲学引说》（Introduction to Political Philosophy, The University of Chicago, winter quarter）。共十六讲，录音只有九讲。有正式文字版，见 The Leo Strauss Center 网站。中译本：娄林译，上海：华东师范大学出版社，即出。

1965，《黑格尔的〈历史哲学〉》（Hegel's The Philosophy of History, The University of Chicago, winter quarter）。共十六讲，录音全。有非正式文字版。

1965，《柏拉图的〈普罗塔戈拉〉》（Plato's Protagoras, The University of Chicago, spring quarter）。共十七讲，录音全。有非正式文字版。

1965，《孟德斯鸠的〈法的精神〉》（Montesquieu's The Spirit of the Laws, The University of Chicago, autumn quarter）。两讲之后取消了此课，录音全。有正式文字版，见 The Leo Strauss Center 网站。中译本：施特劳斯，《从德性到自由》，黄涛译，上海：华东师范大学出版社，即出。

1966，《孟德斯鸠的〈法的精神〉》（Montesquieu's The Spirit of the Laws, The University of Chicago, winter quarter）共十七讲，录音只有五讲。有正式文字版，见 The Leo Strauss Center 网站。中译本：施特劳斯，《从德性到自由》，前揭。

1966，《孟德斯鸠的〈法的精神〉》（Montesquieu's The Spirit

of the Laws, The University of Chicago, spring quarter)。共十六讲，录音全。有正式文字版，见 The Leo Strauss Center 网站。中译文分别见于两本书：施特劳斯，《女人、阉奴与政制》，黄涛译，上海：华东师范大学出版社，2016；施特劳斯，《从德性到自由》，前揭。阅读文本除标题所示的以外，还包括 Persian Letters。

1966，《柏拉图的〈美诺〉》（Plato's Meno, The University of Chicago, spring quarter）。共十六讲，录音全。有非正式文字版。

1966，《柏拉图的〈苏格拉底的申辩〉与〈克力同〉》（Plato's Apology of Socrates and Crito, The University of Chicago, autumn quarter）。共十六讲，录音全。有正式文字版，见 The Leo Strauss Center 网站。阅读文本除标题所示的以外，还包括 Xenophon, Memorabilia 选段。

1967，《尼采的〈超越善恶〉与〈道德的谱系学〉》（Nietzsche's Beyond Good and Evil and Genealogy of Morals, The University of Chicago, winter quarter）。共十七讲，录音状况不明。有正式文字版，见 The Leo Strauss Center 网站。中译本：施特劳斯，《尼采的道德教诲》，李向利译，上海：华东师范大学出版社，即出。阅读文本除标题所示的以外，还包括 Zarathustra and The Birth of Tragedy。

1967，《康德》（Kant, The University of Chicago, spring quarter）。共十七讲，录音全。有非正式文字版。阅读文本：The Critique of Pure Reason, Metaphysical Foundation of Morals, What Is Enlightenment? Idea for a Universal History, A Critical Review of J. G. Herder's Ideas for a Philosophy of History, Conjectural Beginning of Human History, Theory and Practice, The End of All Things, Perpetual Peace (including Appendix), An Old Question Raised Again.

1967，《亚里士多德的〈政治学〉》（Aristotle's Politics, The University of Chicago, autumn quarter）。共十六讲，录音状况不明。

有非正式文字版。

1968,《亚里士多德的〈尼各马可伦理学〉》（Aristotle's Nicomachean Ethics, Claremont Men's College, winter and spring quarters）。共二十五讲，录音只缺第一讲。有非正式文字版。

1968,《柏拉图的〈欧蒂德谟〉》（Plato's Euthydemus, Claremont Men's College, summer quarter）。不知共几讲，录音有六讲。

1969—1970,《色诺芬的〈齐家〉与〈往事录〉》（Xenophon's Oeconomicus and Memorabilia, St. John's College at Annapolis, autumn and winter quarters）。共十九讲，录音全。

1970—1971,《柏拉图的〈法义〉》（Plato's Laws, St. John's College at Annapolis, autumn and winter quarters）。共二十六讲，录音全。有正式文字版，见 The Leo Strauss Center 网站。

1971—1972,《尼采的〈超越善恶〉》（Nietzsche's Beyond Good and Evil, St. John's College at Annapolis, autumn and winter quarters）。共十三讲，录音全。有正式文字版，见 The Leo Strauss Center 网站。中译本：施特劳斯,《哲人的德性与自然的德性》,曹聪译,上海：华东师范大学出版社,即出。

1972—1973,《修昔底德》（Thucydides, St. John's College at Annapolis, autumn and winter quarters）。共十七讲，录音全。

1973,《柏拉图的〈高尔吉亚〉》（Plato's Gorgias, St. John's College at Annapolis, autumn quarter）。录音只有第一讲（10月3日）。有正式文字版，见 The Leo Strauss Center 网站。中译本：施特劳斯,《修辞、哲学与政治》,前揭。

时间不详,《柏拉图的〈政治家〉》（Plato's Statesman）。共几讲以及录音状况不明。

时间不详,《卢梭的〈社会契约论〉》（Rousseau's Social Contract）。共几讲以及录音状况不明。

六、书信

1928—1962,《致克吕格(Gerhard Krüger, 1902—1972)》。见 Strauss, L., Gesammelte Schriften, III, op. cit. 中译文见迈尔编,《回归古典政治哲学:施特劳斯通信集》,朱雁冰等译,北京:华夏出版社,2017。

1929—1969,《致克莱因(Jacob Klein, 1899—1978)》。见 Strauss, L., Gesammelte Schriften, III, op. cit. 中译文见迈尔编,《回归古典政治哲学》,前揭。

1932—1933,《致施米特(Carl Schmitt, 1888—1985)》。见 Meier, H., Carl Schmitt, Leo Strauss und "Der Begriff des Politischen": Zu einem Dialog unter Abwesenden, Stuttgart: 1988, pp. 129—139. 中译文见施特劳斯,《霍布斯的宗教批判》,前揭。

1932—1965,《致科耶夫(Alexandre Kojève, 1902—1968)》。见 Strauss, L.,《论僭政》(op. cit.)。中译文见施特劳斯等,《论僭政》,前揭。亦见"Supplement to the Strauss - Kojève Correspondence", in Interpretation, 36:1 (Fall 2008), 79—100.

1932—1971,《致洛维特(Karl Löwith, 1897—1973)》。见 Strauss, L., Gesammelte Schriften, III, op. cit. 中译文见迈尔编,《回归古典政治哲学》,前揭。

1933—1973,《致索勒姆(Gershom Scholem, 1897—1982)》。见 Strauss, L., Gesammelte Schriften, III, op. cit. 中译文见迈尔编,《回归古典政治哲学》,前揭。

1934—1964,《致沃格林(Eric Voegelin, 1901—1985)》。见 Emberley, P. & B. Cooper (eds.), Faith and Political Philosophy: The Correspondence between Leo Strauss and Eric Voegelin, 1934—1964, University of Missouri Press, 2004. 中译文见恩伯莱等编,

《信仰与政治哲学：施特劳斯与沃格林通信集》，谢华育等译，上海：华东师范大学版，2014。另有 1951 年两封见 Voegelin, E. etc., Briefwechsel über "Die Neue Wissenschaft der Politik", ed. Opitz, P. J., Freiburg/München: 1993, pp. 29—32, 46—52.

1949—1970，《致肯达尔（Willmoore Kendall, 1909—1968）》。见 Murley, J. A. & J. E. Alvis (eds.), Willmoore Kendall: Maverick of American Conservatives, Lanham/Oxford: 2002, pp. 191—261.

1956，《致库恩（Helmut Kuhn, 1899—1991）》。见 Independent Journal of Philosophy, 2 (1978), pp. 23—26. 中译文见施特劳斯，《苏格拉底问题与现代性》，前揭。

1961，《致伽达默尔（Hans‐Georg Gadamer, 1900—2002）》。见 Independent Journal of Philosophy, 2 (1978), pp. 5—12. 中译文见迈尔编，《回归古典政治哲学》，前揭。

时间不详，《致克劳斯（Paul Kraus, 1900—1944）》。尚未整理。

时间不详，《致伯纳德特（Seth Benardete, 1930—2001）》。尚未整理。原件现存迈尔教授处。

索 引

（以下阿拉伯数字为原书页码，即中文版方括号中的页码）

Adams, Henry, 32, 76
Aeschylus, 107, 108, 110, 112, 122
Albo, Joseph, xxxiv
Algazel, xxxiii–xxxiv
Alfarabi, xxxiii, 159, 218, 224, 273 n. 6
Apollonius, 276 n. 24
Archimedes, 276 n. 24
Arendt, Hannah, xxiv
Aristippus, 141
Aristophanes, xx, xxxii, 103–26, 129–30, 133, 156–57, 160, 162, 167, 169, 172–73, 182
Aristotle, xii, xv, xix–xx, xxix, 6–7, 28, 34, 37, 38–39, 57, 63, 73, 74, 107, 112, 126, 157, 163, 165, 175, 182, 212, 220, 223, 234, 235, 236, 247, 252, 255–56, 257, 258, 272 nn. 1, 2, 4, 5, 273 nn. 6, 7, 8, 10, 11, 12, 13, 17, 18, 19, 20, 274 nn. 24, 25, 26, 27, 276 n. 24
Aron, Raymond, ix
Austen, Jane, 134
Averroës, xxxiii–xxxiv, 222, 224–25
Avicenna, xxxiii, 218, 224

Bacon, Francis, xxi, 221, 265
Barry, Brian, x
Bergson, Henri, 163–64
Berlin, Isaiah, xxviii, 13–18
Bloom, Allan, x
Bryce, James, 4
Burke, Edmund, 254
Burnet, John, 127–28
Burnyeat, M. F., x, xi

Calvin, John, 219
Cassirer, Ernst, 28
Cervantes, Miguel de, 119
Cicero, xv, 128, 162, 224, 272 nn. 4, 5, 273 nn. 11, 17, 22
Clemens Alexandrinus, 275 n. 10
Cohen, Hermann, xxxv–xxxvi, 28, 207–8, 210
Collingwood, R. G., 34

Dante, 181, 182
Defoe, Daniel, 218
Descartes, René, xxi, 71, 212
Dewey, John, 22
Diogenes Laertius, 135
Dostoevski, Fyodor, 72, 261
Drury, S. B., xi

Engels, Friedrich, 21, 238
Epicurus, 27
Euripides, 73, 103, 107, 108, 110, 112, 113–14, 120, 122, 125, 173

Farabi. *See* Alfarabi
Ferguson, Adam, 70
Fittbogen, Gottfried, 274 n. 3

Gadamer, Hans-Georg, ix
Galileo, 212
Goethe, Johann Wolfgang von, 33, 181
Gronovius, J. F., 274 n. 24
Grotius, Hugo, 274 n. 24
Guttman, Julius, 214, 215

索 引 377

Halevi, Yehudah, 214, 222-23, 225, 251, 258
Havelock, Eric, 169-70
Hegel, G. W. F., 19-20, 24-25, 28, 38-39, 57, 106-7, 115-16, 118, 169, 221, 258
Heidegger, Martin, ix, xxiii, xxix, xxx, 24, 27-46
Heinemann, Isaac, 225
Hellanicus, 77
Heraclitus, 101
Herodotus, 179
Hesiod, 179, 182
Hobbes, Thomas, xxi, xxxviii, 71, 244, 268
Homer, 30, 79-80, 83, 88-89, 96, 137-38, 167, 173, 179, 181, 205, 252
Hume, David, 22, 272 n. 2
Husserl, Edmund, 28-29

Ibn Tufayl, 218
Isocrates, 79, 128, 272 n. 4, 273 n. 6

Jacobi, F. H., 70-71, 275-76 n. 18
Jaeger, Werner, 28
Jefferson, Thomas, 55, 76

Kant, Immanuel, xxxv-xxxvi, 22, 37, 38-39, 44, 46, 67, 207-8, 244, 274 n. 3
Kaufmann, David, 214
Kierkegaard, Søren, 24, 38-39
Kojève, Alexandre, ix

Leibniz, Gottfried Wilhelm, 64-66, 70-71, 244
Lessing, Gotthold Ephraim, xxx, 64-67, 69-71
Locke, John, xxi, xxiii, 274 n. 24
Löwith, Karl, ix
Lucretius, 235
Lukács, Georg, xxviii-xxix, 19-21
Luther, Martin, 222

Macauley, Thomas Babington, 272 n. 2
Machiavelli, Niccolò, xi, xxi, xxiv, xxxviii, 21
Macpherson, C. B., ix

Maimonides, Moses, xxxiv, xxxviii, 207-8, 214, 218-19, 222-25, 234, 237, 252, 253, 262-63
Marsilius of Padua, 224
Marx, Karl, ix, x, xxviii-xxix, xxxviii, 19-21, 29, 40, 42
Mendelssohn, Moses, 69, 215, 218, 222
Momigliano, Arnaldo, ix
Montesquieu, 273 n. 6
More, Thomas, 156, 206
Moses of Burgos, 215
Munk, Salomon, 214

Newton, Isaac, 212, 240
Nietzsche, Friedrich, xxiv, 24-26, 31, 40-41, 103, 177, 240-41

Pascal, Blaise, 3-4, 269
Plato, xii, xv, xix, xx, xxix, xxx, xxxii-xxxiii, xxxvii, 24, 27, 34, 37, 38, 41, 46, 66-68, 74, 79, 81, 86-87, 97-102, 104-6, 112, 113, 116, 120, 125-27, 130, 133-34, 145, 149-83, 187-206, 216, 220, 223, 225, 235-36, 237, 244, 246-48, 250, 251-52, 255-56, 272 nn. 1, 3, 4, 5, 273 nn. 6, 11, 12, 14, 18, 19, 20, 21, 22, 274 nn. 24, 26, 275 n. 7, 276 n. 24
Plutarch, 273 n. 22
Pocock, J. G. A., xi
Polybius, 274 n. 24

Ranke, Leopold von, 210
Rosenzweig, Franz, 28, 214, 215
Rousseau, Jean-Jacques, xxiv, 70-71, 272-73 n. 5, 273 n. 8

Sartre, Jean-Paul, ix
Schelling, Friedrich, 273 n. 16
Schleiermacher, Friedrich, 67-69
Scholem, Gershom, 212-15, 228
Seneca, 235, 273 n. 20
Shakespeare, William, 151-52, 168, 181, 182
Socrates, xii-xv, xvii, xix-xx, xxviii-xxxii, xxxvii-xxxviii, 27, 57, 58, 60, 61, 67-68, 81, 97, 101-2, 103-83, 187-206, 258-60, 262
Sophocles, 107, 108

Sorel, Georges, 241
Spengler, Oswald, 41, 241
Spinoza, Benedict de, xxi, xxxiv, xxxviii, 71, 218, 230–31, 233–34, 263–64, 267–68
Swift, Jonathan, 243

Thomas Aquinas, xxxiii, 27, 29, 34, 216, 219, 222, 273 n. 6, 274 n. 26
Thucydides, xxiv, xxxi–xxxii, 72–102, 272 n. 3
Tocqueville, Alexis de, xxv, 4, 272 n. 2
Tolstoy, Leo, 83

Voltaire, 63

Weber, Max, 19, 27–28
Wolfson, H. A., 214, 225

Xenophon, ix, xii, xxix, xxxii, xxxviii, 57, 101–2, 104, 120, 126–50, 154, 158, 159, 163, 166, 169, 251, 272 nn. 2, 3, 273 nn. 7, 10, 19, 20, 274 nn. 23, 26

Zeller, E., 63–64

图书在版编目（CIP）数据

古典政治理性主义的重生：施特劳斯思想入门／（美）列奥·施特劳斯（Leo Strauss）著；郭振华等译. --北京：华夏出版社，2017.8
（西方传统：经典与解释）
书名原文：The Rebirth of Classical Political Rationalism
ISBN 978-7-5080-9198-3

Ⅰ.①古… Ⅱ.①列… ②郭… Ⅲ.①施特劳斯(Strauss, Leo 1899-1973)－哲学思想－研究 Ⅳ.①B712.59

中国版本图书馆CIP数据核字(2017)第098773号

Licensed by The University of Chicago Press, Chicago, Illinois, U.S.A.
© 1989 by The University of Chicago.
All rights reserved.

版权所有，翻印必究。
北京市版权局著作权合同登记号：图字01-2007-4134号

古典政治理性主义的重生

作　　者	［美］列奥·施特劳斯
译　　者	郭振华　等
责任编辑	陈希米
责任印制	刘　洋
出版发行	华夏出版社
经　　销	新华书店
印　　刷	北京汇林印务有限公司
装　　订	北京汇林印务有限公司
版　　次	2017年8月北京第1版 2017年8月北京第1次印刷
开　　本	880×1230　1/32
印　　张	12.5
字　　数	306千字
定　　价	89.00元

华夏出版社　地址：北京市东直门外香河园北里4号　邮编：100028
　　　　　　　网址：www.hxph.com.cn　　电话：(010)64663331(转)
若发现本版图书有印装质量问题，请与我社营销中心联系调换。

西方传统：经典与解释
Classici et Commentarii
HERMES
刘小枫◎主编

古今丛编

孟德斯鸠的自由主义哲学
——《论法的精神》疏证　[美]潘戈 著

莫尔及其乌托邦　[德]考茨基 著

试论古今革命　[法]夏多布里昂 著

托兰德与激进启蒙　刘小枫 编

图书馆里的古今之战　[英]斯威夫特 著

但丁：皈依的诗学　[美]弗里切罗 著

在西方的目光下　[英]康拉德 著

大学与博雅教育　董成龙 编

探究哲学与信仰
——基尔克果与苏格拉底　[美]郝岚 著

民主的本性
——托克维尔的政治哲学　[法]马南 著

梅尔维尔的政治哲学
——《切雷诺》及其解读　李小均 编/译

席勒美学的哲学背景　[美]维塞尔 著

果戈里与鬼　[俄]梅列日科夫斯基 著

自传性反思　[德]沃格林 著

黑格尔与普世秩序　[美]希克斯 等著

新的方式与制度
——马基雅维利的《论李维》研究
[美]曼斯菲尔德 著

科耶夫的新拉丁帝国　[法]科耶夫 等著

《利维坦》附录　[英]霍布斯 著

或此或彼（上、下）　[丹麦]基尔克果 著

海德格尔式的现代神学　刘小枫 选编

双重束缚　[美]基拉尔 著

古今之争中的核心问题
——施米特的学说与施特劳斯的论题　[德]迈尔 著

论永恒的智慧　[德]苏索 著

宗教经验种种　[美]詹姆斯 著

尼采反卢梭　[美]凯斯·安塞尔-皮尔逊 著

舍勒思想评述　[美]弗林斯 著

诗与哲学之争　[美]罗森 著

神圣与世俗　[罗]伊利亚德 著

论古人的智慧　[英]培根 著

但丁的圣约书　[美]霍金斯 著

古典学丛编

探究希腊人的灵魂　[美]戴维斯 著

尤利安文选　马勇 编/译

论月面　[古罗马]普鲁塔克 著

雅典谐剧与逻各斯
——《云》中的修辞、谐剧性及语言暴力
[美]奥里根 著

莱园哲人伊壁鸠鲁　罗晓颖 选编

《劳作与时日》笺释　吴雅凌 撰

希腊古风时期的真理大师　[法]德蒂安 著

古罗马的教育　[英]葛怀恩 著

古典学与现代性　刘小枫 编

表演文化与雅典民主政制
[英]戈尔德希尔、奥斯本 编

西方古典文献学发凡　刘小枫 编

古典语文学常谈　[德]克拉夫特 著

古希腊文学常谈　[英]多佛 等著

撒路斯特与政治史学　刘小枫 编

希罗多德的王霸之辨　吴小锋 编/译

第二代智术师
——罗马帝国早期的文化现象　[英]安德森 著

英雄诗系笺释　[古希腊]荷马 著

统治的热望
——修昔底德笔下的阿尔喀比亚德和帝国政治
[美]福特 著

论埃及神学与哲学
——伊希斯与俄赛里斯　[古希腊]普鲁塔克 著

凯撒的剑与笔　李世祥 编/译

伊壁鸠鲁主义的政治哲学
[意]詹姆斯·尼古拉斯 著

修昔底德笔下的人性　[加]欧文 著

修昔底德笔下的演说　[美]斯塔特 著

古希腊政治理论　[美]格雷纳 著

神谱笺释　吴雅凌 撰
赫西俄德：神话之艺
　　[法]居代·德·拉孔波 等著
赫拉克勒斯之盾笺释　罗逍然 译笺
《埃涅阿斯纪》章义　王承教 选编
维吉尔的帝国　[美]阿德勒 著
塔西佗的政治史学　曾维术 编

古希腊诗歌丛编
诗歌与城邦　[美]费拉格、纳吉 主编
阿尔戈英雄纪（上、下）
[古希腊]阿波罗尼俄斯 著
俄耳甫斯教祷歌　吴雅凌 编译
俄耳甫斯教辑语　吴雅凌 编译

古希腊肃剧注疏集
希腊肃剧与政治哲学　[美]阿伦斯多夫 著

古希腊礼法
希腊人的正义观　[英]哈夫洛克 著

廊下派集
廊下派的城邦观　[英]斯科菲尔德 著

希伯莱圣经历代注疏
希腊化世界中的犹太人　[英]威廉逊 著
第一亚当和第二亚当　[德]朋霍费尔 著

新约历代经解
属灵的寓意　[古罗马]俄里根 著

基督教与古典传统
加尔文与现代政治的基础　[美]汉考克 著
无执之道
　　——埃克哈特神学思想研究　[德]文森 著
恐惧与战栗　[丹麦]基尔克果 著
托尔斯泰与陀思妥耶夫斯基
[俄]梅列日科夫斯基 著
论宗教大法官的传说　[俄]罗赞诺夫 著
海德格尔与有限性思想（重订版）
刘小枫 选编
上帝国的信息　[德]拉加茨 著
基督教理论与现代　[德]特洛尔奇 著
亚历山大的克雷芒　[意]塞尔瓦托·利拉 著

中世纪的心灵之旅
　　——波纳文图拉神学著作选　[意]圣·波纳文图拉 著

德意志古典传统丛编
穆佐书简　[奥]里尔克 著
纪念苏格拉底——哈曼文选　刘新利 选编
夜颂中的革命和宗教
　　——诺瓦利斯选集卷一　[德]诺瓦利斯 著
大革命与诗话小说
　　——诺瓦利斯选集卷二　[德]诺瓦利斯 著
黑格尔的观念论　[美]皮平 著
浪漫派风格——施莱格尔批评文集　[德]施莱格尔著

美国宪政与古典传统
美国1787年宪法讲疏　[美]阿纳斯塔普罗 著

品达注疏集
幽暗的诱惑
　　——品达、晦涩与古典传统　[美]汉密尔顿 著

欧里庇得斯集
自由与僭越
　　——欧里庇得斯《酒神的伴侣》绎读　罗峰 编译

阿里斯托芬集
《阿卡奈人》笺释　[古希腊]阿里斯托芬 著

色诺芬注疏集
居鲁士的教育　[古希腊]色诺芬 著
色诺芬的《会饮》　[古希腊]色诺芬 著

柏拉图注疏集
哲学的奥德赛——《王制》引论　[美]郝兰 著
爱欲与启蒙的迷醉
　　——论柏拉图的《会饮》　[美]贝尔格 著
为哲学的写作技艺一辩
　　——《斐德若》疏证　[美]伯格 著
柏拉图式的迷宫——《斐多》义疏　[美]伯格 著
哲学如何成为苏格拉底式的　[美]朗佩特 著
苏格拉底与希庇阿斯　王江涛 编译
理想国　[古希腊]柏拉图 著
谁来教育老师——《普罗塔戈拉》发微　刘小枫 编
立法者的神学
　　——柏拉图《法义》卷十绎读　林志猛 编
柏拉图对话中的神　[德]薇依 著

厄庇诺米斯　[古希腊]柏拉图 著
智慧与幸福
——柏拉图的《厄庇诺米斯》　程志敏 选编
论柏拉图对话　[德]施莱尔马赫 著
柏拉图《美诺》疏证　[美]克莱因 著
政治哲学的悖论
——苏格拉底的哲学审判　[美]郝岚 著
神话诗人柏拉图　张文涛 选编
阿尔喀比亚德　[古希腊]柏拉图 著
叙拉古的雅典异乡人
——柏拉图《书简七》探幽　彭磊 选编
阿威罗伊论《王制》　[阿拉伯]阿威罗伊 著
《王制》要义　刘小枫 选编
柏拉图的《会饮》　[古希腊]柏拉图 等著
苏格拉底的申辩（修订版）　[古希腊]柏拉图 著
苏格拉底与政治共同体　[美]尼科尔斯 著
政制与美德——柏拉图《法义》疏解　[美]潘戈 著
《法义》导读　[法]卡斯代尔·布舒奇 著
论真理的本质　[德]海德格尔 著
哲人的无知　[德]费勃 著
米诺斯　[古希腊]柏拉图 著

亚里士多德注疏集

亚里士多德《政治学》中的教诲　[美]潘戈 著
品格的技艺　[美]加佛 著
亚里士多德哲学的基本概念　[德]海德格尔 著
《政治学》疏证　[意]托马斯·阿奎那 著
尼各马可伦理学义疏
——亚里士多德与苏格拉底的对话　[美]伯格 著
哲学之诗
——亚里士多德《诗学》解诂　[美]戴维斯 著
对亚里士多德的现象学解释　[德]海德格尔 著
城邦与自然——亚里士多德与现代性　刘小枫 编
论诗术中篇义疏　[阿拉伯]阿威罗伊 著
哲学的政治
——亚里士多德《政治学》疏证　[美]戴维斯 著

普鲁塔克集

普鲁塔克的《对比列传》　[英]达夫 著

普鲁塔克的实践伦理学　[比利时]胡芙 著

莎士比亚绎读

莎士比亚的历史剧　[英]蒂利亚德 著
莎士比亚戏剧与政治哲学　彭磊 选编
莎士比亚的政治盛典　[美]阿鲁里斯/苏利文 编
丹麦王子与马基雅维利　罗峰 选编

洛克集

上帝、洛克与平等　[美]沃尔德伦 著

卢梭集

论哲学生活的幸福　[德]迈尔 著
致博蒙书　[法]卢梭 著
政治制度论　[法]卢梭 著
哲学的自传
——卢梭的《孤独漫步者的遐思》　[法]戴维斯 著
文学与道德杂篇　[法]卢梭 著
设计论证
——卢梭的《社会契约论》　[美]吉尔丁 著
卢梭的自然状态　[美]普拉特纳 等著
卢梭的榜样人生
——作为政治哲学的《忏悔录》　[美]凯利 著

莱辛注疏集

汉堡剧评　[德]莱辛 著
关于悲剧的通信　[德]莱辛 著
《智者纳坦》研究版　[德]莱辛 等著
启蒙运动的内在问题
——莱辛思想再释　[美]维塞尔 著
莱辛剧作七种　[德]莱辛 著
历史与启示——莱辛神学文选　[德]莱辛 著
论人类的教育
——莱辛政治哲学文选　[德]莱辛 著

尼采注疏集

尼采引论　[德]施特格迈尔 著
尼采与基督教
——尼采的《敌基督》论集　刘小枫 编
尼采眼中的苏格拉底　[美]丹豪瑟 著
尼采的使命
——《善恶的彼岸》绎读　[美]朗佩特 著

尼采与现时代
　　——解读培根、笛卡尔与尼采　[美]朗佩特 著
动物与超人之间的绳索　[德]A.彼珀 著

施特劳斯集

原著
论僭政（重订本）——色诺芬《希耶罗》义疏
[美]施特劳斯 科耶夫 著
苏格拉底问题与现代性（增订本）
　　——施特劳斯讲演与论文集：卷二
犹太哲人与启蒙
　　——施特劳斯演讲与论文集：卷一
霍布斯的宗教批判
斯宾诺莎的宗教批判
门德尔松与莱辛
哲学与律法——论迈蒙尼德及其先驱
迫害与写作艺术
柏拉图式政治哲学研究
论柏拉图的《会饮》
柏拉图《法义》的论辩与情节
什么是政治哲学
古典政治理性主义的重生（重订本）
回归古典政治哲学——施特劳斯通信集
苏格拉底与阿里斯托芬

研究作品
论源初遗忘
　　——海德格尔、施特劳斯与哲学的前提
[美]维克利 著
政治哲学与启示宗教的挑战　[德]迈尔 著
阅读施特劳斯　[美]斯密什 著
施特劳斯与流亡政治学　[美]谢帕德 著
隐匿的对话
　　——施米特与施特劳斯　[德]迈尔 著
驯服欲望
　　——施特劳斯笔下的色诺芬撰述　[法]科耶夫 等著

施米特集
施米特对自由主义的批判　[美]麦考米特 著
宪法专政
　　——现代民主国家中的危机政府　[美]罗斯托 著
施米特对自由主义的批判　[美]约翰·麦考米克 著

伯纳德特集
古典诗学之路（第二版）
　　——相遇与反思：与伯纳德特聚谈　[美]伯格 编
弓与琴（重订本）
　　——从柏拉图解读《奥德赛》　[美]伯纳德特 著
神圣的罪业　[美]伯纳德特 著

布鲁姆集
巨人与侏儒（1960-1990）
人应该如何生活——柏拉图《王制》释义
爱的设计——卢梭与浪漫派
爱的戏剧——莎士比亚与自然
爱的阶梯——柏拉图的《会饮》
伊索克拉底的政治哲学

大学素质教育读本
古典诗文绎读 西学卷·古代编（上、下）
古典诗文绎读 西学卷·现代编（上、下）

中国传统：经典与解释
Classici et Commentarii

刘小枫 陈少明 ◎ 主编

周易古经注解考辨 / 李炳海 著
浮山文集 / [明]方以智 著
药地炮庄 / [明]方以智 著
药地炮庄笺释·总论篇 / [明]方以智 著
青原志略 / [明]方以智 编
冬灰录 / [明]方以智 著
冬炼三时传旧火 / 邢益海 编
《毛诗》郑王比义发微 / 史应勇 著
宋人经筵诗讲义四种 / [宋]张纲 等撰
道德真经藏室纂微篇 / [宋]陳景元 撰
道德真经四子古道集解 / [金]寇才质 撰
皇清经解提要 / [清]沈豫 撰
经学通论 / [清]皮锡瑞 著
松阳讲义 / [清]陆陇其 著
起凤书院答问 / [清]姚永朴 撰
周礼疑义辨证 / 陈衍 撰
《铎书》校注 / 孙尚扬 肖清和 等校注
韩愈志 / 钱基博 著
论语辑释 / 陈大齐 著
《庄子·天下篇》注疏四种 / 张丰乾 编
荀子的辩说 / 陈文洁 著
古学经子 / 王锦民 著
经学以自治 / 刘少虎 著
从公羊学论《春秋》的性质 / 阮芝生 撰

刘小枫集
古典学与古今之争 [增订本]
这一代人的怕和爱 [第三版]
沉重的肉身 [珍藏版]
圣灵降临的叙事 [增订本]
罪与欠
儒教与民族国家
拣尽寒枝
施特劳斯的路标
重启古典诗学
共和与经纶
设计共和
现代性与现代中国：现代性社会理论绪论
诗化哲学 [重订本]
拯救与逍遥 [修订本]
走向十字架上的真
卢梭与我们
西学断章
现代人及其敌人
好智之罪：普罗米修斯神话通释
民主与爱欲：柏拉图《会饮》绎读
民主与教化：柏拉图《普罗塔戈拉》绎读
巫阳招魂：《诗术》绎读

编修 [博雅读本]
凯若斯：古希腊语文读本 [全二册]
古希腊语文学述要
雅努斯：古典拉丁语文读本
古典拉丁语文学述要
危微精一：政治法学原理九讲
琴瑟友之：钢琴与古典乐色十讲

经典与解释辑刊

1 柏拉图的哲学戏剧
2 经典与解释的张力
3 康德与启蒙
4 荷尔德林的新神话
5 古典传统与自由教育
6 卢梭的苏格拉底主义
7 赫尔墨斯的计谋
8 苏格拉底问题
9 美德可教吗
10 马基雅维利的喜剧
11 回想托克维尔
12 阅读的德性
13 色诺芬的品味
14 政治哲学中的摩西
15 诗学解诂
16 柏拉图的真伪
17 修昔底德的春秋笔法
18 血气与政治
19 索福克勒斯与雅典启蒙
20 犹太教中的柏拉图门徒
21 莎士比亚笔下的王者
22 政治哲学中的莎士比亚
23 政治生活的限度与满足
24 雅典民主的谐剧
25 维柯与古今之争
26 霍布斯的修辞
27 埃斯库罗斯的神义论
28 施莱尔马赫的柏拉图
29 奥林匹亚的荣耀
30 笛卡尔的精灵
31 柏拉图与天人政治
32 海德格尔的政治时刻
33 荷马笔下的伦理
34 格劳秀斯与国际正义
35 西塞罗的苏格拉底
36 基尔克果的苏格拉底
37 《理想国》的内与外
38 诗艺与政治
39 律法与政治哲学
40 古今之间的但丁
41 拉伯雷与赫尔墨斯秘学
42 柏拉图与古典乐教
43 孟德斯鸠论政制衰败
44 博丹论主权
45 道伯与比较古典学
46 伊索寓言中的伦理
47 斯威夫特与启蒙